미국의 백인우월주의와 인종차별

흑인노예제도와 백인미국주의

김 종 길

중문

프롤로그

 미국의 백인미국주의와 인종차별 그리고 이를 극복하기 위한 도덕적 사회개혁운동이 정당정치와 제휴하였을 때 나타나는 현상을 정리하여 현대 미국사회에 대한 이해를 돕고자 하였다. 19세기 노예제도 폐지운동 전개과정에서 노출된 백인우월주의의 실체를 정리하고, 이타적인 사회개혁운동가들이 정당활동과 제휴하였을 때 나타난 현상들을 정리하였다.

 백인우월주의와 인종차별 의식은 19세기 중엽에 시작된 미국의 노예제도 폐지운동과 여권운동으로부터 비롯되었다. 이 두 운동이 전개된 잭슨 대통령시대는 백인 참정권이 확장된 시대였고, 백인 보통남성들이 정치에 적극적으로 참여한 서민(庶民)의 시대였다.

 이러한 시대적 배경에서 급진적 노예제도 폐지론을 주창한 개리슨(William L. Garrison)과 그의 지지자들은 흑인노예제도 폐지운동의 가장 큰 장애물이자, 국외로 흑인을 추방하고자 한 흑인식민지 건설(黑人植民地建設)운동의 파괴에 결정적인 역할을 하였다. 또한 뉴욕주의 사업가인 타판(Lewis Tappan)과 그 지지자들은, 인간의 궁극적 완전성(完全

性)에 대한 종교적 신념과 복음주의적 사회개혁운동의 영향으로 뉴욕주에서 가장 과격한 복음주의적 노예제 폐지론을 주창하였다.

노예제도 폐지운동은 미국의 여권(女權)운동을 본격적으로 추진하게 하였다. 노예제도 폐지운동 내부에서 여권운동에 대한 찬반 논쟁도 일어났으나 개리슨파와 타판파가 전개한 여권논쟁의 한계성은, 여권 그 자체가 아니라, 여권 문제가 흑인노예제도 폐지운동에 끼치게 될 영향에 지나지 않았다.

노예제도 폐지운동이 전개된 잭슨(Andrew Jackson) 대통령시대는 백인남성들의 참정권이 확장된 시대였다. 그러나 잭슨주의자들은 노예주(奴隸州)와 자유주로 구성된 미국 연방공화국의 흑인노예제도 문제는 정치문제가 아니라 도덕문제라고 인식하고 있었고, 노예제도 보다 미국 연방의 분열을 더 걱정하였다.

그래서 일부 노예제도 폐지운동 지도자들은 그들의 운동 방향을 정치활동으로 바꾸었다. 그 결과 노예제도 폐지를 유일(唯一)정강으로 내건 자유당을 창당하였으나 1840년의 대통령선거에서 참패한 후 선거에서 승리하기 위하여 유일정강주의를 포기해야 한다고 생각하기 시작하였다. 그리하여 1848년 자유당은 다시 분열을 겪게 되는데 자유토지당(Free Soil Party)과의 연합 때문이었다.

자유토지당은 미국영토 내에서 흑인노예제도의 확산을 반대하였으나, 흑인의 확산을 반대하는 인종주의적 반(反)흑인 논리를 가진 정당이었다. 자유당의 복수정강 채택은 결국, 흑인노예제도의 폐지 즉 인종차별에 반대하는, 이타적인 폐지론자들을 반 흑인 정당으로 합류시키는 결과를 가져왔다.

자유토지당 정강의 가장 중요한 요소는 자유노동(Free Labor)이었다. 이것은 남북전쟁 이전의 북부사회의 정당성을 주장하고, 남부 사회를 비난하는 것이었다. 그리하여 자유토지당 이데올로기는 남부의 이익에 반하는 이데올로기를 발전시켰다.

1850년대 중엽 비-영어권 가톨릭 이민의 수가 급격하게 증가하자 토착(土着) 미국인들은 반-외국인, 반-가톨릭이고, 비밀결사 성격의 무지(know-nothing)운동을 전개하였다. 이들이 1854년에는 유력한 정치세력으로 등장하여, 미국을 자유의 피난처로 만들고, 교황이 없는 종교(개신교)를 지키고, 노예가 없는 대륙을 만들 것이라고 선전하였다.

당시 양대 정당인 민주당과 휘그당은 노예제도를 옹호하는 미국의 남부와 그 반대인 북부사회가 받아들일 수 있는 정치 이데올로기를 수용할 능력이 없어서 1848년 대통령선거 당시에 이미 남부와 북부의 분열상태에 도달해 있었다. 그리고 자유토지당의 자유노동 이데올로기는 남·북 대결을 더욱 가열시켜, 반-남부적 정강을 내 건 공화당(Republican Party)이 출현하게 되었다.

1862년 9월 22일 공화당의 링컨(Abraham Lincoln) 대통령은 1863년 1월 1일을 기하여 북부에 저항(抵抗)하는 "남부연합"의 흑인노예 해방을 선언하였다. 그러나 북부에 협력한 남부주들의 흑인노예는 해방하지 않았다.

버지니아주를 비롯한 10개의 "남부연합" 주들이 연방에 복귀하기 전인 1865년 1월 31일 북부의 연방하원이 남부의 노예제도를 폐지한다는 수정헌법 제13조를, 3분의 2를 겨우 넘겨, 119대 56로 통과시켰다. 정치활동을 통하여 법적으로 흑인노예제도를 폐지하고자 한 폐지론자들의 목표가 드디어 성취되었다.

 그러나 남북전쟁 후 재건시대(Reconstruction Era)에 미국인들이 보여준 백인미국주의와 인종차별 정책은 개리슨파와 타판파가 추구하였던 인종평등이 전혀 성취되지 않았음을 입증하였다.

 링컨 대통령도 흑인노예제도를 찬성하지 않았지만, 흑인문제보다 연방의 분열과 재통일(再統一) 그리고 백인미국 공화주의에 더 유의였던 것 같다. 현재 미국의 일부 공화당들도 인종차별의 근거인 백인우월주의 미신(迷信)을 믿고 있는 것 같다.

 이 책은 대학 교양과목인 문화사, 서양사, 미국사 그리고 사학과와 기타 인문 사회과학 계열의 학부와 대학원 과정의 사회 운동사, 미국 정치사, 사회사 강의 교재 혹은 참고 자료로 이용할 수 있도록 주석도 자세히 첨가하였다. 그리고 필자가 이미 전문 학술지에 발표한 논문은 각 장의 미주에 표기하였다. 일반 독자들을 위하여 서론과 결론을 상술하였고, 학부와 대학원 재학생들을 위하여 미주도 자세히 첨부 하였다.

 끝으로 출판계의 어려운 상황임에도 불구하고, 쾌히 출간을 허락해 주신 "중문출판사" 장의동 사장님에게 감사드립니다. 그리고 필자의 장문의 원고를 검토하여 번듯한 책의 모습으로 편집하여 주신 편집부장님의 노고에 감사드립니다.

2024년 4월
김종길

목 차

프롤로그 / 3

제1장 _ 시민운동과 정당정치 / 11

제2장 _ 급진적 흑인노예제도 폐지운동 / 21

   1. 개리슨(William L. Garrison)의 노예제도 폐지론 ·················21
   2. 개리슨파(派)의 흑인노예제도 폐지운동 ·······························29
   3. 타판(Lewis Tappan)의 복음주의적 노예제도 폐지운동 ········42
   4. 타판파의 노예제도 폐지운동의 성격 ···································65

제3장 _ 흑인노예제도 폐지운동과 여권(女權)운동 / 83

   1. 19세기 미국의 여권운동 ···83

2. 노예제도 폐지론자들의 여권논쟁(女權論爭) ················· 90
   3. 여권논쟁이 노예제도 폐지운동에 끼친 영향 ················ 95
   4. 노예제도 폐지론자들의 여권논쟁의 성격 ··················· 101

제4장 _ 흑인노예제도 폐지운동과 자유당(Liberty Party) / 113

   1. 자유당 연구의 어려움 ··· 113
   2. 자유당의 창당과 정강 ··· 118
   3. 1844년의 대통령선거와 자유당의 유일정강주의 ·············· 129
   4. 자유당의 복수정강 채택의 정치적 의미 ······················ 139

제5장 _ 흑인노예제도 폐지운동과 자유토지당(Free Soil Party) / 159

   1. 자유토지당과 백인미국주의 ···································· 159

  2. 윌모트(Wilmot) 단서조항과 자유토지당 ·············· 169
  3. 자유토지당의 인종편견 ······························· 179

제6장 _ 자유토지당과 1848년의 대통령선거 / 199

  1. 자유토지당과 반버너(Barnburners) ··············· 199
  2. 북・서부 지방의 자유토지운동 ······················ 209
  3. 자유토지당의 창당과 마틴 반 뷰렌(Martin Van Buren) ······ 218
  4. 1848년의 대통령선거와 흑인노예제도 문제 ·············· 226
  5. 자유토지당의 이데올로기 ···························· 237

제7장 _ 아메리카당(American Party)과 공화당(Republican Party) / 255

  1. 미국토착주의 연구 ································· 255
  2. 이민 홍수와 미국토착주의 ·························· 258

3. 아메리카당의 발전과 그 배경 ················· 269
    4. 아메리카당의 몰락과 공화당 창당 ············· 281

제8장 _ 공화당과 흑인노예제도 문제 / 299

    1. 공화당의 급속한 성장 ······················ 299
    2. 캔자스-네브래스카(Kansas-Nebraska)법과 캔자스 사태 ···· 302
    3. 1860년의 대통령선거와 공화당 ··············· 318
    4. 공화당 이데올로기와 노예세력(Slave Power) ········· 330

제9장 _ 미국의 사회개혁운동과 백인미국주의 / 353

찾아보기 / 367

제 1 장
시민운동과 정당정치

　미국의 남북전쟁(Civil War)은 미국 역사상 최악의 재난이었다. 남북전쟁의 원인에 관한 다양한 주장들을 검토해 보면, 1830년 이후 전개된 흑인 노예제도 폐지운동(Abolition Movement)이 주요 원인이었다는 주장들이 적지 않다.
　흑인노예제도에 반대하는 감정은 식민시대부터 나타나고 있었으나, 조직적인 반대운동으로 전개되지 않았다. 노예제도 반대감정은 독립혁명을 전후하여 다소 적극성을 띠게 된다. 최초의 노예제도 반대운동 단체가 1775년 4월 필라델피아(Philadelphia)에서 조직되었고, 1827년에는 전국에서 약 130개의 단체로 늘어났다. 그중 106개 이상의 단체가 남부의 노예주(奴隸州)에 있었다.[1] 전국적인 단체도 조직되어 활기를 띠었으나 이들 노예제도 반대운동 단체들의 실질적 영향력은 거의 없었다.[2]
　1830년 이전까지의 흑인노예제도 반대론자들의 주장은 노예제도에 반대하였다는 점에서는 이후의 흑인노예제도 폐지운동가들의 주장과 같았다. 그러나 양자 간에는 근본적인 차이점이 있었다. 노예제도 반대론자들은 점진주의(Gradualism)적 흑인노예 해방이라는 온건한 태도였다. 그리고 남부의 백인들도 점진적 흑인노예 해방을 지지하였다. 다수의 남부인이 노예제도 반대운동에 참여하여 오히려 북부보다 많은 수의 단체가 남부에 있었다.

그러나 노예제도 반대운동은 면화 재배지의 확대와 흑인식민협회(American Colonization Society: ACS)의 활동으로 퇴조하였다. 그리고 1830년 이후 북부에서 급진적인 즉시(Immediatism) 노예제도 폐지운동이 새롭게 전개되자, 이전과 달리, 남부인들은 흑인노예제도를 옹호하기 시작하였다.[3]

1830년대에 시작된 미국의 흑인노예제도 폐지운동은 소수의 백인이 흑인노예제도가 이미 폐지된 뉴잉글랜드(New England) 지방에서 시작한 운동이었다. 그러나 이 운동은 사회개혁운동의 차원을 넘어 정치문제로 발전하였고, 미국의 남·북 간 대립이 증폭되어 발발한 남북전쟁 때까지 계속되었다. 1860년 공화당(Republican Party)의 공천을 받은 에이브러햄 링컨(Abraham Lincoln)이, 대통령에 당선된 후 남·북 전쟁 중인, 1862년 9월 22일 "1863년 1월 1일을 기하여 연방에서 탈퇴하여 반란(叛亂) 중인 남부연합의 노예들을 해방한다"라고 흑인노예 해방 선언(Emancipation Proclamation)을 발표하였다.

이후 공화당 정부가 성취한 일련의 수정헌법과 입법조치로 미국의 흑인노예제도는 완전히 폐지되었다. 그래서 본 저술에서는 흑인노예제도 폐지운동 그 자체 그리고 사회개혁운동이었던 흑인노예제도 폐지운동이 정치와 제휴하였을 때 나타난 현상 추적에 초점을 맞추었다.

흑인노예제도 폐지운동가 중에서 가장 많은 논란의 대상이 되어온 인물은 매사추세츠주의 언론인 윌리엄 개리슨(William L. Garrison)이었다. 1933년 오하이오주 웨슬리안(Ohio Wesleyan)대학교의 길버트 반스(Gilbert H. Barnes)교수는 노예제도 폐지운동가들의 급진적인 주장은 대부분 개리슨과 그의 추종자들의 주장이었고, 그들은 노예제도 폐지운동에 "유해(有害)"하였다고 비난하였다. 그리고 서부의 노예제도 폐지론자들이 그 운동을 주도하였고, 그들의 노예제도 폐지론은 "보수적"이었다고 평가하였다.[4]

그러나 1967년 플로리다대학의 버트램 와이어트-브라운(Bertram Wyatt-Brown)교수는 개리슨이 노예제도 폐지운동에 "유익(有益)"하였다고 주장하였다.[5] 또한 프린스턴대학의 제임스 맥퍼슨(James M. Mcpherson)교수는 흑인노예제도 폐지운동에 중요한 역할을 한 것은 개리슨지지파였다고 주장하였다.[6] 그래서 제2장에서는 노예제도 폐지운동의 전개과정과 그 실체를 정리하여, 개리슨파와 비-개리슨파인 타판(Tappan)파의 성격과 역할에 대하여 정리하였다.

이와 같은 급진적인 노예제도 폐지운동이 활기를 띤 미국의 잭슨(Andrew Jackson)대통령시대는, 정치적 권리의 가장 정당한 근거가 재산(財産)이 아니라 "성년 남성(男性)"이라는 원칙에 따라, 참정권을 확대한 시대였다. 그러나 이 평등[성년 남성의]과 흑인노예제도 사이의 모순을 간파한 남부인들은 노예제도를 선택하고 흑·백 인종 간의 평등을 외면(外面)하였다. 북부에서는 노예제도를 즉시 무조건 폐지해야 한다는 급진적인 노예제도 폐지론자들 단체가 급증하였다.[7]

이러한 흑인노예제도 폐지운동에 대한 당시 정치인들의 태도는 대체로 3개의 유형으로 나누어 볼 수 있다. 존 퀸시 애덤스(John Quincy

Adams)를 위시한 북부 정치인들은 그 운동을 적극적으로 지지하였으나, 존 칼훈(John C. Calhoun) 같은 남부 정치인들은 완강하게 반대하였다. 그리고 잭슨을 비롯한 집권 민주당의 정치인들은 모호한 태도를 보였다.

잭슨과 그 지지자들의 노예제도 폐지운동에 대한 태도는 당시에도 논쟁의 대상이었다. 애덤스는 잭슨주의자들이 노예제도를 옹호하고 있다고 비난하였고, 남부의 칼훈은 그 반대로 잭슨주의자들이 노예제도 폐지운동을 지지하고 지원하고 있다고 공격하였다.[8]

잭슨주의자들의 흑인노예제도 폐지운동에 대한 태도는 지금도 논쟁의 대상이 되고 있다. 이를테면 뉴욕 시립대학의 아서 슐레진저(Arthur M. Schlesinger, Jr.)교수는 1830년대의 잭슨주의자들이 노예제도 폐지운동에 아주 비판적이었다고 지적하였고,[9] 뉴욕 시립대(CUNY) 바룩 대학(Baruch College)의 에드워드 페센(Edward Pessen)교수도 잭슨주의자들은 노예제도를 옹호하였고, 친-노예적이었다고 비판하였다.[10] 그러나 반대로 존 맥폴(John M. McFaul)처럼, 잭슨주의자들은 친-노예적 자세를 취하지 않았으며, 흑인노예제도가 폐지되기를 바라고 있었다고 주장하기도 한다.[11]

사회개혁운동 차원에서 추진되고 있던 흑인노예제도 폐지운동이 성공을 거두지 못하게 되자, 뉴욕주의 일부 노예제도 폐지론자들이 중심이 되어 이 운동을 정치활동으로 변질시키고자 하였다. 그 결과 1840년 초 미국의 정당 사상 처음으로 흑인노예제도 폐지를 유일(唯一) 정강으로 내건 자유당(Liberty Party)이 출현하였다. 그러나 1840년 대통령선거에서 자유당은 겨우 6,784표라는 미미한 지지를 받았을 뿐이었다.[12] 그리고 1844년 선거에서도 자유당은 겨우 62,197표(2.3%)를 얻었다.[13] 그 후 노예제도가 중대한 정치문제가 된 1847년 가을에 이르러서는 오히려 자유당은 분열되어 정돈상태에 빠지고 말았다.

그래서 반스(Gilbert H. Barnes)교수는 자유당은 반-노예제도 운동의 가장 감상적인 잔재(殘在)였다고 비난하였고,[14] 한때 공산당 당원이었던, 보스턴대학의 페미니스트인 에일린 크라디터(Aileen S. Kraditor)교수는 자유당을 "좌절과 자기기만으로 나타난 정당"이라고 공격하였다.[15] 그러나 위스콘신대학의 리처드 시웰(Richard H. Sewell)교수는 "노예제도 문제를 조직적으로 정치무대에 처음으로 소개한 것은 자유당을 창당한 정치적 노예제도 폐지론자들이었다"라고 긍정적 평가를 하였다.[16]

미국 신정치사(新政治史)를 개척한 펜실베이니아대학(Univ. of Penn)의 리 벤슨(Lee Benson)교수는 노예제도 문제에 대하여 휘그당보다 더 높은 도덕적 동기를 추구하였던 사람들에게 흑인노예제도의 폐지를 목적으로 한 정당조직은 당연하였다고 주장하였다.[17] 그래서 제4장에서는 노예제도 폐지운동과 자유당의 관계 그리고 자유당의 정치적사적 의의를 정리하고자 하였다.

1848년 노예제도 문제가 주요한 정치적 쟁점으로 등장하여 남부와 북부의 갈등이 점점 더 격화되자, 일부 정치적 노예제도 폐지론자들은 자유토지당(Free Soil Party)에 참여하였다. 노예제도 폐지를 주장하였던 이전의 자유당은 북부인들로부터 거의 외면당하였으나, 자유토지당의 후보자들은 북부인들로부터 많은 지지를 받았다.[18] 자유토지당의 이데올로기를 계승한 공화당(Republican Party)은 정치적으로 크게 승리하였다. 그리고 공화당 정부가 이룩한 일련의 수정헌법과 입법조치로 흑인노예제도가 법적으로 완전히 폐지되었다. 개리슨의 비-타협적인 노예제도 폐지론에 반대하고, 정치활동을 통하여 노예제도를 폐지해야 한다는 노예제 폐지론자들의 목표가 성취되기는 하였다.

그러나 남부 흑인노예들의 법적해방 이후에도, 백인우월주의에 근거한 인종편견은 그대로 유지되었다. 그래서 당시 급진적인 노예제도 폐지론자들은 이러한 자유토지당에 대하여 노예제도 폐지운동에 장애가 되는 정당이라고 비난하였다. 버트램 와이어트 브라운(Bertram Wyatt-Brown)을 비롯하여 많은 현대의 역사가들도 급진적 노예제도 폐지론자들의 비난에 동조하고 있다.[19] 마르크스주의 역사가였던 로체스터대학 유진 제노비스(Eugene Genovese)교수를 위시한 상당수의 연구자는 노예제도가 확장되지 못하고 노예주(奴隸州)에 봉쇄되기만 하였다면, 남부의 토지가 황폐되어 생산의 퇴보를 가져오게 되고, 결국 노예제도는 소멸하였을 것이라고 주장하였다.[20]

시카고대학의 경제학 분야 노벨상 수상자인 계량사학자 로버트 포겔(Robert W. Fogel)과 로체스터대학의 스탠리 엔저맨(Stanley L. Engerman)교수는, 흑인노예제도는 능률적이어서 남북전쟁 직전 1850년대의 남부의 개인소득이 다른 지역보다 더 빠른 속도로 증가하였으므로, 노예제도의 봉쇄가 그것을 폐지하는 방법이 될 수는 없다고 반론을 제기하였다.[21] 그래서 제5장과 제6장에서 자유토지당의 정강과 이데올로기 그리고 그 당의 정치적인 영향을 정리하였다.

제7장에서는 다양한 연구자들의 연구성과를 검토하여 인종주의적이었던 미국토착주의자들의 정당인 무지당(Know-Nothing Party)에 대

하여 정리해 보았다. 당시 이민의 규모와 성격을 정리하고, 무지당이 미국 북부의 정치무대에 출현하게 된 정치적인 배경을 파악하고, 아메리카당과 공화당의 관련을 정리하였다.

제8장에서는 캔자스-네브래스카법과 공화당(Republican Party) 출범기 미국의 정치적, 경제적, 사회적 상황을 먼저 정리하였다. 그리고 공화당의 급격한 성장과 관련이 있는, 지역 대결을 자극한 드레드 스콧 사건(Dred Scott Case)과 캔자스 사태(Bleeding Kansas)를 검토하였다. 다음으로 1860년의 대통령선거 과정을 자세히 분석 검토하여 공화당의 이념 변질을 분석하였다. 끝으로 공화당의 급격한 성장을 가능케 해 준 이데올로기의 실체를 정리해 보고자 하였다.

본서에서는 노예제도 폐지운동의 전개과정과 자유당의 실체를 정리하여 노예제도 폐지운동의 변질 과정을 검토하고, 노예제도 폐지운동가들이 제도권 정치활동에 참여하여 정권획득을 추구하는 자유당 그리고 자유토지당과 제휴하였을 때 나타난 현상을 정리하고, 공화당의 창당과 공화당의 백인우월주의의 실체를 정리하였다.

주 (a footnote)

1) Louis Filler, *The Crusade against Slavery 1830~1860* (New York: Harper & Row, 1960; 1963), pp.10-12, 18-19.
2) Albert B. Hart, *Slavery and Abolition* (New York: Harper & Row, 1906; 1968), pp.153-154, 161.
3) L. Filler, *The Crusade against Slavery*, pp.58-59.
4) Gilbert H. Barnes, *The Antislavery Impulse: 1830~1844* (American Historical Association, 1933: rpt. Gloucester, Mass.: Peter Smith, 1973), pp.3-16, 59-60, 94-99.
5) Bertram Wyatt-Brown, "William Lloyd Garrison and Antislavery Unity: A Reappraisal," *Civil War History, XIII* (Mar. 1967), pp.5-24.
6) James M. Mcpherson, *The Struggle for Equality: Abolitionists and the Negro in the Civil War and Reconstruction* (Princeton, N. J.: Princeton University Press, 1964: 1972), pp.3-7, 29-51.
7) Carl N. Degler, *Out of Our Past; The Forces that Shaped Modern America* (New York, 1970), 이보형, 이주영, 홍영백 공역, 『현대 미국의 성립』 (일조각, 1977), pp.155-216.
8) William. W. Freehling, *Prelude to Civil War: The Nullification Controversy in South Carolina, 1816~1836* (New York: Harper & Row, 1968), passim.
9) Arthur M. Schlesinger, Jr., *The Age of Jackson* (Boston: Little, Brown and Co., 1945), pp.424-425.
10) Edward Pessen, *Jacksonian America: Society, Personality, and Politics* (Home wood, Illinois: The Dorsey Press, 1969), pp.200, 301-303.
11) John M. McFaul, "Expediency vs. Morality: Jacksonian Politics and Slavery," *Journal of American History*, LXII (June, 1975), pp.24-39.
12) Eugene H. Roseboom, *A History of Presidential Elections* (New York: Macmillan Co., 1957), p.131.
13) Svend Peterson, *A Statistical History of the American Presidential Elections* (New York: Frederick Ungar Publishing Co., 1963), p.27.
14) G. H. Barnes, *The Antislavery Impulse*, p.176.
15) Aileen S. Kraditor, "The Liberty and Free Soil Parties," in Arthur M. Schlesinger,

Jr.(ed.), *History of the U. S. Political Parties*, 4 vols. (New York: Chelsea House Publishers, 1973), vol. I, p.741.

16) Richard H. Sewell, *Ballots for Freedom: Antislavery Politics in the United States, 1837~1860* (New York: Oxford University Press, 1976), passim.

17) Lee Benson, *The Concept of Jacksonian Democracy: New York as a Test Case* (Princeton: Princeton Univ. Press, 1961), pp.210-212.

18) Joseph G. Rayback, *Free Soil: The Election of 1848* (Lexington, Kentucky: The University Press of Kentucky, 1970), p.282.

19) Bertram Wyatt-Brown, "William Lloyd Garrison and Anti-Slavery Unity: A Reappraisal," pp.5-24; Irving H. Bartlett, *Wendell Phillips: Bramin Radical* (Westport, Connecticut: Greenwood Press, 1961), pp.128-129, 135.

20) Eugene D. Genovese, *The Political Economy of Slavery: Studies in the Economy and Society of the Slave South* (New York: Random House, 1965), passim.

21) Robert W. Fogel & Stanley L. Engerman, *Time on the Cross: The Economics of American Negro Slavery* (Boston: Little, Brown and Co., 1974), pp.3-13.

제 2 장
급진적 흑인노예제도 폐지운동

1. 개리슨(William L. Garrison)의 노예제도 폐지론

반스교수 이후 미국의 많은 연구자는 노예제도 폐지운동과 개리슨의 노예제도 폐지운동과의 관계 그리고 그의 영향에 대하여 다양한 주장을 하였다. 그러나 필자는 최근까지의 연구성과를 검토하면서 1831~1865년 동안 진행된 노예제도 폐지운동의 진행 과정 가운데, 그 출범기라고 할 수 있는 1830년대의 개리슨의 활동과 그 영향에 대한 평가가 소홀히 되거나 과소 평가된 것으로 생각되어 이 부분을 보다 상술 해 보고자 한다.

본 장의 전반부에서는 주로 1830년대의 개리슨의 활동과 그가 주도한 뉴잉글랜드 반-노예제 협회(New England Anti-Slavery Society: NEASS)의 조직과 운영, 그리고 개리슨과 그 지지자들의 반-흑인 식민지건설운동(Anti-Colonization Movement) 그리고 개리슨파의 노예제도 폐지운동을 정리해 보고자 하였다. 그리고 후반에서는 강력한 비-개리슨파였던 파판(Tappan)파의 노예제도 폐지운동과 그 성격을 정리해 보고자 하였다.

개리슨이 노예제도 문제에 관심을 두게 된 직접적인 계기를 마련해 준 것은 벤자민 런디(Benjamin Lundy)였다. 런디는 평생 노예해방운동에 헌신한 퀘이커 교도였으며, 끝내 점진적인 노예제도 폐지론과 흑인식민지건설론을 포기하지 않았다. 그는 1821년 오하이오주의 마운트 플레전트(Mount Pleasant)라는 촌락 마을에서 *Genius of Universal Emancipation*지(이하 *Genius*)의 발행을 시작하였고 그 후 테네시주 그린빌(Greenville)로 이주하였으며, 1824년 10월에는 다시 볼티모어(Baltimore)로 옮겼다. 1825년 9월에는 월간이었던 그의 간행물을 주간지로 바꾸어 1829년 1월까지 계속 발간하였다. 그의 신문은 3년간 번창하였으나, 점차 구독자가 줄어들어 결국 그의 신문은 채무자들에게 넘어가 1829년 1월 3일 신문 발행을 중지할 수밖에 없었다.[1]

이때 볼티모어에서부터 런디를 도와 편집에 조력하였던 윌리엄 스웨인(William Swain)이 노스캐롤라이나로 돌아갔으나, 런디는 흑인식민지건설에 대한 그의 관심 때문에 아이티(Haiti)섬에 가기도 하였다. 그는 줄기차게 식민지건설운동을 추진하였다.

적당한 흑인식민지를 찾아, 1832년에는 캐나다, 그리고 1830, 1833, 1834년에는 텍사스(Texas)에 가 보기도 하였다. 그는 *Genius*지의 많은 지면을 식민지건설운동에 할애하였다. 런디는 점진적인 흑인노예 해방에 찬성하였다. 그가 신문을 발간하였던 볼티모어는 그의 해방론에 호의적인 지역이었으나, 점진적인 해방도 흑인식민지건설도 모든 반-노예제 인사들이 지지한 것은 아니었다.

1829년을 전후하여 점진적인 해방은 불확실하고, 불공평하고, 결정적인 것이 아니라고 인식되기 시작하였고, 추진 중이던 흑인식민지건설사업이 실패하였다는 것도 알려지게 되었다. 그래서 당시 미국인들은 흑인들의 권익을 위하여 혹은 흑인노예제도를 옹호하기 위하여 갈라섰다. 남부인들은 노예제도를 옹호하였고, 식민지건설론에도 반기를 들게 되었다.[2]

런디는 이러한 현실을 직시하지 못하였다. 남부인들은 그가 노예제도에 반대하였기 때문에 그의 신문을 외면하였다. 북부의 흑인노예제도 반대자들은 그 운동에 대한 그의 헌신을 인정하기는 했으나, 그가 사실상 흑인추방을 의미하는 흑인식민지건설운동을 지지했기 때문에 그를 지원하지 않았다.

그래서 그는 구독자를 찾아 돌아다녔고, 1828년 3월에는 보스턴에 도착하여 사업가인 타판(Tappan)형제, 금주 운동가인 언론인 윌리엄 구델(William Goodell)을 만나기도 하였다. 이때 런디는 그의 하숙집에서 흑인노예제도에 관한 토론을 하기 위하여 여러 교파의 교직자 8명을 모았고, 당시 같은 하숙에 머물러 있던 개리슨도 우연히 그 회합에 참여하였다. 런디는 교직자들의 지지를 얻지는 못했으나 개리슨의 관심을 불러일으키는데 성공하였다.[3] 그 당시 개리슨은 단지 22살이었으나, 이미 인쇄와 정기간행물 편집에 상당한 경험이 있었다. 금주운동신문인 "Boston National Philanthropist"의 편집자가 된 지 3개월 후인 1828년 1월경, 그의 하숙집에서 개리슨이 런디와 처음으로 만나 그의 노예제도 토론에 참여하였다. 그 후 개리슨은 정치, 노예제도, 금주, 평화, 도덕 개혁 등에 관하여 논해도 좋다는 조건으로 "Bennington(vt) *Journal of the Times*

"의 편집을 맡았다. 이것이 개혁가로서 그리고 노예제도 반대론자로서의 그의 생애의 시작이었다. 이때의 개리슨은 노예제도에 관하는 한, 런디와 같은 해방론자이자 흑인식민지건설 지지자에 불과하였다. 그는 반-노예제운동 단체의 조직, 워싱턴 특별지구(District of Columbia)의 노예제도 폐지를 위한 청원서 운동을 지지하였고, 해방된 흑인노예와 자유흑인의 이주를 지지하였다.[4]

1829년 8월 런디가 *Genius* 복간에 협력하여 달라고 요청하자, 개리슨이 이 제안을 받아들여 볼티모어로 갔다. 이 무렵 개리슨은 이미 즉시해방론을 받아들이고 있었다. 그러나 런디는 점진적 해방론과 흑인식민지 건설론을 포기하지 않았다. 그래서 두 사람은 각자의 논설에 자신의 견해를 표현하되 자기의 서명을 추가하도록 타협한 후 공동편집에 합의하였다.[5]

미주리(Missouri)논쟁(1819) 이후 반-노예제 강연장과 인쇄물들은 점점 더 외면당하고 있었다. 그러하였음에도 불구하고 *Genius*지에 게재된 개리슨의 논설은 노예제도에 강력하게 반대한 내용이었고 또한 흑인노예의 즉시해방을 주장하였다. 그리고 흑인식민지건설운동이 실패하였기 때문에, 흑인들이 정상적인 시민 자격을 갖추도록 그들에 대한 "교육과 직업을 제공"해야 한다고 주장하였다. 그런데 런디는 영국과 미국의 반-노예제 운동가들에게 잘 알려져 있었다. 그들과 광범한 서신교환을 지속하였고, 그들로부터 많은 유인물을 받았다. 이러한 런디와 개리슨이 *Genius*를 공동 편집하게 되자, 개리슨은 영국과 미국의 반-노예제운동의 상황과 그 문헌들을 접하게 되었다.

개리슨이 영국의 흑인노예해방 및 노예무역 반대운동가인 엘리자베스 헤이릭(Elizabeth Heyrick)과 제임스 덩컨(James Duncan)의 팸플릿 그리고 오하이오주의 흑인노예해방론자이며, 도망노예 보호 및 수송 비밀조직인 지하철도(Underground Railroad)요원이자, 장로교 목사인 존 랭킨(John Rankin)의 편지 등을 접하게 된 것도 이 시기였다. 개리슨과 달리 런디는 점진적 노예제 폐지론과 흑인식민지 건설론을 고수하였다. 그는 남부의 노예지역에 대하여 많은 경험을 가진 사람이었다. 런디는 그가 이야기하는 대상을 잘 알고 있었고 온건한 성격의 소유자였다. 개리슨은 전혀 다른 유형의 인물이었다. 그는 노예제도에 대하여 직접적으로는 전혀 알지 못하였을 뿐만 아니라, 그의 종교적 견해는 급진적이었고, 어조도 온건하지 않았다.[6)]

Genius 지를 결정적으로 파국에 몰아간 것은 1829년 11월 해상 운송업자인 프랜시스 토드(Francis Todd)를 공공연히 비난한 개리슨의 기사 때문이었다. 그는 토드가 불법적인 방법으로 노예무역에 종사하여 거대한 부를 쌓았다고 맹렬하게 비난하였다. 그런데 토드는 볼티모어로부터 뉴올리언스로, 노예무역이 아닌, 미국 내의 흑인노예 수송 사업을 하고 있었으나, 토드 자신이나 선장들이 단순한 운반업자로서가 아닌 불법적인 어떠한 음모에 연루되어 있었다는 증거는 전혀 없었다. 그러나 개리슨은,

> "해적선을 무장하는 것 혹은 해외노예무역에 종사하는 것이 우리나라의 연안을 따라 유사한 교역하는 것 보다 더 사악(邪惡)한 것이 아니다. 그리고 부를 쌓기 위하여 거기에 참여하는 사악한 사람들은 종신 독감방 형을 선고받아야 한다. 그들은 인류의 적이고

노상강도이며 살인자들이다. 그들의 최종적 운명은, 그들이 신속히 참회하지 않는 한, 지옥의 밑바닥을 차지하게 될 것이다"[7]

라고 비난하였다.

그리하여 볼티모어 대배심은 개리슨을 명예훼손혐의로 기소하였고, 그는 50달러의 벌금형을 선고받았다. 벌금과 소송비용을 낼 수 없었던 그는 1830년 4월 17일 투옥되었다. 그 후 뉴욕의 노예제도 폐지론자들의 강력한 후원자였던 아서 타판(Arthur Tappan)이 벌금과 소송비용을 대신 납부하여 1830년 6월 5일 풀려나왔다. 결국 런디는 볼티모어에서 *Genius*의 발행을 계속할 수 없어서 워싱턴 특별시로 옮겨, 월간지 발행으로 다시 시작하였다. 개리슨은 매사추세츠주로 돌아가 그곳에서 흑인노예제도 반대 순회강연을 시작하였다.[8]

앞에서 언급한 바와 같이 개리슨은 1829~1830년간 *Genius*의 공동편집자로 있는 동안 그는 이 신문에 즉시폐지론을 소개하고 있었다. 그의 이러한 활동은 토드사건을 계기로 잠시 중단되었으나, 이 사건 이후 그는 필라델피아, 뉴욕, 그리고 뉴잉글랜드 몇몇 도시의 공공집회에서 "사유 재산(財産)"인 흑인노예의 무-보상(報償), 즉시폐지를 주장하고 남부의 노예제도에 반대하는 과감한 행동을 촉구하였다. 그러나 그의 기대와 달리 뉴헤이븐(New Haven)과 보스턴을 제외하고는 거의 호응을 받지 못하였다. 단지 보스턴에서 다양한 개혁운동가들인 사무엘 메이(Samuel J. May), 에이모스 올콧(Amos B. Alcott), 그리고 사무엘 시월(Samuel E. Sewall)의 열렬한 협력을 얻다.[9]

이들과 함께 개리슨은 흑인노예제도 폐지운동을 추진하기 위한 단체를 조직하고자 하였다. 1830년 11월 초에 흑인노예제도 폐지론자들의 단체를 조직하기 위하여 집회를 열었으나, 단지 두 명의 신입회원인 윌리엄 콜리어(Rev. William Collier)와 아비야 블랜차드(Rev. Abijah Blanchard)목사를 추가로 확보할 수 있었을 뿐이었다. 그래서 이들 개리슨지지자들은 11월 20일 그들의 단체를 조직하기 전에, 더 광범한 지지를 얻기 위하여 노력하기로 하였으나, 그들의 노력에 보스턴 시민들은 무관심하였고 어떠한 성과도 이루지 못하였다.

개리슨은 뉴잉글랜드인들을 흑인노예제도 폐지운동에 끌어들이기 위하여 이듬해인 1831년 1월 1일 "해방자(*Liberator*)"를 창간하였다. 그는 남부 노예제도의 실상을 폭로하였고, 점진주의 노예해방론은 불충분한 논리라고 공격하고, 흑인들도 자유로운 미국인으로 살 권리가 있다고 주장하였다. 그 결과 일부 북부인들은 점차 개리슨을 피압박 흑인들을 위한 전사로 여겼으나, 그는 남부인들의 맹렬한 공격의 표적이 되었다. 이러한 그의 선동 활동 덕분에 그는 북부 자유흑인들의 재정적 지원을 받을 수 있게 되었고, 뉴잉글랜드 각지에서 얼마간의 백인 지지자들도 확보할 수 있었다.[10]

개리슨은 여전히 흑인노예제도 폐지운동 단체를 조직하고자 하였다. 그는 자주 "전국적인" 반-노예제도 단체의 조직을 촉구하였고, 대중들의 "도덕적인 힘의 집중화" 없이는 흑인노예제도 폐지를 성취할 가능성이 없다고 주장하였다.[11] 1831년 말경 개리슨은 그의 보스턴 협력자들을 설득하여, 끝내 노예제도 폐지운동을 위한 조직을 만들기로 합의하였다. 1831년 11월 13일 15명의 개리슨파 폐지론자들이 즉시 무조건 노예제도 폐지운동 단체를 창설하기 위하여 시월(Samuel E. Sewall)변호사 사무실에 모였다. 이 모임에서 개리슨은 점진주의자들의 흑인식민지 건설 계획에 반대하고 노예제도의 즉시폐지를 원칙으로 하는 단체를 조직할 것과 영국식의 노예제도 폐지운동 단체의 조직을 촉구하였다. 그러나 보수적인 메이(Samuel J. May), 시월 그리고 몇몇 다른 참여자들은 그의 과격한 태도를 지지하지 않았고, 개리슨의 설득과 장시간에 걸친 토론에도 불구하고 끝내 참석자 중 6명은 그의 태도를 지지하지 않았다. 1개월 후 결국 개리슨의 주장이 관철되어 노예해방운동 단체의 헌장초안을 작성하기 위한 기초위원회가 조직되었다.[12]

*Liberator*의 창간 1년 후인 1832년 1월 1일 흑인노예제도 폐지운동 단체를 조직하기 위한 3번째 예비 회합이 열렸다. 여기서 헌장 기초위원회가 작성한 헌장초안을 논의하였는데 그 서문에 개리슨의 과격한 견해들이 표현되어 있었으나, 본문은 보수적이었다. 그래서 그 헌장초안의 본문은 대체로 찬성을 받았다. 그러나 노예 소유자들의 죄악상을 비난하고 즉시 노예해방을 주장한 개리슨의 과격한 견해를 담은 급진적인 서문은 장시간의 격렬한 토론을 불가피하게 한 요인이 되었다.

보수주의적 견해를 견지하고 있었던 기초위원들은 노골적인 노예해방론으로 대중들의 지지를 받을 수 없다고 반대하였다. 그들의 반대가 심해서 비준이 연기되었다. 1832년 1월 6일 최종적인 회합이 보스턴 비컨 힐(Beacon Hill)의 "아프리카인 침례교회(The African Baptist Church)"에서 있었다. 조금 수정이 되었으나 여전히 호전적인 과격한 서문에 관한 토론이 있고 난 후, 그 어법에 대하여 묵인하자는 의견이 다수가 되어서 최종적으로 완성되었다. 그들 중 12명이 서명하였다. 이리하여 개리슨이 바라던 노예제도 폐지운동을 목적으로 한 새로운 단체인

New England Anti-Slavery Society(NEASS로 표기)가 출범하게 되었다.[13]

2. 개리슨파(派)의 흑인노예제도 폐지운동

이 새로운 단체(NEASS)는 조직과 노예제도 폐지선동에 즉시 착수하였다. 퀘이커 교도이며 성공한 사업가였던 아놀드 버품(Arnold Buffum)이 만장일치로 대표로 선출되었고, 개리슨과 오랫동안 교직에 종사하였던 조슈아 코핀(Joshua Coffin)이 간사직을 맡았다. 나머지 회원들도 다른 직책들을 맡았다. 이 단체는 흑인노예무역, 흑인식민지건설운동, 미국 노예제도의 현황, 북부 자유흑인들의 실태에 관한 조사에 착수하였다. 그리고 워싱턴 특별시의 노예제도폐지 청원서를 의회에 보내기도 하였다. NEASS는 창립 직후 한동안 노예제도 폐지선전에 온 힘을 다하였다. 이 단체의 헌장과 "대중에게 보내는 서한(Address to the Public)"이라는 글을 담은 팸플릿을 배포하였고, 보스턴 시민을 대상으로 공개 강연도 하였다. 당시 그 단체의 공식적 기관지였던 "해방자(*Liberator*)"가 노예제도 폐지선전활동에 크게 이바지하였다.[14]

이와 같은 개리슨파의 공격적인 노예제도 폐지운동은 상당한 성과를 거두었다. 이제 노예제도 즉시폐지론자들은 텅 빈 연설장이 아니라 흥미를 느낀 흑인들과 백인방청객들로 충만 된 강연장에서 연설하게 되었다. 버품과 개리슨은 많은 청중을 끌어들이곤 하였는데, 두 번의 경우 천명 이상의 군중에게 강연하였다. 특히 로드아일랜드(Rhode Island)

주의 프로비던스(Providence)에서는 하위(下位)의 보조단체 조직을 위한 절차가 진행되었다. 개리슨파는 또한 새로운 선전사업을 시작하였다. 비록 *Liberator*의 발행 부수가 1832년 두 배로 늘었지만 보다 값싼 보조기관지의 필요성을 느꼈다. 그래서 NEASS는 새로이 "폐지론자(*Abolitionist*)" 발행을 시작하였다. 다른 한편 즉시주의 운동을 더욱 촉진하기 위하여 개리슨파는 노예제 폐지운동 단체의 결성을 기념하는 행사도 열었다.[15]

개리슨파는 강연이나 소책자 저술가들의 선동 이외에도 여러 가지 노예제도 폐지운동 방법을 동원하였다. 그들은 12개의 흑인노예제도 폐지운동 보조단체를 조직하였으며, 124명의 성직자를 설득하여 즉시 노예해방을 지지하도록 유도하였고, 콜롬비아 특별지구로부터 노예제도와 노예무역을 제거하기 위한 청원서에 2,500명의 서명도 받았다. 그리고 NEASS는 선전활동 자금을 확보하기 위하여 2,000달러 이상을 모금하기도 하였다. 이러한 노예제도 폐지운동 전향자를 확보하기 위한 노력은 매우 성공적이었다. 1832년 그 회원 수가 단지 72명에 지나지 않았으나 1833년 1년 동안 그 단체는 2,000명 이상의 지지자를 얻었다. 더욱이 이 선구적인 조직은 10개 이상의 북부의 여러 주에 분산된 47개의 지방단체의 모형이 되었다. 이 중에서 33개의 단체는 뉴잉글랜드 지역에 있었다. NEASS가 강력하고 활기찬 지역조직으로 성장하여, 1834년 초 NEASS는 기구를 재조직하였다. 이제 중앙본부가 필요하게 되어, "보스턴의 워싱턴 스트리트 46번가"의 큰 고미다락 방에 사무실을 개설하였다. 이 사무실과 선전물 보관소를 관리할 상임간사를 고용하였고, 3명의 상임 현장 활동 요원을 확보하였으며 다른 회원들에게 비상임 강연 임무를 부여하

였다.[16)]

본부 간사인 벤자민 베이컨(Benjamin C. Bacon)은 NEASS의 출판물 판매와 우편물 처리의 책임을 맡았다. 그는 NEASS의 종신 회원권 판매, 성직자들에게 모금을 요청하는 임무, 보조단체들이 모 조직에 기부하도록 하는 임무와 정기간행물과 선전책자의 판매촉진 임무로 분주하였다. 그해 말경 NEASS는 이러한 여러 가지 방법으로 888.40달러를 모금하였다. 또한 3건의 특별기부로 888.13달러를 모금하였다. 한편 NEASS 이사회는 출판계획을 수정하여 "*Abolitionist*"발행을 중단하고, 대신에 회원들이 "*Liberator*"를 적극적으로 배포하도록 하였다. 새로이 보스턴의 "파인 스트리트 회중교회(Pine Street Congregational Church)"의 목사였던 아모스 펠프스(Amos A. Phelps)의 "노예제도 강의(Lectures on Slavery)"를 출판하였고, 기존의 다른 소책자(booklet)와 팸플릿 배포를 확대하기로 하였다. 그리고 워싱턴 스트리트 46번가의 정기간행물 보관소는 대중들의 반-노예제 독서실로 사용토록 하였다.[17)]

NEASS는 또 다른 새로운 선전 방법을 모색하였다. 늘어나고 있던 노예제도 폐지운동 동조자들의 집회를 개최하였다. 매년 1월에 열린 NEASS의 창설 기념 회합에 추가하여, 지역총회를 매년 개최하기로 하였다. 이리하여 70개 도시와 5개 주를 대표하는 226명의 대표가 참가한 집회가 1834년 5월 27~29일간에 보스턴에서 개최된 이후, 이러한 모습의 집회가 정기적으로 열렸다.

개리슨파는 17개 지역 단체들이 7월 4일 미국 독립 축하 기념식을 하도록 하였다. 또한 영령 서인도 제도의 노예해방일을 기념하는 8월 1일 축제도 열었다. 이러한 방법으로 흑인노예제도 폐지론자들은 그들의 유명한 전향자들을 자랑해 보일 수 있었고, 그들의 활동방향과 회원 수가 적지 않다는 것도 알릴 수 있었다.[18]

그러나 개리슨의 노예제도 폐지운동에는 많은 문제점이 있었다. 개리슨의 선동은 너무나 급진적이어서 많은 뉴잉글랜드 지방의 개혁가들을 등돌리게 하였고, 노예제도 폐지론자가 될 가능성이 있는 사람들을 NEASS로부터 멀어지게 하였다. 그러나 이러한 사람들에 대하여 주로 뉴욕주의 노예제도 폐지론자들이 주축이었던 "아메리카 반-노예제협회(American Anti-Slavery Society: 이하 AASS로 표기)"가 그들의 운동원을 파견하여 개리슨파 연사들의 활동을 보완하였다.

이러한 연합적 조직적 운동을 통하여 뉴잉글랜드 지역의 노예제도 폐지운동 단체의 수가 급격히 증가하였다. 1834년 말에는 뉴잉글랜드 지역에 97개의 노예제 폐지운동단체가 있었으나, 그들 중 과반수는 NEASS의 보조단체였다. 그런데 두 개의 주요한 단체가 뉴잉글랜드의 무대에서 활동하고 있었기 때문에 곧 관할권 경쟁이 시작되었다. AASS는 지방(local)단체들을 주 단위로 통합하고 주 단체들을 전국적 조직의 집행위원회(Executive Committee)와 연결하게 했다. 이러한 경향은 NEASS의 독자적인 지역적 활동을 위한 여지를 인정하지 않은 것이었다.

NEASS는 점차 매사추세츠주 경계 내로 그 활동을 좁히지 않을 수 없었다. 비록 개리슨파 단체가 뉴잉글랜드 전역에 걸쳐서 노예제도 폐지론의 씨를 뿌렸고, 그 운동원들이 그 지역의 5개 주에서 최초의 노예제도 폐지운동 단체의 창설을 주도하였으나, NEASS는 이제 전국적인 노예제도 폐지운동 단체에 종속되는 주(州)규모의 보조단체로 격하될 상황이 되었다. NEASS는 1834년 2월에 스스로 전국 조직의 보조단체가 되었다. 1835년 2월 4일 이 선구적 노예제도 폐지운동 단체(NEASS)는 공식적으로 매사추세츠 반-노예제 협의(Massachusetts Anti-Slavery Society: 이하 MASS로 표기)로 개명하였다. 이후 MASS는 뉴잉글랜드 지역의 관할권 요구를 포기하였다.[19]

위와 같이 개리슨의 즉시 노예해방론이 전파되기 시작하면서 조직적인 노예제도 폐지운동이 전개되기 시작하였다. 개리슨파의 노예제도 폐지운동은 흑인식민지건설 반대운동을 병행하였다. 흑인식민지건설운동의 본질은 흑인노예들을 점진적으로 해방하고, 해방된 흑인들을 미국 밖으로 추방하고자 한 일종의 반-흑인적 인종편견을 가진 운동이었다. 그러므로 흑인식민지건설운동은 노예제도의 폐지뿐만 아니라 인종편견의 불식을 목표로 하는 개리슨의 노예제도 폐지론과는 조화될 수 없었고, 개리슨파의 노예제 폐지운동과는 근본적으로 다른 성격의 운동이었다.[20]

개리슨 이전에도 흑인식민지건설운동에 반대가 없었던 것은 아니나, 여론 형성에 거의 도움을 주지 못하였고 무시되었다. 그러나 1832년 봄이 되면서 대중의 무관심이 개리슨파의 유일한 장애물이 아니라는 것이 명백해졌다. 왜냐하면, 10년 이상 미국식민협회가 반-노예제도 운동을 주도해 왔고, 흑인식민지 건설론자들은 그들의 운동을 포기할 생각이 없었기 때문이었다.

그들은 노예제도 즉시폐지론을 오도된 급진론자들의 교의(教義)라고 개탄하였다. 그리고 그들은 즉시주의자들을 "단지 몇몇 어리석은 백인들"이라고 비난하였다. 반대로 개리슨은 식민협회는 인종편견의 가면일 뿐이고, 자유흑인의 국외추방은 남부의 노예제도를 더욱더 강화할 것이라고 공격하였다.[21] 두 조직의 노예제도에 반대하는 방법론에 대한 대결이 치열해짐에 따라 두 운동 사이의 적대감이 점점 더 첨예화되어 갔다.

흑인식민지건설운동을 타도하지 않고서는 노예제도 폐지운동이 성공할 수 없음을 명백히 예견했던, 개리슨이 1832년 4월에 다음과 같이 경고하였다. "노예제도를 파괴하기 전에 먼저 식민협회가 타도되어야 한다." 그리고 이어서 5월에 그는 식민지건설 사업을 자세히 비판하기 위하여 "식민지건설에 관한 생각(Thoughts on Colonization)"이라는 제목의 팸플릿을 출판하였다. 이 팸플릿에서 개리슨은 "식민협회는 근본적으로 반(半)-노예제도가 아니라 반(反)-흑인"이라고 주장하고 "이러한 사이비 박애주의 단체는 노예제도라는 죄악에 대한 국민의 양심을 무디게 할 뿐"이라고 공격하였다. "나는 그 신조들이 무해(無害)하다고 할지라도 이 단체에 반대할 것이다"라고 선언하였다. 그리고 "그것은 불가피하게 그리고 효과적으로, 영향력이 있고 경건한 많은 사람의 입술을 봉한다. 자신들이 이 싸움으로부터 물러선다면 승리가 어떻게 얻어질 수 있겠는가?"[22]라고 공격하였다.

흑인식민지건설 반대운동에 총력을 동원하기 위하여 NEASS는 보스턴에서 흑인식민지건설 반대 공개토론회를 열었다. 그리고 회원들은 그들이 발언할 기회를 발견할 수 있는 곳이면 어디든 가서 강연하였다. NEASS는 매사추세츠주의 여러 도시에서 7월 4일의 특별집회를 개최하였다. 이 국가적 독립기념 공휴일에 개리슨은 개인적으로 보스턴에서 흑인식민지 건설주의자들의 행사와 경쟁적 집회를 맡았고, 그의 지지자들은 린(Lynn), 찰스턴(Charleston), 그리고 세일럼(Salem) 등지에서 회합을 개최하였다. NEASS의 회장인 버품(Arnold Buffum)도 강연요원으로

활동하였다.[23]

　강연과 모금임무를 위임받은 버픔은 남부 매사추세츠주와 인접한 로드아일랜드주에서 개리슨의 "노예제도폐지 복음"을 열심히 전파하였다. 퀘이커 교도인 그에게 퀘이커 교회와 정통 기독교회가 집회 장소를 제공하였다. 그리고 그의 끈덕진 노력 끝에 침례교회와 유니테리언교회의 문도 열었다. 그리하여 버픔은 그들의 예배 장소에서 식민협회에 반대하는 연설을 하였다. 그러나 청중은 대체로 소수였고 모금도 빈약하였다. 단지 뉴베드포드(New Bedford), 포터켓(Pawtucket) 그리고 프로비던스에서 그는 실제적 격려를 받을 수 있었다. 그러나 온갖 어려움에도 불구하고 이 집요한 퀘이커 교도는 기독교도들에게 노예제도 폐지운동을 지지해 줄 것을 계속 촉구하였다.[24]

　개리슨파의 선전이 상당한 주목을 받았으나, 식민협회는 무시하는 태도였다. 흑인식민지 건설론자들의 출판물들은 흑인식민지 건설을 공격한 개리슨의 "*Thoughts on Colonization*"에 대하여 비판을 하지 않았으며, 노예제도 폐지운동가들에게 대응하기를 회피하였다. 표면적으로는 노예제도 즉시폐지론자들의 선동이 전혀 주목할 가치가 없는 것이라고 주장하였으나, 사실상, 흑인식민지건설 주장자들은 반격하지 못하였다. 이러한 상황은 NEASS에게 민중선동을 더욱더 확대하게 만들었다. 아놀드 버픔은 그의 활동 범위를 코네티컷강계곡(Connecticut Valley)의 여러 도시로 확대하였다.

　그리고 NEASS는 개리슨이 뉴잉글랜드 동부지역에서 강연하도록 하였다. *Liberator*를 친구에게 맡기고 그는 중부 매사추세츠주와 북부 로드아일랜드주를 방문하였고, 그런 다음 메인주에서 열렬히 선동하였다.

10월 하순에 버품과 개리슨은 북·동부 매사추세츠주에서 합류하였다. 그리고 그들은 함께 에섹스(Essex)군의 주민들에게 즉시노예해방을 설교하였다. 그동안 보스턴본부는 장로교 목사이자 저술가인 조지 본 (George Bourne), 흑인대학 설립을 주창한 흑인교회 목사인 시므온 조슬린(Simeon S. Jocelyn)을 노예제도 폐지운동 연사로 보충하였다. 이러한 공격적인 활동은 곧 뚜렷한 결과를 가져왔다. 개리슨파의 노예제도 폐지운동 선동가들은 이제 텅 빈 강연장에서 연설하지 않게 되었다.[25]

노예제도 폐지론자들의 성공은 흑인식민지 건설론자들을 괴롭게 만들었다. 그리하여 곧 직접적 충돌이 일어나게 된다. 장로교회의 유력한 목사이자 흑인식민협회(ACS) 선전활동가였던 조슈아 댄포스(Joshua N. Danforth)가 매사추세츠주의 노샘프턴(Northampton)에서 쌓였던 적대감을 폭발시켰다. 버품의 한 집회에서 댄포스는 별안간 나타나 "NEASS의 간부들은 보잘것없는 인물들이다, 두뇌보다 혈기에 찬 젊은 사람들이다, 그리고 버품은 단순한 퀘이커교 모자 제조공이고 태산을 파괴하려고 하는 한 마리의 생쥐일 뿐"이라고 비웃었다. 그리고 이들 과격한 선동가와 식민협회를 지지하는 성직자 및 저명한 인사들을 비교한 후, 댄포스는 노예제 폐지론자들의 주장은 "필연적으로 진실성과 장점이 결핍되어 있음이 틀림없다"라고 공격하였다.[26]

비슷한 말다툼이 코네티컷계곡의 회합에서도 일어났다. 그리고 메인주에 있었던 소규모 모임에서 개리슨이 역습을 가하기도 하였다. 그는 경쟁자의 회합을 비공식적인 토론장으로 바꾼 후, 식민협회에 반대하는 불신임 결의를 요청하기까지 하였다. 그리고 버품과 개리슨이 이러한 사건들을 성공적으로 마무리하게 되자, 그들은 대체로 공개토론을

피하였다.[27]

 이러한 상황이 만들어진 이상, 흑인식민지건설운동가들은 노예제도 폐지론자들의 비난이 생각해 볼 가치도 없다는 태도를 보일 수 없게 되었다. 그들은 개리슨파의 공격에 무방비 상태가 되어 이미 그 운동 기반이 무너지고 있어서, 존립의 위기에 직면하고 있음을 알게 되었다. 그래서 1832년 11월이 되면 ACS의 기관지가 개리슨의 팸플릿과 NEASS를 신랄하게 비난하기 시작하였다. 그들은 몇몇 논쟁에서 패배하였으므로 그들의 총력을 동원하였다. 이에 개리슨파도 대응하여 몇 개월 동안 여러 신문의 지면들이 반박과 역습으로 점철되었다.[28]

 그러나 이러한 서로 뒤집어씌우는 상호비난 방식으로 진행된 토론의 결과로 나타난 나쁜 여론 때문에 노예제도 폐지론자들은 그들의 전술을 수정하였다. 1832년 12월에 접어들면서 공격적인 전술을 포기하고 개리슨주의자들은 자신들이 중상모략을 당한 박애주의자들이라고 주장하기 시작하였다. 그들은 노예제도 폐지론자들의 주장이 설교단과 종교 출판물에서 배제되고 있다고 주장하였다. 이러한 새로운 사태는 노예제도 문제에 관한 자유로운 토론을 억압하려는 흑인식민지 건설론자들의 음모라고 주장하였다. 노예제도 폐지운동 단체는 무모한 목적이나 방법을 전혀 옹호하지 않으며, 노예제도 찬성여론을 줄이기 위하여 오직 설득만 할 것이라고 거듭 주장하였다.[29]

 이리하여 한동안 소강상태가 유지되었으나, 1833년 1월 코네티컷주 캔터베리(Canterbury)의 한 여학교 교장인 퀘이커 교도인 프루던스 크랜달(Prudence Crandall)이 사라 페이어웨더(Sarah H. Fayerweather)라는 흑인 소녀의 입학을 허가하자 공개 논쟁이 폭발하였다. 흑인에 대한 인종편견이 있던 그 지역의 일부 백인들이 만약 그 흑인소녀가 추방되지 않는다면 백인학생들이 학교를 떠날 것이라고 위협하였다. 크랜달 교장은 그 문제를 즉시 개리슨주의자들에게 제기하였다. 개리슨, 버품, 메이(Samuel J. May), 그리고 퀘이커 교도인 조지 벤슨(George Benson) 등은 기꺼이 인종편견에 관한 크랜달의 투쟁자문역을 떠맡았다.[30]

개리슨은 크랜달 사건의 잠재적 중대성을 명확히 인식하고 있었다. 만약 크랜달의 학교가 억압을 받게 되면 흑인교육운동은 실패하게 될 것이고, 반대로 그 여자 퀘이커 교도가 그녀의 반대자들을 침묵시키게 되면 흑인식민지 건설론자들의 편협함이 문제의 원인이었음을 증명하는 기회가 될 수 있었다. 그리하여 개리슨은 크랜달에게 그녀의 학교를 흑인 소녀들의 교육을 위하여 활용하라고 조언하였다. 그녀를 돕기 위하여 코네티컷의 노예제도 폐지론자들을 규합하였다. 그는 "가능하다면 만난을 무릅쓰고 크랜달을 지원하여야 한다"라고 하였고, "우리는 단호하게 이러한 추방 정신에 대처하는 것이 좋다. 그리고 그것을 압도하라. 우리는 이것을 공동의 관심사로 만들어야 한다"[31]라고 촉구하였다.

크랜달이 흑인여학생 "사라 페이어웨더"의 입학반대자들에게 도전하였을 때 전선은 분명하였다. 그 지역의 흑인식민지 건설론자들은 모든 위기가 개리슨과 버품의 음모로부터 나온 것이라 주장하였고 크랜달의 학교는 곧 노예제도 폐지운동의 보조기관이 될 것이라 선동하였다. 그리고 뉴잉글랜드는 아메리카의 라이베리아(Liberia)가 될 것이라고 선동하자 그 지역 주민들은 그 학교를 공공연히 비난하고, 배척하였다.[32] 더욱이 흑인공포심을 가진 사람들의 압력 때문에, 흑인학교에 반대하는 코네티컷 흑인법(Connecticut Black Law)이 제정되었다. 1833년 6월 크랜

달 교장은 이 법의 위반 혐의로 체포되었다.[33]

개리슨파는 이 사소한 충돌사건을 흑인식민지 건설 주창자들에 대한 총공격의 기회로 바꾸었다. 감방에 수감 되어있는 교양있는 한 여자 퀘이커교도에 대한 그들의 묘사는 광범한 대중의 동정을 일으켰다. 그리고 이후 크랜달의 감방수감은 노예제도 폐지론자들의 애타주의(愛他主義)를 극적으로 강조하기 위하여 이용되었다. 개리슨주의자들은 흑인식민지 건설론자들의 보복을 유발하도록 크랜달의 학교를 유도하여, 그들의 반대자들을 인종적으로 편협한 사람들로 보이게끔 유도하였다. 피해자로 모습을 바꾼 개리슨파는 그들의 흑인노예제도 즉시폐지론에 대한 반감의 약화에 큰 성과를 거두었다.

그리고 ACS가 영국의 지원을 크게 늘리기 위한 노력을 계속하였기 때문에, 개리슨파는 대서양을 건너가 미국의 흑인식민지 건설운동에 대한 영국의 지원중단 공작도 진행하였다. 박애주의 사명감과 경쟁심이 혼합된 것이었지만, 그들은 이 공작을 위하여 개리슨을 영국으로 파견하였다. 개리슨은, 영국에 가서 흑인대학을 설립하기 위한 모금을 해달라는 부탁을 한 흑인 친구들로부터 재정지원을 받아, 1833년 5월말 영국에 도착하였으나, 그는 흑인교육을 위하여 모금하는 일은 완전히 제쳐두고 ACS를 비난하는 임무에 전념하였다.[34]

이 목적을 달성하기 위하여 먼저 미국식민협회의 영국 주재요원들을 공격하였다. 그리고 영국 개혁가들이 미국의 노예제도 폐지운동을 지원하도록 노력하였다. 개리슨이 여러 번 식민협회 요원과 공개토론장에서 만날 것을 요구했으나 항상 무산되었다. 그리고 식민협회가 미국 노예제도의 제거에 기여하고 있다는 흑인식민지건설운동가들의 일방적인 주장에 영국의 많은 박애주의자가 속고 있다고 선전하였다.[35] 개리슨의 영국여행은 크게 성공을 거두었다. 식민협회 주재요원과 동조자들은 그의 선동적 활동과 대결할 수 없었다. 그래서 식민협회의 영국주재 요원은 다음과 같이 탄식할 따름이었다.

> … 개리슨과 반-노예제 단체가 나를 찌그러뜨리고, 식민협회를 이 나라에서 추방하고, 그리고 우리의 국가적인 인물들을 비방하기 위하여 일하고 있다. 이곳의 몇몇 신문들은 매우 뜨겁게 그들의 편을 들고 있다.[36]

가장 뚜렷한 성공은 영국의회의 윌리엄 윌버포스의원(William Wilberforce)같은 유력한 지도자들이 서명한 "ACS에 대한 영국 지원에 대한 항의서(Protest against British Support of the American Colonization Society)"의 발표였다.[37] 영국의 유력자들이 공식적으로 흑인식민지건설 반대를 지지하였으므로 개리슨은 흑인노예제도 즉시폐지운동이 미국의 노예제도에 대한 진정한 공격단체를 대표한다고 주장할 수 있었다.

1833년 후반에 이르러 ACS는 심한 어려움에 빠졌다. 내적 알력과 외적 공격이 ACS에 대한 일반대중의 지원을 감소시켰다. 식민협회가 46,000달러의 적자를 보고하였을 때 흑인노예제도 폐지론자들은 흑인국외추방 운동의 임박한 와해를 서둘러 선언하였다.[38] 흑인식민지건설론자들의 세력은 이후 회복되지 않았으며, 1834년 3월 개리슨이 승리를 획득하였음을 확신하였다. "우리의 존경하는 노예제도 폐지운동 동지들에게 고한다"라고 다음과 같이 낙관적으로 언급하였다.

> … 보스턴이 이제 흑인식민지건설 속박으로부터 완전히 구출되었다. 그리고 뉴잉글랜드의 완전하고 신속한 부활 전망이 활기 띠고 있다.[39]

식민협회(ACS)는 흑인국외추방 운동에 대한 후원을 복구시키려고 노력하였으나, 여론의 흐름은 그 반대였다. 개리슨파의 선전이 너무나 효과적이어서 이제는 흑인식민지 건설론 연사들은 무관심하고 비우호적인 청중들과 직면하게 되었다. 그들은 프로비던스에서는 회합장소의 확보조차 할 수 없었다. 그리고 보스턴에서는 악의가 뚜렷한 시위가 있었다. 한때 명백히 우호적이었던 뉴잉글랜드의 정통 기독교회들도 협력을 거부하기 시작하였다.[40] 순회운동원들의 노력에도 불구하고 흑인식민지 건설론자들은 많은 후원을 다시 얻을 수 없었다. 1834년 여름이 끝나는 무렵 미국 장로교회 목사이자, 식민협회의 간사인 랄프 걸리(Ralph R. Gurley)는 뉴잉글랜드 주민들의 태도가 그의 단체에 비우호적이 되었음을 공개적으로 인정하였다.[41]

노예제도 폐지운동의 가장 큰 장해물은 흑인식민지 건설운동이었다. 흑인식민지건설운동은 흑인노예를 점진적으로 해방하여 이들을 미국 밖으로 추방코자 하는 일종의 반-흑인적인 인종편견에 근거한 것이었다. 그러므로 이 운동은 개리슨파의 노예제도 폐지운동과 양립할 수 있는 것이 아니었다. 이 식민지건설운동에 대한 개리슨과 그의 추종자들의 투쟁은, NEASS가 조직되면서부터 시작되었고, 1834년 여름이 되면

ACS를 거의 와해시키는 데 성공하였다. 이처럼 1830년대 전반의 노예제 폐지운동의 주도세력이었고 그 운동의 가장 거대한 장해물을 제거하여 향후의 노예제도 폐지운동의 기반을 닦아놓은 것은 개리슨과 그의 추종자들이었다.

3. 타판(Lewis Tappan)의 복음주의적 노예제도 폐지운동

19세기 1830년을 전후한 시기는 미국의 복음주의운동(evangelical movement)의 절정기였고, 미국의 사회사와 종교사에서 중요한 시기였다. 당시 북부의 복음주의자(evangelist)들은 열광적으로 신앙부흥운동을 전개하여 종교적인 측면에서 커다란 역할을 하였을 뿐 아니라 미국의 지적·사회적 발전에도 크게 영향을 끼쳤다.[42]

복음주의운동이 남북전쟁 이전에 커다란 영향력을 끼친 것은 그 운동이 크게 확산하였기 때문이기도 하지만, 당시 미국을 풍미하고 있었던 여러 형태의 사회개혁운동과 관련이 있었기 때문이다. 당시 프린스턴 신학교 출신의 장로교회 목사였던 알버트 반스(Albert Barnes)가 그 운동이 "신학(神學)보다 종교적 체험에 더욱 관심을 보였다"라고 비판하였으나, "여론 형성을 하고자 한 미국의 어떤 다른 운동보다도 많은 영향력을 행사"하였다고 주장하였다. 이에 반해서 1812년 전쟁에 참여한 해군 장교 경력의 영국 문필가인 캡틴 메리엇(Captain F. Marryat)은 비판적인 태도로, 그것은 일종의 "자극적 운동"이었고, 거의 모든 종교의 교파와 교의에 공통적이라고 주장하고, 비판적인 태도로 그 운동의 사회적 의의를 부정하였다. 그리고 복음주의자들은 이성적인 요소보다는 감성적인 요소를 강조하는 경향이 있어서, 예일대학 사학과의 랄프 가브리엘(Ralph H. Gabriel)교수는 그들은 "낭만적인 기독교 신앙"을 주장한 자들이라고 평가하였다. 그러나 복음주의운동의 사회적 영향을 긍정적으로 평가하고 있는 것이 일반적인 경향이다.[43]

복음주의운동의 영향을 받은 여러 사회개혁운동 중에서, 노예제도 폐지운동이 가장 영향을 많이 받은 대표적인 사회개혁운동이었다. 특히 뉴욕주의 노예제도 폐지론자들은 열성적으로 종교활동에 참여하였기 때문에 특히 영향을 많이 받았다.[44] 그래서 오하이오 웨슬리안(Ohio Wesleyan)대학 경제학 교수인 길버트 반스(Gilbert H. Barnes)와 웨스트버지니아대학의 교수였던 휘트니 크로스(Whitney Cross)는 즉시 노예제도 폐지론은 찰스 피니(Charles G. Finney)의 "복음주의적 신앙부흥운동의 다이내믹한 충격"의 결과라고 주장하였고, 루이지애나 주립대학 사회학과 교수였던 루돌프 헤베를레(Rudolf Heberle)교수는 노예제도 폐지론자들은 그들의 목표가 선(善)한 것임을 확고부동하게 믿은 "유사 종교적 이상주의자들"이라고 평가하였다.[45]

그런데 1933년 길버트 반스교수는 처음으로 "급진적인 개리슨파"가 노예제도 폐지운동의 주도세력이 아니었다고 주장하였다. 그리고 시어도어 웰드(Theodore D. Weld), 타판(Tappan) 형제 그리고 제임스 버니(James G. Birney) 같은 보수적인 노예제도 폐지론자들의 사실상 목표는 "사회개혁"이 아니라, "국가의 종교적 정치적 제도가 명백히 반-노예제가 되게끔 하는 것"이었다고 주장하였으며, 개리슨파 이외의 모든 흑인노예제도 폐지론자들은 "보수적"이었다고 평가하였다. 노예제도 폐지운동에 관한 최근의 많은 연구자 중 비-개리슨파가 보수적이었다는 길버트 반스 교수의 주장에 동조하지 않는 연구들도 적지 않다.

그중 플로리다대학 버트램 와이어트-브라운(Bertram Wyatt-Brown) 교수는 복음주의적 교회 중심의 비-개리슨파(派)인 타판파에 관한 정교한 저술에서, 타판파가 노예제도 폐지론자 중에서 가장 급진적이고 비타협적이고 영향력 있는 집단이었음을 입증하고자 하였다. 오하이오주 볼링 그린(Bowling Green) 주립대학(BGSU)의 로렌스 프리드먼(Lawrence J. Friedman)교수는 타판파 구성원들 상호간의 관계와 그들의 가치관 그리고 그들의 사회개혁운동에 관한 면밀한 연구로 길버트 반스 교수에게 반기를 들었다.

한편, 하버드대학 사학과의 데이비드 도널드 (David Donald)교수는 급진적 개혁운동과 공격적 선동에 대하여 심리학의 긴장환원(緊張還元) 이론을 빌려, 노예제도 폐지운동 지도자들은 산업혁명의 희생자, 즉 미국 산업사회의 밀려난 계층이었고, 그들의 좌절감을 해소하기 위하여 급진적 개혁운동과 공격적 선동에 참여한 집단이었다고 주장하였다. 루이지애나 주립대학의 앤 러브랜드(Anne C. Loveland)도 이와 비슷한 견해를 밝히고 있다.[46] 이 외에도 다수의 연구자가 이와 유사한 태도로 노예제도 폐지운동가를 묘사하고 있다.[47] 그러나 이러한 견해에 대하여 뉴욕 주립대학의 제랄드 소린(Gerald Sorin)교수는 계량적 방법을 동원하여, 뉴욕주의 노예제도 폐지론자들의 사회적 지위를 분석한 연구에서 노예제도 폐지론자들은 "밀려난 계층"이 아니었다는 반론을 펴고 있다.[48]

그래서 3절과 이어진 4절에서는 타판파의 형성과 그들의 사회적 지위를 검토하고, 복음주의적 신앙부흥운동이 타판파에 끼친 영향과 복음주의적 사회개혁론 그리고 타판파의 노예제도 폐지운동과 그 성격을 정리해 보고자 한다.

 루이스 타판(Lewis Tappan)은 1788년 5월 23일 매사추세츠주의 강변 도시인 노샘프턴(Northampton)에서 출생하였다. 그는 형인 아서 타판(Arthur Tappan)(1786~1865) 및 그의 9명의 형제는 벤자민·사라(Benjamin·Sarah) 부부의 건전하고 엄격한 종교적 가정에서 성장하였다. 그의 아버지 벤자민 타판(Benjamin Tappan)은 프랑스 혈통으로 위그노전통을 이어받았다. 작은 잡화상을 운영하였으나 연간 수입이 1,000달러를 넘지 못하였다. 루이스 타판은 16세가 되던 1804년 아버지의 이러한 개인적 야심결핍에 실망하여, 그의 "아버지는 정직하게 사는데 매우 만족하고 있는 것 같다"라고 판단하고 보스턴으로 이주하여 잡화 상품 수입상사의 서기가 되었다. 이곳에서 수잔 아스핀월(Susan Aspinwall)을 만나 1813년 그녀와 결혼하였다. 보스턴에서 그는 유니테리언(Unitarianism: 미국의 일신론 주장한 기독교)목사인 윌리엄 채닝(William E. Channing)을 만나 한때 그의 영향을 받았고, 1825년에는 "미국 유니테리언 협회(American Unitarian Association)"의 재무 담당으로 일하기도 하였다. 그러나 1828년에는 유니테리언 신앙에 반대하는 그의 초기 복음주의적 신념을 보여주는 팸플릿을 발표하였다. 루이스는 1828년에 뉴욕에서 견직물 도매상을 경영하던 그의 형인 아서 타판과 협력하여 "아서 타판 상사(Arthur Tappan and Company)"의 신용 거래 담당 지배인으로서 회사 번영에 크게 이바지하였다.

 그런데 1829년부터 찰스 피니(Charles Grandison Finney)가 뉴욕주에서 신앙대부흥회(Great Revival)를 개최하였다. 곧 타판형제도 그 영향을 받게 되었고, 찰스 피니가 뉴욕에서 활동하고 있는 동안 타판형제는 그의 신념을 널리 전파하고 "신앙대부흥회를 전국에 확산시키기 위하여" 뉴욕 복음주의자(New York *Evangelist*)라는 신문을 창간하였으며, 그는 열광적인 복음주의자들을 위하여 브로드웨이 태버내클(Broadway Tabernacle)이라는 거대한 장막교회 건립에도 자금 지원을 하였다.

 루이스는 곧 "미국 외방(外邦)선교 이사회(American Board of Commissioners for Foreign Missions)와 미국성서공회(American Bible Society)의 후원자가 되었다. 그리고 시어도어 웰드(Theodore D. Weld)가 뉴욕에 머무를 때마다 루이스는 그와 접촉하였다. 타판형제가 흑인노예제도의 즉시폐지론을 이해하게 된 것은 이 기간이었다.[49] 1833년이 되면 루이스는 이미 사업에 크게 성공하여, NEASS의 노예제도 폐지운동과 AASS 창립에도 적극적으로 협력하고 있었다.[50]

 그러나 그 이듬해 7월 4일 독립축제 분위기 속에서 일단의 군중들이 루이스의 집을 약탈하여 그의 가구들을 길거리에 끌어내어 불태웠다. 7일 후 군중들은 장로교회 목사인 노예제도 폐지운동가인 사무엘 콕스(Samuel H. Cox)의 교회와 다른 2개의 흑인 교회와 루이스 타판이 도와서 세운 제일 자유 장로교회(First Free Presbyterian Church)를 습격하였다. 1835년 여름 루이스의 형 아서를 암살하겠다고 위협하는 내용이 담긴 몇 통의 편지를 받기도 하였고, 그해 늦게 타판형제가 지원한, 인종적으로 흑인도 동등한 대우를 받게 되어있었던 장막(帳幕)교회는 완성되기도 전에 불타버렸다.[51]

 이러한 위기에도 굴하지 않고 노예제도 폐지운동과 자유흑인을 위한 운동에 대한 루이스의 헌신은 점점 더 크게 확장되었다. 1836년 3월 9일 AASS의 지도적 노예제도 폐지론자들이 뉴욕시에 모였을 때, 루이스 타판이 어떤 흑인 목사를 초빙하여 연설을 들어 보자고 제의하였으나, 거센 반대를 받아 그 계획은 좌절되었다.[52]

이처럼 루이스 타판은 노예제도 옹호자들뿐만 아니라 노예제도 반대 경향의 사람들로부터도 심한 공격을 받았다. 루이스 타판이 정치적인 노예제도 폐지론자였다고 주장하기도 하나, 그는 노예제도 폐지론자들이 이기적인 정치활동에 참여한다면, 도덕적 개혁가로서 그들은 영향력을 상실하게 될 것이라는 그의 입장을 포기하지 않았다. 그리고 그는 만약 노예제도 폐지론자들이 제3의 정당을 조직한다면, 사람들이 노예제도 폐지론자들이 노예를 해방하고자 한 신(神)의 힘에 대한 신앙을 상실하였다고 공격할 것이라고 주장하였다.

그러나 이러한 주장을 근거로 그를 개리슨파로 분류할 수는 없다. 루이스는 개리슨파와의 연합의 중요성을 인식하고, 그들과 협력하고자 노력했으나, 1840년 개리슨과 결별하였다. 한편 흑인노예제도 옹호론자들의 적대감 증대와 더불어 그는 더욱더 급진적인 행동방식을 취하였다. 정치적인 노예제도 폐지론자들과 일시적으로 연합한 후에도, 그는 "그들은 여전히 그들의 [정치] 원리에 충실할 것"이라고 생각하였다. 이리하여 소위 타판파의 "복음주의적" 노예제도 폐지론자들이 모이게 되는데 이들 중에는 윌리엄 제이(William Jay), 아모스 펠프스(Amos A. Phelps), 조슈아 리빗(Joshua Leavitt), 시므온 스미스(Simeon Smith), 시므온 조슬린(Simeon Jocelyn), 시어도어 웰드(Theodore D. Weld), 조지 휘플(George Whipple), 조지 치버(George B. Cheever), 그리고 아서 타판

(Arthur Tappan) 등이 포함되어 있었다.⁵³⁾

이들 중 거의 대부분은 이전에 연방주의자들이었고 북·동부 특히 뉴잉글랜드의 회중교회 출신들이었다. 그들 모두는 정도의 차이는 있으나 인간의 자족(self-sufficiency)을 지지한 18세기 중엽 제1차 대 각성(大覺醒) 운동 즉 신앙부흥운동(First Great Awakening: Revivalism) 시대의 조나단 에드워즈(Jonathan Edwards)류의 수정캘빈주의의 영향을 어느 정도 받았다.

또한 그들은 1812년 전쟁 이후 수년 동안 번창했던 몇몇 자선사업 단체에서 활동하였는데 이른바 금주운동, 성서 및 선교 책자 배포운동, 그리고 안식일 엄수운동 등에 적극적으로 참여하였다. 그리고 이들은 종교적인 반-노예제 언론활동에 상당한 경험이 있었고, 조지 휘플, 시므온 조슬린 그리고 시어도어 웰드는 교육경험도 있었다. 이들 타판파는 1830년대 후반까지는 루이스처럼 개리슨과 협력하였고, 뉴욕시가 그들의 일상적인 집단활동을 위한 중심지였다.⁵⁴⁾

타판파는 노예제도 폐지운동과 관련된 특별한 문제에 대한 견해차에도 불구하고, 그들은 전체적으로 상호 조화로운 관계를 유지하였다. 그들이 긴밀하게 협력하는 하나의 집단을 만들 수 있었던 응집력의 근원은 이전부터 개혁활동을 하면서, 서로 간 협력한 경험을 공유하고 있었다는 사실이다. 이 경험은 구성원 상·호 간의 신뢰와 관용의 근원이었다. 예를 들면, 루이스 타판의 노예제도 즉시폐지론으로의 전향은 아서 타판의 영향과 시어도어 웰드의 호의적인 권유, 그리고 시므온 조슬린의 초기 노예제도 반대연설 때문이었다.⁵⁵⁾

치버(George B. Cheever)가 1830년대 중반에 노예제도 즉시폐지론을 받아들이게 되었을 때, 루이스 타판, 시어도어 웰드, 그리고 조슈아 리빗으로부터 비슷한 감정적 지원을 받았다. 시므온 조슬린은 타판형제의 재정적인 지원으로 최초의 주요한 민권운동 사업이었던 뉴헤이븐 흑인대학설립 사업을 추진할 수 있었다.

조슈아 리빗(Joshua Leavitt)은 1820년대 후반 타판형제와 함께 금주운동, 종교서적 배포운동을 한 후 그들과 제휴하였고, 1831년 시어도어 웰드와 더불어 「노동학교 추진 협회(The Society for Promoting Manual Labor in Literary Institutions)」를 조직하였다. 조지 휘플과 시어도어 웰드는 1834년 레인 신학교(Lane Theological Seminary)에서 만났고, 당시 이 학교 이사회가 그들이 추진하고 있던 노예제도 폐지운동을 억압하고 있을 때였다. 조슈아 리빗이 1834년에 루이스 타판의 집을 방문하였을 때, 일단의 노예제도 폐지 반대 폭도들이 그의 주택을 습격하였다. 그는 이 사건을 목격하게 되었고 이 우연한 사건이 타판형제와 그의 교우 관계를 시작된 계기가 되었다.[56]

1839년이 되면 타판파 내부의 상호 이해관계와 끊임없는 교류의 결과, 그들은 위기의 순간이나 혹은 사회적 고립순간이 오면 즉시 모이게 될 정도가 되었다. 예를 들면, 루이스가 노예선 아미스타드(Amistad)호에서 선상반란을 일으킨 아프리카인인 멘디(Mendi)인의 체포 소식을 듣고, 즉각적으로 시므온 조슬린과 조슈아 리빗 그리고 그의 서클의 다른 동료들에게 변호위원회 구성에 협력하여 달라고 부탁하였다.

그리고 1842년 조슈아 리빗과 시어도어 웰드가 하원에서 토론금지 규정(Gag Rule)에 반대하고, 휘그당 의원들이 더욱더 호전적인 반-노예제 태도를 보이도록 한 작업을 위해 워싱턴 특별시에 머물러 있는 동안 그들은 서로 함께 토론하고 반-노예제 관련 글을 읽고 쓰고 하면서 매일 저녁을 함께 보냈고, 일요일이면 그들은 종종 흑인교회예배에 참여한 적도 있었다. 이러한 경험은 1840년대 중반 조슬린과 휘플 그리고 루이스 타판을 미국선교협회(American Missionary Association: 이하 AMA로 표기)의 본부사무실의 주요 직원으로 끌어들였다. 여기서 그들은 서로를 더욱더 잘 알게 되었고 서로 의존하게 되었으며 걱정되는 일이 발생하면 서로 논의하게 되었다.[57]

결국 수십 년 동안 복음주의적 개혁운동을 하는 동안 타판파는 상호간 신뢰하고 의존하게 되었다. 루이스 타판은 노예제 반대운동에 대한 법률상의 조언은 제이(William Jay)에게 의존하였고, "개혁의 타당성"에 대한 제이의 판단은 언제나 결점이 없다고 느꼈다. 그런가 하면 제이도 꼭 같이 루이스 파판을 신뢰하였다. 제이는,

"당신과 나는 우리들의 노예제도 반대운동에 대해 거의 의견의 일치를 보고 있다. 그리고 우리가 견해가 다를 경우에도 서로를 너무나 신뢰하기 때문에 우리는 표현을 억제할 필요가 있다고 생각지 않는다."

라고 하였다. 이러한 신뢰의 어휘들은 타판파 구성원들 상호간에 주고받은 서신들에서 나타난 현저한 특색이었다.[58]

다음으로 루이스 타판의 탁월한 조직운영기술 덕분에, 제이, 펠프스, 리빗, 조슬린, 웰드, 휘플, 치버와 아서 타판은 조화롭게 일을 할 수 있었다. 비록 루이스 타판이 리빗, 웰드 혹은 펠프스 보다 덜 자극적인

인물이지만, 그는 타판파의 다양한 사업의 중앙관리자이자 조정자였다. 그는 1830년대 중기와 후기 동안 뉴욕시에 설치되어 있었던 AASS의 집행위원회(Executive Committee)의 유력한 인물이었고, 복음주의적 노예제도 폐지운동의 대변인이었다. 또한 그는 1840년에 새로 조직된 "미국 및 외국 반-노예제 협회(American and Foreign Anti-slavery Society: 이하 AFASS로 표기)"의 조직자였고, 그리고 1853년까지 이 단체를 거의 혼자 힘으로 유지하였다.[59]

루이스 타판은 초기 AMA의 주요한 정책입안자였고, 그 조직이 복음주의적 노예제도 폐지론을 지지하게끔 유도하였다. 그는 12개의 신문과 정기간행물 발간에 관여하고 있었다. 이러한 그의 능력으로 친구들이 쓰는 글에 종종 영향을 미칠 수 있었다. 그는 거대한 과업을 담당할 수 있는 능력 있는 유능한 관리자였고, 복음주의적 개혁운동의 영향력 증대에 크게 이바지하였다. 그래서 그의 동료들은 그가 혁신이나 카리스마로서가 아니라 관리와 조정으로 그들을 이끌어 가는 그의 능력을 인정하고 존경하였다.[60]

루이스 타판의 운영방식의 또 다른 한 가지 기본적인 특징은 주요한 정책수립을 함께하는 포용성이었다. 펠프스(Amos Phelps)가 살아있는 동안, 루이스는 공식적 정책수립에 늘 그의 도움을 받았다. 그리고 루이스는 제이(William Jay)와 빈번하게 상의하였고, 그에 대한 신뢰와 존경은 시간이 갈수록 깊어 갔다. 그리고 어떤 특별한 문제에 대하여 그가 신뢰하는 동료들과 의견의 일치를 보지 못하게 될 때도 그는 기꺼이 그 자신의 개인적인 의견을 포기하곤 하였다.[61]

루이스 타판의 능력은 관대하고 세련된 모습으로 발휘되었다. 예를 들면 AMA의 연례보고서 준비가 늦어졌다는 시므온 조슬린를 질책한 경우, 그리고 조지 치버를 친-노예적인 "미국 외방선교 이사회(American Board of Commissioners for Foriegn Missions)"의 회원이라고 비난한 경우에도 온화하고, 간접적이었으며, 진심에서 우러난 것이었다. 끝으로 그의 기금 사용에 대한 융통성은 그를 수십 년 이상 그 집단적 사업의 주요 조정자로서 그 지위를 계속 유지하게끔 해 주었다. 윌리엄 제이를 제외하고는 모든 구성원이 필요할 때는 루이스 타판의 재정적인 원조를 받았다. 그는 아모스 펠프스의 해외여행에 많은 자금을 제공하였고, 조슈아 리빗이 워싱턴에서 하원의 노예제도 반대를 지지하는 의원들과 함께 일할 수 있도록 지원하였고, 시므온 조슬린의 아들을 경제적인 궁지에서 구해 주었으며, 시어도어 웰드에게도 아낌없이 경제적인 조언과 지원을 하였다.[62]

그런데 몇몇 연구자들은, 타판파를 포함해서 노예제도 폐지운동 지도자들은 그들의 부모들이 각기의 공동사회에서 높은 지위를 가지고 있었으나, 그들은 "호상(豪商)과 거대한 제조업 회사의 고문 변호사"들에게 "밀려난" 사람들이라고 주장하였다.[63]

이러한 주장은, 노예제도 폐지론자들이 활약한 1830년대를 전후하여, 미국사회의 주도권이 농촌에서 도시로 이동하는 경제적 변혁으로 말미암아 전위(轉位)되고 좌절된 집단을 창출하였고, 노예제도 폐지운동이 이 밀려난 집단의 좌절감을 덜어 주는 방편으로 선동의 기회를 제공하였다는 것이다. 그러나 루이스 타판을 비롯한 비-개리슨파 노예제도 폐지론자들이 주로 활약한 서부 뉴욕주 즉, 애디론댁(Adirondack)산맥과 캣스킬(Catskills)산맥의 서부지역은 1830년대 후반 성숙한 농촌경제단계에 도달했던 지역이었다. 수력제조업의 한계를 벗어나지 못했던 남북전쟁 훨씬 이전 시대인 1830년대 후반에 이곳의 경제상태가 도시적 산업 시대의 새로운 계층에 의하여 심각하게 침식당하였다고 보기는 어렵다.[64]

더욱이 미국 역사에서 "호상"의 존재는 1830년대에 처음으로 나타나는 것이 아니다. 그들은 아메리카 합중국 내에 오래전부터 존재하고 있었다. 미시간 주립대학교의 러셀 나이(Russel B. Nye)교수는 "이미 1800년이 되면 뉴잉글랜드의 정치와 사회는 소수의 무역업자, 은행가 그리고 상속재산과 새로운 부를 가진 상인들이 지배하였다"라고 지적하였다. 그리고 "중부 대서양 연안의 여러 주에서도 영향력을 행사한 사람들은 해운업자, 은행가, 무역업자들"이었다고 주장하였다. 호상뿐만 아니라, 지적(知的) 직업인들도 남북전쟁 이전의 미국인들로부터 높은 신망을 얻고 있었다. 컬럼비아대학의 리처드 호프스태터(Richard Hofstadter)교수는 뉴잉글랜드에 대한 전형적인 묘사로서 헨리 애덤스(Henry Adams)의 회고록을 인용한 바 있다. 즉 "1850년까지 그리고 그 이후까지도 뉴잉글랜드 사회는 지적인 직업인들이 여전히 지도하고 있었다. 법률가, 의사, 교수, 상인들이 상류계급"이었다는 것이다.[65]

그리고 뉴욕 주립대학의 제랄드 소린(Gerald Sorin)교수의 분석에 의하면, "직업을 확인할 수 있는 80명의 뉴욕주의 노예제도 폐지운동 지도자 중에서 13명 즉 16%가 조금 넘는 인사들이 상인과 수공업자였다. 1850년 뉴욕주의 직업인 중에서 6%만이 상인과 수공업자였다는 사실에 비추어 볼 때, 상업에 종사하는 사람들에게 유리한 사회 지위상의 변혁이 있었다면, 상인과 수공업자들이 많이(비교적) 활약했던 흑인노예제도 폐지운동 지도자들에게 유리한 지위상의 변혁이 일어났을 것"이라고 주장하였다. 이러한 주장은 당시 "뉴욕주의 하원의원(이들을 밀려난 계급으로 볼 수 없다)의 13.8%가 상업활동에 종사"했던 사람들이라는 사실에 미루어 보면 더욱 신빙성을 가질 수 있다. 즉 북부인들의 사회적인 지위의 실제적 변혁과 같은 그러한 의미 있는 경제적 변화가 남북전쟁 이전인 1830년대 중반에 미국사회에서 일어났다는 주장은 타당성이 없는 것으로 생각된다.

노예제도 폐지운동 지도자의 교육 수준도 비교적 높았다. 1840년 뉴욕주의 대학 적령기 인구의 0.3%만이 대학을 다녔고, 하원 의원의 35.6%가 대학을 졸업하였음과 비교해서, 학력을 확인할 수 있는 42명의 노예제도 폐지운동 지도자 중에서 24명, 즉 57.1%가 대학을 졸업하였다. 그들의 교육 수준을 확인할 수 없는 나머지 노예제도 폐지운동 지도자들은 공립 초등학교 이상의 학교에 다니지 않았다고 하더라도 그들의 교육 수준은 비교적 높았다.[66]

뉴욕주의 노예제도 폐지운동 지도자들은, 하버드 대학의 도널드(David Donald)교수의 주장과는 달리, 그들의 아버지보다 더 높은 사회적 지위에 있었다. 그는 호상, 제조업자, 법률가 등이 의사, 교사, 성직자, 농부보다는 높은 사회적 지위라고 하였는데, 그의 주장에 따라 검토해 보더라도 그들 중 13.5%만이 그들의 아버지보다 낮은 지위였고, 46.5%는 같은 지위였고, 40%는 보다 높은 지위에 있었다.[67]

루이스 타판은 물론 뉴욕주의 노예제도 폐지운동 지도자들이 그들의 아버지보다 낮은 사회적 지위를 가지고 있었다고 평가할 수는 없다. 따라서 사회적 지위의 하향 전위(轉位)로의 변혁 때문에 생긴 좌절감과 긴장감의 해소 방편으로 급진적이고 호전적인 노예제도의 즉시폐지 선동을 하게 되었다고는 볼 수 없을 것이다. 그렇다면 그 원인은 어디에서 찾을 수 있겠는가?

뉴욕주의 노예제도 폐지운동 지도자들은 대부분 종교활동에 적극적으로 참여하였다. 소린(Gerald Sorin)교수에 의하면, 그들의 교회 직책을 확인할 수 있었던 72명의 노예제도 폐지론자 중에서 68%에 해당하는 49명이 목사(22명)였거나 교회 이사, 건립자, 집사, 장로, 선교사, 주일학교 교장으로 활동하거나 복음주의운동 관련 단체에서 활동하였다.

이러한 사실과 관련해서 그들의 종교적 열정은 그들이 뉴잉글랜드와 뉴욕주 서부에서 사는 동안에 생겨나고 강화되었음을 시사해 주는 증거들을 찾아볼 수 있다. 그들의 출생지를 확인할 수 있는 58명의 노예제도 폐지운동 지도자 중 28명, 즉 48.1%가 뉴잉글랜드에서 태어났고 그들 중 24명이 적어도 짧은 기간 동안 성장했거나 태어난 곳은 매사추세츠주, 코네티컷주, 버몬트주였는데, 이 주들은 복음주의 전통이 다른 주보다 강했다. 그리고 뉴욕주의 노예제도 폐지운동 지도자들은 65%가 양키였다.[68] 즉 뉴잉글랜드에서 태어났거나 혹은 그곳에서 태어난 선조들이 있는 인물이었다.

그런데 그들이 양키였다는 사실은 그들이 바로 복음주의적 전통이 강한 지역으로부터 최근에 이주하였다는 것을 시사하고 있다. 더욱이 뉴욕주의 노예제도 폐지운동 지도자들의 70%가 1820년대 후반부터 1830년대 초기까지 피니(Charles G. Finney)가 이끈 "강력한 신앙부흥운동"이 진행되고 있었던 뉴욕주 서부의 "모두 타버린(개종 대상 주민의 전혀 없는) 지역(burned-over district)"에서 살았다. 뉴욕주의 노예제도 폐지운동 지도자들은 복음주의적 신앙부흥운동의 영향을 크게 받았다고 볼 수 있는 사람들이었다. 1830년을 전후하여 피니의 신앙부흥운동이 전국으로 확대되었다. 반스(Gilbert Barnes)교수에 의하면, 당시의 신앙부흥운동은 "현대의 신앙부흥운동 중 가장 위대한 것"이었다. 그리고 뉴욕주의 서부지역은 다른 어느 지역보다 신앙부흥운동의 열기가 강렬하였다.[69]

웨스트버지니아 대학의 크로스(Whitney Cross)교수와 존스 홉킨스 대학의 티모시 스미스(Timothy Smith)교수에 의하면, 뉴욕주와 기타 미국 전체에 끼친 찰스 피니의 다이내믹한 충격은 1826년부터 1830년대 초까지 신앙부흥운동으로부터 시작되었다. 신앙부흥운동에서 전달된 메시지는 "구원은 신앙과 신의 영광뿐만 아니라 또한 선행(善行)이 필요하다"라는 것이었다. 길버트 반스 교수는 "환희에 찬 신앙부흥회의 열광으로 각성한 교우들에게 사회적 병폐는 쉽게 고칠 수 있을 것 같았고, 개혁이라는 꿈은 다가올 현실"이었다 라고 하였다. 그리고 크로스 교수는, "종교적 극단주의는 1830년대의 신앙부흥운동에서 생겨난 것인데, 잇따라 일어나는 모든 운동의 전제조건"이었다고 주장하였다.[70]

신앙부흥운동가인 찰스 피니와 그의 협력자들은 사회개혁운동 보다 인간의 영혼구제에 더 관심이 있었지만, 그들은 노예제도를 죄악의 상징, 미국의 과오(過誤)가 나타난 것이라고 주장하였다. 그리하여 모든 교파의 지도자들은 노예제도 반대정서에 동정적인 입장이 되었다. 그리고 신앙부흥운동가에게 노예해방은 사회적 혹은 정치적인 객관적 문제였을 뿐만 아니라, 더욱더 중요한 주관적인 정화(淨化)의 행동 즉 죄를 짓는 것을 그만두는 것이었다.[71] 이와 같은 제반 사정을 고려할 때 뉴욕주의 노예제도 폐지운동 지도자들의 활동은 이 시대의 종교적 재각성(再覺醒)의 일환이었다.

뉴욕주의 노예제도 폐지운동 지도자들은 노예제도라는 구체적인 죄악의 존속에 대하여 개인적 책임감을 느끼게 되었다. 그런데 노예제도 폐지운동이란 그 노예제도를 폐지하는 것만으로 그치는 것이 아니라 해방된 자유흑인의 복지향상, 나아가서는 국가 전체의 복지향상이 그 궁극적인 목표였다. 그리하여 소수의 노예제도 폐지운동 선동가가 노예반란을 촉구하기도 하였으나, 대다수는, 특히 1835년 이후에는, 도망노예(逃亡奴隸)를 돕는 운동에 적극적으로 참여하였다. 하지만 도망노예를 돕는 것이 노예제도 폐지운동 그 자체는 아니었다.

뉴욕주의 노예제도 폐지운동 단체들의 여러 기록에는 노예제도 폐지운동 지도자들이 흑인노예의 자유뿐만 아니라 자유흑인의 권리와 시민적 자유에 관심이 있었다는 증거가 보인다. 물론 자유흑인을 돕는 일은 단속적(斷續的)이고 유산되곤 하였으나, 금주운동가인 윌리엄 구델(William Goodell)은 "뉴욕주의 법률이 흑인을 냉대하는 한 흑인이 열등하다는 신념은 강화될 것"이라고 주장하였고, 장로교회 목사이며 유니언 신학교(Union Theological Seminary) 신학교수였던 사무엘 콕스(Samuel H. Cox)는 흑인에게 즉각적으로 백인과 동등한 시민권을 허용하라고 주장하였다. 그리고 루이스 타판이 노력하여, 흑인의 오하이오주 오벌린(Oberlin)대학 입학이 허가되었다. 타판은 교회의 "니그로 좌석 폐지"를 위하여 투쟁하였고, 금주(禁酒)운동가이자 후에 자유당 대통령후보가 된 게릿 스미스(Gerrit Smith)는 북부의 자유흑인을 돕고자 한 여러 교육기관에 재정적인 지원을 하였으며, 일부 흑인들에게 약 140,000

에이커의 땅을 분배해 주기도 하였다.[72]

　이처럼 뉴욕주의 노예제도 폐지운동 지도자들은 복음주의적 신앙부흥운동의 충격으로 재각성(再覺醒)을 경험하였다. 그리고 이 충격은 1830~1840년대의 낙관적 시대분위기 속에서 일어났다. 이러한 분위기 속에서 신앙부흥운동이 자극한 강한 사회정의감은 노예제도 폐지론자에게는 물론 대부분의 사회개혁운동가에게 강력한 동기를 부여하였다. 이 시대의 낙관주의는 기독교적이자 세속적이었다. 그것은 평등주의를 표방한 신학적 혁명의 결과였다. 인간의 능력에 대한 신(新)신학의 강조와 더불어, 인간과 사회의 궁극적 완전성에 대한 신념인 완전주의(perfectionism)가 주요한 교의(敎義)였다. 이 신념은 신앙부흥운동의 진행과 더불어 강화되었다.

　정치적 사회적 경제적 평등주의 등 세속적 평등주의도 1820년대의 교통 및 통신혁명 기간에 활발히 주창되고 있었다. 그리고 이러한 극단적인 낙관주의는 개혁운동을 통한 인류사회의 궁극적 완성에 대한 신념도 포함하고 있었다. 이러한 세속적 낙관주의는 서부로의 팽창에 따른 무한한 기회와 더불어 더욱 호소력을 가지게 되었다. 노예제도 폐지론자들도 이러한 낙관주의에 의한 세속적 종교적 신념에 영향을 받았다. 그리하여 그들은 그 시대의 진보적 여러 경향이 노예제도에 반대되는 것이라고 확신하게 되었고, 노예제도는 완전히 성장한 사회에서는 그 설 자리를 잃게 될 것이라고 확신하게 되었다.[73]

　이상에서 뉴욕주의 노예제도 폐지론자들에 대한 복음주의적 신앙부흥운동의 영향에 대하여 살펴보았다. 이들 뉴욕주의 노예제도 폐지론자들은 비-개리슨파로 분류되기도 하고 정치적 노예제도 폐지론자들이라

고 불리기도 하며, 그들의 정치와의 일시적인 타협 때문에 보수주의자들이라고 언급되기도 한다.[74]

그러나 뉴욕주의 노예제도 폐지론자 중에서 불요불굴의 기질과 복음주의적 경향을 띠고 있었고, 또 비타협적인 면을 보여주어서, 정치적 노예제도 폐지론자들이라고 단정할 수 없는 집단을 분류해 낼 수 있다. 즉 루이스 타판과 그 지지자들로 구성된 집단이다. 이들은 비타협적 복음주의적 노예제도 폐지론 및 사회개혁론을 가지고 있었고 이것을 위하여 투쟁한 사람들이었다.

그들의 과격하고 급진적인 사회개혁운동의 원동력이 된 것은 신에 대한 확신이었다. 타판과 그의 동료들은 인간이 선행을 통하여 신의 도움을 받을 수 있는 능력을 믿고 의지해야 한다는 피니의 신념을 신봉하였다. 비록 인간이 타락된 의지를 극복하고, 도덕률을 따르게 되는 인간의 "본래적 본능"을 통하여 신에게 복종하기 위하여 노력하지 않으면 안 되나, 신은 세상이 적절히 따르도록 주선할 것이라고 확신하였다. 그래서 신의 요구는 인간의 타락된 의지에 우월한 것이라는 "내적 및 외적 확신"을 가지고 있었다.

이러한 확신으로 타판파는 논리적으로는 다소 모순되는 일종의 "불완전한 켈빈주의"를 신봉하였다. 이것은 교리상 뒤범벅이 된 것이었으나 그들이 확신과 탄력을 가지게 한 원동력이었다. 그리고 이것은 그들의 활동의 많은 어려움에 대한 완충장치처럼 작용하였다.[75]

타판파의 성직자였던 시어도어 웰트는 이러한 신앙체계의 본질적인 여러 요소를 모두 받아들이지는 않았다. 1840년대 초에 그는 타판파의 종교적 개념을 공공연히 비판하였고, 타판파와 대결하고 있던 개리슨파

와 싸움에서도 후퇴하였다.[76]

타판파의 일부 다른 구성원들도 자족(自足) 개념을 지지하지 않았다. 시므온 조슬린은 "신은 스스로 정의를 수립하고, 그의 백성은 구원의 과업에 들게 되며 그리고 사악한 자의 수중에서 벗어나게 된다"라고 주장하였다. 그러므로 인간은 단지 신이 인간을 구원하고자 하므로 선행을 한다는 것이었다. 루이스 타판 자신도 유니테리언(Unitarian)파와 기타 자유주의적 종교가들에게 유사한 비판을 한 적이 있다. 즉 그들은 "그들 자신을 주의 청지기로 간주하지 않고 있다"라고 공격하였다. 그리고 조지 치버도 "인간의 가장 큰 위험은 자족에 대한 잘못된 인식"이라고 주장하였다. "우주만물은 단지 신에게 의지하도록 우리에게 가르친다"라는 것이었다.[77]

타판파는 절망적이고 어려운 상황에서도, 바르게 해 보려는 그들의 노력이나 의지의 타락에도 신이 개입할 것이라고 확신하였다. 예를 들면 1830년대 중반 노예제도 폐지 반대론자들의 폭동이 일어났을 때 그들은 임박한 개인적 위험에도 불구하고 "세상만사를 지배하는 위대한 존재자의 보호로 안전할 것"이라고 확신하였다. 폭도들에 대한 보복을 구하기보다는 차라리 "그(신)에게 그들의 운동을 맡길 뿐이었고, 평화는 카오스에서 생겨날 것"이라고 확신하며 안심하였다.

그리고 AASS의 1840년 연차총회 직전에 아서 타판은, 개리슨파와 복음주의파 사이에 분쟁이 일어나게 되겠지만 "신은 우리 사이에 있는 파괴 분자들의 음모를 파기할 것"이라고 확신하였다. 1850년대에 시므온 조슬린이 재정문제, 건강 악화, 과중한 사업부담 등으로 어려움에 부닥쳐 있을 때도 그는 평온한 상태로 "신께서는 우리가 믿게끔 하시고, 주

(主)는 대비하시고 있고, 우리의 신이자 구세주는 모든 일을 무한한 지혜로 훌륭하게 결정할 것"이고, 우리로부터 연유되는 모든 사태에 책임을 진다"라고 확신하였다.[78] 이처럼 타판파 노예제도 폐지론자들은 많은 위기를 당해서도 침착성을 유지하였다. 이것은 그들이 잘해 보기 위하여 노력해야 했지만, 신이 위기를 헤쳐 나가게끔 그들을 인도해 줄 것으로 확신했기 때문이었다.

노예제도 폐지운동 단체들의 수적인 열세, 그리고 그들이 경험한 좌절에도 불구하고 타판파는 신이 인간의 속박 상태에 반대하고 있고 결국에는 흑인노예들을 해방할 것이라고 확신하였다. 루이스 타판은

"우리가 싸워야 하는 모든 방해물과 어려움 중에서, 우리가 가장 절망하게 되는 것은 전지전능하신 신의 약속이 틀리지 않는다는 것을 깨닫지 못하는 것이다. 신은 압제자의 회초리를 꺾어버리고 억압당하는 자들을 자유롭게 해 줄 것"

이라고 확신하였다.[79]

치버(George B. Cheever)는 노예제도 반대운동은 성공할 것이다. 그 이유는 그 운동이 "인간이 아니고, 인간의 비열한 처리가 아니고, 신에 의존"하고 있기 때문이라고 주장하였다.

아모스 펠프스도 "열렬한 기도와 활기찬 능동적 신앙을 유지하는 한, 신은 영광스러운 결과로 그것(해방)을 계속 추진해 나갈 것"이라고 믿었다. 시므온 조슬린은 "인간이 아니라 신이 궁극적으로 자유를 보장하고 있으므로 노예제도 폐지운동가들은 수적인 열세에 애태울 필요가

없다"라고 주장하였다. 또한 아서 타판도 "신이 우리의 [노예제도 반대] 운동을 장악하였으며, 그 자신이 선택한 시간과 방법으로 그것을 완성할 것"이라고 확신하였다.[80]

이처럼 타판파는 노예제도의 폐지에 대하여 종교적 확신이 있었다. 그들의 개인적 편지와 정기간행물들을 검토해 보면, 신이 질서와 정의를 만들어 낸다는 그들의 확신이 오랫동안의 실패에서 비롯된 그들의 좌절감을 감싸주는 심리적인 완충장치 역할을 하였음을 보여주고 있다. 이 심리적인 완충장치가 실패와 반발에 무감각한 불감증의 개혁가들을 만들어 낸 근본적인 요인이었다.

타판파의 사람들은 다양한 자선사업과 운동에 평생을 바친 인물들이었다는 사실에 주목할 필요가 있다. 만약 신에 대한 확신이 그들에게 불감증에 걸리게 하였다면 그것은 또한 그들에게 노예해방, 평화, 금주 그리고 다른 인기가 없던 운동을 위하여 그들의 노력을 기울이게 한 힘의 원천이 되었을 것이다.

타판파의 무감각하고 지나치게 확신에 젖어있는 둔감한 인물들로 규정하기 위하여 그들의 내면화 된 완충장치를 언급할 수도 있으나, 그것은 또한 불리한 상황에서 호의를 받지 못하는 운동을 위한 그들의 힘과 줄기찬 인내의 근원이었다. 그들은 비록 신이 궁극적으로는 질서와 정의를 만들어 내게 될지라도 기독교도는 끊임없이 자기수양을 함으로써 신의 의지를 충족시키기 위하여 노력해야 한다고 주장하였다. 신에 대한 확신과 자기수양을 위한 기독교도의 노력은 상호관련성이 있다. 신의 뜻이 지배할 것이라는 확신은 개혁자들에게 용기와 결의를 부여하는 것이었고, 기독교도의 활기찬 자조적(自助的)이고 모험적인 사업을 위한

정신적인 기반이 되었다.[81]

타판파의 사회개혁운동의 원동력이 된 또 다른 하나는 기독교를 믿는 자수성가(自手成家)의 인물상이었다. 1819년 루이스 타판은 그가 "벤자민 프랭클린(Benjamin Franklin)과 먼 친척이 된다"라고 자랑스럽게 그의 정기간행물에 다음과 같이 서술하였다.

> "기독교에 대한 그[프랭클린]의 관심은 그것이 정치적으로 이익이 된다고 믿은 것 이상으로 확대되지는 않았던 것 같다. 그렇지만 그가 받은 종교적 교육은 그를 너무나 도덕적이고 유용한 인물로 만들어 준 것에 근본적으로 이바지한 것 같다. 나는 이 유명하고 근검한 동포의 후손이 된 것이 영광스럽다."

루이스는 프랭클린의 특징을 묘사하면서 사실은 그 자신과 형인 아서 타판을 묘사하였다. 프랭클린처럼 그들 형제는 자수성가하였다. 그들은 연간 1,000달러도 못 되는 정직하게 사는 그들 아버지의 길을 거부하고 고향을 떠나 보스턴과 뉴욕에서 그들 자신의 정력과 인내 그리고 혁신적인 사업기술의 개발로 부를 쌓았다. 아서는 당시의 상업관행을 무시하고, 낮은 판매이윤으로 견직물을 거래하였고, 현금이나 안전한 단기간의 약속어음으로만 거래하였다. 그리하여 그는 대량판매 정책으로 크게 번창하게 되었다.

루이스도 혁신적이었다. 그는 1841년 미국 최초의 상업신용조사회사를 설립하였는데 이것은 "사업조건과 관계없이 그의 수입을 안정시키고자 한 회사"였다. 불경기의 경제상황에서도 많은 사업가가 잠재적 고

객들을 위한 그들의 신용등급 때문에, 그에게 기꺼이 비용을 지급하였다.[82]

이리하여 타판 형제는 부를 쌓았으나, 그들의 사업활동이 기독교의 기본적 원칙을 강화한 것이라고 느꼈다. 아서는 상품의 현금구매가 오래된 기독교의 거래방법이라고 주장하였다. 현금거래는 사람들이 투기와 탐욕의 유혹을 받지 않게 된다는 것이었다. 루이스는 그의 상업신용조사회사가 이익 추구 사업이었지만 도덕적이라고 느꼈다. 그것은 사업가들이 자신이 받을 자격이 있는 만큼의 신용을 받게 하고, 차용(借用)이 기독교도들 간에 성실하고 확실한 것이 되게끔 보장한 것이었다. 그것은 "속임수를 막아주고 사업 태도를 정화한다"라는 것이었다.

타판 형제의 친구들 생애는 프랭클린과 같이 누더기에서 부자로 출세한 것과 같지는 않았다. 그러나 그들도 기독교적 자수성가 인물들과 같은 가치기준을 가지고 있었다. 예를 들면 아모스 펠프스는 1841년의 저서 "안식일(The Sabbath)"에서 "안식일 엄수는 사업의 이익과 도덕을 증진해준다"라고 하였다. 즉, 사람들을 하루 쉬게 함으로써 이익추구의 사업에 더 효과적이고, 그의 사업이 성공하게 보장한다고 주장하였고 또한 그들에게 "예배와 종교적 교육을 위한 시간을 제공함으로써 사람들이 경제적으로 성장하게 되고, 기독교의 진리에 접근"하게 된다고 주장하였다. 시어도어 웰드도 같은 가치 기준을 가지고 있었다. "기독교적 윤리가 결핍될 때 물질적 번영은 축소되고 사람들은 흉악하고 방탕한 행동"을 하게 된다는 것이다. 그 이외에 제이, 시므온 조슬린, 휘풀, 조지 치버도 꼭 같이 기독교적으로 자수성가한 인물이 탐욕, 무기력 그리고 죄악에 대한 유일한 대안이라고 확신하였다.[83]

4. 타판파의 노예제도 폐지운동의 성격

앞에서 본 바와 같이 기독교적 자수성가 인물이 루이스 타판의 문화적 가치의 핵심이었다. 그리고 자수성가한 인물들의 자조적 사업과 신에 대한 확신이 혼합되어 생겨난 정신과 용기가 타판주의자들에게 정통 복음주의자들의 사업 울타리를 뛰어넘게 하였고, 옹고집의 개혁자가 되게 하였다. 그들은 흑인노예제도 폐지운동을 비롯하여 평화운동, 금주운동, 안식일준수 운동, 성서 및 선교 책자배포 운동 등 기타 다양한 자선 운동에 적극적으로 협력하고 참여하였다.

그중 평화운동은 타판파가 적극적으로 활약한 분야였다. 윌리엄 제이(William Jay)는 1848년부터 1858년 그의 사망 때까지 미국평화협회(American Peace Society)의 회장으로 활약하였다. 그는 국제적으로 인정받은 평화운동 팸플릿 저술가였으며, 최초로 국제분쟁의 강제적 중재 이론을 체계화시킨 인물 가운데 한 사람이었다. 루이스 타판은 1829년 미국평화협회의 이사로 선출된 후 25년간 이사로 봉사하였다. 그는 벙커힐 기념관(Bunker Hill Monument)의 건설에 "나의 평화원칙" 때문이라는 이유로 기부금 희사를 거부했다. 그리고 1846년 오리건 국경분쟁을 둘러싼 영국과의 전쟁을 피하기 위한 청원서 운동을 전개하기도 하였다.[84]

아서 타판 역시 웰드, 시므온 조슬린, 조지 휘플처럼, 루이스 타판의 평화주의 원리에 찬성하였다. 그리고 타판파는 대체로 지역적 긴장이 절정에 달했던 1850년대에 비폭력 저항에 덜 열중하긴 하였으나 평화주의에 적극적으로 찬동하였다. 어떤 평화주의 단체에도 결코 활동한 일이 없었고, 1850년대에 흑인노예제도에 대하여 강력하게 저항하였던 조지 치버 조차도 1830~1840년대에는 평화주의의 원칙에 찬성하였다. 타판파가 오리건 국경분쟁의 비폭력적 타결을 주장하는 동안, 그들의 신앙체계에 의거 평화주의의 태도를 가장 명백히 표현했던 사람은 치버였다. 그에 의하면 전쟁이란 기독교적으로 자수성가한 사람들의 특성을 전복시키는 것이기 때문에 신의 계획을 위배하는 것이었다. 그리고 전쟁의 야수성은 사람들에게 올바른 사업활동의 방향과 신앙심에서 벗어나게 하며, 전시(戰時)상태에서는 사람들이 그들의 활력과 도덕을 누그러뜨리게 되고 안식일을 지키는 것을 그만두게 되며, 신의 복음전파에 흥미를 잃게 된다는 것이었다. 전쟁은 문명의 도덕적인 길을 막았고, 근면한 기독교도들을 신에게 죄를 짓는 야수로 바꾸었다는 것이다.[85]

시어도어 웰드는 1833년 그의 "문과학교 노동장려회 보고서(*Report of the Society for Promoting Manual Labor in Literary Institutions*)"에서 아래와 같은 이유로 전쟁에 반대하였다.

> "군사 활동은 활기찬 매일 매일의 도덕적, 문화적, 사업적 활동을 방해하고, 기독교적 자조(自助)의 본질을 전복시키고, 평화를 위한 신의 계획에 정면으로 도전하는 것"

이라고 주장하였다. 시므온 조슬린도 1830년대 초에 흑인을 위하여 대학을 세우려고 할 때부터, 1859년 하퍼스 페리(Harpers Ferry)에서 있었던, 존 브라운(John Brown)의 습격이 있을 때까지 평화주의 태도를 지지하였다. 그리고 루이스 타판은 "평화는 신으로부터 위임받은 것이고, 평화로운 상태는 검소한 사업관례와 건전한 도덕을 번성케 해줄 것" 이

기 때문에 가치 있는 것이라고 주장하였다.[86]

이처럼 뉴욕주의 타판파도 보스턴의 개리슨파처럼 평화주의 원칙에 몰두하였다. 그러나 개리슨파와 달리 타판파의 평화주의는 그들의 기본적 가치인 "신에 대한 확신과 자수성가의 인물"이라는 두 기준의 일치로부터 나온 것이었다. 신은 평화를 가져올 것이기 때문에 타판파는, 남북전쟁 이전 미국에 널리 퍼져있던 주전론자(主戰論者)들의 수사학적 발언의 난무 속에서, 평화주의가 별로 인기가 없었음에도 전혀 동요하지 않았다.[87] 평화를 위한 신의 계획을 옹호하는 동안 타판주의자들이 그들의 고집과 엄격함을 유지한 것은 그들 자신이 기독교적 "자조 이상"에 대한 신봉자였음을 말해 준 것이었다

이러한 현상은 특히 선교사들이 시작한 자선단체들과 타판주의자들의 관계에서 나타났다. 타판파는 흑인노예제도 폐지론자가 되기 전에 여러 자선단체에서 활약하였다. 그들은 신이 그들에게 지구상의 이교도를 기독교로 개종시키기를 바라고 있다고 믿었다. 그러나 곧 신은 외국뿐만 아니라 국내 이교도도 개종시키기를 바라고 있다고 믿게 되었다. "외국 선교에 관한 관심은, 이 나라 안에 있는 인간구제에 대한 욕구를 크게 일으킨다"[88] 라는 것이었다.

미국의 노예제도는 흑인을 억누르고, 신에게 더 가까이 가고자 한 흑인의 노력에 훼방을 놓고, 흑인들이 훌륭한 기독교적 자수성가의 인간으로 진화되는 것을 불가능하게 하고 있으므로 노예제도에 대한 결론은 명백하였다. 선교사들은 외국의 이교도를 개종시키는 것뿐만 아니라 미국의 노예를 해방하기 위해 노력하여야 하였다. "노예제도와 이교(異敎)"는 확고하게 관련이 있는 것이 명백한데도 선교사단체의 개혁가들이 "우

리들의 한 가운데 있는 강제적인 야만풍조와 싸움"을 하지 않는다면, 외국의 이교도들을 구하기 위하여 지구의 끝까지 성서와 선교사들을 보낸다는 것은 난센스라는 것이었다.[89]

타판주의자들은 국내의 노예제도 폐지와 외국 선교 활동은 분리될 수 없으며 서로 연관된 것으로 보았기 때문에 박애적 선교단체들이 노예제도와 투쟁을 거부한 것에 대하여 놀라움을 감추지 못하였다. "미국외방 선교이사회(American Board of Commissioners for Foreign Missions)" "미국 선교책자배포 협회(American Tract Society)" "미국 성서협회(American Bible Society)" 그리고 "미국 국내선교회(American Home Missionary Society)" 등이 그들의 비판과 공격의 대상이 되었다. 그들의 주장으로는 이들 단체가 외국의 이교도를 섬멸하기 위하여 일하면서, 문제가 생기는 것이 두려워하여, 국내의 이교도 제거를 중단한다면 그 선교 정신은 타락된 것이라고 비난하였다. 그러한 불일치는 복음주의적 기독교정신에 반대되는 것이었다.[90] 그것은 이교도의 제거를 위한 신의 계획을 부정하는 것이었다.

자선단체들의 해외 선교활동 지원이 어느 정도 효과를 보고 있었기 때문에 타판파는 그 단체들이 파괴되기를 바라지는 않았다. 그 단체들이 그들의 활동에 노예제도반대를 추가하여 개혁되기를 원하였다. 이러한 개혁을 위하여 타판파는 장기간 노력하였다. 그들 중에서 조슈아 리빗과 루이스 타판이 가장 적극적으로 활동하였다. 그리고 타판파는 이 외에도 새로이 "미국선교협회(American Missionary Association)"의 창설과 지원에 참여하였는데, 이 단체는 다른 자선단체들을 개혁하기 위한 것이었다.[91]

타판파는 자선단체들과의 관계에 있어서 개혁가인 동시에 급진주의자였다. 조슈아 리빗, 윌리엄 제이, 루이스 타판, 조지 치버, 시므온 조슬린, 아모스 펠프스 그리고 조지 휘플 같은 타판파 지도자들은 신의 명령을 따르고 국내·외에서 이교도와 투쟁을 하는 한 기존 자선단체들이 활기 띠기를 바랐다. 그러나 그 단체들이 태도를 바꾸기를 거부한다면 대치되고 파괴되어야 한다고 생각하였다.

타판파는 오랫동안 자선단체를 위하여 활동하였고 많은 기부를 하였으므로 파괴보다는 개혁을 훨씬 더 좋아했다. 그러나 그들은 자신들의 태도가 어떠하든 신이 그들을 뒷받침해 줄 것으로 확신하였다. 루이스 타판은 "나는 잘 훈련되고 정직하고, 철저하고, 단호하고, 사랑과 신앙으로 가득 차 있고, 열렬히 고무된 단 일백 명으로도 신의 축복을 받으며 대륙개혁을 일으킬 수 있을 것으로 생각한다"[92] 라고 주장하였다. 이것은 거의 "보수적" 노예제도 폐지론자들의 어휘가 아니었다. 이외에도 타판파의 편지에는 이러한 과격한 어휘들이 적지 않다.

이처럼 평화운동 및 자선단체와의 관계에 있어서 타판파는 적극적이었다. 그들은 신이 그들의 노력이 성공하게 도와줄 것이라고 확신하였기 때문에 이런 종류의 운동을 지속할 수 있었다. 기독교적 "자조의 가치관"을 믿는다는 그들의 주장은 그들이 "정의의 편"에 서 있다는 것이었다. 더욱이 역경 속에서의 그들의 노력은 정력적인 기독교적 자수성가의 인물들이라는 자화상을 확립하였다. 그리고 신에 대한 그들의 확신과 기독교적인 자조에 대한 그들의 확신이 그들이 선택한 것을 너무 지나치게 비타협적으로 만들었기 때문에 그들을 "보수주의자들"이라고 규정하는 것은 부적절한 것 같다. 상기와 같은 경향은 개리슨파와의 논쟁, 그리고 정치적 노예제도 폐지론자들과의 관계 속에서도 여실히 나타나고 있었다.

타판주의자들은 그들의 노예제도 폐지운동이 교회와 선교단체와 밀접히 연관되어 있으며, 교회를 중심으로 하여 그것을 추진시켜야 한다고 생각하였다. 그러나 1837년부터 1840년 사이에 타판파의 복음주의적 노예제도 폐지론은 강력한 도전을 받았다. 그 첫 번째가 몇몇 지도적인 개리슨주의자들의 반-교회적, 반-체제적인 노예제도 폐지론이었고, 두 번째는 정치적 노예제 폐지론이었다. 이러한 도전에 직면하여 타판파는 교회중심의 복음주의적 노예제도 폐지론을 더욱 강화하였다.

대부분의 타판파 노예제도 폐지론자들은 개리슨파와의 논쟁에 적극적으로 참여하였다. 그들은 개리슨과 그의 추종자들이 "미국 반-노예제 협회(AASS)"의 기능에 "이질적인 문제들(extraneous issues)"을 추가하려 한다고 공격하였다. 1839년 6월 루이스 타판은 그의 일기에서 이 문제를 다음과 같이 간결하게 언급하였다.

> "이제 개리슨과 그의 지지자들은 노예제도 반대에 미온적이다. 그리고 그 운동에 그들의 무정부주의, 여권, 무저항과 같은 운동을 혼합시켰다. 개리슨이 2년 반 전에 나에게 말하기를 반-노예제운동보다 더 중요한 문제들이 있는데, 그는 관심을 주로 거기다 쏟고 있다고 하였다. 노예제도 폐지운동을 다른 문제들을 추진하는 수단으로 삼는다는 것은 통탄을 금하지 못할 과오이다.[93]

루이스 타판에게 개리슨파의 여권(女權), 무정부주의, 안식일 엄수주의 반대 그리고 다른 문제점들에 대한 지지는, 그들이 노예를 위한 투쟁을 포기했거나 적어도 느슨하게 하고 있다는 것을 의미하였다. 아모스 펠프스, 윌리엄 제이, 아서 타판, 시어도어 웰드도 같은 우려를 표명했다. 타판파는 개리슨파가 받아들인 새로운 운동을 싫어하였으며, 그들이 다양한 운동을 받아들이는 것은 노예제도 반대운동을 포기하게 될 것이기 때문에 가장 위험한 것이라고 느꼈다. 결국 노예제도는 신의 의지와 기독교적 자조의 가치에 정반대되는 것인 만큼 모든 노력이 그것의 제거에 집중되어야 한다고 주장하였다.[94] 개리슨파가 노예제도 폐지운동에서 타판파보다 덜 호전적이라는 것이었다.

타판파는 노예제도 옹호론자들의 적대감과 폭력에 직면하였을 때 그들이 예속상태에 있는 그들의 형제들에게 시종일관 진실하였다고 주장하였다. 그러나 개리슨파는 대다수가 삼위일체설을 반대한 유니테리언(Unitarian)이었고 그리고 일부는 퀘이커(Quaker)교도였으며, 그들 중 몇몇은 기성 성직자들을 전면적으로 무시하였다. 그래서 타판파는 개리슨주의자들이 신학상 "자족(self-sufficiency)개념"을 받아들였고, 그 결과 그들은 진정한 기독교정신을 외면하였으며, 신의 명령을 저버렸다고 비난하였다. 그리하여 타판파는 개리슨주의자가 노예제도 폐지운동을 장악하게 된다면 노예문제는 최우선적인 급선무가 되지 않게 되며, 노예제도 폐지론자들은 신에 대한 확신을 상실하게 되고, 기독교적 자조(self-reliance)의 가치를 실천하지 못할 것이라고 주장하였다.[95]

1837~1840년간 타판파와 개리슨파의 논쟁에 대한 전통적인 평가는 "보수파"와 "급진파" 노예제도 폐지론자 간의 싸움이었다고 묘사하고도 있으나, 상기에서 본 바와 같이 타판파는 자신들을 호전적인 반-노예제

활동에서 탈선하고자 한 보수주의자들로 보지 않았다. 그들의 눈에 개리슨주의자들은 "급진주의자"라기보다는 반-노예제 운동을 포기한 이교도들로 보였다.[96]

1839년 초부터 1843년 후반까지 타판주의자들은 두 번째 도전을 받았는데, 이는 정치적 노예제도 폐지론자들인 제임스 버니(James G. Birney), 알반 스튜어트(Alvan Stewart), 그리고 그들 내부의 조슈아 리빗(Joshua Leavitt)같은 인물들의 도전이었다. 이들은 노예제도 폐지운동을 교회보다 정치활동에 의존하게 하자고 도전하였고, 노예제도의 폐지를 정강으로 내건 자유당(Liberty Party)을 지원하였다. 그들 중 리빗은 자유당의 창당과 운영에 참여했으나, 이들 이외 타판형제와 펠프스, 제이, 조슬린, 휘플, 웰드, 치버는 처음부터 자유당 당원이 아니었다. 그리고 그들은 자유당을 지지하는 정치활동을 하면서도 한편으로는 자유당 지도자들과 논쟁을 전개하였다.[97]

조슈아 리빗이 1839년 미국 반-노예제 협회(AASS) 이사회에서 노예제를 반대하는 제3당의 창당을 지지하는 발언을 하고, 그 당의 창당에 협력하자, 곧 루이스 타판은 제3의 정당인 자유당에 대한 비판을 하였다. 그는 "노예제도 폐지론자들이 제3의 정당활동에 참여하여 선거의 승패에 관심을 두게 되면 그들은 신의 명령에 관심을 덜 가지게 될 것"이라고 주장하기 시작하였다. 그는 "정당인이란 도덕을 정당의 이익으로 바꿔치기하는 자들"이라고 비난하였다. 그리고 자유당이 조슈아 리빗을 더 부드럽고 덜 정신적인 인물로 만들 것이라고 주장하였다. 리빗은 루이스 타판의 공격을 받고 자유당 창당을 변호하였다. 즉 "도덕적인 제3당은 교회보다는 그들의 이상을 추구하는 데 효과적 기관이 될 것"이라고 반

박하였다.[98)]

　그러나 1843년이 되면 타판파는 점차 공공연하게 자유당을 지지하기 시작하였다. 윌리엄 제이도 기독교적인 노예제도 반대활동을 위한 유일한 정치적 기반은 자유당이라고 하였다. 그리고 아모스 펠프스는 기꺼이 자유당 대변인이 되었다. 그해 가을에는 루이스 타판 자신도 자유당을 공식적으로 지지하였다. 비록 그에게는 아직 정치적 반-노예제 활동보다는 교회중심의 반노예제 활동이 훨씬 더 속이 편하였겠지만, 자유당 대통령후보인 제임스 버니를 공식적으로 지지하였다. 이러한 변화는 영국의 조셉 스터지(Joseph Sturge)라는 복음주의적 개혁가가 정치활동에 참여하였으나 그의 기독교적 감각이 마비되지 않았다는 사실과 AFASS의 쇠퇴 그리고 대부분의 비-개리슨파가 자유당에 기꺼이 참가하고 있었기 때문이었다.[99)]

　타판파의 정치활동과의 관계는 오래 계속되지 않았다. 1849년 조지 휘플은 그가 자유당의 후신이라 할 수 있는 자유토지당(Free Soil Party) 후보자들에게 표를 던질 수 없는 이유는 "신의 요구를 존중하지 않고, 수난을 겪고 있는 인간의 권리를 존중하지 않는 사람들을 위한 투표를 정당화할 수는 없다"라고 주장하였다. 그리고 "자유토지당에 투표하는 것은, 신에게 죄를 짓는 것이고 신의 불쾌함을 초래하는 것"이기 때문이라고 하였다. 루이스 타판은 "정치계에 들어가는 인물의 도덕심은 약화 될 것"이라고 주장하였고, "정당인들은 못 할 짓이 없다"라고 선언하였다. 조지 치버는 "정당인은 신이 금지한 노예제도라는 죄악에 대한 진지한 적개심이 부족"하다고 주장하였고, 윌리엄 제이도 그와 비슷한 염려를 했었다.[100)]

상기에서 본 바와 같이 조슈아 리빗을 제외하고 모든 타판주의자들은 교회중심의 노예제도 폐지운동을 포기할 것 같은 자유당에 대하여 우려를 표하였고, 단지 그렇지 않다고 확신했을 때인 1843년 자유당을 위하여 선거운동을 했을 뿐이었다. 자유당이 민주당원과 휘그당원들 가운데 불평분자들을 끌어들이기 시작했을 때 타판파의 이러한 우려가 다시 고개를 들게 되었다. 그래서 리빗은 새로운 자유토지연합(Free Soil League)으로 그들을 끌어들일 수 없었다. 몇몇 현대 역사가들의 주장과는 달리 사실상 타판파는 자유당 혹은 자유토지당에 결코 흡수되지 않았고, 공화당에도 흡수되지 않았다. 1840년대 말에도 그들은 1830년대 말에 그들을 특징지은 것과 같은 가치를 위하여 투쟁하였고, 신의 의지를 보편화하는 최선의 방책인 교회중심의 노예제도 폐지명령을 주는 신 그리고 기독교적 자수성가의 이상에 대한 절대적인 확신을 위하여 불요불굴의 투쟁을 하였다.

주 (a footnote)

1) Arthur Young Lloyd, *The Slavery Controversy, 1831~1860* (Chapel Hill, The Univ. of North Carolina Press, 1939), pp.20, 49-51, 54, 223; Walter M. Merrill, *Against Wind and Tide: A Biography of Wm. Lloyd Garrison*(Cambridge: Harvard Univ. Press, 1963), pp.26-28.
2) Dwight L. Dumond, *Antislavery: The Crusade for Freedom in America*(Ann Arbor: The Univ. of Michigan Press, 1961), pp.166-167.
3) W. M. Merrill, *Against Wind and Tide*, pp. 28-29; D. L. Dumond, *ibid.*, p.167.
4) Wendell P. Garrison and Francis J. Garrison, *William Lloyd Garrison, 1805~1879: The Story of His Life Told by His Children*, 4 vols.(New York: The Century Co., 1885-1889), vol. I, pp.108-109, 127-137.
5) Louis R. Mehlinger, "The Attitude of the Free Negro toward African Colonization," *The Journal of Negro History*, I(July, 1916), pp.276-301; D. L. Dumond, *Antislavery*, p.168.
6) L. R. Mehlinger, *ibid.*, pp.276-301.
7) W. M. Merrill, *Against Wind and Tide*, pp.32-33; [William Lloyd Garrison], *A Brief Sketch of the Trial of William Lloyd Garrison, for an Alleged Libel on Francis Todd, of Newburyport, Mass[achusetts]* (Boston, 1834), in D. L. Dumond, *Antislavery*, p.169.
8) W. M. Merrill, *ibid.*, p.34; *The Liberator*, Jan. 1, 1831[University Microfilms International].
9) W. P. and F. J. Garrison, *William Lloyd Garrison*, vol. I, pp.142-171, 203-213; Samuel J. May, *Some Recollections of Our Anti-Slavery Conflict*(Boston: Fields, Osgood, & Co., 1869), pp.18-19.
10) *The Liberator*, Jan. 1, Feb. 5, 12, Mar. 5, 19, July 16, 23, 1831, Jan. 3, 1835; Roman J. Zorn, "The New England Anti-Slavery Society: Pioneer Abolition Organization," *The Journal of Negro History*, vol. XLII(July, 1957), p.158; W. M. Merrill, *Against Wind and Tide*, pp.40-41.
11) *The Liberator*, Jan. 1, Feb. 5, 12, Mar. 5, 19, 26, July 16, 23, 30, Dec. 31, 1831, Jan. 3, 1835.
12) Oliver Johnson, *William Lloyd Garrison and His Times* (Boston: Houghton Mifflin, 1880), pp.83-84[S. E. Sewall, E. G. Loring, D. L. Child, Oliver Johnson,

W. L. Garrison 등이 위원이었다.]

13) *The Liberator*, Feb. 12, 1832; W. P. and F. J. Garrison, *William Lloyd Garrison*, vol. I, pp.278-279[12명의 서명자는 W. L. Garrison, Oliver Johnson, Arnold Buffum, William J. Snelling, John E. Fuller, Moss Thacher, Stillman B. Newcomb, Henry Stockton, Roberts B. Hall, Issac Knapp, Benjamin C. Bacon, Joshua Coffin 등이었다.]

14) *The Liberator*, Feb. 18, Mar. 3, 10, 24, 31, 1832; R. J. Zorn, "The New England Anti-Slavery Society," p.160; O. Johnson, *William Lloyd Garrison*, p.88.

15) *The Liberator*, Sept. 1, 8, 22, Oct. 27, Nov. 1, 1832[Buffum은 그의 청중이 통상 200~300명이 된다고 보도하였고 Salem 시에서 2,000명의 청중이 있었다고 보도하였다]; *ibid.*, Sept. 15, Oct. 15, 1832[Garrison은 Providence에서는 1,500명의 청중이 있었고, Portland에서는 약500명의 청중이 있었다고 보도하였다], *ibid.*, Jan. 12, 19, 1833.

16) R. J. Zorn, "The New England Anti-Slavery Society," pp.172-173.

17) "Letter Book of the New England Anti-Slavery Society, 1834~1835," *passim.*, Antislavery Manuscripts; Treasurer's Report, Third Report of New England Anti-Slavery Society, 20, in *ibid*, p.174.

18) *The Liberator*, July 12, 1834; Howard Temperley, *British Antislavery 1833~1870* (London: Longman Group Ltd., 1972), pp.16-17.

19) 김종길, "Garrison의 노예제도 폐지론," 『대구사학』, 12,13합집(1977), pp.11-13, 22-23; *The Liberator,* Jan. 3, 1835; Third Report of the New England Anti-Slavery Society, pp.4-5, 6-7, in R. J. Zorn, "The New England Anti-Slavery Society," p.175.

20) 이보형, "흑인노예제 폐지론자의 지위와 주장," 『19세기 미국의 사회와 문화: 인문연구론집』, 제6집(서강대, 인문과학연구소, 1973), pp. pp.14-21.

21) Benjamin Quarles, *Black Abolitionists*(New York: Oxford University Press, 1969), pp.11-12; *The Liberator*, July, 2, 1931.

22) *The Liberator*, Apr. 21, 1832; William L. Garrison, *Thoughts on Colonization: or on Impartial Exhibition of the Doctrines, Principles and Purposes of the American Colonization Society, Together with the Resolutions, Addresses and Remonstrances of the Free People of Color*(Boston, 1832), pp.19-20.

23) "Records of the New England Anti-Slavery Society," Minutes for June 25, 1832, in R. J. Zorn, "The New England Anti-Slavery Society," p.162; *The Liberator*, June 7, 14, 21, 29, 30, 1832.

24) Buffum's Letters of July 9, 16, 20, 25, in *The Liberator,* Sept. 1, 8, 1832.

25) J. H. Danforth to R. R. Gurley, July 7, 1832, *American Colonization Society Papers*, Library of Congress; *The Liberator*, Sept. 1, 8, 22, Nov. 24, 1832; *First Annual Report of the Board of Managers of The New England Anti-Slavery Society*(Boston, 1833), in R. J. Zorn, "The New England Anti-Slavery Society," pp.162-164.
26) Buffum's Report of Aug. 25, in *The Liberator*, Sept. 1, 1832; *The Genius of Universal Emancipation*, Jan. 1833.
27) The Liberator, Dec. 1, 1381, Oct. 20, 1832.
28) 이때 동원된 정기간행물들은 다음과 같은 것들이었다.[The Methodist Magazine and Quarterly Review, The African Repository, The Quarterly Christian Spectator, The Boston Recorder, The New York Observer, The Liberator, The Genius of Universal Emancipation, The Boston Telegraph, The Genius of Temperance, The American Traveller].
29) *The Liberator*, Dec. 1, 8, 1832, Jan. 5, 12, Feb. 22, Mar. 30, 1833.
30) W. P. and F. J. Garrison, *William Lloyd Garrison*, vol. I, pp.319-320.
31) Garrison to G. W. Benson, Mar. 8, 1833, in Walter M. Merrill & Louis Ruchames(eds.), *Letters of William Lloyd Garrison,* 5 vols.(Cambridge, Mass.: Harvard University Press, 1971), vol. I, pp.212-213.
32) *The Liberator*, Apr. 16, 1833.
33) S. J. May, *Some Recollections of Our Anti-Slavery Conflict*, pp.52-57, 66-72.
34) *The Liberator*, Mar. 9, Aug. 31, 1833; *Second Annual Report of the Board of Managers of the New England Anti-Slavery Society*(Boston, 1834), pp.32-35, 48.
35) *The Liberator*, Aug. 10, 1833.
36) *Ibid.*, Sept. 21, 1833.
37) *Ibid.*, Sept. 10, 1833[공식 명칭은 Protest against British Support of the American Colonization Society(July, 1833)이며, 여기에 William Wilberforce를 위시하여 Z. Maucauley, J. Cropper, G. Stephens, W. Evans, T. F. Buxton, S. Gurney, W. Smith, 등이 서명하였다.]
38) Early Lee Fox, *The American Colonization Society, 1817~1840* (Baltimore: The Johns Hopkins Press, 1919), pp.94-100, 136-138; *The Liberator*, Feb. 1, 8, 15, 22, 1834.
39) Garrison to George W. Benson, Mar. 13, 1834, in W. M. Merrill & L. Ruchames (eds.), *Letters of William Lloyd Garrison*, vol. I, pp.293-294.

40) The Liberator, Aug. 2, 9, 1834.
41) *African Repository*, X(July, 1834), pp.129-130.
42) Charles C. Cole, Jr., *The Social Ideas of the Northern Evangelists 1826~1860* (New York: Columbia University Press, 1954; 1977), pp.3-7.
43) Albert Barnes, "Revivals of Religion in Cities and Large Towns," *The American National Preacher*, XV(Jan. 1841), p.1, in Charles R. Keller, T*he Second Great Awakening in Connecticut*(New Heaven: Yale University Press, 1942), p.58; Captain Marryat, *A Diary in America, 1837~1838*, 3 vols.(London: Macmillan, 1839), vol. III, p.127, in C. C. Cole, *The Social Ideas of the Northern Evangelists*, p.6; Ralph H. Gabriel, *The Course of American Democratic Thought*(New York: Norton, 1940), p.33: (cf) 김종길, "19세기 미국의 복음주의적 사회개혁운동," 『경북사학』제3집(1981), pp.31-66.
44) Gerald Sorin, *The New York Abolitionists: A Case Study of Political Radicalism* (Westport, Conn.: Greenwood Publishing Co., 1971), p.109.
45) Gilbert H. Barnes, *Antislavery Impulse: 1830~1844* (New York: American Historical Association, 1933; 1973), p.12; Whitney R. Cross, *The Burned-Over District: The Social and Intellectual History of Enthusiastic Religion in Western New York, 1800~1850* (New York: Harper & Row, 1950), p.217; Rudolf Heberle, *Social Movements*(New York: Appleton Century Crofts, 1951), p.116.
46) G. H. Barnes, *ibid.*, pp.12-20; Bertram Wyatt-Brown, *Lewis Tappan and the Evangelical War against Slavery*(The Press of Case Western Reserve University, 1969; New York: Atheneum, 1971), pp.185-204; Lawrence J. Friedman, "Confidence and Pertinacity in Evangelical Abolitionism: Lewis Tappan's Circle," in *American Quarterly, XXXI* (Spring, 1797), pp.81-106; David Donald, *Lincoln Reconsidered* (New York: Random House, 1947; 1961), pp.28-36; Anne C. Loveland, "Evangelicalism and Immediate Emancipation in American Antislavery Thought," *Journal of Southern History*, XXXII(May, 1966), p.180.
47) Avery Cravan, *The Coming of the Civil War*(Chicago: The University of Chicago Press, 1942; 1969), pp.117-118; Stanley Elkins, *Slavery: A Problem in American Institutional and Intellectual Life*(Chicago: The University of Chicago Press, 1959; 1976), pp.164-174; Walter M. Merrill, *Against Wind and Tide*, p.40; Hazel C. Wolf, *On Freedom's Alter: The Martyr Complex in the Abolition Movement* (Madison: University of Wisconsin Press, 1952): C. C. Cole, Jr., *The Social Ideas*, pp.207-220.
48) G. Sorin, *The New York Abolitionists*, pp.119-123.
49) B. Wyatt-Brown, *Lewis Tappan and the Evangelical War*, pp.2, 100; B. Wyatt-

Brown, "Autobiography," pp.3, 19-20, handwritten, Tappan Collection, L. C., in G. Sorin, ibid., p.72; Frank J. Klingberg, Lewis Tappan, *Dictionary of American Biography*, ed. by Allen Johnson, vol. 18(New York: Charles Scribner's Sons, 1936), p.303.

50) John Hope Franklin, *From Slavery to Freedom*(New York: Alfred A. Knopf, 1947; 1970), pp.184, 200-201.

51) G. Sorin, The New York Abolitionists, p. 74; Russel B. Nye, Fettered Freedom: Civil Liberties and the Slavery Controversy 1830~1860(Urbana: University of Illinois Press, 1963; 1972), pp.203-206.

52) 이보형, "노예제폐지론자의 지위와 주장," pp.26-27.

53) G. Sorin, *The New York Abolitionists*, p.76; B. Wyatt-Brown, *Lewis Tappan and the Evangelical War*, p.319; Albert B. Hart, *Slavery and Abolition*(New York: Harper & Row, 1906; 1968), pp.184, 200-201; L. J. Friedman, "Confidence and Pertinacity," p.82.

54) G. Sorin, *ibid.*, pp.110-111.

55) B. Wyatt-Brown, *Lewis Tappan and the Evangelical War*, p.102.

56) B. Wyatt-Brown, *ibid.*, p.102; Benjamin P. Thomas, *Theodore Weld: Crusader for Freedom*(New Brunswick, N. J.: Rutgers University Press, 1950), p.72; Joshua Leavitt to Mr. and Mrs. Rogers Leavitt, July 12, 1834, *Joshua Leavitt Papers*, L. C., in L. J. Friedman, "Confidence and Pertinacity," p.83.(cf)

57) James M. McPherson, "The Fight against the Gag Rule," *Journal of Negro History*, XLVIII(July, 1963), p.188; B. Wyatt-Brown, *ibid.*, pp.206, 293- 325.

58) Lewis Tappan to L. S. Chamesovozow, Apr. 3, 1855; William Jay to Lewis Tappan, Sept. 20, 1851, *Lewis Tappan Papers,* in L. J. Friedman, "Confidence and Pertinacity," p.84.

59) G. Sorin, *The New York Abolitionists*, pp.73-74.

60) B. Wyatt-Brown, *Lewis Tappan and the Evangelical War*, pp.100-102, 143-144, 197-198, 293.

61) Lewis Tappan to William Jay, June 11, 1841; A. A. Phelps to Lewis Tappan, Apr. 23, 1845, *Lewis Tappan Papers,* in L. J. Friedman, "Confidence and Pertinacity," p.87.

62) G. H. Barnes, *The Antislavery Impulse*, p.291.

63) D. Donald, *Lincoln Reconsidered*, pp.19-36.

64) W. Cross, *The Burned-Over District*, p.56.

65) Russel B. Nye, *The Cultural Life of the New Nation: 1776~1830* (New York: Harper & Row, 1960), p.100; Richard Hofstadter, *The Age of Reform: From Bryan to F. D. R.* (New York: Random House, 1955), p.136.
66) G. Sorin, *The New York Abolitionists*, pp.101-102, 105-106.
67) D. Donald, *Lincoln Reconsidered*, pp.19-36; G. Sorin, ibid., pp.108-109.
68) W. Cross, *The Burned-Over District*, pp.4-13.
69) G. H. Barnes, *The Antislavery Impulse*, p.16; W. R. Cross, *ibid.*, p.11.
70) Timothy L. Smith, *Revivalism and Social Reform in Mid-Nineteenth Century America* (Nashville, Tenn.: Abingdon Press, 1957; 1986), p.181; W. R. Cross, *ibid.*, p.208.
71) T. L. Smith, *ibid.*, p.180.
72) David Brion Davis, "The Emergence of Immediatism in British and American Antislavery Thought," *Mississippi Valley Historical Review* XLIX(Sept. 1962), p. 212; G. Sorin, *The New York Abolitionists*, p.113; Louis Filler, *The Crusade against Slavery* (New York: Harper & Row, 1960;1963), pp.18, 163, 172; *The First Annual Report of the American Anti-Slavery Society* (New York, 1834), p. 4; The Friend of Man, Jan. 19, 1837, in G. Sorin, *ibid.*, p.114.
73) Aileen S. Kraditor, *Means and Ends in American Abolitionists: Garrison and His Critics on Strategy and Tactics, 1834~1850* (New York: Random House, 1967; 1970), p.29; Arthur Ekirch, *The Idea of Progress in America: 1855~1860* (New York: Columbia University Press, 1944), p.243; W. R. Cross, *The Burned-Over District*, p.199.
74) G. H. Barnes, The Antislavery Impulse, *passim*.
75) L. G. Friedman, "Confidence and Pertinacity," pp.87-88; George M. Fredrickson, *The Black Image in the White Mind: The Debate on Afro-American Character and Destiny, 1817~1914* (New York: Harper & Row, 1971), p.30.
76) B. P. Thomas, *Theodore Weld.*, p.154.
77) Ibid.; G. Sorin, *The New York Abolitionists*, p.72; Cushing Strout, *The New Heavens and New Earth: Political Religion in America* (New York: Harper & Row, 1974), p.155.
78) The Emancipator, Dec. 1, 1836, Arthur Tappan to Leavitt, May 12, 1840, S. S. Jocelyn to George Whipple, June 3, 1857, in L. J. Friedman, "Confidence and Pertinacity," p.89.
79) Anne H. Abel and Frank J. Klingberg, *A Side-Light on Anglo-American Relations:*

1839~1858 (Washington, D. C.: Association for the Study of Negro Life and History, 1927), pp.195-196.
80) George B. Cheever to Charles G. Finny, May 24, 1858; *Charles Finney Papers*, Amos A. Phelps, *Lectures on Slavery and Its Remedy*(Boston: New England Anti-Slavery Society, 1834), p.40; S. S. Jocelyn to Sarah and Angelina Grimké, July 8, 1837, Weld-Grimké Collection, Clements Library, in L. J. Friedman, "Confidence and Pertinacity," p.90; Lewis Tappan, *The Life of Arthur Tappan* (New York: Hurd and Houghton, 1870), p.366.
81) B. Wyatt-Brown, *Lewis Tappan and the Evangelical War*, pp.310-327.
82) Lewis Tappan Journal, Dec. 18, 1819 LPT, in L. J. Friedman, "Confidence and Pertinacity," p.90; G. Sorin, *The New York Abolitionists*, p.72.
83) B. Wyatt-Brown, *Lewis Tappan and the Evangelical War*, pp.43-44, 228- 232; L. J. Friedman, *ibid.*, pp.92-93.
84) Robert Trendal, "William Jay and the International Peace Movement," *Peace and Change*, 2(Fall, 1974), pp.17-23; Carleton Mabee, *Black Freedom* (New York: Macmillan, 1970), pp.18-19.
85) The New York Evangelist, Mar. 12, 1846, in L. J. Friedman, "Confidence and Pertinacity," p.95.
86) *The Liberator,* Dec. 17, 1836; T. D. Weld, Report of Society for Promoting Manual Labor, p.52, in *ibid.*
87) Louis Ruchames(ed.), *The Abolitionists: A Collection of Their Writings* (New York: G. P. Putnam's Sons), p.33; A. Y. Lloyd, *The Slavery Controversy*, p.63; A. Craven, *The Coming 0f the Civil War*, pp.303-333.
88) B. Wyatt-Brown, *Lewis Tappan and the Evangelical War*, pp.114-115; Lewis Tappan to James G. Birney, Sept. 8, Oct. 21, 1846, in L. J. Friedman, "Confidence and Pertinacity," P. 96.
89) William Jay, *Miscellaneous Writings on Slavery*(Boston: John P. Jewett, 1853), p.429.
90) L. J. Friedman, "Confidence and Pertinacity," p.96.
91) B. Wyatt-Brown, *Lewis Tappan and the Evangelical War*, pp.114-115, 218, 315, 318, 320-321.
92) Lewis Tappan to Asa Mahan, Feb. 13, 1848, in L. J. Friedman, "Confidence and Pertinacity," p.97.
93) W. M. Merrill, *Against Wind and Tide,* p.152.

94) Lewis Tappan to Theodore Weld, May 26, 1840; A. A. Phelps to W. L. Garrison, Feb. 19, 1839; *The Emancipator*, July 2, 1840, in L. J. Friedamn, "Confidence and Pertinacity," p.99; Bayard Tuckerman, *William Jay and the Constitutional Movement for the Abolition of Slavery*(New York: Dodd, Mead and Co., 1893; rpt. Negro Universities Press, 1969), p.113.
95) B. Wyatt-Brown, *Lewis Tappan and the Evangelical War*, p.186.
96) L. J. Friedamn, "Confidence and Pertinacity," p.101.
97) Lewis Tappan Journal, Nov. 14, 1839; *The Emancipator*, Sept. 19, Oct. 17, Nov. 14, Dec. 12, 16, 1839, in Friedman, *ibid.*, p.102.
98) C. Mabee, *Black Freedom*, p.411.
99) A. H. Abel and F. K. Klingberg, *A Side-Light on Anglo-American Relations*, p.186; Lewis Tappan to Gerrit Smith, Sept. 1, 1834; Lewis Tappan to Joshua Leavitt, Oct. 10, 1834, in B. Wyatt-Brown, *Lewis Tappan and the Evangelical War*, p.264.
100) L. J. Friedman, "Confidence and Pertinacity," p.105.

제 3 장
흑인노예제도 폐지운동과 여권(女權)운동

1. 19세기 미국의 여권운동

　　전국여성대회(National Women's Conference)가 1977년 11월 휴스턴에서 개최되었다. 그런데 이 대회의 결의사항 중에는 미국 헌법에 "남녀평등을 위한 수정조항(Equal Right Amendment)"을 추가하자는 것과 출산에 대한 선택의 자유와 저소득 부녀들에 대한 낙태비의 정부부담을 내용으로 하는 "낙태의 자유(Free Choice on Abortion)", 성생활의 기호에 대한 차별 금지를 주장하는 "동성애 권리(Lesbian Right)" 등이 포함되어 있었다.[1] 아마도 이러한 결의사항들은 당시 보수적인 가치관을 가진 다수의 미국인에게 놀라움과 두려움, 그리고 증오감마저 일으키게 하지 않았을까?

　　낙태의 자유, 동성애 권리까지 공식적으로 주장하게 된 미국의 여권운동도 1830년대 이전으로 그 기원이 거슬러 올라가지는 않는다. 윌리엄 개리슨(William L. Garrison)의 활약 이후에 활기를 띠게 된 노예제도 폐지운동(Abolition Movement)이[2] 미국 여권운동(Woman's Right Movement)의 산파역을 담당하였다. 노예제도 폐지론자로서 그림케자매(Grimké Sisters)가 활동한 때부터 미국 여성들은 남성과 동등한 지위, 동일한 활동영역을 요구하기 시작하였으며,[3] 비록 모든 노예제도 폐지론자들이 여권론자들은 아니었으나 여권운동의 창시자들은 모두 노예제도 폐지론자들이었다.[4]

여권운동은 개리슨의 후원을 받기는 하였으나, 개리슨의 노예제도 폐지론은 대부분의 미국인뿐 아니라 다수의 노예제도 폐지론자들도 받아들일 수 없을 정도로 과격하고 급진적이었다.[5] 더욱이 당시 미국인들의 여성에 대한 빅토리아(Victoria)시대 시각에 비추어본다면 그림케자매를 비롯한 개리슨파의 노예제도 폐지론자들의 여권론(女權論)은 1977년 미국 여성대회의 결의사항이 20세기 후반의 미국인들에게 충격을 준 것 못지않게 당시의 미국인들에게 충격적이었을 것이다.[6]

미국 독립선언서의 원칙을 흑인노예들에게도 적용해야 한다는 생각을 가졌던, 많은 노예제도 폐지론자들도 그들의 백인(白人) 여성에게 그 원칙을 적용하려 하지 않았고 끝내 노예제도 폐지운동 단체들도 여권 문제를 이유로 분열하였다.[7]

노예제도 폐지론자 중에서 여권을 지지하였던 개리슨과 그 지지자들은 여성 노예제도 폐지론자들을 그들의 단체에 정식회원으로 받아들였으며 남성과 동등한 지위를 인정하였다. 그러나 하이오주 웨슬리안(Ohio Wesleyan)대학 경제학 교수인 길버트 반스(Gilbert H. Barnes)는 개리슨이 그의 여성 추종자들을 연단에 세우지 않았다는 이유로 그를 위선자라고 비난하였다.[8] 브라운대학 사학과의 존 토마스(John L.

Thomas)교수는 개리슨이 확고부동한 철학을 부여하지 못하였기 때문에 개리슨파(派)는 고통을 받았고, 그의 여성의 권리에 관한 관심은 간헐적인 것에 불과하였다. 그는 "1848년의 세네카폴 여성 전국 대회(Seneca Falls Convention)를 후원하였고 1850년의 우스터(Worcester)에서 열린 매사추세츠주 최초의 여권대회에 참석하였다.

그러나 그가 투표에 기권한 무정부주의적 경향은 그를 열렬한 여성 참정권 지지자로 보이지 않게 하였다"[9]라고 주장하기도 한다. 그래서 본 장에서는 1830년대의 개리슨파와 비-개리슨파의 여권운동에 대한 태도를 정리해 보기 위하여 여권운동의 발생배경, 그림케자매의 여권론, 노예제도 폐지론자들이 전개한 여권논쟁의 내용과 성격 그리고 그 영향을 중심으로 검토해 보고자 하였다.

불행하게도 식민지 개척자들은 "여자는 신이 아담(Adam)의 갈비뼈로 만든 것이고, 이브(Eve)의 원죄로 저주받았다"라는 프로테스탄트 신념을 신세계에 도입하였다.[10] 또한 여성을 그의 아버지나 남편의 소유물로 간주한 영국의 관습법(Common Law)을 따랐던 개척자들은 오지에서 생존의 반려였던 여성에게 법률상의 존재를 전혀 인정하지 않았다.[11] 그래서 아메리카공화국의 헌법이 제정될 때 아메리카 인구 절반의 권리가 무시 되었다.[12]

1831년 10개월간 미국을 방문하였던 프랑스의 저명한 역사가인 알렉시스 드 토크빌(Alexis de Tocqueville)은

뚜렷한 행동 선(線)을 설정하여 남성과 여성이 서로가 보조를 맞추어, 항상 다른 선을 걷도록 하는 일에 끊임없이 정신을 쓰고

있는 나라는 미국 이외에는 없다. 미국의 여성들은 결코 가정 밖의 사무를 처리하거나 사업에 손을 대거나 정계에 투신하지 않는다.[13]

고 서술하였다. 그러나 18세기 말부터 19세기 초에는 사회발전의 급격한 성장과 더불어 자기 의사표시가 가능한 여성들의 수가 점차로 늘어남에 따라 여성들은 성별에 의한 불평등한 대우에 항의하기 시작하였다. 여성들이 전통적인 미국인들의 여성고정관념에 도전을 시도하였다.

산업혁명, 잭슨시대의 민주정치, 19세기 초 미국을 휩쓸었던 신앙부흥운동 등은 거대한 개혁의 계기를 마련하였다. 이 시대는 강연회, 토론회, 기도회에 사람들이 운집하였고 팸플릿과 청원서가 난무하였다. 이 시대의 미국인들은 무한한 진보, 인간의 여러 제도에 대한 완전성, 전쟁, 범죄, 빈곤, 술, 매춘 그리고 노예가 없는 어떤 유토피아를 열렬히 추구하고 있었다.[14]

남자들은 물론 여자들도 이 시대의 열광을 함께 하였고 인간조건(人間條件)의 개선을 위한 단체들이 나타났다. 자선단체들이 조직되고 선교단체가 설립되었으며 형벌개선, 교육개혁, 위생시설 개선 등 수많은 사회개혁운동이 전개되었다.[15] 이러한 감격적 풍조 속에서 흑인노예들을 위한 반-노예제 운동도 활기를 띠게 되어 많은 남녀를 끌어들였고, 북부와 남부에 걸쳐서 급격히 그 단체의 수가 증가하였다.[16]

일반적으로 미국 여권운동의 기원은 엘리자베스 스탠턴(Elizabeth C. Stanton)과 루크레티아 모트(Lucretia Mott)와 그 외 몇몇 여성 지도자들이 이 뉴욕주의 세네카폴스(Seneca Falls)에서 만나 여성의 정치적 경제적 사회적 열세에 대해 처음으로 공식적인 항의를 시작한 1848년부터 시작되었다고 본다.[17] 그러나 1848년의 여성대회는 같은 원리에 입각한 노예제도 폐지운동의 진행 과정 중에 이미 잉태되었다.

1831년경 미국의 흑인노예제도는 더욱 번창 일로에 있었으나, 냇 터너(Nat Turner)가 일으킨 흑인노예반란을 계기로 남부에서는 흑인노예에 대하여 한층 강압적인 조치를 하였다.[18]

반면에 북부의 보스턴시에서는 개리슨이 급진적 노예제도 폐지론을 주창한 주간지인 "해방자(*The Liberator*)"를 창간했다.[19] 다음 해 남자들로만 구성된 노예제도 폐지운동단체가 조직되었으며 그 후 그 수가 계속 증가하였다.[20] 그리고 민첩한 요원들이 비밀거점을 확보하고, 자유를 찾아 나선 도망노예를 도와주기 위하여 조직된 "지하철도(Underground Railroad)"도 점차 활기 있게 움직이기 시작하였다.[21]

많은 여성지도자들도 흑인노예를 돕기 위한 운동에 참여하였고, 그들 중에서 선구적인 여권 운동가들이 생겨났다.[22] 이들은 흑인노예의 자유화 투쟁 과정에서 여성의 권리를 위하여 투쟁하는 방법을 터득하여 남·여 평등을 위한 그들 자신의 투쟁을 병행하였다.[23] 노예제도 폐지운동을 통해서 여성들은 조직, 대중 집회의 개최, 청원 운동 방법을 습득하였다. 이 여성들에게 정치적 행동을 교육한 것은 노예제도 폐지운동가들이었다.[24]

19세기 중엽 미국의 일부 여성들이 노예제도 폐지운동가로서 그들은 공적(公的) 발언기회를 포착할 수 있게 되었으며, 그들의 사회적인 지위와 기본적인 권리에 대한 철학을 발전시키기 시작하였다. 이리하여 노예해방과 여성해방이라는 두 운동이 서로 보완적인 관계를 맺게 되었다.[25]

1832년 여학교 교장이자, 노예제도 폐지론자인 마리아 채프먼(Maria W. Chapman) 외 12명의 여성이 "보스턴 여성 반-노예제 협회(Boston Female Anti-Slavery Society)"를 창설하였다.26) 이어서 1833년 지도적 폐지론자들이 필라델피아에서 미국 반-노예제 협회(American Anti-Slavery Society: AASS)의 창립을 위해 모였을 때, 교사였던 루크레티아 모트(Lucretia Mott)를 포함해서 4명의 여성이 참석했고, 허락을 받은 후, 공적인 발언까지도 했지만, 그 단체에 정식회원으로 가입하거나 창립선언서에 서명하는 것은 허용되지 않았다. 그래서 같은 해 총회가 끝난 후, 20여 명의 여성이 중심이 되어 "필라델피아 여성 반-노예제 협회(Philadelphia Female Anti-Slavey Socity)"를 창립했다.27)

　　이후 많은 여성이 뉴욕, 보스턴, 뉴잉글랜드의 다른 여러 도시에서 노예제도 폐지운동 단체를 만들었고, 1837년 최초로 "전국 여성 반-노예제대회(National Female Anti-Slavery Convention)"가 12개 주에서 81명의 대표가 참석 가운데 뉴욕에서 개최되기에 이르렀다.28)

　　처음부터 여성들은 대단한 용기를 보여주었다. 그들은 전통적으로 내려오던 활동영역의 경계선을 넘어가려 하고 있었기 때문에 노예제도 지지자들로부터 더욱더 반발을 불러일으켰다. 이러한 반발의 표현은 북부에서 더욱 빈발하였고 폭력행위가 예사로 자행되었다. 그 예로서 1835년 개리슨이 "보스턴 여성 반-노예제협회"의 초청을 받아 연설하기로 되어 있었던 보스턴의 한 건물에 폭도들이 몰려와 소란을 피웠다. 그리고 소규모의 가정의 집회도 공격을 면할 수 없었다.29)

　　이처럼 많은 여성이 노예제도 폐지운동에 적극적으로 참여하고 있었고, 그들은 연약하고 의존적인 모습은 결코 아니었을 뿐 아니라, 남성

못지않은 대담한 추진력을 발휘하였다. 더욱이 "지하철도" 운영에 참여한 여성들은 한밤중에도 마다하지 않고 도망노예들을 보살펴 주었으며 도망노예를 가득 실은 포장마차를 직접 몰아 안전한 곳까지 수송해 주는 등 놀라운 용기도 보여주었다.[30]

그러나 돌이켜 보면 미국의 여성들은 17세기 초 토론 모임을 만들어 기존 청교도 교리인 "행위계약(Covenant of Works)" 대신 "은혜계약(Covenant of Grace)"를 강조하며, 반-율법 논쟁(Antinomian Controversy)을 일으켜 추방당한 조산원(助産員) 앤 허치슨(Anne Hutchinson) 이후 공공활동에 침묵을 지켜왔다. 큰 교파 중에서 단지 퀘이커(Quaker) 교도들을 제외하고 다른 개신교 측은 앤 허친슨의 공적활동에 반대하기 위하여 이용하였던 사도 바울(St. Paul)의 금언을 따르고 있었다.[31] 그들이 애용하던 성서구절은 다음과 같은 것들이 대표적이었다.

> 여자는 조용히 복종하는 가운데 배워야 합니다. 나는 여자가 남을 가르치거나 남자를 지배하는 것을 허락하지 않습니다. 여자는 침묵을 지켜야 합니다.
> 여자들은 교회 집회에서 말할 권리가 없으니 말을 하지 마십시오, 율법에도 있듯이 여자들은 남자에게 복종해야 합니다. 알고 싶은 것이 있으면 집에 돌아가서 남편들에게 물어보도록 하십시오. 여자가 교회 집회에서 말하는 것은 자기에게 수치가 됩니다.[32]

이러한 침묵의 장막을 헤치고 나온 최초의 여성은, 유럽의 라파예트를 비롯한 많은 자유사상가와 친교가 있었고, 해방된 흑인노예 교육이 목적인 서부 테네시의 "나쇼바 공동체(Nashoba Commune)"운동 지도자였던, 프랜시스 라이트(Frances Wright)였다. 그러나 그녀의 짧은 기간(1828~29) 동안의 강연은 성공적이었으나 너무나 빨리 활동 무대에서 사라졌기 때문에 다른 여성들을 위한 길을 열어 놓지 못하였다.[33] 그리고 흑인 여성인 마리아 스튜어트(Mrs. Maria W. Stewart)도 짧은 기간(1831~33) 동안 강연을 시도했다. 보스턴에서 몇 차례 강연하였던 그녀는 흑인노예제도 폐지론을 옹호하였으며 여성들에게 고등교육을 받을 기회가 오기를 열렬히 주창하였으나 그 자신도 고별연설(Farewell Address)에서 인정하였듯이 성공을 거두지 못하였다.[34]

2. 노예제도 폐지론자들의 여권논쟁(女權論爭)

여성들에게 연설할 수 있는 길을 열어주고 많은 사람과 접촉할 수 있게 한 것은 사라 그림케(Sarah M. Grimké)와 안젤리나 그림케(Angelina E. Grimké)자매였다. 이들 자매가 선도하게 되자 많은 여성이 그 뒤를 따르게 되었다.

흑인노예소유가문 출신이면서도, 노예제도를 몹시 혐오하였던 그림케자매는 사우스캐롤라이나주 찰스턴(Charleston)에서 필라델피아로 이주하면서 퀘이커교로 개종하였다. 그러나 곧 그들은 이주 행위가 그들의 양심에 위안이 되지 못함을 알게 되었다. 1836년 노예제도 폐지론자들의 제안으로 안젤리나는 "남부의 기독교 여성들에게 호소(*An Appeal to the Christian Women of the South*)"를 쓰기 시작하였다. 거의 같은 시기에 AASS는 뉴욕의 한 작은 거실에서 모인 여성 집회가 이들 자매를 초청하여 연설할 수 있도록 하였다. 연설에 대한 청중들의 반응은 고무적이었다. 그리고 흥미를 느낀 남자들이 차츰 이들 자매의 강연장에 나타나게 되어 그림케자매는 남·여 혼성(Promiscuous Assemblies) 청중들을 대상으로 연설하게 되었으며, 그 후 곧 뉴잉글랜드로 초청을 받아 순회연사가 되었다.[35]

그러나 다른 한편 여권(女權)논쟁 폭풍이 일어나기 시작하였다. 그들 자매의 활동에 반대한 주요한 세력은 교회였으며 그들 자매의 이름을 언급하지 않았으나 그림케 자매에 대하여 가해진 가장 강력한 공격은 "매사추세츠주 회중교회 목회자총회 교서(Pastoral Letter of the General Association of Massachusetts to the Congregational Churches Under their Care)"였다. 이 교서에서

> 엄격한 남성의 단호한 태도에 여성의 따뜻하고 의존적인 영향력이 완전히 행사되고 있는 사회에서는, 그런 여성의 영향력의 효과가 매우 다양하다. 여성의 힘은 여성을 보호하도록 신이 여성에게 부여한 의존성(依存性)에 있는 것이다. 그러나 여자가 한 사람의 대중적 개혁가로서 남자의 지위와 말투를 취할 때, 우리가 그녀를 보호하고 그녀에게 주의를 기울일 필요가 없다. 포도 덩굴의 힘과 아름다움은, 반쯤 그 포도송이를 감춘 체 격자(格子) 울타리에 기대고 있는 것인데, 만약 그 포도 덩굴이 느릅나무처럼 스스로 우뚝 서는 것과 그늘을 드리우는 성질을 갖는다면 그것은 열매 맺는 것을 멈출 뿐만 아니라 부끄러움으로 주저앉게 되고 먼지 속에서 굴욕을 당하게 될 것[36]

이라고 하였다.

회중 교회의 이러한 교서에도 불구하고 그림케자매는 공개강연을 중단하지 않았다. 심한 비난으로 고통을 당하면서도 그들은 마주친 반대에 대한 통찰력을 갖게 되었다. 안젤리나는 연설을 통해서 그리고 사라 그림케는 "여성의 나라(The Province of Women)"란 제목으로 "뉴잉글랜드 관찰자(New England Spectator)"지에 실린 일련의 논설로 노예제도와 여성의 지위라는 두 개의 문제를 관련지어 반대자들의 비판에 응수했다. 이 논설은 "남녀평등과 여성의 조건에 대한 서간문(Letters on the Equality of the sexes and the condition of Women)"이란 제목으로 다음 해 팸플릿으로 출판되어 널리 유포되었다.

> 나는 우리 여성에 대하여 어떤 특별한 호의를 바라지 않는다. 나는 평등에 대한 우리들의 주장을 굽히지 않을 것이다. 내가 우리 동포들에게 바라는 것은 우리의 목을 짓밟고 있는 발을 제쳐서 신(神)이 우리에게 마련해준 터전 위에 똑바로 설 수 있도록 해 달라는 것뿐이다.[37]

또한, 사라는 남·여 평등 문제를 근본적으로 추상적인 정의의 문제가 아니라 여성이 어떤 주요한 과업에 참여할 수 있게 하는 문제로 보았다.

> 내 생각에, 남자가 행하는 것이 도덕적으로 올바른 것은 어떤 것이든 여자가 해도 도덕적으로 올바르다는 것은 아주 명백하다.[38]

그러나 유력한 노예제도 폐지운동지도자인 시어도어 웰드(Theodore D. Weld)가 노예제도 폐지운동에 손상을 끼치지 않도록 여성문제는 거론치 말도록 부탁하였으나 그림케자매는 조금도 양보하지 않았다.

> 우리는 여성 문제를 해결한 후에야 전력을 다해서 노예제도 폐지운동을 추진시켜 나갈 수 있다……. 여성들이 남성에 억눌려 있고 수줍어하면서 침묵을 지킨다면 노예를 위하여 여성은 무엇을 할 수 있겠는가?[39]

라고 항의하였다.

이리하여 많은 여성이 그들 자매의 강연을 경청하게 되었고 마리아 채프먼(Maria Chapman)도 위 "목회자 교서(Pastoral Letter)"에 대한 반박에 나서게 되었으며 다른 많은 여성이 호응하게 되었다.[40] 이제 여성 노예제도 폐지론자들이 세상을 변화시키고 있다고 많은 여성이 느끼기 시작하였다.

그림케자매 출현 이전에도 여성들이 전국적인 노예제도 폐지운동 단체에 여성클럽을 조직하고 청원서를 배포하고, 모금한 업적은 잘 알려진 사실이다. 이러한 여성들의 독자적인 활동이 전혀 전례가 없었던 것은 아니었다.[41] 그러나 그림케자매가 활약한 이후, 전례가 없었던 중요한 현상이 노예제도 폐지운동 내부에서 나타나게 되었다. 즉, 지금까지는 전혀 별개의 것이었던 남·여 회원들의 활동분야의 통합이었다. 여성과 남성의 활동 영역의 장벽이 뉴잉글랜드 지방에서부터 무너지기 시작하였다.[42]

그러나 여성의 사회활동에 반대하는 성직자들이 이용하고 있는 논법을 무시하기는 거의 불가능하였다. 그들의 논법을 보면, 첫째, 사도 바울이 여성이 교회에서 발언하는 것은 부끄러운 것이며 아내들은 그들의 남편에 복종해야 한다는 것을 말하였다는 것이다.[43] 둘째, 그림케 자매의 활동은 관습과 타당성을 무시한 것이며 만약 수많은 여자가 그들의 예를 따른다면 그 가족들은 위험에 빠진다는 것이었다. 그러나 일부 노예제도 폐지론자들은 점차 이 논법이 노예제도에 대한 옹호를 그대로 반영시키고 있음을 알아차리게 되었다.[44]

수년 동안 노예제도 폐지론자들은 노예제도와 흑인의 열등함을 정당화하기 위하여 성서로부터의 인용을 지겨울 정도로 거듭 들어왔었다. 구약성서의 족장들은 노예를 소유하였으며,[45] 함(Ham)에 대한 저주가 그 후손에게 전해졌으며,[46] 사도 바울은 "노예인 오네시모(Onesimus)를 그의 소유주에게 돌려주었다"[47]라는 구절들이었다.

그러나 문제가 노예제도였을 때는 성서를 우화적으로 해석하였던, 여권에 반대한 다수의 노예제도 폐지론자들이 문제가 여권이었을 경우에는 아이로니컬하게도 성서를 글자 그대로 믿는 정통파 기독교신자가 되었다.[48]

그래서 그림케자매와 그들의 지지자들은 여성의 연설에 반대한 근거를 성서에 의존하는 논법이 흑인의 평등에 반대하여 사용된 논법과 같다는 것을 자신들이 증명해주지 않는다면, 노예제도 폐지론 원리의 기반을 잃게 된다고 생각하였다.[49] 여권을 반대한 노예제도 폐지론자들이, 여성들의 연설이나 혹은 남·녀 혼성단체의 회원 자격을 비난하기 위하여 동일 논법에만 의지한다면, 흑인의 자유와 인종의 평등과 같은 사회개혁을 모순 없이 주창할 수는 없게 되었다. 흑인노예제도의 폐지목적을 위한 전술상의 문제에 대한 그들의 태도는 장기적인 소득과 단기적인 손실을 비교 검토하는 것이었다. 이리하여 여권논쟁은 노예제도 폐지운동을 위한 하나의 전술문제가 되었으며, 노예제도 폐지론자들이 파벌적인 분쟁에서 양편이 서로에게 사용한 하나의 효과적인 무기가 되었다.

3. 여권논쟁이 노예제도 폐지운동에 끼친 영향

여권문제는 노예제도 폐지론자들을 분열시키는 결정적이고 불가피한 요인이 되었다. 노예제도 폐지론자들 사이에 여성의 지위문제가 제기되었다. AASS의 헌장에는 이 협회의 원칙을 찬성하고 재정적으로 후원한 노예 소유자가 아닌 "모든 사람(persons)"은 회원자격이 있다고 되어 있었다.[50] 처음 몇 년 동안에는 아무도 "persons"의 경계를 정하고 남성(men)과 여성(Women)의 역할을 구별하였던 관습에 대하여 생각해 보려고도 하지 않았고 그럴 이유도 없었다.

1833년 12월 AASS 헌장이 작성되었을 때 그림케자매가 연사가 될 것이라든가 또는 흑·백 평등까지 주장한 과격한 여권론자인 애비 켈리(Abby Kelley)와 같은 여성들이 각종 위원회에 참가하리라는 것을 아무도 예상치 못하였다. 그러나 그림케자매의 등장을 계기로, 성서의 문구를 글자 그대로 인용하면서 여성의 발언권과 표결권을 인정하지 않았던 일부 노예제도 폐지론자들도 AASS 헌장의 "persons"이라는 단어가 적당치 못하다고 주장하기 시작하였다.[51]

이에 대하여 신약성서의 정신(情神)에 의존하였던 여권(女權) 지지파 노예제도 폐지론자들은 헌장이 뜻하는 바를 정확히 나타내고 있다고 응수하였다. 이와 같은 여성의 지위에 대한 AASS 헌장의 자구해석 논쟁이 일부 노예제도 폐지론자들 사이에서 시작되었을 때 AASS의 지도자들은 매사추세츠주의 이 논쟁을 지역적인 것으로 만들어 버리려고 하였다.[52]

그러나 1838년 5월 "뉴잉글랜드 반-노예제 대회(New England Anti-Slavery Convention)"에서 최초의 대결이 이루어졌다. 이 총회에서 개리슨의 계획에 의거, 올리버 존슨(Oliver Johnson)이 평등한 조건으로 여성을 그들의 조직에 받아들이도록 한 동의안을 제안하였다. 이러한 조치는 펠프스(Amos A. Phelps), 피치(Charles Fitch), 토리(Charles T. Torrey) 등 유력한 노예제도 폐지론자들이 이탈하게 하였다.[53] 이 연차대회에서 여성들의 의사(議事) 참여가 허용되었으나 몇몇 회원들은 총회의 명부에서 여성의 이름 삭제를 요구하였다. 토리 목사는

> 총회의 이러한 조치는 이전의 관례와 어긋나는 것이며 노예를 위한 운동을 "외적(外的)" 문제와 연관시키고, 또 그것을 "무관한 [여권문제 등]" 문제에 관련시키는 선례가 되어 노예를 위한 운동에 해를 끼치는 것.[54]

이라고 주장하였다. 또 당시 펜실베이니아 프리맨(Pennsylvania *Freeman*)의 편집인이자 시인인 존 휘티어(John G. Whittier)가 개리슨에게 여성문제와 노예제도 폐지운동은 무관한 것이라고 온건하게 충고하기도 하

였다.[55]

이에 대하여 여권 지지파들은

> 만약 어떤 금주 단체 총회가 술을 끊겠다고 서약한 사람을 가입시키기 위한 투표에서, 흑인들의 가입을 요구한 것에 대하여, 일부의 백인들이 흑인의 가입 선례가 없고 평등의 원리에 의거 인종을 혼합하는 것은 잘못된 것이며, 그러한 변혁은 금주단체에 나쁜 영향을 주고 다른 회원들이 탈퇴하는 결과를 가져올 것이라는 이유로 반대하는 경우를 가정해보라. 흑인의 가입이 허용되어야 한다는 원칙을 제시한 것이 타당성이 없는 것인가? 그것이 총회가 모인 목적에 무관한 것인가?[56]

라고 힐문(詰問)하였다.

이 힐문은 찰스 토리가 여권문제가 노예제도 폐지운동과 무관하다는 주장에 대한 대답이었다. 그리고 여성을 가입시키기 위한 총회의 투표는 회원자격에 대한 공인된 정책을 바꾸는 것이라는 주장에 대하여 여권 지지파는

> 여성들은 자발적으로 나섰다. 여러 회합에서 다른 사람들의 명령에 따르는 일부 회원들을 침묵시키거나, 혹은 협회의 헌장이 부여한 것으로 생각되는 평등한 지위를 모든 회원에게 부여할 것인지 그 여부를 선택해야 한다.[57]

고 지적하였다.

다음 단계의 사태는 1839년 1월 "매사추세츠 반-노예제 협회(Massachusetts Anti-Slavery Society: 이하 MASS로 약칭)"의 연차대회에서 일어났다. 찰스 토리가 이끄는 소수파가 여성들의 회의 참석 권리를 박탈하려고 시도하였으나 실패하였다. 그리하여 이들은 MASS로부터 탈퇴하였고, 그들 자신의 신문인 "매사추세츠 폐지론자들(Massachusetts Abolitionists)"를 창간하기로 하였다.[58] 몇 달 후 아모스 펠프스 목사는

> 이 협회는 이제 단순한 반-노예제 협회가 아니라, 행동 원칙과 형태에 있어서 여권(女權)을 지지하는 무정부주의 반-노예제 협회가 되었다.[59]

고 주장하면서 통신 간사직과 MASS의 이사회에서 사퇴하였다. 그러나 펠프스 목사는 이 협회의 회원자격은 계속 보유하고 있었으며, 같은 해 5월의 뉴잉글랜드 총회에서 펠프스 목사는 단지 남성만이 의사에 참여토록 하자는 결의안을 제출하였으나 좌절되었다. 대다수 회원은 현재의 모든 노예제도 폐지론자들을 초대하자는 웬델 필립스(Wendell Phillips)의 동의안에 찬성하였다. 그 후 소수파들은 즉시 탈퇴하여 5월 27일 "매사추세츠 주 노예제 폐지협회(Massachusetts Abolition Society; MAS)"를 조직하였다.[60]

이것은 최초의 노예제도 폐지운동 조직의 분열이었다. 그 후 에섹스 군 반-노예제협회(Essex County[Massachusetts] Anti-Slavery Society)도 찰스 토리, 앨런슨 세인트 클레어(Alanson St. Clair), 다니엘 와이즈(Daniel Wise)가 주도한 탈퇴자들에 의하여 분열되었고, 이들은 MAS를

위한 새로운 보조단체를 조직하였다.[61]

매우 격렬한 논쟁 끝에, 보스턴 여성 반-노예제 협회(Boston Female Anti-Slavery Society)의 분열과 다른 분열도 계속 일어났다. 싸움은 자연스럽게 뉴잉글랜드를 넘어 다른 지역으로 파급되어 갔다. 한편 AASS는 뉴욕(동년 5월)의 정기 총회에서 여성회원 문제를 두고 표결을 하게 되었다. 나다니엘 콜버(Nathaniel Colver)목사가 대표자명부는 단지 "남성(men)"만으로 만들어져야 한다는 안을 제출하였으나 총회는 모든 보조단체의 대표자 혹은 이 협회의 회원인 모든 "사람(persons)" 즉 남성과 여성을 총회의 회원으로 인정하는 개리슨파의 엘리스 로링(Ellis G. Loring)이 제출한 수정안에 찬성했다.[62]

논쟁과 여러 번의 투표 후 제임스 버니(James G. Birney)는 현 회합에서 AASS를 대표한 다수가 취한 원칙, AASS의 의제가 된 문제인 여성들이 발의, 토론, 투표할 권리와 그 협회의 여러 직책에 피선될 자격이 있다는 원칙에 반대하는 123명의 대표자를 위하여 항의서를 제출하였다. 이 항의서에서 버니는

> 첫째 그 원칙은, 처음 작성되었을 때의, 협회헌장의 취지와는 반대되는 것이다. 둘째 협회창설 이래 협회의 헌장에 대한 해석과 협회의 관례에 반대되는 것이다. 셋째 협회의 초창기와 현재의 많은 회원, 그 협회가 조직되었던 동기를 위하여 헌신하였던 친구들의 소망과 지혜, 양심에 모순된다. 넷째 비록 총회의 다수파가 여성의 참여를 찬성했지만, 전국을 통해 볼 때 남·여 노예제도 폐지론자들 대부분은 그렇지 않다. 다섯째 우리들의 위대한 사업의 초

기의 친구들 사이에 존재하였던 관용적인 감정의 표현이 아니고, 최근에 나타난 지역적이고, 분파적인 감정의 표현이다. 여섯째 이 협회의 설립자들은 여성을 위하여 별개의 클럽을 추천하였다. 일곱째 여권에 대한 불-찬성자들의 의견을 고려하지 않은 이러한 조치는 노예가 된 사람들을 위한 운동에 불필요한 비난과 장해를 초래하게 된다. 왜냐하면, 그것은 관습에 상반되기 때문이다.

라고 하였다. 그러나 그는 항의서에 부언하기를

그러한 조치가 노예제도의 종식투쟁에 필요 불가결한 것이라면 서명자들은 이러한 비난을 무시해 버릴 것,[63]

이라고 하였다.

다음 해(1840) AASS의 전국총회가 유력한 여성 노예제도 폐지운동가인 켈리(Abby Kelley)를 사업위원회의 위원으로 임명하자, 결정적인 분열이 일어났다. 그리고 소수파는 분리하여 "미국 및 외국 반-노예제 협회(American and Foreign Anti-Slavery Society: AFASS)"를 창립하였다. 이 새로운 단체는 별개의 여성단체를 규정한 헌장을 제정하였다.[64] 이후 노예제도 폐지운동 단체는 다시 통합되지 못하였으며 AASS는 그 세력을 회복하지 못하였고,[65] 새로이 조직된 AFASS도 1850년대에 들어가면서 또한 서서히 소멸하였다.[66] 그리고 AASS는 세력의 약세를 면치 못하였으나 활동은 계속하였으며, 1865년 5월 창설자인 개리슨(William L. Garrison) 자신이 해체를 시도한 후에도 그를 대신해 회장으로 선출된 웬델 필립스(Wendell Phillips)가 이 회를 이끌어갔고 1870

년 3월에야 정식으로 해산하였다.[67]

개리슨파는 노예제도 폐지운동에 여성을 받아들였으나 노예제도 폐지운동 단체의 분열을 원하지는 않았다. 반면 여권(女權)에 반대한 보수적인 비-개리슨파가 분열을 감행하였으며, AASS의 세력을 약화하였다. 그림케자매의 출현 이후 조성된 개리슨파와 비-개리슨파의 분열 조짐은 또한 자유당(Liberty Party)창당의 출발점이 되었다. 비-개리슨 파가 주동이 된 자유당은 1840년과 1844년에 버니(James G. Birney)를 대통령 후보로 지명하였으나 선거전에서 성공은 거두지 못하였고 1848년 이후에 자유토지당(Free Soil Party)에 흡수되었으며 끝내 그들 대부분은 반-노예제를 지지한 공화당(Republican Party)으로 흡수되어 버렸다.[68] 이러한 현상은 개리슨으로 하여금 더욱 비타협적인 태도를 보인 원인이 되었다.

위와 같이 여권문제가 노예제도 폐지론자들을 분열시킨 결정적이고 불가피한 구실이 되었으나 결코 근본적인 원인은 아니었다. 여권문제의 배후에는 사상적, 종교적, 정치적 요인이 있었다. 이러한 여러 요인 때문에 여권논쟁은 개리슨파와 비-개리슨파의 AASS 패권 쟁탈전(1838~1840)의 구실이 되었고, 종국에는 개리슨파의 노예제도 폐지론을 받아들일 수 없었던 비-개리슨파가 패배하고 탈퇴하였다.[69]

4. 노예제도 폐지론자들의 여권논쟁의 성격

여권논쟁이 노예제도 폐지운동의 내부에서 시작된 것은 아니었다.

1839년 이전에 여권운동에 반대하는 항의서와 호소문들은 지역적 노예제도 폐지운동 지도자였거나, 혹은 그 주변 인물이었거나, 늦게 가입한 성직자들이 만든 것이었다.[70] 여권논쟁의 초기 단계에서 반-개리슨파의 루이스 타판 같은 인물도, 노예제도 반대운동 단체와 공식적인 관련이 없다면 개리슨의 신문경영 원칙이나 그림케자매의 여권활동에 간섭하지 말자는 태도를 보이기까지 하였다. 그러나 여권 문제가 1840년 AASS를 분열시킨 종교적, 정치적 분쟁에 휘말려 들게 되었으며, 그러한 분쟁에서 여권논쟁은 유용한 무기로서 그 모습을 드러내게 되었다.

성직자들의 두 번째 항의서에서

> 개리슨은 어떤 성직자가 그의 설교단에서 노예제도 폐지운동 집회에 관한 공고를 읽어주는 것을 거부하였다는 이유로 그를 공공연히 비난하였고, 안식일제도를 거부하였으며, 완전주의 이단론(異端論)을 설교하였고, 모든 조직된 단체를 전복하려 하였다. 그들은 노예제도 폐지론에 안식일폐지와 기독교회의 성직자제도의 폐지를 포함하고 있는 급진개혁론자들이다. 그들은 노예제도 폐지운동을 지연시키고 훼손하는 원천이다.[71]

라고까지 주장하였다. 그러나 이러한 성직자들의 주장은 노예제도 폐지론자들과 다수의 잠재적 지지자를 소원하게 하였다. 그리고 이 항의서는 이후 노예제도 폐지운동 단체의 회원 자격에 대한 이념적인 시금석이 되었다.

비-개리슨파가 여권운동을 지지한 개리슨파에게 반발한 이유는 여권 및 다른 생소한 운동가들이 노예제도 폐지운동 단체에 소속하고 있다는 것이었다. 그리고 급진적인 노예제도 폐지론자와 달리, 보수파의 입장은 AASS와 그 보조 단체들에 대하여, 당시 극단적인 주장이라고 공격받고 있던 신조들을 거부하고, 노예제도의 폐지 주장 이외의 모든 문제에 대하여 공식적인 태도를 보여주기를 요구하였다. 그들은 노예제도 폐지운동은 훌륭한 것이며, 모든 다른 문제에 대한 전통적인 견해와 완전히 조화될 수 있다는 것을 북부의 백인들에게 보여주고자 하였다. 그러므로 그들은 노예제도 폐지운동이 오해받지 않기를 원하였고, 생소한 신조들을 선전하기 위한 수단으로 이용되지 않기를 원하였다.[72]

반면에 개리슨파는, 노예제도 폐지운동 단체 내에서 다양한 견해를 가진 구성원들도 수용해 주기를 원하였다. 그들은 모든 노예제도 폐지론자들이 기타 문제에 대한 그들의 견해와 그들의 조직 외부에서의 그들의 활동과 관계없이 올라설 수 있는 공동연단(演壇)을 주장하였다. 개리슨파는 노예제도 폐지운동 단체의 조직에 대한 주요한 하나의 원칙을 주장하고 있었다. 노예제도 폐지운동 단체의 회의에 참석하고자 한 여성들은 그렇게 하도록 허용되어야 한다고 주장하였으나, 보수파가 물러가야 한다고 주장하지는 않았다.[73]

1839년 "매사추세츠 반-노예제 협회(MASS)" 연례보고서에서 개리슨은 토론의 자유는 우리 단체의 통합을 위하여 필요불가결한 조건이라고 주장하고 만일 노예제도 폐지 이외의 "원칙"과 "행동방법"이 회원 자격의 시금석이 된다면 노예제도 폐지운동은 분열하게 될 것이며 "내부 분열된 집은 서 있을 수 없다"라고 하였다.[74]

개리슨파는 노예제도의 폐지문제를 토론하는 모든 사람에게 언론의 자유를 주장하였다. 회원 자격이 있는 어떤 인물이 노예제도에 대한 투쟁과 관련이 있는 어떤 문제에 대하여 그가 취한 태도 때문에 그 조직으로부터 제명되지 않는다는 것이 이해될 때, 언론의 자유가 보장될 수 있다는 것이었다. 개리슨에게 "모든 문제에 관한 토론의 자유"는 모든 "회원들을 위한 언론의 자유"를 의미하는 것이었다. 그리고 언론자유를 어떤 회원에게 제한한다는 그 사실 자체가, 토론의 대상인 문제[노예제도]에 대한 공식적인 입장의 채택이다. 그렇게 되면 그 단체의 토론에서 중요한 공헌을 할 수 있을지도 모르는 사람들을 거부하는 것이었다.

이에 대하여 비-개리슨파는 개리슨의 속임수로 느끼고 있었다. 그가 노예제도 폐지운동 단체의 통합을 공공연히 촉구하고 있으나 그가 세워놓은 연단은 매우 협소한 것이고 배타적이라고 느꼈다. 1840년 뉴욕시 반-노예제 협회(New York City Anti-Slavery Society)가 그들의 탈퇴를 정당화한 "폐지론자들에게 보내는 성명서(*Address to Abolitionists*)"에서

> "노예제도 옹호(擁護)자들에게는 다행스럽게도 노예제도 폐지운동이 그 운동의 급진적인 견해를 가진 소수파의 활동과 동일시되기 때문에, 많은 사람이 참여를 단념하였고 노예제도 폐지운동 단체의 다수의 회원이 탈퇴를 고려하고 있다. 우리 단체의 적(敵)들은 여권(女權)을 위하여 용맹스럽게 싸우는 돈키호테적인 협객(俠客) 십자군으로 변형된 조직을 더는 두려워하지 않는다. 이 운동은 외래(外來) 문제를 버려야 한다. 모든 노예제도 폐지론자들은, 그들이 좋아하는 신조들은 집에 두고, 오직 노예제도 폐지론자로 만나자"[75]

라고 주장하였다. 그러나 이러한 주장은 스탠퍼드대학의 칼 데글러(Carl N. Degler)교수가

> "사상의 획일화 운동의 중요성은 탄압적이었거나 혹은 아니었거나가 아니다. 중요한 것은 번영하고 있는 사회를 빙자하여 언론의 자유, 집회의 자유, 사상 교환의 자유에 대한 탄압을 묵인한다는 사실이다."[76]

이라고 갈파한 것과 같이, 북부 백인들에게 반감을 사지 않기 위하여 또는 노예제도 폐지운동의 효과적 추진이라는 구실 하에, 언론을 제한하는 것은 노예제도의 정신과 같은 것으로 생각한 개리슨에게 그러한 자유의 탄압은 도저히 타협할 수 있는 대상이 아니었다.[77]

이들 개리슨파와 비-개리슨파에 대하여 제3의 입장은 시어도어 웰드(Theodore D. Weld)의 견해였다. 그에 의하면, 흑인노예를 위하여 적극적으로 활동하면 인간의 권리라는 더 광범한 운동으로 향하는 다음 단계로 발전할 때 도움을 주게 되리라는 것이었다. 다시 말해서 노예제도 폐지문제는 다른 문제로의 가장 강력한 준비와 소개의 단계라는 것이었다. 그는 남·여 평등주의의 절대적인 옹호자였고, 그림케자매의 남·여 혼성 청중을 대상으로 한 연설을 찬성하였지만, 노예제도 폐지운동을 전력을 다해 추진하면, 다른 문제들도 효과적으로 진전시킬 수 있다고 주장하였다.[78]

상기 웰드의 견해와 개리슨의 견해는 다른 점이 없지는 않으나 전술적인 차이에 지나지 않았다. 개리슨은 그의 투쟁의 목표와 전술을 결코

양보하려 하지 않았다. 그는 나름대로 유력한 이유가 있었다. 그는 그러한 문제가 야기된 1837년 말까지, 노예제도 폐지운동이 겪어온 경험에 비추어볼 때, 노예제도 폐지론자들은 그들의 대의(大義)를 주장할 수 있는 자유를 위하여 부단한 투쟁을 해야 한다고 확신하였다. 그러한 투쟁 과정에서 언론자유와 노예제도는 어떤 사회에서도 오랫동안 공존할 수 없다는 것을 깨닫게 되었다. 그리고 한 편은 조만간 다른 한 편을 파멸시키게 될 것이라고 확신하고, 자유언론을 방해하는 정신은 노예제도의 정신이라고 주장하였다.[79] 개리슨은 노예제도 폐지운동 단체에서 그가 할 일은 사상을 해방하고 모든 문제를 자유롭게 토론할 수 있는 분위기를 조성하는 일이며, 미국사회에서 노예제도 폐지론자들이 해야 할 일과 같다고 확신하고 있었다.

이상에서 검토해 본 바와 같이 개리슨이 단호한 태도로 여권운동을 옹호한 것은 그들의 노예제도 폐지운동의 목적인 자유를 위하여 부단한 투쟁을 하지 않으면 그들의 운동도 성공할 수 없으며 그 자신이 노예제도 폐지운동 단체에서 할 일은, 미국사회에서 노예제도 폐지론자들이 해야 하는 것과 같다고 확신하였기 때문이었다. 결국 개리슨파와 비-개리슨파 노예제도 폐지론자들이 문제 삼은 것은 여권 문제 그 자체라기보다는 여권논쟁이 노예제도 폐지운동에 끼치게 될 영향이었다.

주 (a footnote)

1) *Time*, Dec. 5, 1977, p.23.
2) Albert Bushnell Hart, *Slavery and Abolition* (New York: Harper & Row, 1968), pp.165-166.
3) Miriam Gurko, *The Ladies of Seneca Falls* (New York: Macmillan, 1974), p.38; Judith Niles, *Seven Women: Portraits from the American Radical Tradition* (New York: Harper & Row, 1977), pp.1-37.
4) Aileen S. Kraditor, *The Ideas of the Woman Suffrage Movement 1890~1920* (Garden City, N. Y.: Doubleday, 1965; 1971), p.IX.
5) (cf) 김종길, "Garrison의 노예제도 폐지론,"『대구사학』, 12,13합집(1977), pp.493-497; "여권운동과 노예폐지운동과의 관계에 대한 일고,"『영남사학』(1978), pp.59-80.
6) Carol L. Thompson, "Women and the Anti-slavery Movement," in *Current History*, LXXXI(May, 1976), p.198.
7) A. S. Kraditor, *The Ideas of Woman Suffrage Movement*, p.1.
8) Gilbert H. Barnes, *The Anti-Slavery Impulse* (New York: Harcourt Brace Jovanvovich Inc., 1933; 1964), pp.156-160, 271.
9) John L. Thomas, The Liberator: William Lloyd Garrison: A Biography(Boston: Little, Brown and Co., 1963), pp.372-373.
10) C. L. Thomson, "Women and the Anti-Slavery," p.197; *Genesis*, I; 27-31; II; 21-25; III; 1-7, 14-24.
11) 윤혜원, "미국여성운동의 성격,"『숙대논문집』, 제13집(1973), pp.200-201; William Chafe, *The American Woman: Her Changing Social, Economic and Political Roles 1920~1970* (New York: Oxford University Press, 1972), 이봉순 역,『미국여성사』(탐구당, 1974), pp.12-13.
12) *The Constitution of the United States*, Art. I, Sect. 2-3, Amendments Art. XIV, XIX, in Henry Steele Commager(ed.), *Documents of American History* (New York: F. S. Crofts & Co., 1942), pp.138-149.
13) Alexis de Tocqueville, *Democracy in America*, ed. Phillips Bradley(New York: Vintage Books, 1953), p.244.
14) Arthur Young Lloyd, *The Slavery Controversy*(Chapel Hill: The University of

North Carlina, 1939), pp.56-67.

15) Henry Barmford Parkers, *The United States of America*(New York: Alfred A. Knopf, 1959), pp.264-269; 이보형, 『미국사개설』(일조각, 1979), pp.80-93.
16) A. B. Hart, *Slavery and Abolition,* pp.158-162.
17) A. S. Kraditor, *The Ideas of Woman*, pp.1-2; 손중애, "미국부녀운동소고-정치면을 중심으로-,"『대구사학』제2집(1970) p.60; 윤혜원, "미국여성운동의 성격," pp.197-199.
18) Eric Foner(ed.), *Nat Turner*(Englewood Cliffs, N. J.: Prentice-Hall, 1971), pp.56, 61.
19) A Y. Lloyd, *The Slavery Controversy*, pp.3, 49.
20) A. B. Hart, *Slavery and Abolition,* pp.183-184.
21) Carl N. Degler, *Out of Our Past: The Forces that Shaped Modern America* (New York, 1970), 이보형, 이주영, 홍영백 공역, 『현대미국의 성립』, p.193; A. B. Hart, *ibid.,* pp.226-230 [지하철도 조직에 호의적인 역사가들의 주장에 따른다고 하더라도 1830년에서 1860년 사이에 도망한 노예의 수는 연평균 2,000명에 지나지 않았다. 이 도망노예는 예속적 상태에 있던 수백만의 다른 노예와 비교할 때, 수적으로나 경제적으로나, 무의미한 것이었다].
22) A. B. Hart, *ibid.,* p.198.
23) Eleaner Flexner, *Century of Struggle: The Woman's Right Movement in the United States*(Harvard University Press, 1959; New York: Atheneum, 1974), p.41.
24) C. L. Thompson, "Women and the Anti-slavery," p.199.
25) E. Flexner, *Century of Struggle*, p.41.
26) C. L. Thompson, "Women and the Anti-slavery," p.199.
27) Aileen S. Kraditor, *Means and Ends in American Abolitionism* (New York: Random House, 1969), pp.42, 63.
28) E. Flexner, *Century of Struggle*, p.42.
29) Joel Tyler Headley, *The Great Riots of New York 1712~1873* (New York: E. B. Treat, 1873, rpt. New York: Dover Publication, Inc., 1971), pp.81-83.
30) E. Flexner, Century of Struggle, p.43.
31) Ibid., p.36; H. P. Parkers, *The United States of America*, p.36; A. B. Hart, *Slavery and Abolition,* p.29.
32) *I Timothy* II: 11-12; *I Corinthians* XIV : 34-35.

33) Louis Filler, *The Crusade against Slavery*(New York: Harper & Row, 1960), p.26; A. Y. Lloyd, *The Slavery Controversy*, p.57.
34) E. Flexner, *Century of Struggle*, pp.44-45, 343.
35) Ibid.; A. B. Hart, *Slavery and Abolition*, p.179.
36) A. S. Kraditor, *Means and Ends*, pp.42-43; M. Gurko, *The Ladies of Seneca Falls,* p. 39[여성의 사회활동에 반대한 성직자들의 항의문과 호소문은 다음과 같은 것들이었다. (1) "Appeal of Clerical Abolitionists on Anti-Slavery Measures," *The Liberator*, Aug. 11, 1837. (2) "Appeal of Abolitionists the [Andover]Theological Seminary," *The Liberator*, Aug. 25, 1837. (3) "Protest of Clerical Abolitionists, no. 2," *The Liberator*, Sept. 8, 1837. (4) "Abolition Women," *The Liberator*, Sept. 22, 1837].
37) M. Gurko, *The Ladies of Seneca Falls,* p. 41; William H. Chafe, Women and Equality(New York: Harper & Row, 1977), p.25.
38) J. Niles, *Seven Women*, p.21; Cellestine Ware, *Woman Power*(New York: Random, 1970), p.143.
39) E. Flexner, *Century of Struggle*, p.48.
40) *Ibid.*, pp.41-42.
41) A. S. Kraditor, *Means and Ends*, pp.41-42.
42) *Ibid.*, p.42.
43) *I Corinthians* 14: 34-35; Ephesians 5: 22-24; *I Timothy* 2:11; *I Peter* 3: 1.
44) A. S. Kraditor, *Means and Ends*, p.43.
45) *Genesis* 12: 50.
46) *Genesis* 9: 22-27.
47) *Philemon 1*: 10-20.
48) A. S. Kraditor, *Means and Ends*, p.44.
49) *Ibid.*
50) "The Constitution of the American Anti-Slavery Society," H. S. Commager, *Documents of American History*, p. 279[Art. IV. Any person who consents to the principles of this Constitution, who contributes to the funds of this Society, and is not a Slaveholder, may be a member of this Society, and shall be entitled to vote at the meetings....].
51) 여권에 반대하는 노예제도 폐지론자들의 American Anti-Slavery Society 헌장에 대한 해석을 보여주는 자료들은 다음과 같다; 1) Lewis Tappan to Theodore D.

Weld, May 26, 1840, *Tappan Papers*. 2) *The Sixth Annual Report of the Executive Committee of the American Anti-Slavery Society*, pp.44-47. 3) "Address of the American and Foreign Anti-Slavery Society," *The Liberator*, June 19, 1840.

52) Elizur Wright, Jr. 가 서명한 New York 지부에서 작성하여 보낸 한 성명서를 AASS 운영위원회가 발표하였는데, 그 내용은 노예제도 폐지운동가 전체를, 여성의 활동에 대하여 비정상적인 견해를 가진 몇몇 인사들과 동일시하지 말라고 했으나, AASS 는 그 회원들의 견해에 간섭할 아무런 권한도 가지고 있지 않다고 천명하였다.
이 성명서에 대하여 Garrison도 같은 논리로 반박하였다. 그의 견해를 전혀 받아들일 수 없다고 선언한 James T. Woodbury에 대하여, 그는 누구도 여성의 권리와 같은 그런 문제에 대하여 다른 사람들의 견해를 받아들이라는 요청을 받은 바도 없으며, 노예제도 폐지론자들도 여권 문제에 대한 다른 사람들의 견해를 받아들여야 할 의무는 없다고 반박하였다(The Liberator, Sept. 1, 1387).

53) L. Filler, *The Crusade against Slavery*, p.133.

54) *The Liberator*, June 8, 1838.

55) L. Filler, *The Crusade against Slavery*, p.133.

56) *The Liberator*, July 1, 1838.

57) *Ibid.*, July 27, 1838.

58) 이보형, "흑인노예제 폐지론자의 지위와 주장," pp.33-34.

59) *The Liberator*, Feb. 1, May 3, 1839.

60) A. S. Kraditor, *Means and Ends*, p.51.

61) *Ibid.*, p.68.

62) G. H. Barnes, *The Anti-Slavery Impulse*, p.159.

63) The Sixth Annual Report of the Executive Committee of the American Anti-Slavery Society, pp.27-30

64) A. S. Kraditor, *Means and Ends*, pp.52, 69, 70.

65) A. B. Hart, Slavery and Abolition, p.201.

66) 이보형, "흑인노예제 폐지론자의 지위와 주장,"『19세기 미국의 사회와 문화: 인문연구론집』, 제6집(서강대, 인문과학연구소, 1973), p.35.

67) 이보형, "반-노예제 운동과 흑인 민권운동,"『서양사론』, XIV(1973), pp.19, 34-35.

68) Benjamin Brawley, *A Social History of American Negro*(New York: Macmillan, 1970), pp.230-231.

69) John Hope Franklin, *From Slavery to Freedom: A History of Negro Americans*

(New York: Alfred A. Knopf, 1967), p.247; L. Filler, *The Crusade against Slavery*, pp.133-136 [AASS는 대표자로 구성된 단체가 아니었고, 또 대표자들만이 투표권을 가진 것도 아니었다. 모든 회원이 투표권을 가지고 있었기 때문에 양 파는 서로 많은 회원을 참석시키려고 기도했으며, 이 경쟁에서 Garrison파가 승리하였기 때문이었다.

70) A. S. Kraditor, *Means and Ends*, p.53.
71) "Protest of Clerical Abolitionists, no. 2"에서, Garrison과 그의 지지자들을 완전주의(Perfectionism) 및 반-체제 주의자(Anti-Institutionalism)들이라고 맹렬히 비난하였으나, 여권론(Women's Rightism)은 단지 그들의 이단적 주장 중의 하나로 포함하고 있었을 뿐이었다. cf. *The Liberator*, Sept. 8 1837.
72) L. Filler, *The Crusade against Slavery*, p.132.
73) A. S. Kraditor, *Means and Ends*, pp.6, 71.
74) *Ibid.*, p.55.
75) L. Filler, *The Crusade against Slavery*, pp.132-133.
76) C. N. Degler, *Out of Our Past*, p.209.
77) Russel B. Nye, *Fettered Freedom: Civil Liberties and the Slavery Controversy 1830~1860* (Urbana: University of Illinois Press, 1972), pp.246-249, 252-254.
78) A. S. Kraditor, *Means and Ends*, pp.60-74.
79) R. B. Nye, *Fettered Freedom*, pp.252-254.

제 4 장
흑인노예제도 폐지운동과 자유당(Liberty Party)

1. 자유당 연구의 어려움

　19세기 중엽 미국의 정치계에 잠시 모습을 드러냈다가 유성처럼 사라진 자유당(Liberty Party)이 많은 역사가의 관심 대상이 될 수는 없었다. 그래서 자유당에 관한 연구는 1897년 시어도어 스미스(Theodore C. Smith)의 *The Liberty and Free Soil Parties in the Northwest*가 출판된 이래 최근까지 오직 한 권의 저술밖에는 없는 것 같다.[1] 연구 논문도 다른 분야의 엄청나게 많은 성과와 비교해 보면 많은 편이 아니다.[2] 그러나 제2차 세계대전 이후 계량(計量) 사학자들에 의한 연구들이 남북전쟁 이전 정당의 성격과 사회구조를 밝혀주고 있어서 정당활동을 통하여 노예제도와 투쟁하고자 한 자유당 연구에도 새로운 시사를 해주고 있기는 하다.[3]
　자유당의 역사는 1839년 북부 뉴욕 지방에서 개최된 일련의 흑인노예제도 폐지론자들의 집회로부터 시작된다. 마이런 홀리(Myron Holley), 게릿 스미스(Gerrit Smith), 조슈아 리빗(Josuha Leavitt), 윌리엄 구델(William Goodell) 같은 뉴욕주 노예제도 폐지론자들이 1840년 말의 대통령선거에 대비하여 그들의 대통령후보자 지명에 성공한 것은 1840년 4월 1일 올버니(Albany)회의였다.[4] 여기서도 많은 노예제도 폐지론자들의 반대가 없지 않았으나 제임스 버니(James G. Birney)와 토마스 얼(Thomas Earle)을 각각 대통령과 부통령후보로 지명하는 데 성공하였다. 그리하여 게릿 스미스가 "Liberty Party(자유당)"이라고 명명하였고 노예제도의 폐지라는 유일(唯一) 정강을 내건 새로운 제3당이 험난한 생애를 시작하게 된다. 그러나 같은 해인 1840년 말에 치른 대통령선거에서 자유당은 겨우 6,784표라는 미미한 지지를 받았을 뿐이었다.[5] 1840년 대통령선거 당시 대부분의 노예제도 폐지론자들은 휘그(Whig)당원들이었으며, 그들이 휘그당에 등을 돌리려 하지는 않았기 때문이었다.

당시 양대 정당이었던 민주당과 휘그당을 거부하고 제3당을 조직하여 노예제도 폐지운동을 추진한 정치성향의 노예제도 폐지론자들은 극히 소수에 불과하였다.[6] 그리고 휘그당의 열광적인 "통나무집 선거운동(Log Cabin and Hard Cider Campaign)"에 휩쓸린 노예제도 폐지론자들도 해리슨(William H. Harrison)에게 표를 던졌다.[7]

그러나 해리슨이 대통령 취임 1개월 만에 사망한 후 대통령직을 승계한 존 타일러(John Tyler)가 친-노예제 태도를 노골적으로 나타내기 시작하자, 자유당 당원들은 자신들의 정당이 북부의 광범한 지지를 받을 수 있다고 판단하고 다시 희망을 품게 되었다. 그래서 1844년 선거에 대비하여 그들은 일찌감치 1841년 봄에 제임스 버니를 다시 대통령후보로 지명하였다. 그러나 1844년의 선거에서도 지극히 저조한 득표를 하였다. 버니는 전국에 걸쳐 일반투표에서 겨우 62,197표(2.3%)를 얻었을 뿐이었다.[8] 그 후 1847년 가을 노예제도 문제가 중대한 정치문제화된 시점에 오히려 자유당은 분열되고 정돈상태에 빠지고 만다.

상기에서 약술한 바와 같이 자유당의 짧은 생애, 무시해도 좋을 정도의 지극히 낮은 득표율, 그리고 정치무대에서 노예제도 문제가 중요한 문제가 되기 시작하는 시점에 오히려 정돈상태에 빠져서 살아남기조차 실패한 것 때문에 자유당은 많은 역사가의 관심 대상이 되지 못한 것 같다.

자유당에 관한 최초의 저서는 1879년에 발표된 시어도어 스미스의 "The Liberty and Free Soil Parties in the Northwest"인데, 그의 저술이 출판된 이후 최근까지 발표된 정당 관련 저술들도 대체로 그의 수준을 넘지 못하는 것들이고, 자유당에 특별한 관심을 보이지 않는 것이 일반적인 경향이다. 대부분의 저술은 자유당 당원들이란 "말이 많은 사람들, 연설가들, 신문인들, 팸플릿 작가들, 운동가들, 혹은 조직가"들이라고 평가하였다.[9] 그리고 1930년 초 흑인노예제도 폐지운동에 대한 수정주의적 해석에 이의를 제기한 반스(Gilbert H. Barnes)교수는 자유당에 대하여 "반-노예제 운동단체의 가장 감상적인 잔재"로 묘사하였고[10], 최근 보스턴대학의 에일린 크라디터(Aileen S. Kraditor)교수는 자유당을 "좌절과 자기기만의 결과물이고, 광대극을 연출하였으며 배신으로 소멸하였다"라고 묘사하였다.

이러한 냉혹한 평가는 정치활동을 통하여 흑인노예제도 폐지운동을 추진하고자 노력한 개혁가들의 노력을 전혀 인정하지 않은 것이었다. 그러나 사실상 노예제도 문제를 지역, 주, 혹은 전국적인 정치무대에 최초로 소개한 것은 자유당을 창당한 정치적 노예제도 폐지론자들이었다. 그래서 위스콘신대학의 리차드 시웰(Richard Sewell)교수는 자유당에 대하여 긍정적인 평가를 하고 있다.[11]

비교적 최근에 발표된 하버드대학의 데이비드 도널드(David H. Donald)교수와 뉴욕주립대학의 제랄드 소린(Gerald Sorin)교수의 저서는 특별히 자유당에 관한 연구는 아니지만, 흑인노예제도 폐지운동에 관한 새로운 연구방법을 시도하고 있다. 이들의 저서는 유명한 노예제도 폐지론자들에 대한 집단적 묘사를 시도하였다. 위 두 연구자는 노예제도 폐지운동 지도자들 대부분은 뉴잉글랜드 출신이고 양키 혈통이며, 종교적으로 개신교도였으며, 그들의 종교적 신앙심은 1820년대와 1830년대의 신앙부흥운동으로 고무되었다고 주장하고 있다. 또한, 그들은 높은 수준의 교육을 받았고, 중류정도의 재산소유자들이었으며, 전문직인 의사, 법률가, 목사로 활동하였음을 지적하였다.

그런데 도널드교수는 그가 검토한 노예제도 폐지운동가들은 농촌 엘리트였으며 제조업이나 상업에는 거의 종사하지 않았다고 주장하였다. 반면에 소린은 그의 표본들에 의하면 그들 대부분은 도시에 기반을 갖추고 있는 진정한 이상주의적인 개혁가들이었고, 그들 중 다수가 뉴욕주의 번성하던 제조업 및 상업과 연관이 있었다고 상반된 결론은 내렸다.[12]

도널드와 소린의 연구는 몇몇 저명한 자유당 당원들을 포함하고 있었지만, 그들 자신이 선택한 표본들에 의한 것이었을 뿐만 아니라 자유당과 관련이 없는 많은 노예제도 폐지론자들을 대상으로 한 것이었다. 그래서 자유당 연구에 어떤 시사를 줄 수는 있지만, 자유당에 관한 본격적인 연구라고는 할 수 없다.

더욱 유력한 자유당 연구는 1961년에 발표된 시카고의 웨인 주립대학(Wayne: WSU)의 리 벤슨(Lee Benson)교수의 저서다. 그는 1844년 선거 때의 뉴욕주 자유당 당원들에 대하여 인상적인 서술을 하였다. 그들은 "중류 정도로 부유한, 작은 양키 농촌공동체에 살았고, 그들의 지역사회 내에서 중요한 지위에 있었고, 평균 이상의 교육을 받았다." 그리고 "영혼구제를 위한 열쇠는 정의로운 세속 활동이라는 급진적인 신앙 소유자들이었고, 정치적으로 휘그당원들이었다." 또한 자유당원들은 "세계를 신성(神聖)하게 만드는 데 도움이 되는 정당을 원하였다"라고 주장하였다.[13]

리 벤슨은 1840년대에 노예제도 문제에 있어서 휘그당이 도달했던 것보다 더 높은 도덕적 동기를 추구하였던 사람들에게 있어서 노예제도의 폐지를 목적으로 한 정당조직은 당연하였다고 하였다. 이러한 리 벤슨의 주장은 오늘날까지 광범위하게 수용되고 있고, 그의 가설의 타당성은 부정되지 않고 있다.

미국에서 정당은, 전통적으로, "공직 후보자를 추천하고, 정부활동의 방향을 제시하고, 그들의 정당 후보자가 선거에서 승리할 경우, 정부운영에 연대 책임감을 느끼는 경쟁적인 조직"이라고 인식되어 왔다.[14] 그러나 최근의 남북전쟁 이전의 정치에 관한 몇몇 연구에서 계량사학자들은 정당에 대한 새로운 개념을 사용하고 있다. 그들에 의하면 정당이란 "그것을 통하여 그들 자신을 분명히 나타내는 준거집단(reference groups)"이라는 것이다. 그리고 정치는 시민들의 가치, 두려움, 열망에 대한 반향판(反響板)처럼 움직이므로, 각 정당의 성격은 그들의 관심사를 구체화

한 집단의 성격에 의하여 형성된다는 것이다.[15]

　이러한 개념에 입각한 최근의 자유당 연구로서는 아메리칸대학의 크라우트(Alan M. Kraut)교수의 논문이 있다. 그러나 그가 발굴하여 이용한 자료는, 그 자료의 목적과 작성자가 분명치 않은 뉴욕주 서부에 있는 스미스필드(Smithfield)[16]라는 작은 읍의 182(총유권자의 54.2%)명에 지나지 않는 비공식적인 투표인 명세서(Poll List),[17] 그리고 이름이 밝혀져 있지 않은 어떤 자유당계 신문구독자 명단인데 여기에는 단지 191명의 뉴욕주의 구독자 이름과 주소가 있을 뿐이다.[18] 이 두 자료를 토대로 하여 자유당의 성격과 사회적 구성을 밝혀 보려고 하였으나 자료가 너무 빈약하고 제한된 것이었을 뿐만 아니라 자료의 신빙성에도 문제가 없지 않다. 그러나 이러한 단편적인 자료들이 다수 발굴되고 연구된다면 자유당의 성격과 그 구성을 더 명확히 파악할 수 있을 것이다.

　그런데 국내에서는 미국의 자유당에 관한 연구가 거의 없는 실정이고 미국의 연구도 사례연구가 대부분인 것 같다. 그래서 필자는 자유당 연구를 위한 시론으로써 자유당의 창당과 변질 그리고 붕괴의 과정을 자유당의 정강과 관련하여 검토해 보고자 한다. 즉 자유당의 창당과 유일(唯一)정강주의, 1844년의 선거 후 복수(複數)정강주의의 채택과 그 결과 그리고 노예제도 폐지운동과의 관계 등을 정리해 보고자 한다.

2. 자유당의 창당과 정강

　1840년대 초 흑인노예제도 반대론자들은 대부분 휘그당 당원이었다. 휘그당원의 훈련과 조직이 엉성하여 민주당과 비교하면 내분과 분열의 가능성이 컸다. 노예제도가 폐지된 북부의 휘그당원들은 반-노예제 성향이 강했다. 노예제도 폐지운동은 지적 종교적 사회개혁운동 경향을 가진 것이었고, 북부의 반-노예제 휘그당원들은 대체로 전문지식 계급이었고 사업가들이었으며 거대한 부의 소유자들이기 때문이었다.[19]

이러한 북부 휘그당원들이 지향하는 바는 연방정부에 대한 영향력의 확대였다. 그래서 1840년 4명의 강력한 반-노예제 휘그당원이 연방 하원에 진출하였다. 즉 매사추세츠주의 존 퀸시 애덤스(John Quincy Adams), 버몬트주의 윌리엄 슬레이드(William Slade), 서부 뉴욕주의 세스 게이츠(Seth M. Gates), 오하이오주의 조슈아 기딩스(Joshua R. Giddings) 등이었다. 그러나 상원에는 단 한 명의 반-노예제 휘그당원도 진출하지 못하였다. 민주당의 노예제도 반대론자인 오하이오주 출신의 토마스 모리스(Thomas Morris) 의원이 추방된 이후, 노예제도를 반대한 어떤 인물도 상원에 진출하지 못하였다.[20]

그런데 북부 휘그당 지도자들은 반-노예제 정당이 출현하면 친-노예적인 남부 휘그당원들의 이탈 위험성을 잘 알고 있었다. 그래서 노예제도 폐지론자들이 새로운 정당을 조직하고 연방정부에 진출하고자 한 시도는 휘그당과 일반 대중의 지지를 받을 수 없었다.

그러나 뉴욕주 북부는 예외적인 경우였다. 이곳에서는 노예제도 폐지론자들의 정당결성에 대한 일반대중들의 지지가 강했다. 이곳은 찰스 피니(Charles G. Finney)가 제2의 신앙부흥운동을 시작했던 곳이며, 탁월한 노예제도 폐지론자인 시어도어 웰드(Theodore D. Weld)도 이 지역 출신으로 이 지역에서 설교자로 많은 시간과 정력을 소비하였다.[21]

노예제도 폐지론자인 베리아 그린(Beriah Green)이 신학교 학장으로 수년간 북부 뉴욕주 오네이다(Oneida)에서 활동하였으며, 알반 스튜어트(Alvan Stewart), 마이런 홀리(Myron Holley), 게릿 스미스(Gerrit Smith), 윌리엄 구델(William Goodell)의 고향이었다. 이들 중 알반 스튜어트는 "뉴욕주 반-노예제협회(New York State Anti-Slavey Society)"의 창설을 주도한 가장 철저하고 강력한 정치적 노예제도 폐지론자 중의 한 사람이었다.[22] 그리고 홀리는 뉴욕주 정치계에서 오랫동안 강력한 영향력을 행사한 노예제도 폐지론자였다. 노예제도 폐지론자인 엘리저 라이트(Elizur Wright)가 "마이런 홀리의 종교는 성서가 아니라 독립선언서"이었다고 이야기할 정도로 철저한 정치적 노예제도 폐지론자였다. 그러나 홀리는 휘그당의 헨리 클레이(Henry Clay)가 상원에서 노예제도 폐지론자들의 정치활동에 반대하는 연설을 하기 전까지는 그렇게 철저한 노예제도 폐지론자는 아니었다.[23]

헨리 클레이의 연설에 크게 자극받은 마이런 홀리는 1839년 7월 4일부터 양대 정당이 노예세력(slave power)에 이바지해 왔음을 맹렬하게 비난하기 시작하였다. 그 후 몇 개월 동안 그는 자신이 발행한 주간지 "로체스터 프리맨(Rochester *Freeman*)"지와 여러 집회에서 노예제도 폐지론자들의 독자적인 공직자 후보지명을 주장하였다.[24]

이러한 배경에서 뉴욕주의 노예제도 폐지론자들이 주도권을 장악하고 있던 "미국 반-노예제협회(American Anti-Slavery Society: AASS)가 소집한 노예제도 폐지운동가들의 총회가 1839년 7월 31일 알바니(Albany)에서 개최되었다. 이 모임에서 개리슨이 주도한 보스턴파의 비타협적이고 무정부주의적인 노예제도 폐지론을 거부하고, 투표하는 것은 모든 노예제도 폐지론자들의 의무이고, 노예해방을 지지하는 사람들에게 투표하는 것은 모든 노예제도 폐지론자들의 의무라고 주장한 뉴욕주의 정치적 노예제도 폐지론자들의 주장이 받아들여졌다. 이것은 무정부주의적이고 급진적인 노예제도 폐지론을 주장하였던 개리슨파의 패배를 의미하였다. 대부분의 노예제도 폐지론자들은 선거에 불참하라는 개리슨파의 호소를 거부하였고 무시하였다.[25]

　AASS의 알바니총회는 독자적인 후보지명이나 새로운 정당결성을 위한 어떤 결정도 하지 않았으나, 아래와 같은 노예제도 폐지론자들의 조직적 정치활동의 필요성에 대한 강력한 주장이 있었다.

　　"그들의 입법에 대하여 전 국민이 복종하는 연방의회는 두드러지게 그리고 압도적으로 자유롭지 않은 사람들의 대표들로 구성되어 있다. 그리고 가정에서 자유를 누리지도 허용하지도 않고, 독립선언서가 주장한 불가양도의 여러 권리에 대한 원칙들을 받아들이지도 이해하지도 않고, 남부에서 누리는 것보다 더 많은 자유를 추구하거나 희망한다고 볼 수 없는 입법자들로 구성되어 있다"[26]

　　"노예제도는 자유에 대한 계속적 침식을 허용하는 경우를 제외하고는, 자유로운 나라에서는 유지될 수 없다. 노예제도 그 자체의 폐지를 위하여 직접적이고, 공개적이며, 단호한 노력에 기꺼이 참여하고자 하지 않는 어떤 사람도 노예세력의 정치적 우세에 대한 효과적인 파괴자로 간주할 수 없다. 정치적인 힘을 잘라버리면 노예제도는 그 자체의 중력으로 붕괴하게 될 것이고, 그 자체의 허약함으로 소멸할 것이다. 그리고 노예제도의 정치적인 힘은 진정한 자유의 투사들에 의해서만 저지될 수 있을 것이다."[27]

그 후 1839년 10월 23일 뉴욕주 클리블랜드(Cleveland)에서 개최된 노예제도 폐지론자 회의에서 마이런 홀리는 임시 의장으로 활동하였을 뿐만 아니라, 새로운 정당을 조직하기 위하여 부지런히 노력하였다. 그리고 라이트(Elizur Wright)도 열성적으로 새로운 정당조직을 호소하였다. 그러나 매사추세츠주에서 온 헨리 스탠튼(Henry B. Stanton)은 경솔한 정치적인 활동에 반대하였고, 박애자(*Philanthropist*)지의 발행인이었던 신시내티의 신문인 가말리엘 베일리(Gamaliel Bailey)도 스탠튼보다 한층 더 강경하게 독자적인 후보지명에 반대하였다. 결국, 클리블랜드 회의는 신당조직이나 독자적인 후보지명을 하고자 한 일부 노예제도 폐지론자들의 노력을 수용하지 않았다.[28]

그 후 또다시 홀리 주도하에 1839년 11월 13일 뉴욕주 월소(Warsaw)에서 모임이 소집되었다. 5백 명 이상의 노예제도 폐지론자들이 참석한 이 월소회의는 새로운 정당을 출범시키지는 못하였으나, 그들의 독자적인 대통령과 부통령후보를 지명하는 데 성공하였다. 대통령후보에 제임스 버니(James G. Birney), 부통령후보에 프란시스 르모인(Francis J. LeMoyne)을 지명하였고, 홀리는 후보지명자들에 대한 연락책임을 맡았다. 이제 노예제도 폐지론자들은 그들의 노예제도 폐지운동을 성취하기 위한 하나의 방법으로서 대통령과 부통령후보를 지명하는 단계에 이르렀다.[29]

그러나 월소회의의 후보지명에 대하여 당사자인 제임스 버니와 프란시스 르모인은 거부 의사를 보였고, 여러 노예제도 폐지운동 단체들은 후보지명을 비난하는 결의안들을 채택하였다.[30] 후보지명에 반대하였던 가말리엘 베일리는 11월 28일 버니에게 다음과 같은 내용의 편지를 보냈다.

"나는 그것에 적극적으로 반대하는 바이다. 우리가 하나의 단체로서 함께 조화롭게 잘해 나가게 된다면, 우리는 새로운 사업을 시작할 필요가 없다. 나는 그렇게 되리라고 느끼고 있다. 나는 대다수의 노예제도 폐지론자들이 그 실험을 반대한다고 생각한다. 그런데 왜 그들의 친구들이 그렇게 끈덕지게 주장하는가?"[31]

프란시스 르모인도 거의 같은 어조로 버니에게 편지를 보냈고, 독자적인 후보지명의 필요성을 완전히 배제하지는 않았지만, 월소회의의 결정은 부적당할 뿐 아니라 시기상조라 주장하고 그의 이름이 사용되는 것을 거부하였다. 좀 더 토론해야 하고 심사숙고해야 할 필요가 있다는 그의 이유는 대부분의 노예제도 폐지론자들이 직접적인 정치적인 활동에 반대하고 있을 뿐 아니라, 그 운동의 성격을 종교적인 것에서 정치적인 것으로 바꾸는 것은 정당과는 불가분인 여러 죄악을 그 운동에 끌어들이게 된다는 것이었다. 결국 버니도 홀리에게 대통령후보지명 거절 편지를 보냈다.[32]

버니가 홀리에게 보낸 편지에서, 그는 월소회의의 결정은 "노예제도 폐지론자들을 분열시키는 것"이고 또한 "그들 사이에도 너무나도 큰 의견의 차이"가 있으므로 거절한다는 것이었다. 그러나 며칠 후 버니가 홀리에게 보낸 편지에서 "몇몇 지도자들이 더 훌륭한 인물이 후보자로 지명될 수 있을 것"이라고 생각하고 있다고 하였다. 버니의 편지에 대하여 홀리는 "부통령후보가 잘못되었다는 것에는 동의하였으나, 독자적인 정치활동을 위한 운동은 추진되어야 하며, 버니의 대통령후보지명은 수락"되어야 한다고 주장하였다.[33]

이와 같은 홀리의 노력은 일면으로는 설득력이 있는 것이었다. 그는 개리슨의 과격한 노예제도 폐지론에 반대하고, 더욱 적극적인 정치활동과 입법활동을 통하여 노예제도를 합법적으로 폐지하고자 하였다. 그의 이러한 노력에 대하여 반대하는 것은 "개리슨의 무정부주의적 노예제도 폐지론을 지지하고 있는 증거"라고 주장하였다. 홀리에 의하면 노예제도는 성문법의 산물이므로 그것은 입법활동에 의해서만 폐지될 수 있는 것이었다. 그는

"의회에서 노예제도에 찬성하고 자유에 반대하게 될 후보자에게 투표하는 것과 노예제도에 반대하지 않는 후보자에게 투표하는 것은 꼭 같이 죄악을 범하는 것이므로 노예제도의 폐지를 위한 정당을 조직하고 그런 정당을 후원하고 그런 정당에 참가하는 것은 모든 자유인의 기독교적 의무"

라고 단호하게 주장하였다.[34]

결국 버니도 홀리의 주장을 지지하였고, 정치적 노예제도 폐지운동만이 결국 노예제도를 폐지할 수 있을 것으로 생각하게 되었다. 1840년 초(2월) 버니는 "노예제도 폐지운동의 주도권이 무저항주의자(개리슨 주의자)들의 수중에 넘어가게 되면 이 운동은 와해할 것이며, 이 운동을 성

취하고자 하는 많은 사람이 그들과 연합할 수는 없을 것"이라고 주장하였다. "그리고 새로운 조직이 필요할 것"이라고 하였다.[35]

홀리의 주장은 당시 미국의 정치현실에 비추어볼 때 상당히 부정적 측면이 있었다. 많은 휘그당원이 노예제도에 반대하였으나, 노예제도 폐지운동을 위한 신당의 창당에도 반대하였기 때문이었다.

1840년 3월 매사추세츠주의 헨리 스탠튼이 버니에게 보낸 편지는 이런 상황을 잘 설명해주고 있다. "독자적인 정치활동을 위한 움직임은 개리슨의 지위를 강화"한다는 것이었다. 매사추세츠주의 모든 노예제도 반대론자들은 실제로 휘그당원들이었고, 20명 중 19명은 독자적 후보지명에 반대하고 있기 때문이라고 하였다. 그리고 이들 반-노예제 휘그당원들도 해리슨(William H. Harrison)을 지지할 것이고, 그 이유는 현재 휘그당원들이 대통령선거에서 승리를 확신하고 있기 때문이라고 하였다.[36]

오하이오주 신시내티의 가말리엘 베일리(Gamaliel Bailey)는 독자적인 후보를 지명하는 것보다는 윌리엄 해리슨을 지지하는 것이 좋다고 주장하였다. 그리고 노예제도 반대론자들의 표를 얻을 수 있을 것이기 때문에 토마스 코윈(Thomas Corwin)이 휘그당의 주지사 후보지명을 받았다고 하였다.[37] 헨리 스탠튼과 베일리의 주장은 타당한 것이었다. 그래서 AASS의 간부 회의에서 루이스 타판(Lewis Tappan)은 정치활동에 반대하였고, 버니와 스탠튼은 대통령후보지명 연기를 원하였다.[38]

그러나 서부 뉴욕주의 노예제도 폐지론자들이 1840년 1월 28~29일에 뉴욕주 아케이드(Arcade)에서 회의를 소집하여 문제를 해결하였다. 마이런 홀리(Myron Holley), 윌리엄 채플린(William L. Chaplin), 게릿 스미스가 그 회합을 주도하였고 서부 뉴욕주와 그리고 인접한 펜실베이니아주에서 6~7백 명이 참가하였다. 많은 사람이 이전까지 새로운 정당을 만드는 것에 반대하였고 독자적인 후보지명에도 반대하였으나, 이 회합에서 그러한 분위기가 극복되었다. 홀리는 그렇게 많은 사람이 그렇게 급격하게 그들의 마음을 바꾸는 것을 결코 본 적이 없다고 술회하였다.[39]

당시의 정치 상황은 반 뷰렌 과 해리슨(William H. Harrison)이 양대 정당의 대통령후보자로 지명될 전망이 확실하였다. 그러나 노예제도 폐지론자들은 어느 후보에게도 표를 던질 수 없었다. 그들은 점차 홀리건의 생각이 옳다고 판단하기 시작하였다. 다시 말해서 노예제도 폐지론자들은 노예제도를 반대하는 독자적인 후보자를 가지지 못한다면 투표권을 빼앗기는 것으로 생각하게 되었다.[40]

결국 아케이드회의는 신당의 조직과 후보지명을 만장일치로 결의하였고, "해리슨과 마틴 반 뷰렌은 받아들일 수 없는 후보들이라고 비난하였으며, 노예제도에 반대하는 기도와 설교를 거부한 성직자들을 맹렬하게 비난"하였다. 그리고 1840년 4월 1일에 다시 회의를 소집하기로 결의하였다.

아케이드회의 일주일 후 구델(William Goodell)은 자신이 편집인이었고 뉴욕주 노예제도 폐지운동 단체가 발행한 *Friend of Man*에 아직 형성단계에 있었던 그들의 새로운 정당에 대하여, 게릿 스미스(Gerrit Smith)가 "자유당(Liberty Party)이란 정당명칭을 사용한 편지를 공개하였다.[41] 이 편지를 근거로 자유당 당명을 게릿 스미스가 처음으로 사용한 것으로 인정받고 있다. 처음에는 비공식적으로 사용되었으나 곧 공식적인 정당 명칭이 되었다.

노예제도 폐지론자들이 독자적인 후보를 공식적으로 지명한 1840년 4월 1일의 알바니회의는 "즉시 노예해방 지지자 전국 대회(National Convention of Friends of Immediate Emancipation)"로 알려졌고, 121명의 대표가 참석하였으나 대부분 뉴욕주 출신들이었다. 이 회의의 지도자들은 알반 스튜어트, 그리고 버몬트주의 벤자민 쇼(Benjamin Shaw), 메인주의 이카보드 코딩(Ichabod Codding), 매사추세츠주의 찰스 토리(Charles T. Torrey), 조슈아 리빗, 마이런 홀리, 엘리저 라이트(Elizur Wright), 게릿 스미스, 윌리엄 구델 등이었다. 펜실베이니아주의 존 휘티어(John G. Whittier)와 토마스 얼(Thomas Earle)은 참석하지 않았으나 두 사람 모두 독자적인 후보지명에 찬성하는 편지를 보냈다.[42]

찰스 토리가 후보지명 동의안을 제출하고, 끈질기게 노력하여 근소한 표 차이로 겨우 가결되었다. 그의 동의안에 55명의 대표가 기권하였다. 그래서 43대 33표로 겨우 통과되었다. 트로이(Troy)의 나단 베멘(Nathan S. S. Bemen)이 이끄는 반대세력의 저항 때문이었다. 결국, 제임스 버니가 대통령후보에 지명되었고 토마스 얼이 새로이 부통령후보 지명을 받았다. 그들의 정강은 컬럼비아(Columbia) 특별지구의 노예제도 폐지와 주간(州間) 노예무역의 폐지를 강조하고, 헌법의 보장하에 있는 입법권을 최대한 동원하여 노예제도 폐지의 실현을 공약한 것이었다.[43]

상기와 같이 백여 명이 참석한 소규모의 모임에서 강력한 반대세력의 거부 속에서 겨우 10표 차이로 새로운 반노예제 정당이 출범하게 되었다. 그리고 1840년 선거운동 기간에 이 정당은 지역에 따라 다른 이름을 사용하였으나, 주로 "자유당(Liberty Party)" 혹은 "인권당(Human Rights Party)"이라는 당명을 사용하였다. 그리고 자유당은 거의 지방 조직이 없었기 때문에, 지방공직 후보자를 대부분 지명하지 못하였다.

또한 대통령후보지명자인 제임스 버니는 5월부터 11월까지 영국에서 개최된 "국제 반-노예제대회(World Anti-Slavery Convention)"에 참석하느라고 미국을 떠나 있었다. 그리고 대부분의 노예제도 폐지론자들은 휘그당원 및 민주당원들과 미국 역사상 가장 난폭한 논쟁에 휘말려 들어갔다. 그런가 하면 보스턴의 개리슨파 노예제도 폐지론자들은 자유당을 맹렬히 공격하였다. 또한 대부분의 휘그당 노예제도 폐지론자들은 승리가 확실시되었던 휘그당에 등을 돌릴 수가 없었다. 그래서 1840년의 대통령선거에서 휘그당의 해리슨이 일반투표에서 1,275,016표를 얻어 53.1%의 득표율로 대통령에 당선되고, 민주당의 마틴 밴 뷰렌이 1,129,102표를 획득하였음 비하여, 버니는 겨우 6,784 표를 얻었을 뿐이었다.[44]

자유당 지도자들은 정치인 경험이 없었을 뿐만 아니라 독자적 후보지명에 대한 일부 노예제도 폐지론자들의 반대를 극복할 시간조차 부족하였다. 그리고 전국적인 경기침체가 자유당에 대한 정치헌금을 거의 불가능하게 하였다. 또한 자유당 지도자들이 조직적인 지원과 활동적인 핵심 당원들을 공급하여줄 것으로 믿었던 "미국 및 외국 반-노예제도협회(AFAS)"는 처음부터 기대이하였다. 그러나 버니의 입후보가 실패할 수밖에 없었던 가장 큰 원인은 휘그당의 통나무집 선거운동(Log Cabin Campaign)이었다. 많은 노예제도 폐지론자들이 휘그당의 열광적인 통나무집 선거운동의 흥분에 휩싸여 해리슨에게 표를 던졌다.[45]

3. 1844년의 대통령선거와 자유당의 유일정강주의

"노예제도의 폐지"라는 유일 정강(政綱) 정당인 자유당의 창당과 독자적인 후보지명에는 4개의 선행조건이 필요하였다.

> "첫째, 그 직책의 모든 권력을 노예제도의 폐지를 위하여 기꺼이 사용하려 하지 않는 어떤 후보자에게도 노예제도 반대론자들은 결코 표를 던져서는 안 된다. 둘째, 양대 정당은 노예제도가 존재하는 한 노예세력(slave power)이 지배할 것이 틀림없다. 셋째, 노예제도의 폐지라는 유일정강주의 정당은 노예제도의 폐지와 더불어 사라질 일시적 정당이다. 넷째, 정당하게 해석된다면, 미국 헌법이 각 주의 노예제도를 폐지할 수 있는 권한을 연방의회에 부여하고 있다."

라는 조건이다.[46] 이러한 4개의 가정이 선행되지 않는다면 자유당은 논리적으로 존재할 수 없었다.

그러나 현실적으로 이러한 자유당의 존재조건은 다수의 노예제도 폐지론자들과 유권자들이 받아들일 수 없는 것들이었다. 1838년 뉴욕주의 어떤 노예제도 폐지론자는, 양대 정당이 반-노예 후보를 지명하지 않는 상황에서 노예제도 폐지론자들이 자신들의 지도자를 선택할 투표권을 포기해야 하는가? 라고 의문을 제기한 후, 노예제도 폐지론자들도 노예제도 문제와 관계없이 선거에 참여해야 한다고 주장하였다. 그리고 "매사추세츠 반-노예제도협회(MASS)"가 노예제도 폐지론자들의 질의에 정당한 답변을 하지 않는 후보자들에게 투표를 포기하도록 한 지시에

대하여, 그런 정책은 노예제도 반대론자들의 투표권을 박탈하는 것이라고 항의하였다.[47]

노예제도 폐지론자가 노예제도의 폐지 반대론자들에게 투표해서는 안 된다는 결의안을 통과시킨, 1839년 7월의 알바니회의에 참석했던 사무엘 코니쉬(Samuel E. Cornish)는 참정권의 자유로운 행사를 박탈하는 그러한 결의안에 동의할 수 없다고 항의하였다. 노예제도 폐지론자인 조지 브레드번(George Bradburn)도 코니쉬에 동의하고, 뉴욕주에서 흑인들의 참정권박탈이 그들에 대한 푸대접의 주요한 원인 중의 하나이므로, 흑인참정권에 찬성하는 후보자와 반대하는 후보자가 의원직에 출마한다면 찬성하는 후보자에게 표를 던지겠다고 하였다. 그리고 노예제도 폐지운동에 무관심한 후보자에게 지지한 투표가 노예제도를 지지한 투표는 아니라고 주장하였다.[48]

루이스 타판도 그러한 이유로 3년 동안 자유당에 협력하기를 거부하였고, 윌리엄 제이도 1840년 제3당은 양대 정당으로부터 개혁가들을 끌어냄으로써, 양대 정당이 완전히 부패하는 것을 막고 있는 적은 양의 소금을 제거하게 될 것이므로, 제3당 운동에 반대한다고 하였다.[49]

제3당 운동을 적극적으로 추진한 정치적 노예제도 폐지운동가들은 양대 정당은 노예제도가 존재하는 한, 노예세력에 의해서 지배될 것이 틀림없다는 가정은 너무나 당연하여서 토론의 여지조차 없는 것으로 간주하였다. 게릿 스미스에 의하면 노예제도가 존재하는 한 미국의 남부는 친-노예적이 아닌 어떤 정당에도 협력하지 않을 것이라고 주장하였다.[50] 그래서 전국적인 양대 정당이 지명한 모든 후보자는 노예제도의 폐지를 주장하든 혹은 그것에 반대하든 간에 노예세력의 노예가 될 수밖에 없으므로 제3당 만이 반-노예제 후보를 지명할 수 있다는 것이다. 그러나 그러한 가정은 논리적이긴 하나 비-현실적이었다.

자유당은 노예제도가 소멸하면 존재하지 못하게 될 것이라는 가정도 논리적으로는 당연하였다. 조슈아 리빗은 우리들의 목적이 이루어졌을 때 자유당은 해산되어야 한다고 주장하였다. 그러기 위해서는 자유당 지도자들이 노예제도 이외의 다른 문제들은 거론해서는 안 될 것이라고 가정하였다.[51] 다시 말해서 자유당은 노예제도의 폐지라는 유일한 정강만을 가지는 정당이 되어야 한다는 것이었다. 그러나 정당의 성공은 그것의 순수성에 비례하지는 않는다. 그리고 제3당은 유일정강주의 정당이 될 수밖에 없으므로 많은 노예제도 폐지론자들이 그것의 창당에 반대하였다. 왜냐하면, 자유당이 창당되면 그 정당은 다른 문제에 대한 그들의 관심을 버리도록 요구할 것이기 때문이었다.[52] 또한 제3당은 노예제도 이외의 죄악에 대한 투쟁을 거부할 것이기 때문이었다. 끝으로 미국 헌법에 따르면, 연방의회가 주의 노예제도를 폐지할 수 있다는 주장은 노예제도의 합헌성에 관한 논쟁을 유발할 것이고, 많은 저항에 부딪히게 된다. 자유당 지도자들도 노예제도는 연방이 아니라 주(州)의 관리에 있는 제도라는 것을 너무나 잘 알고 있었다.[53]

1840년 선거에서 성실한 휘그당원들이 그들 자신의 당을 버리고 민주당계의 신문발행인이었고 민주당 당원이었던 토마스 얼(Thomas Earle)에게 그들의 표를 던질 수는 없었다. 자유당이 보잘것없는 득표가 이를 잘 설명해주고 있다.[54]

당시 대부분의 노예제도 폐지론자들은 휘그당 당원이었고 노예제도에 반대하는 상당수의 민주당원도 있었으나 그들은 그들의 기존 정당에 더욱 애착을 두고 있었다. 그들은 교회의 계율보다도 자신들이 지지한 정당의 정강을 더 지키려는 경향이 있었다. 그들의 정당 지도자들이 후보자의 선택과 정강 결정에 노예 소유자들의 뜻을 따르고 있다는 것도 잘 알고 있었다.

　이러한 상황 속에서 양대 정당의 노예제도 폐지론자들은 그들의 목적을 성취하기 위하여, 그들 자신의 정당 후보자들에게 흑인노예제도에 관한 질문 공세를 펴는 방법을 사용하여, 그들의 정당에서 지방·주 공직 과 연방의회 등에 반-노예제 인사들을 진출시키고자 하였다. 또한, 그들의 의회 의원들이 노예제도에 반대하는 태도를 취하기를 기대하면서 청원서운동도 활발하게 전개하였다.[55]

　그러나 그들은 당의 결속을 위태롭게 할 행동은 꺼렸다. 다른 한편 1840년의 선거에서 그들의 투표가 항의투표 성격 정도의 결과로는 만족할 수는 없었다.[56] 다시 말해서 그들의 투표가 은행, 관세, 국내 개발 등의 문제점들에 찬성하거나 반대에 기여하기를 원하였다. 유일정강의 자유당이 양대 기존 정당에 소속하고 있던 노예제도 반대론자들로부터 협력을 기대할 수는 없는 정치적 상황이었다.

　1840년의 선거를 치르고 난 후, 자유당은 유일정강주의의 포기를 고려하지 않을 수 없었다. 자유당 지도자들은 행정부가 다루어야 할 모든 문제점에 관한 강령들을 포함하는 정강을 투표자들에게 제시해야 한다고 생각하기 시작하였다.[57]

　자유당 당원들이, 다른 문제들이 노예제도와 비교하여 중요한 것이 아니라고 철저히 확신했더라면, 결코 유일정강 포기로의 정책전환을 고려하지 않았을 수도 있었을 것이다. 그러나 민주당이나 휘그당에 투표한 노예제도에 반대한 투표자들은 물론이고, 자유당 당원들도 저율관세 혹은 고율관세, 참정권 개혁, 연방은행 문제, 재무부 독립 문제 등에 대하여 그들이 반대하거나 찬성하고자 하는 욕망을 전적으로 무시할 수는 없었을 것이다. 이러한 측면이 다수의 노예제도 폐지론자들이 제3당 조직에 반대한 이유였다. 다시 말해서 노예제도 이외의 다른 문제점들에 대한 다른 견해, 그리고 노예제도 이외의 문제점들의 무시할 수 없는 중요성이 제3당의 창당에 반대하는 이유였다. 제3당이 존재하려면, 유일정강주의를 포기할 수밖에 없었다.

독자적인 정당조직에 반대한 노예제도 폐지론자들은 유일정강주의에 반대하였기 때문에 제3당의 조직에 반대하였다.[58] 제3당에 반대한 매사추세츠 반-노예제도협회(MASS)는 "그것은 노예제도 이외의 다른 문제들에 대한 그들의 관심을 버리도록 할 것이다. 그것은 노예제도의 폐지가 그들의 주요한 목표가 아니라, 유일한 목표가 될 것"이므로 자유당 창당에 반대한다고 선언하였다. 그리고 어떤 노예제도 폐지론자는 노예제도가 폐지될 때까지 다른 죄악에 반대하는 노력을 거부하는 것은 "치즈를 주지 않는다는 이유로 빵을 거부하는 굶주린 소년을 흉내 내는 꼴"이라고 하였다.[59]

윌리엄 구델은 만약 노예제도 폐지론자들이 노예제도 이외의 다른 어떤 입법 문제에 영향력을 행사하고자 시도한다면 그들 사이에 내분이 일어날 것이라고 주장하였다. 제3당 창당에 반대하는 이유였던 다른 문제들에 대한 견해차이가 자유당이 유일정강정책을 유지하게 한 강력한 동기였다. 몇몇 강령들이 그 당의 정강에 추가된다고 해도 그들 모두를 만족시킬 수는 없었기 때문이었다. 게릿 스미스는 유일정강주의를 강력하게 변호하면서 자유당의 본래 목적은 "투표권을 가진 모든 노예제도 반대자들을 결합하는 것인데 노예제도의 폐지라는 유일정강에 다른 강령을 부가하는 것은 북부의 양대 정당의 정강(政綱)과 같은 것이 되어 결국 현재의 자유당을 분열시킬 것"이라고 주장하였다.[60]

이와 같은 염려에도 불구하고 1840년 선거 후 이미 자유당은 사실상 유일정강주의를 포기하였고, 노예제도에 반대하는 자유당의 정치활동이 변하고 있었다. 휘그당원들의 최면술에 홀린 것 같은 "통 나무집 선거" 열풍이 일단 진정되자, 많은 반-노예제 휘그당 당원들이 노예제도 폐지 운동 단체와 그 단체의 사업으로 다시 돌아왔다.[61]

이제 노예제도 폐지론자들은 지방과 주(州)의 선거에 눈을 돌려 민중의 지지를 받을 수 있는 정당을 만들고자 하였다. 지방 하수도 관리관, 학교 감독관에서부터 주지사에 이르는 관직후보자들을 지명하였고 모든 후보자에게 노예제도에 대한 노골적인 반대의사 표명을 요구하였다. 지방조직이 전국적 정당의 힘의 기반이 되는 것이므로, 자유당의 지방세력 확대는 결국 휘그당을 크게 위축시켰고, 북부의 반-노예제도 민주당 당원들은 남부의 친-노예제도 민주당원들과 유대를 지속할 수 없었다. 사실상 자유당은 1840년 선거 때까지 효과적인 조직이 없었다. 오직 자유당의 요람이라고 할 수 있는 뉴욕주에서도 1840년 선거 때 조직 결성단계를 겨우 넘어서 있었다.[62]

휘그당은 1840년 선거 후 곧 치명적인 재난을 당하게 된다. 대통령에 당선된 윌리엄 해리슨이 곧 사망하고, 노예주인 버지니아 출신의 존 타일러(John Tylor)가 대통령직을 계승하였다. 해리슨과 달리 타일러는 노골적으로 노예제도를 옹호하였고 텍사스병합을 지지하였다. 그는 또한 주권(州權)을 강력하게 옹호하였다. 이러한 그의 노골적인 친-노예제 정책은 많은 반-노예제 휘그당 당원이 그들의 정당을 등지게 했다. 당연히 그들은 자유당으로 옮겨갔다.[63]

타일러의 친-노예제 정책으로 많은 반-노예제 휘그당원들이 자유당에 입당하게 되자, 이제 자유당 지도자들은 그들의 희망이 낙관적이라고 생각하였다. 다음 선거가 3년이나 남은 1841년 5월 12일 뉴욕시에서 자유당 전당대회가 개최되었고 1844년 선거에 대비하여 대통령후보에 제임스 버니, 부통령후보에 토마스 모리스(Thomas Morris)를 지명하였다. 그 지명대회에 참석한 약 절반 정도의 대표들이 "1844년 선거에서 그들의 당이 승리"할 것이라고 예상하였고, 가장 조심성 있는 사람들조차도 "1848년에는 자유당이 북부를 장악"할 것으로 기대하였다.[64]

대부분의 자유당 지도자들은 직업적인 정치가들이 아니었다. 성공한 변호사이자 사회개혁운동가이고 정치인이었던 버니가 그들을 대변하였으나, 자유당 지도자들은 정치적인 악과 도덕적인 악을 구별하지 못한 사람들이었다. 그들의 정치적인 토론은 성격상 종교적이었다. 자유당의 지도적인 인물 중에서 뉴욕주의 알반 스튜어트, 게릿 스미스, 조수아 리빗, 윌리엄 구델, 마이런 홀리, 제임스 버니, 윌리엄 제이, 매사추세츠주의 엘리저 라이트, 헨리 스탠튼, 존 휘티어(John G. Whittier), 존 피어폰트(John Pierpont), 사무엘 시월, 메인주의 오스틴 윌리(Austin Willey), 사무엘 페센덴(Samuel Fessenden), 제임스 애플턴(James Appleton), 펜실베이니아주의 토마스 얼(Thomas Earle), 프란시스 르모인(Francis J. LeMoyne), 윌리엄 벌리(William H. Burleigh)는 성직자이거나 신문인 혹은 독실한 기독교 신자였다. 다시 말해서 대부분의 자유당 지도자들은 종교적 정치가들이었다. 그래서 성직자 당원들은 정치를 설교하고, 기도하였고 이러한 종교적 정치에 적극적으로 봉사하는 것이 그들의 의무라고 생각하였다.[65]

1844년 대통령선거에 대비한 선거운동이 진행됨에 따라 정치활동을 위한 노예제도 폐지론자들의 연합조건에 중대한 문제점들이 점차 드러나기 시작하였다. 자유당 활동의 중심무대도 동부에서 서부의 오하이오주, 미시간주, 그리고 일리노이주로 옮겨졌다. 오하이오주의 탁월한 노예제도 폐지론자들인 새먼 체이스(Salmon P. Chase), 베일리(Gamaliel Bailey) 같은 지도자들은 자유당의 성공을 위하여, 보다 당선 가능성이 있는 유명정치인들을 지명해야 하고, 자유당의 유일정강원칙을 희생시켜야 한다고 주장하였다. 그들은 버니가 탁월한 정치가가 아니라 개혁운동가에 지나지 않는다고 공격하였다.[66]

체이스와 베일리는 기딩스(Joshua R. Giddings), 수어드(William H. Seward) 같은 반-노예제 휘그당원들이 휘그당을 떠나기를 거부한 것에 당혹해하였다. 그들은 너무 야심이 컸고 인내심이 없었다. 체이스가 주도한 집단에는 전직 주 교육장이었던 사무엘 루이스(Samuel Lewis), 법률가인 레스터 킹(Leicester King)과 에드워드 웨이드(Edward Wade) 같은 지도자들이 있었으나 그들 또한 자신들의 지혜를 과시하고자 한 인물들이었다. 정치적 능력부족으로 이들의 주장은 무시되고 결국 버니 지명은 번복되지 않았다.[67]

1844년 선거운동이 진행되면서 노예제도 폐지론자들은 국가의 중요한 문제를 외면할 수 없는 상황이 전개된다. 자유당 후보자들은 그들이 이전의 선거운동에서 휘그당과 민주당 후보자들에게 질문하였던 것과 꼭 같이, 은행, 관세, 공유지와 같은 문제에 관한 질문을 받았고, 국내 정책의 중요한 문제점들에 관한 질문 공세를 피할 수 없었다. 그리고 이제 자유당원들은 휘그당원들이 노예제도에 대하여 처신했던 토론을 피하는 방법을 적용할 수는 없다고 판단하게 되었다.[68] 그러한 방법으로는 하나의 엉성한 연합체를 만들 수는 있어도 하나의 정당을 유지할 수 없다고 판단하였다. 따라서 자유당은 공공정책의 모든 문제점에 견해를 밝히지 않으면 안 되었고 또한 자유당의 공식적인 정강에 그것들을 추가해야 하였다.[69]

이러한 상황 속에서 텍사스합병 문제가 제기되자 휘그당은 내부 분쟁이 일어나 치열한 당내논쟁으로 분열현상을 면치 못하였다. 남부의 휘그당 당원들은 텍사스합병을 지지하였고, 대부분의 북부의 반-노예제 휘그당원들은 합병에 반대하였다. 남부의 민주당원들도 노예제도의 확대라는 결과를 가져오게 될 텍사스합병에 찬성하였다. 이때 노예제도에 반대한 북부를 의식한 휘그당의 대통령후보인 헨리 클레이(Henry Clay)는 그 문제를 가능하면 회피하려고 노력하였다. 그러나 민주당의 대통령후보인 제임스 포크(James K. Polk)가 과감한 팽창정책을 분명히 밝히고 있었기 때문에 클레이도 끝내 회피할 수는 없었다. 노예제도에 대한 그의 모호한 태도와 버니의 격렬한 비난에도 불구하고, 반-노예제 휘그당원들 상당수가 그에게 표를 던지긴 하였으나, 휘그당의 많은 노예제도 폐지론자들은 그에게서 등을 돌렸다.[70]

존 퀸시 애덤스와 기딩스(Joshua R. Giddings)는 노예제반대 청원서 운동을 적극적으로 추진하고 있었기 때문에, 애덤스는 노예 즉시 해방에 반대하였고, 기딩스는 휘그당을 떠나기를 거부하여 노예제도 반대자들의 표를 상당수 유지할 수 있었다. 자유당후보인 버니는 애덤스가 즉시 노예해방을 거부한다고 비난하기도 했으나, 다수의 반-노예제 휘그당 당원들을 자유당 지지자로 만들지 못하였다.[71] 결국 휘그당은 민주당과 싸우면서 자유당과도 투쟁하여야 했다. 휘그당은 반-노예제 휘그당원들의 자유당으로 이탈을 막기 위하여 엄청난 노력을 기울이었다.

휘그당 지도자들은 자유당에 치명적인 타격을 가할 음모를 꾸미기도 하였다. 즉 버니가 민주당원들과 추악한 거래를 맺었다는 취지의 날조된 편지를 게재한 미시간주의 지역 신문인 "제네시군 민주당보(*The Genesee County Democrat*)"를 디트로이트에서 복제하여 콜럼버스(Columbus)시로 가지고 와서 전국에 배포한 사건이다. 투표일을 2~3일 앞두고 배포된 것이라 어떤 반박이나 해명이 유권자들에게 전달될 시간적인 여유가 없었다. 그리하여 많은 자유당 당원들은 버니가 배반하였다고 믿었다. 그 후에도 휘그당 신문들은 그 위조문서에 대한 변명이나 반증 자료의 게재를 거부하였다. 이 사건으로 인하여 결국 많은 노예제도 폐지론자들이 선거당일 투표소에 나타나지 않았다.[72]

결국 1844년 선거에서 자유당은 62,300표를 획득하였을 뿐이었다. 그러나 자유당의 득표가 뉴욕주에서 36표의 선거인단표를 제임스 포크에게 줄 수 있을 정도로 많아서 포크에게 대통령직을 안겨주었다. 다시 말해서 버니가 클레이의 표를 나누게 되어 결국 포크를 도와준 셈이 되었다. 이러한 결과에 대하여 디트로이트의 한 신문은 버니를 "밍크 가죽을 쓴 족제비(Polkat{polecat} in the skin of a mink)"라고 묘사하기도 하였다.[73]

자유당은 두 번째로 그들의 목표 달성에 무참히 실패하였다. 그러나 호전적인 팽창주의자인 포크의 당선은 노예세력과 반-노예세력의 대립을 격화시키고 노예제도 폐지론자들의 정치활동을 재편성하게 되는 결과를 가져오게 된다. 그리고 반 뷰렌(Martin Van Buren)이 텍사스합병에 대한 기회주의적인 태도를 보여, 민주당의 대통령후보지명을 받지 못하자, 그는 많은 반-노예제 민주당원들과 함께 민주당을 탈당하여 민주당에 심각한 손상을 입히는 결과를 초래하기도 하였다. 자유당은 그들이 기대하였던 목표에는 전혀 도달할 수 없었으나 향후 미국의 정당활동에 큰 영향을 끼치게 되었다.

한편 1844년의 대통령선거 후 노예제도 폐지론자들은 그들의 정치활동 방향을 재검토하였다. 오하이오주와 미시간주의 노예제도 폐지론자들이 가장 적극적으로 새로운 방향을 모색하기 시작하였다. 베일리(Gamaliel Bailey)와 체이스(Salmon P. Chase)는 오하이오주 신시내티에서 발간하고 있던 "박애자(*Philanthropist*)"를 통해서 그리고 시어도어 포스터(Theodore Foster)와 가이 베클리(Guy Beckley)는 미시간주 앤아버(Ann Arbor)에서 발간하고 있던 "자유의 신호(*Signal of Liberty*)"를 통해서 자유당의 새로운 정강을 위한 제안을 발표하기 시작하였다.[74]

4. 자유당의 복수정강 채택의 정치적 의미

노예제도의 폐지를 유일정강으로 하고 출범한 자유당이 1840년과 1844년 선거에서 보잘것없는 표를 얻은 후, 노예제도 문제가 정치문제로 주목받기 시작한 1847년 가을 소멸의 운명을 당하게 된다. 명백히 흑인에 대한 박애주의적인 경향을 띠고 있던 많은 자유당 당원들이 1848년에는 오히려 반(反)-흑인적인 노예제도 확장에 반대하는 즉, 흑인의 확산에 반대하는 자유토지당(Free Soil Party)에 흡수되고 끝내는 공화당(The Republican Party)에 통합되고 만다.

자유당 당원들이 1841년 버니를 대통령후보로 재지명하였을 때, 1844년 대통령선거에서, 그들의 당이 승리하리라고 기대하였으나,[75] 기대와 달리 1844년 선거에서 자유당은 또 무참하게 패배하였다. 그들의 패배는 많은 요인이 상호 작용한 당연한 결과였으나, 그들의 정강을 통해서 그 원인의 일단을 규명해 보자.

1844년 선거에서 패배한 후 자유당 지도자들은 유일정강주의로는 선거에서 유권자들의 표를 얻을 수 없다고 믿게 되었다. 1844년 선거 다음 해에 대통령후보였던 버니도 유일정강주의로는 승리할 수 없다는 주장에 합류하게 되었고, 1843년까지 확고한 유일 정강 지지자였던 스미스(Gerrit Smith)도 1847년에는 보편적인 개혁정당을 만드는 데 조력하였다.[76]

버니는 1844년 선거 이전에도 비공식적이었지만 단일 정강을 포기하는 의견을 주장한 적이 있었다. 버니가 유권자들의 질문에 대답하면서 무의식적이긴 하였으나, 자유당이 존재하기 위하여, 필요한 전제조건이었던 유일정강주의를 포기할 수밖에 없다고 언급하였다. 이미 1842년 초에 그는 모든 성년 남자에게 선거권을 허용하는 것에 찬성하지 않는다고 거리낌 없이 표현하였는데, 이러한 의견 개진은 유일정강주의의 포기를 시사한 것이었다.[77]

이듬해 그는 "참정권이 제한되어야 하고, 그리고 몇몇 연방정부 관리들의 임기가 지금보다 더 길어야 한다고 믿는다는 것이 사실이냐?"라고 오하이오주의 노예제도 폐지운동 지도자가 걱정스럽게 질문하는 편지를 받았다.[78] 이 질문에 대하여 버니는 "노예제도의 폐지 이외의 다른 문제들에 대한 후보자의 견해표명은 자유당의 노예제도 폐지라는 목표로부터 주의를 다른 곳으로 돌릴 가능성"이 있으므로, 그런 질문에 대하여 응답하는 것은 거절한다고 회답하였다. 그러나 버니는 그 회답 속에서 민주정치에 대한 그의 소신을 아주 장황하게 상술하였다.

> "만약 그가 1787년의 제헌의회 의원이었다면, 그리고 다가올 50년을 예상했다면, 그는 모든 무가치한 사람들 즉 범죄자들뿐만 아니라 언론, 출판, 토론의 자유에 대한 권리를 폭력적으로 침해하는 사람들의 선거권을 박탈했을 것이고, 선거권을 명예로운 권리로 만들었을 것이고 "상원의원의 임기를 연장했을 것이고, 그들의 최하 나이를 올렸을 것이며, 공직자 해임에 그들의 조언과 동의를 받도록 했을 것이다. 대통령은 권력이 없는 단지 형식적인 국가의 장(長)으로 만들어 정당들이 대통령 직을 장악하고 통제하려는 어떤 동기도 부여하지 않았을 것이다. 그래서 통나무집(Log Cabin) 선거운동과 같은 그러한 광경들을 불가능하게 하였을 것"

이라고 했다.

그러나 그는 "1843년 오늘날에 이런 것들을 주장하지는 않을 것"이라고 부언하였다. 때가 너무 늦었다는 것이다. 그런데 당시의 각 주가 선거권을 규정할 수 있는 권한을 가지고 있었다. 주들은 서로 경쟁적으로 그 기준을 완화하고 있었다. 또한, 대통령의 임기에 대하여 버니는 단임제로 제한할 것을 주장하였다. 위와 같이 버니는 선거운동기간에 비록 비공식적이었지만 노예제도의 폐지 이외의 여러 가지 문제에 대하여 자신의 견해를 피력하였다.[79]

1843년 12월에 버니가 만약 프리메이슨(Masonry)에 대한 그의 견해를 알 수 있다면, 반-메이슨(Anti-Mason)표를 자유당에 모아줄 수 있다고 생각한 피츠버그의 어떤 노예제도 폐지론자의 편지를 받았다. 이 편지에 대하여 버니는 프리메이슨과 그의 관계와 그가 그들과 결별한 내력을 회답하였다. 그가 표를 의식하고 프리메이슨에 반대한다는 의사 표현을 은연중에 한 것이었다.[80]

다른 펜실베이니아의 지도자는 "그들 지역의 보호무역주의자들이 [고율 관세에 반대한] 포크(James K. Polk)에게는 투표할 수 없을 것이고 [타협의 명수] 클레이(Henry Clay)는 믿을 수 없어서, 그들이 버니(James G. Birney)가 관세에 대하여 어떤 태도를 보였는지 알 수 있다면 자유당 후보에게 그들의 표를 던질 수도 있을 것"이라고 그에게 편지를 보냈다. 이 질문에 대하여 버니는 "정부의 모든 비용을 지급하기에 충분한 정도의 수익관세에 대체로 찬성하고, 현재의 관세가 합법적인 이익들을 침해하지 않게끔 점차 낮아지기를 바란다"라고 회답하였다.[81]

다른 질문들에 대한 그 후의 답변 중에서, 버니는 국유지 판매로부터 나온 수입을 각 주로 분배하는 것에 찬성하지 않았고, 연방의회는 연방은행의 설립을 허가할 권리를 가지고 있다고 주장하였으나, 노예제도가 폐지되기 전에 연방은행의 설립은 반대하였다.[82] 이처럼 버니가 침묵을 지키지 않고, 유일정강주의를 무너뜨리고 있는 동안 몇몇 다른 지도자들도 의도적으로 같은 경향을 추구하였다.[83] 그러나 때로는 상충하는 제안들도 나타나게 된다. 이래와 같이 같은 문제점들에 대하여 자유당 지도자들은 서로 반대되는 견해들을 무질서하게 언급하였다.

(1) 개인이 소유할 수 있는 토지의 크기를 제한하는 것에 찬성;
국유지의 가격을 5년마다 점차 낮추어 에이커당 25센트까지 낮추고, 그리고 25년 후에는 국유지를 각 주에 양도하는 것에 찬성;
국유지 판매를 실제 정착한 자들에게 판해하는 것에 찬성;
토지분배를 균등히 하고자 하는 경향의 규정에 찬성;
실제 정착한 자들에 대한 무상 자작농장 찬성;
국유지를 토지 없는 사람들에게 조금씩 원가로 분배되는 것에 찬성;
부채 때문에 자작 농장이 강제처분되는 것을 금지하는 것에 찬성;
강제처분에서 특정 크기의 토지를 제외하는 것에 반대;
자작농장을 양도할 수 없게 하는 것에 찬성;
토지의 획득 소유 양도에 제한을 가하는 것에 반대;
국유지의 판매수입을 각 주로 분배하는 것에 반대.
(2) 국토의 개발에 반대; 국토의 개발에 찬성.
(3) 주류 금지에 찬성; 주류 금지에 반대; 주류 판매업 면허 법 옹호자가 관직에 선출되는 것에 반대.
(4) 자유무역 찬성; 보호관세 찬성; 관세의 점진적 감소에 찬성; 수익 관세에 찬성; 세관의 폐지에 찬성.
(5) 대통령의 보통선거에 찬성; 대통령의 단임임기와 그 권력의 축소에 찬성.
(6) 상원의원 나이 상향조정, 그들의 권한의 증대, 그들의 임기연장, 그리고 공직자의 임명은 물론 해임에 대한 그들의 동의가

필요하게 하는 조치에 찬성; 상원의원의 임기연장에 반대; 상원의원과 장관의 직선에 찬성; 우체국장을 포함해서 보다 많은 정부 관리를 선거하는 것에 찬성.
(7) 육군과 해군의 폐지에 찬성; 육군사관학교의 폐지에 찬성.[84]

위에 열거한 여러 제안은 노예제도의 폐지와는 관계가 없는 것들이었고, 지금까지 휘그당이나 민주당이 주장해온 것들과 다를 바 없는 주장들이었다. 두 번의 선거를 치르면서 처음에는 신당의 창당에 반대하는 이유였고, 나중에는 유일정강주의를 찬성하는 이유였던 노예제도 폐지론자들의 정치적 다양성이 오히려 자유당의 유일정강주의를 포기하지 않을 수 없게 하는 강력한 동기가 되었다.

1844년의 선거를 치르고 나서 그 이듬해 미시간주의 시어도어 포스터(Theodore Foster)가 버니에게 이 문제에 대처하기 위하여 4개의 방안을 제시하였다. 첫째 노예제도의 폐지 이외의 다른 문제에 관한 토론을 삼간다. 둘째 각 노예제도 폐지운동 단체의 회원들과 신문들은 그런 문제들을 자유롭게 논의하되 당 차원에서는 어떤 조치도 하지 않는다. 셋째 당이 권력을 획득하는 것에 거의 접근할 때까지 그런 문제들에 관한 토론을 연기한다. 넷째 그런 문제들은 노예제도 폐지운동에 종속적이고, 노예제도의 폐지가 자유당 당원의 유일한 자격 기준이라는 것을 명백히 밝힌다면, 자유당은 그런 문제들에 대하여 "공식적으로 대처할 수 있다"고 주장하였다.

그러나 4개의 방안 중에서 첫째 것은 인간 본성에 반하는 것이고, 둘째와 셋째 방안은 성공적으로 이행되었으나 향후 자유당 당원들이 그들의 이해관계에 중요한 문제점들을 기꺼이 무시할 수 있을 것인지 의심이 가고, 만약 주나 혹은 연방의 문제점들이 자유당의 정강에서 계속해서 포함되지 않는다면 많은 자유당 당원들이 그들의 이전의 정당으로 돌아갈 가능성이 있었다. 그래서 포스터는 넷째의 방안을 채택할 수밖에 없다고 주장하였다.[85] 다시 말해서 자유당은 노예제도의 폐지 이외의 문제들에 대하여도 당의 태도를 정강에 포함해야 한다는 것이었다.

버니도 포스터와 같은 생각을 하고 있었던 것 같다. 그러나 노예제도 이외의 문제들에 대한 그의 의견표명은 개인적인 의견의 표현이라기보다는 자유당의 정강을 위한 제안들이었다. 1846년 초 버니는 자유당이 오직 노예제도의 폐지라는 정강만으로는 북부인들의 지지를 기대할 수 없다는 주장을 공공연히 표명하였다. 자유당은 개혁정당(reform party)이므로 투표자들이 깊은 관심이 있는 모든 문제에 대하여 어떤 태도를 보이지 않으면 안 된다고 주장하였다.[86] 그러나 버니가 제안한 정강들이 자유무역과 작은 정부를 강조하고 있다는 점에서는 결국 민주당의 정강과 유사한 것이었다.

복수정강(複數政綱)주의에 적극적으로 반대하였던 구델(William Goodell)도 전향하여, 1847년 4월 노예제도 폐지론자들이 제안한 긴 목록의 여러 개혁안을 지지하였다. 그리고 이러한 입장에서 새로이 대통령 후보를 지명하기 위한 전당대회 개최 안내장을 그 자신이 만들었다. 이 안내장에서 구델은 그가 지지하는 정책의 가장 확고한 지지자들은 그들의 옛 정당과 다시 제휴하기 위하여 지금 자유당을 떠나려는 사람들이라고 지적하였다. 그리고 유일정강주의는 임시적인 정당의 정책이므로 정부가 처리해야 할 모든 문제에 대한 것들을 포함하는 광범한 정강을 가진 정당만이 영구적일 수 있다고 하였다.[87] 그런데 그가 지지한 개혁목록은 민주당의 노예제도 반대자들에게 호소하는 그런 종류의 것이었다. 유일정강주의를 포기함으로써 나타난 필연적 결론이었다. 그의 제안에 대하여 버니도 동의하고 "자유당은 세력균형을 위한 단순한 압력집단이 아니라 영구적인 정당"이 되어야 한다고 주장하였고 전당대회 소집 요구서에 서명도 하였다.[88]

구델, 게릿 스미스 등이 주도한 자유당 전당대회가 1847년 6월 뉴욕주 메이스던 로크(Macedon Lock)에서 개최되었다. 여기서 새로이 자유연맹(Liberty League)이 창당되었으며 게릿 스미스를 대통령후보자로 선택하였다. 그런데 스미스는 처음에는 정강을 광범하게 만들려는 경향을 저지하려고 노력하였으나, 이제는 그들의 정당이 권력을 추구하는 정당으로 변모하지 않으면 노예제도 폐지론자들이 휘그당이나 민주당에 계속 투표할 것으로 생각하였다.[89]

유일정강주의자들은 자유당에 잔류하였으나 1848년 그들은 다시 분열을 면치 못하게 된다. 자유토지연합(Free-Soil Coalition)과의 제휴 때문이었다. 자유토지당(Free Soil Party)을 출범시킨 1848년 8월의 뉴욕주 버펄로(Buffalo)의 창당대회는 자유당 당원, 반 뷰렌(Martin Van Buren)파 민주당원, 그리고 많은 휘그당 당원들을 포함한 반-노예주의자들이 참석한 회의였고, 이들은 반 뷰렌을 대통령후보로 지명하였다.[90]

자유토지당은 노예제도의 폐지를 정강으로 내건 정당이 아니라 노예제도의 확장을 반대하는 반-흑인적 경향을 띠고 있었다. 독립선언서의 정신과 그것에 근거한 미국헌법은 모든 사람에게 자유를 보장하고 있으므로 흑인노예제도는 정치 및 입법 활동을 통하여 폐지되어야 한다는 정치적 노예제도 폐지론자들이 반-흑인 논리를 가진 정당으로 휩쓸려 들어가 버린 셈이 되었다. 이들 정치적 노예제도 폐지론자들이 노예제도 문제를 유권자들에게 클로즈업시킨 데 이바지한 것은 인정할 수 있으나, 개리슨파의 급진적 노예제도 폐지론과 유일정강주의자들이 우려하였던 결과가 초래된 셈이었다. 그리고 이들 정치적 노예제도 폐지론자들은 1854년 반-남부적인 공화당에 흡수되고 만다.

이러한 결과를 초래한 정치적 노예제도 폐지론자들의 정강확대의 방향은 대체로 휘그당 정책에 반대하는 것들이었고 민주당의 정강과 비슷한 것들이었다.[91] 그래서 자유당을 계승한 자유토지당은 민주당원들을 많이 흡수하여, 1848년의 대통령선거에서 민주당의 루이스 캐스(Lewis Cass)에게 타격을 주어서, 휘그당의 재커리 테일러(Zachary Taylor)가 당선되는 결과를 낳았다.[92]

정치적 노예제도 폐지운동에 가장 적극적으로 반대한 것은 윌리엄 개리슨의 급진적 노예제도 폐지론을 지지한 사람들이었다. 제3당의 창당에 반대한 개리슨은 자유연맹이 그들의 정강을 20개로 제한하지 않을 것이라고 하였다. 개리슨은 뉴욕주 유티카(Utica)의 자유당계 신문에서 어떤 저술가가 19개의 강령을 추가로 제안하였는데 이는 그들의 정강을 영국국교회의 39개 강령의 수와 같게 만들기 위한 것이었다고 조롱하였다.[93] 앞으로 더욱더 많은 정강이 그들의 정강에 포함될 것이라고 주장하였다.

정치적 노예제도 폐지론자들은 이제 보편적인 개혁정당을 만들었으나 모든 구성원에게 만족스러운 것은 아니었다. 그들의 정강 중에서 몇몇 강령들에 대하여 어떤 사람들은 반대하였으며 또 많은 헌신적인 개혁가들은 새로운 강령이 추가되어야 한다고 주장하였다. 자유당은 잠재적인 지지자들과 소원하게 될 가능성을 피하고자 정강을 편협하게 유지하였으나 반대로 "자유토지당"은 추가적인 지지자를 확보하기 위하여 정강을 확대하였다.

그런데 개리슨이 여권(女權)과 무저항주의를 주장했을 때 많은 노예제도 폐지론자들은 그가 그들의 운동을 편협하게 만들고 있다고 비난하였다. 많은 잠재적 노예제 반대론자들이 여권과 무저항주의를 반대하기 때문이라고 주장하였다.[94] 그렇다면 자유연맹은 더욱더 많은 결함을 가지게 되는 것이다. 정당의 광범한 보편적인 다양한 정강은 많은 다양한 개혁가들이 각기 그들의 관점에서 반대할 것이기 때문이다. 자유연맹의 정강 중에서 노예제도의 반대를 제외한 부가적인 몇몇 강령은 휘그당 당원이었던 다수의 노예제도 폐지론자들이 틀림없이 거부할 개혁안들이었고, 그런가 하면 노예제도 폐지론자가 아닌 민주당원들을 끌어들일 수 없는 것들이었다.[95]

그러나 정치적 노예제도 폐지운동가들에게는 선택의 여지가 없었다. 유일정강주의의 포기는 불가피하였다. 그들에게 주요한 대전제였던 "노예세력(slave power)이 연방정부를 장악하고 있다"라는 사실을 인정한다면 노예제도와 직접 연관성이 있는 문제들은 물론이고 그 이외의 은행, 통화, 무역, 이민 등등의 문제점들에 대하여 그들의 입장을 표현하지 않으면 안 되었다.[96]

자유당이 1840년과 1844년의 선거에서 표를 많이 받을 수 없었던 근본적인 이유가 노예제도 폐지 이외의 다른 문제들에 대하여 발언권을 가지고자 한 반-노예제주의자들의 욕구 때문이었다고 하더라도, 유일정강주의 포기가 그 문제의 해결책이 될 수는 없었다. 왜냐하면, 반-노예제주의자들은, 분리해 떨어져 나간, 제3의 정당에 투표하는 것은 표를 버리는 것이라고 믿고 있었기 때문이었다. 휘그당의 많은 노예제도 폐지론자들은 자유당에 투표하는 것은 민주당에 투표하는 것으로 생각하였다. 그리고 대부분의 노예제도 폐지론자들이 휘그당에 의지하고 있는 한, 민주당의 것과 유사한 경향을 보이는 자유연맹의 정강이 휘그당의 노예제도 폐지론자들의 표를 모을 수 있는 방책도 될 수 없었다.[97]

대다수의 노예제도 폐지론자들이 노예제도와 관계없는 문제들에 대한 그들의 견해의 다양성 때문에 자유당의 창당에 반대하였다. 정당으로서 불리한 유일정강주의를 채택해야 하였기 때문이었다. 그러나 자유연맹은 정당으로서 그 기능을 제대로 발휘하고 많은 표를 얻기 위하여 유일정강주의를 포기하였기 때문에 또한 많은 노예제도 폐지론자들이 각자 자기 관점에서 반대하였다. 자유연맹은 노예제도의 폐지와 다른 문제점들에 대한 다양한 정강을 가지고 있었고, 정권을 추구하는 보편적인 정당이었으나, 노예제도의 폐지를 제외하고는 공통적인 것이 전혀 없는 집단이었다. 그들의 정강은 노예제도 문제를 제외하고는 서로 배타적인 것들이었다.[98] 이러한 서로 배타적인 정강을 가진 자유연맹이 다수 유권자의 지지를 받을 수는 없었다.

그렇다면 노예제도 폐지론자들이 새로운 정당을 조직할 것이 아니라, 기존의 정당에서 노예제도의 폐지를 위하여 노력하는 전술을 주장한[99] 개리슨의 노예제도폐지운동론이 더 타당성을 가지는 것이다. 개리슨과 그의 지지자들은 "자유당이 원칙적으로 잘못된 것이라고 비난한 것이 아니라 그것의 효용성" 때문에 비난하였다. 개리슨은 노예제도 폐지론자들이 추구하는 "정치활동 문제는 엄밀히 말해서 원칙의 문제가 아니라 편의의 문제"이고, "노예제도 폐지론자들도 그들의 위대한 목적을 위하여 정치적으로 그들 자신을 결속할 수 있는 명백하고도 이론의 여지가 없는 권리를 가지고 있다"라고 하였다. 그리고 그가 자유당에 반대하는 것은 그것이 "지극히 불편할 뿐 아니라 노예제도 반대운동을 추진하는 최선의 방식이 아니기 때문"이라고 하였다.[100]

개리슨에 의하면 국민이 부패하였기 때문에 정당들도 부패한 것이므로, 오직 여론의 개혁만이 정당들을 개혁할 수 있다는 것이었다. 여론을 개혁하여야 할 "노예제도 폐지론자들이 기존 정당에서 분리하여 제3당과 제휴하는 것보다 그들의 기존의 정당에 남아있는 것이 노예제도의 폐지를 위하여서는 더 유익할 것"이라고 주장하였다. 그들의 임무가 "일반 투표자들을 전향시키는 것이라면 그들이 일반 대중들이 있는 곳에 남아있는 것이 더욱더 효과적"이라는 것이었다.[101]

개리슨에 의하면 제3의 정당은 노예제도의 폐지를 위한 여론형성에 효과적이지 않다는 것이었다. 그리고 일단 여론이 변하게 되면 양대 정당은 표를 의식해서 정강을 변경할 수 밖에 없게 되고, 후보자 지명도 여론에 따를 수 밖에 없게 된다고 판단하였던 것 같다. 이런 이유로 그는 단일정강이던 혹은 복수정강이든 간에 노예제도의 폐지를 목표로 한 제3의 정당 창당에 반대하였다.

그러나 자유당이 처음으로 노예제도 문제를 조직적으로 정치무대에 소개하였고 그것을 정치문제화하는 데 성공하였다는 점은 부인할 수 없다. 그리고 많은 노예제도 폐지운동가들이 주축이었던 자유당이 분해되어 노예제도의 확장을 반대하는 정당으로 흡수된 사실은 노예제도 폐지 운동의 도덕적인 성격을 희석하긴 하였으나 정치활동을 통한 노예제도 폐지운동의 불가피한 결과였다.

주 (a footnote)

1) Theodore Clarke Smith, *The Liberty and Free Soil Parties in the Northwest* (New York: Longman's Green and Company, 1897); Richard H. Sewell, *Ballots for Freedom: Antislavery Politics in the United States, 1837~1860*(New York: Oxford University Press, 1976).

2) Julian R. Bretz, "The Economic Background of the Liberty Party," *American Historical Review*, XXIV(1929), pp.234-248; Joseph G. Rayback, "The Liberty Party Leaders of Ohio; Exponents of Antislavery Coalition," *Ohio State Archeological and Historical Quarterly*, LVII(1942), pp.165-178; Hugh H. Davis, "The Failure of Political Abolitionism," *Connecticut Review*, VI(1973), pp.76-86; "John L. Hammond, Revival Religion and Antislavery Politics," *American Sociological Review*, XXXIX(1974), pp.175-186.

3) Lee Benson, *The Concept of Jacksonian Democracy: New York as a Test Case* (Princeton: Princeton University Press, 1961); Ronald P. Formisano, *The Birth of Mass Political Parties, Michigan, 1827~1861*(Princeton: Princeton Univ. Press, 1971); Michael Fitzgibbon Holt, *Forging a Majority: The Formation of the Republican Party in Pittsburg, 1848~1860* (New Haven: Yale University Press, 1969).

4) Dwight Lowell Dumond, *Antislavery: The Crusade for Freedom in America* (Ann Arbor: Univ. of Michigan Press, 1961), p.297; Rev. Austin Willey, *The History of the Antislavery Cause in State and Nation*(New York: Negro Universities Press, 1860), p.131.

5) Eugene H. Roseboom, *A History of Presidential Elections*(New York: Macmillan Co., 1957), p.131.

6) D. L. Dumont, *Antislavery*, p.291.

7) Aileen S. Traditor, *Means and Ends in American Abolitionism: Garrison and His Critics on Strategy and Tactics, 1834~1850*(New York: Random House, Inc. 1969), p.142.

8) Svend Peterson, *A Statistical History of the American Presidential Elections* (New York: Frederick Ungar Publishing Co., 1963), p.27; Rev. A. Willey, The History of Antislavery, pp.164-165.

9) Alan M. Kraut, "The Forgotten Reformers: A Profile of Third Party Abolitionists in Antebellum New York," in Lewis Perry and Michael Fellman(eds.), *Antislavery*

Reconsidered: New Perspectives on the Abolitionists(Baton Rouge: Louisiana State University Press, 1979), p.121; David Brion Davis(ed.), *Ante-Bellum Reform*(New York: Harper and Row, 1967), p.10.

10) Gilbert Hobbs Barnes, *The Anti-Slavery Impulse, 1830~1844*(New York: Harcourt Brace Jovanovich, Inc., 1933), p.176.

11) Aileen S. Kraditor, "The Liberty and Free Soil Parties," in Arthur M. Schlesinger, Jr.(ed.), *History of the U. S. Political Parties*, 4 vols. (New York: Chelsea House Publishers, 1973), vol. I, p.741; R. H. Sewell, *Ballots for Freedom, passim.*; D. B. Davis(ed.), *Ante-Bellum Reform*, p.10.

12) David Donald, "Toward a Reconsideration of the Abolitionists," in David Donald(ed.), *Lincoln Reconsidered*(New York: Random House, 1956), pp. 19-36; Gerald Sorin, *The New York Abolitionists: A Case Study of Political Radicalism*(Westport, Conn.: Greenwood Press, 1971), pp.102-107, 110, 119: (cf) 김종길, "19세기 미국의 자유당(The Libety Party)."『경북사학』제8집(1985), pp.135-174.

13) L. Benson, *Concept of Jacksonian Democracy*, pp.210-212.

14) Robert K. Lane, *Political Life, Why and How People Get Involved in Politics* (New York: Free Press, 1959), pp.299-300; Richard Hofstadter, *The Paranoid Style in American Politics and Other Essays*(New York: Random House, 1967), p. ix; V. O. Key, Jr., *Southern Politics in State and Nation*(New York: Random House, 1949), pp.298-311.

15) Murray Edelman, *The Symbolic Uses of Politics*(Urbana: University of Illinois Press, 1964), pp.166-167.

16) Smithfield는 1807년 Oneida 인디언으로부터 산 땅에 건설된 조그마한 읍(town)이었다. 서부 뉴욕주의 전형적인 소규모 농촌 공동체였으며, Madison 군에서 가장 작은 마을이었다. Madison 군의 1840년 당시의 인구가 40,987명이었음에 비하여 Smithfield는 단지 1,629명의 인구를 가진 작은 마을(582 mile^2)에 불과하였다(A. M. Kraut, "The Forgotten Reformers," pp.119-145).

17) Poll Books(선거인 명부)와 Poll Lists(선거인 명세서)는 구별되어야 한다. Poll Books는 남북전쟁 이전에 선거관리 위원회 서기들이 작성한 공식적인 기록문서이다. 반면에 Poll Lists는 공식적인 기록이 아니고 정당 지도자들이 선거운동을 목적으로 비공식적으로 작성한 기록물이다. Poll Books에 관한 연구로는 *Sixth Conference on Sociopolitical History*(Brockport, 1973)에서 발표된 Paul McAllister와 John M. Rozett의 "Voting Behavior in the Late Jacksonian Period: The Conceptual and Methodological Significance of Poll Book Research"가 있다.
Poll Lists에 근거한 연구로는 Ronald P. Formisano의 *The Birth of Mass Political*

Parties(Princeton, 1971)가 있다. 그리고 Kraut가 발굴하여 그의 논문에 이용한 것은 Syracuse 대학의 Gerrit Smith Miller Collection에 포함되어 있던 Poll Lists였다. 자유당 대변인이었던 Gerrit Smith의 문서 속에 끼어 있던 것이다. 이 Poll Lists는 1840년 Smithfield라는 작은 읍에 살았던 유권자 총수의 54.2%인 182명의 명단과 그들의 투표 성향이 기록되어 있다. 그런데 이 문서의 작성자, 작성 목적이 확인되지 않고 있고 작성기준도 분명치 않다. Gerrit Smith의 다른 문서에서도 이 Poll Lists에 대한 언급이 전혀 없다(Kraut, The "Forgotten Reformers," pp.124-125).

18) 이름이 명기되지 않은 어떤 자유당계 신문의 구독자 명부이다. 자유당이 공식적으로 해체된 후 1년 이상 지난 1849년 12월 12일에 작성된 문서이므로 1848년 자유당이 해체된 이후 Gerrit Smith와 그의 파(The National Liberty Party)를 계속 지원한 신문 중 하나로 추측되고 있다.
Kraut는 그것을 뉴욕주 Utica 시의 The Liberty Press 지의 구독자 명부로 추정하였다. Smith의 친필로 작성된 이 구독 신청서에는 거주하는 군, 마을별로 구분한 191명의 구독자 이름이 기록되어 있다.

19) L. Benson, *The Concept of Jacksonian Democracy,* pp.62-63, 251-253.

20) G. H. Barnes, *The Antislavery Impluse,* p.122; D. L. Dumond, *Antislavery:...,* p.292.

21) Charles C. Cole, Jr., *The Social Ideas of the Northern Evangelists, 1826~1860* (New York: Columbia University Press, 1954; rpt. Octagon, 1977), p.10; Robert H. Abzug, *Passionate Liberator: Theodore Dwight Weld and the Dilemma of Reform*(New York: Oxford University Press, 1980), pp.3-4.

22) Lawrence J. Friedman, *Gregarious Saints: Self and Community in American Abolitionism 1830~1870*(New York: Cambridge University Press, 1982), pp.96-101.

23) D. L. Dumond, *Antislavery,* p.295.

24) *Ibid.*

25) "Address of the National Convention of Abolitionists Held at Albany, July 31, 1839, to the Citizens of the United States," in *The Pennsylvania Freeman,* Aug. 22, 1839; G. Sorin, *The New York Abolitionists,* pp.76-77.

26) *The Pennsylvania Freeman,* Aug. 22, 1839.

27) *Ibid.*

28) Louis Filler, *The Crusade against Slavery: 1830~1860*(New York: Harper and Row, 1963), pp.150-151; T. C. Smith, *The Liberty and Free Soil Parties,* pp. 33ff; Margaret L. Plunkett, "A History of the Liberty Party with Emphasis upon Its Activities in the Northeastern States,"(Ph. D. Cornell University, 1930), pp. 56-60.

29) Dwight L. Dumond(ed.), *Letters of James Gillespie Birney 1831~1857*, 2 vols. (The American Historical Association, 1938; rpt. Gloucester, Mass.: Peter Smith, 1966), pp.511-513; L. Filler, *ibid.*, p.152.
30) A. S. Traditor, *Means and Ends in American Abolitionism*, p.141.
31) Gamaliel Bailey to Birney, Nov. 28, 1839, in D. L. Dumond(ed.), *Letters of James G. Birney*, vol. I, pp.509-510.
32) James G. Birney to Myron Holley, Joshua H. Darling, and Josiah Andrews, Dec. 17, 1839, F. Julius LeMoyne to Birney, Dec. 10, 1839, in *ibid.*, vol. I, pp. 511-516.
33) James G. Birney to Myron Holley, Dec. 26, 1839, in *ibid.*, vol. I, pp.516-519.
34) *Ibid.*, p.512.
35) James G. Birney to Amos A. Phelps, Feb. 4, 1840, *in ibid.*, vol. I, pp.525-527.
36) *The Michigan Freeman*, June 18, 1839, Jan. 15, 29, March 4, 1840; Henry B. Stanton to Briney, March 21, 1840, in *ibid.* vol. I, pp.541-543;
37) Gamaliel Bailey to Birney, Feb. 21, 1840, in D. L. Dumond(ed.), *ibid.*, vol. I, pp.531-532.
38) Gamaliel Bailey to Birney, Feb. 21, 1840, in ibid., vol. I, pp.531-532; L. Filler, The *Crusade against Slavery*, pp.150-152; L. J. Friedman, *Gregarious Saints*, pp.87-91.
39) D. L. Dumont, *Antislavery*, p.297.
40) A. S. Kraditor, *Means and Ends in American Abolitionism*, p.141.
41) *The Friend of Man*, Feb. 8, 1840; *The Michigan Freeman*, March 4, 18, 1840; D. L. Dumond, Antislavery, vol. I, p.297.
42) *The Pennsylvania Freeman*, April 23, 1840; Rev. A. Willey, *The History of The Antislavery*, pp.131-135.
43) D. L. Dumond, *Antislavery*, p.297.
44) L. Filler, *The Crusade against Slavery*, pp.153-154; E. H. Roseboom, *A History of Presidential Elections*, p.131.
45) A. S. Kraditor, *Means and Ends in American Abolitionism*, p.142.
46) *Ibid.*, pp.142-143.
47) *The Liberator,* Sept. 14, 1838.
48) *Ibid.,* Aug. 16, 1839, Nov. 6, Oct. 30, 1840.
49) *The Emancipator,* Nov. 14, 1839; *The Liberator*, Nov. 14, Dec. 27, 1839; M. L.

Plunkett, "A History of the Liberty Party," p.57.

50) D. L. Dumond(ed.), *Letters of James G. Birney*, vol. I, pp.ix-x; *The Liberator*, Feb. 19, 1841.
51) Leavitt to Birney, Jan. 18, 1842, in D. L. Dumond,(ed.), *ibid.*, vol. II, p.660.
52) "To the Abolitionists of Massachusetts," *The Liberator*, August 10, 1838.
53) *The Liberator*, Sept. 14, 1838; A. M. Kraut, "The Forgotten Reformers," p.119.
54) E. H. Roseboom, *A History of Presidential Elections*, p.131.
55) L. Filler, *The Crusade against Slavery*, pp.145-154; G. H. Barnes, *The Antislavery Impulse*, pp.179-181, 195; Marion Mills Miller(ed.), *Great Debates in American History*, 14 vols.(New York: Current Literature Publishing Co., 1913), vol. 4, pp.98-104.
56) D. L. Dumond, *Antislavery*, p.299.
57) D. L. Dumond(ed.), *Letters of James G. Birney*, vol. II, pp.659(Birney to Lewis Tappan), 662(Theodore D. Weld to Birney), 674(Joshua Leavitt to Birney), 719-720, 727, 732-734.
58) "To the Abolitionists of Massachusetts," *The Liberator*, Aug. 10, 1838.
59) *The Liberator*, Sept. 7, 14, 1838; "To the Abolitionists of Massachusetts," The Liberator, Aug. 10, 1838.
60) William Goodell, "Political Action against Slavery, No. 3." in *The Liberator*, Sept. 7, 1838; Gerrit Smith, "To the President of the National Convention of the Liberty Party," Aug. 10, 1843, *Gerrit Smith Miller Collection*, Syracuse University Library, in A. S. Kraditor, *Means and Ends in American Abolitionism*, p.148.
61) 예를 들면 1841년 초의 New Hampshire 주 선거에서 자유당은 2,000표 이상을 획득하였으나, 1840년 대통령선거에서는 겨우 111표를 획득하였을 뿐이었다(*The Signal of Liberty*, Apr. 28, 1841).
62) *The Liberator*, Sept. 15, 1841; T. C. Smith, *The Liberty and Free Soil Parties*, pp.30-45(자유당의 1840년 선거운동에 관한 기사를 많이 게재하고 있는 신문들은 *The Albany Patriot, The Michigan Freeman, The Philanthropist* 등이다).
63) *The Signal of Liberty*, Feb. 15, 1841; T. C. Smith, *ibid.*, pp.53-54.
64) T. C. Smith, *ibid.*
65) Birney to Joshua Leavitt and Others, Jan. 10, 1842, D. L. Dumond(ed.), *Letters of James G. Birney*, vol. II, pp.645-656; *The Signal of Liberty*, Jan. 26, June 2, 16, 1841, Feb. 19, 1844; D. L. Dumond, *Antislavery*, p.301.
66) Salmon P. Chase to Birney, Jan. 21, 1842, in D. L. Dumond(ed.), *Letters of*

James G. Birney, vol. II, pp.661-662.

67) *Ibid.*, vol. II, pp.670-674, 689-690(James G. Birney to Salmon P. Chase, Feb. 2, 1842; Joshua Leavitt to Birney, Feb. 14, 1842; Alvan Stewart to Birney, Apr. 14, 1842).

68) M. L. Plunkett, *ibid.*

69) Betty Fladeland, *James G. Birney: Slaveholder to Abolitionist*(Ithaca: Cornell University Press, 1955), pp.227-251.

70) *The Emancipator,* Sept. 1844.

71) James G. Birney, to Leicester King, Jan. 1, 1844, in D. L. Dumond(ed.), *Letters of James G. Birney,* vol. II, pp.766-773.

72) James G. Birney, to Leicester King, Jan. 1, 1844, in D. L. Dumond(ed.), in *ibid.*, Letters of James G. Birney, pp.766-773.

73) T. C. Smith, *The Liberty and Free Soil Parties,* p.81(New York 주의 일반투표 결과는 Polk 237,588표, Clay 232,482표, Birney 15,814표였다. 그리고 미국 전체 선거인단 득표 결과는 Polk 170표, Clay 105표였다. 그래서 뉴욕주 선거인단의 36표가 Polk에게 넘어가 Polk의 당선에 결정적인 역할을 하였다); S. Peterson, *A Statistical History Of the American Presidential Elections,* p.27.

74) D. L. Dumond, *Antislavery,* p.303; M. L. Plunkett, "A History of the Liberty Party," pp.162-164; B. Fladeland, *James G. Birney,* pp.212, 220-222, 258-259.

75) T. C. Smith, *The Liberty and Free Soil Parties,* pp.53-54.

76) Theodore Foster to Birney, July 7, 1845, in D. L. Dumond(ed.), *Letters of James G. Birney,* vol. II, pp.950-952, 973-974, 980-984, 1007-1009, 1014-1016; A. S. Kraditor, *Means and Ends in American Abolitionism,* p.152; *The Liberator,* July 2, 1847; B. Fladeland, James G. Birney, p.262; T. C. Smith, *The Liberty and Free Soil Parties,* pp.100-102.

77) Birney to Lewis Tappan, Jan. 14, 1842; Joshua Leavitt to Birney, Feb. 14, 1842, Feb. 28, 1843; Gamaliel Bailey to Birney, March, 31, 1843; Birney to Bailey, Apr. 16, 1843, in D. L. Dumond(ed.), *Letters of James G. Birney,* vol. II, pp. 659, 674, 719-720, 727, 732-734.

78) Samuel Lewis to Birney, May 28, 1843, in *ibid.*, pp.738-739.

79) Birney to S. Lewis, July 13, 1843, in *ibid.*, pp.743-747.

80) Joseph P. Gazzam to Birney, Dec. 27, 1843; Birney to Fleeson, Jan. 20, 1844, in *ibid.*, pp.765-766, 773-776.

81) Russell Errett to Birney, July 13, 1844, Birney to Errett, Aug. 5, 1844, in *ibid.*,

pp.820-821, 829-830, 832.
82) Birney to Hartford Committee, Aug. 15, 1844, in ibid., pp.833-834.
83) Leavitt to Birney, Oct. 1, 1840, in *ibid.*, p.604; in B. Fladeland, *James G. Birney*, p.212.
84) M. L. Plunkett, "A History of the Liberty Party," pp.162-164; B. Fladeland, *ibid.*, *G. Birney*, pp.212, 220-222, 232-233, 258-259; D. L. Dumond(ed.) *Letters of James G. Birney,* vol. II, pp.951, 973-974, 983, 1015.
85) Theodore Foster to Birney, July 7, 1845, in D. L. Dumond(ed.), *ibid.*, pp. 950-952, 973-974, 980-984.
86) Birney to the President of the Michigan State Anti-Slavery Society, Jan. 1, 1846. in *ibid.* pp.990-996.
87) Goodell to Birney, April 1, 1847, in *ibid.*, pp.1047-1057, 1066.
88) Birney to Guy Beckley, April 6, 1847, Birney to Goodell, April 26, 1847, in *ibid.*, pp.1061, 1071-72.
89) T. C. Smith, *The Liberty and Free Soil Parties,* pp.100-102; *The Liberator,* July 2, Nov. 19, 1847; M. L. Plunkett, "A History of the Liberty Party," ch. VI.
90) D. L. Dumond. *Antislavery,* p.304.
91) M. L. Plunkett, "A History of the Liberty Party," pp.162-164.
92) Edward Stanwood, *A History of the Presidency 1788~1897*(Boston: Houghton Mifflin Co., 1928), pp.238-243.
93) A Fourth Party, The Liberator, July 2, 1847.
94) (cf) 김종길, "Garrison의 노예제도 폐지론," 『대구사학』, 12,13합집(1977), pp.485-507.
95) "Extraneous Points," *The Liberator,* July 2, 1847.
96) J. R. Bretz, "The Economic Background of the Liberty Party," pp.257- 260.
97) A. S. Kraditor, *Means and Ends in American Abolitonism,* p.157.
98) *Ibid.*
99) The Liberator, Aug. 10, Sept. 14, 1838, June 26, 1840, Feb. 2, 1844.
100) *Ibid.,* Oct. 1, 1841, May 27, 1842.
101) Walter M. Merrill, *Against Wind and Tide: A Biography of Wm. Lloyd Garrison* (Cambridge: Harvard University Press, 1963), pp.200-203; *The Liberator,* Aug. 10, 1838, Jan. 31, Feb. 21, 1840, Aug. 5, 1842.

제 5 장
흑인노예제도 폐지운동과 자유토지당(Free Soil Party)

1. 자유토지당과 백인미국주의

1848년 남부의 흑인노예제도 반대 정강과 대통령후보를 내걸고 자유토지당(Free Soil Party)이 출범한 것은 미국의 반-노예제도 운동에 큰 전환점이 되었다. 노예제도 폐지를 주장했던 이전의 자유당(Liberty Party)은 북부인들로부터 외면당했으나, 자유토지당의 반-노예제 정강과 후보들은 많은 북부인의 지지를 받았다. 노예제도에 반대한 북부 민주당과 휘그(Whig)당원들이 그들의 당으로부터 이탈 현상이 나타났기 때문이었다.[1]

자유토지당 창당의 계기가 된 것은 윌모트 단서조항(Wilmot Proviso)이었다. 멕시코(Mexico)로부터 새로이 획득한 영토에 노예제도를 금지한 윌모트 단서조항이 남부 노예세력(Slave Power)의 반대로 상원에서 부결되자, 뉴욕주 반-노예제 급진파 민주당원들인 반버너(Barnburners)

가 민주당을 탈당하였다. 이들이 주축이 되어 북부의 반-노예제 휘그당 당원, 자유당 당원, 기타 반-노예제 집단들을 규합하여 자유토지당을 조직하였다.[2]

자유토지당은 노예제도에 반대하였고, 준주(準州)로 노예제도의 확장에 반대하였으며, 자유주로 해방된 흑인노예들의 이주도 반대하였다. 그들의 정강에 흑인의 평등한 권리에 대한 요구가 반영되어 있지 않았다. 그래서 급진적 노예제도 폐지론자들은 이러한 자유토지당에 대하여 인종평등과 노예제도의 폐지에 관심이 없을 뿐 아니라 노예제도 폐지운동에 장애가 되는 정당이라고 비난하였다.[3] 플로리다 주립대학의 버트램 와이어트-브라운(Bertram Wyatt-Brown)교수를 비롯하여 많은 현대의 역사가들도 급진적 노예제도 폐지론자들의 비난에 동조하였다.[4]

그러나 당시의 많은 미국인은 노예제도의 비-확장(non-extension)은 노예제도에 치명적인 무기가 되어 궁극적으로는 그것을 소멸시킬 것으로 생각하였다. 남부인들도 그렇게 생각하여 필사적으로 방어하였고, 북부의 인종주의적 자유토지당 당원들도 그러한 예상을 하고 흑인추방을 주장하였다.[5] 마르크스주의 역사가인 유진 제노비스(Eugene D. Genovese)교수를 위시하여 상당수의 연구자도 "노예제도가 확장되지 못하고 노예주에 봉쇄되기만 하면, 남부의 토지는 황폐화(荒廢化)되고, 생산의 퇴보를 가져오게 되어 결국 흑인노예제도는 소멸하였을 것"이라고 가정하고 있다.[6]

그런데 예외적으로 시카고 대학의 노벨경제학상 수상자인 수리 경제사가(clio metrician)인 로버트 포겔(Robert W. Fogel)과 로체스터 대학 스탠리 엔저맨(Stanley L. Engerman)교수는 많은 자료를 컴퓨터로 분석하여, 흑인노예제도는 능률적이어서 남북전쟁 직전 1850년대의 남부의 개인소득은 다른 지역보다 더 빠른 속도로 증대되었다고 반론을 제기하였다. 이들의 반론에 대하여 버클리 대학의 케네스 스탬프(Kenneth M. Stampp)교수는 포겔과 엔저맨이 흑인노예노동의 효율성에 대하여 긍정적 선입견을 품고 있다고 신랄하게 비난하였다.[7]

자유토지당 당원들은 노예제도 확장에 반대하였으나 노예제도의 소멸보다는 흑인의 소멸에 더 관심을 보였다. 그들은 당시 보편적이었던 백인우월적 흑인종 열등론(劣等論)을 수용하였으며, 흑인들을 흑인에게 적합한 열대기후 땅으로 추방하자고 하였다. 평등주의 이상에 입각한 이타적(利他的)인 노예제도 폐지론과는 전혀 다른 흑인노예제도 반대론이었다.[8]

이처럼 자유토지당이 인종 편견에서 벗어나지 못하였지만, 많은 자유토지당 지도자들은 개별적 혹은 국지적 차원에서 자유흑인의 권리를 위하여 헌신하였다.[9] 그래서 자유토지당은 한편으로는 흑인의 평등한 권리를 위하여 투쟁하고, 다른 한편으로는 흑인 열등 인종론과 자유흑인 추방론을 주장하는 모순된 모습이었다.

이러한 모순된 노예제도 반대론을 내건 자유토지당이 비교적 많은 북부인으로부터 지지를 받았다. 다시 말해서 북부의 백인들이 자유토지당을 지지한 것은 자유토지당이 노예제도를 반대하고 그것의 팽창에 반대하였을 뿐 아니라, 그들의 흑인혐오감 내지 흑인공포증을 대변하였기 때문이었다.[10] 그래서 자유토지당 지도자들은 당시 북부 백인들이 품고 있던 국민동질화(國民同質化)[백인화] 욕구와 반-노예제 감정을 결합해 북부 백인들의 지지를 얻고자 한 정책을 추구하였다.

이 장에서는 당시 미국인의 동질화 욕구를 반영한 흑인열등(劣等)인종론과 백인미국(白人美國)주의를 검토해 보고 자유토지당이 큰 지지기반을 구축하였던 뉴욕주, 오하이오주, 그리고 매사추세츠주의 자유토지당 지도자들이 표명했던 노예제도 반대론을 정리하였다.

남북전쟁 이전 일부 급진적인 노예제도 폐지론자들은 해방된 흑인 노예들을 영구히 그들과 함께 거주해야 하는 사람으로 인정해야 한다는 태도를 고수하였다. 그러나 대부분의 노예제도 반대자들은 이러한 생각에 동조하지 않았다. 많은 북부의 백인미국인들은 향후 미국의 모습이 완전히 백색(白色)이 되거나 혹은 거의 백색이 될 것이라는 반-흑인적 생각을 하였다. 그들은 열등하고 호감이 가지 않는 흑인주민들을 특정 지역에 한정하거나 완전히 소멸시키는 것과 국민의 백인 동질화에 관심이 있었다. 노예제도의 확장에 대한 반대와 흑인의 확산에 대한 반대는 많은 북부 백인미국인들의 인종적 동질사회에 대한 뿌리 깊고 오래된 욕구의 표현이었다.[11]

비교 인종관계사 연구자인 네덜란드의 하르만누스 회팅크(Har-mannus Hoetink)교수는 인종이 사회적 지위의 결정요소인 분열된 사회(Segmented Society)에서 모든 인종 집단은 "동질화(Homogenization)"에 대한 욕망을 품는다고 주장하였다. 이것은 인종간의 통혼이나, 다른 인종의 실제적 혹은 상징적 제거를 뜻하는 것이다. 이러한 사회 심리적 욕구는 인종을 기준으로 계급화된 사회의 "병리학적" 특성의 표시이며 "그들 사회의 전망을 생각하는 사람들의 마음속에 반영된다"라고 설명하였다.[12]

19세기 아메리카대륙은 백인, 흑인, 아메리카 인디언 등이 인종적 계급사회를 만들고 있었다. 그런데 북유럽 백인들이 만든 북미의 신세계와 남유럽 이베리아반도의 백인들이 만든 중·남미 사회에서는, 인종적 동질화 욕구가 서로 다르게 표현되었다. 중·남미에서는 인종간의 통혼에 의한 동질화를 추구하였으나, 북미 사회에서는 전통적으로 다른 인종과의 혼혈을 법으로 금지하였다. 그래서 백인미국인들의 인종적 동질화에 대한 욕구는 흑인의 이주 혹은 제거였다.

흑인들을 경제적으로나 사회적으로 이용한 노예 소유자들과 일부 미국인들이 흑인 주민을 제거하려는 욕구를 가지지 않았다는 가정도, 호테크교수에 의하면 타당성이 없다. 그들은 다른 인종집단을 "외국인 집단, 국외자, 혹은 거류외국인"으로 간주하여 "의사(疑似) 동질(Pseudo-Homogeneity)" 상태를 이루고 있었다는 것이다.[13]

19세기 미국 남부에서 평등주의 사조가 존재했던 것은 "흑인은 거주외국인이거나 혹은 인간이 아닌 피조물(被造物)이라는 전제"하에서였다. 그리고 북부에서 인종간의 혼혈과 결혼을 반대한 것도 같은 맥락이었다. 1836년 뉴욕주 출신의 문인이자 마틴 반 뷰렌 지지자였던 제임스 폴딩(James K. Paudlding)은 인종간의 혼혈은 "우리 연방의 기초가 되고, 사회생활을 결합하는 유대(紐帶)인 미국인의 동질적 특성을 파괴하는 것"이라고 주장하였다.[14] 이러한 주장은 모든 남자와 여가가 선택하여 결혼하는 것이 자유로운 현실 공동체에서 흑인을 상징적으로 제거하는 것을 의미하는 것이다.

1840~1850년대 미국에서 "과학적" 인종 이론이 나오고 코카서스(Caucasus)인종의 인종적 자만심이 증폭되어, 백인미국인의 동질화에 대한 욕구를 공공연하게 표현하였다.[15] 1857년 백인의 우수성을 주장한 인종주의 학자 사무엘 모튼(Samuel G. Morton)[16]의 제자이자 필라델

아 의과대학 교수였던 제임스 메이그스(James A. Meigs)는 어떤 한 국민이 그들의 "주요한 인종적 원칙"을 보존하지 못할 때 나타나는 국민의 퇴화, 즉 흑·백 혼혈의 치명적 영향력에 대하여 경고하였다.[17] 노예를 소유한 보통 남부인의 생각과는 달리, 조지아주의 존 플러노이(John J. Flournoy)와 노스캐롤라이나주의 힌튼 헬퍼(Hinton R. Helper) 같은 남부인은 유사 동질성 성취에 만족하지 못하고 흑인노예제도에 반대하였을 뿐 아니라, 흑인의 존재 그 자체를 반대하여 전체 흑인종 추방을 주장하기도 하였다.[18]

이와 같은 반-흑인 태도는 남부보다 북부에서 보편적이었다. 북부는 흑인노동에 대한 직접적인 의존이 없었으므로 자유흑인을 불필요한 잉여(剩餘) 인구로 간주하는 경향이 있었다. 흑인추방 감정은 중·서부에서 북부와 남부보다 더 강하였다. 1840년대와 1850년대에 이 지역에서 흑인들의 이주를 막고, 이미 거주하고 있는 흑인들을 미국 밖으로 보내고자 한 시도가 있었다. 그래서 이 시기에 중·서부에서는 해외 흑인식민지(黑人植民地) 건설운동이 매우 활발하게 전개되었다.[19]

오하이오주 신시내티 의과대학의 저명 교수인 다니엘 드레이크(Dr. Daniel Drake)는 노예제도 폐지운동을 비난하였고, "자유주는 이후부터 라이베리아(Liberia) 시민을 제외하고 흑인이나 흑인혼혈 후손들이 거주하거나 통과하거나 혹은 방문하는 것조차 허용해서는 안 된다. 아프리카 주민은 필요 없다"라고 하였다. 그리고 "골치아픈 존재인 흑인문제의 해결책으로 식민지 건설과 국외추방"을 제안하였다.[20]

이런 주장은 남부 노예주의 잉여흑인들이 오하이오 강을 넘어 중·서부의 자유주로 쏟아져 들어오는 흑인의 범람을 막는 조치가 필요하다는 것이었다. 그리고 흑인추방론은 남부에서 형성된 흑인재앙론(Black Peril) 내지 흑인공포증이 중·서부 백인미국인들에게 이식된 것이었는데, 이후 남북전쟁이 흑인해방의 전망을 보이자, 흑인추방 운동가들의 활동이 더욱 활기를 띠었다.[21]

오하이오주 언론인이었던 화이트로 리드(Whitelaw Reid)[22]는 1850년대 후반 "흑인들이 백인들 사이에서 큰 규모로 존재하는 곳은 두 인종이 그 때문에 더욱더 나쁜 상태가 된다. 그리고 될 수 있는 대로 빨리 분리하는 것이 양측에 이익이 된다"[23] 라고 하였다. 흑·백인종의 분리는 미국에서 흑인들이 계속 존재하는 것을 거부한 것이며 미국인의 동질화, 즉 백인화(白人化)를 의미한 것이었다.

이러한 인종동질화(同質化)에 대한 욕구의 표현이 흑인노예제도 문제를 둘러싸고 남·북 간의 지역적 갈등이 첨예화되었을 때, 반-노예적인 북부에서도 빈번하게 언급되고 광범위하게 수용된 것은 1840년~1850년대였다. 당시 인종편견이라는 부대(附帶) 의미가 있는 미국국민주의(American Nationalism)에 대한 새로운 개념의 발생이었다. 미국 국민의 특성을 앵글로-색슨(Anglo-Sexon)인종의 특성과 같은 것으로 보려는 경향, 즉 인종과 국민을 동일시하는 경향을 반영한 것이었다.[24]

이러한 경향은 미국이 멕시코 전쟁에서 승리한 후, 멕시코 전체 병합 논쟁에서 잘 나타나고 있다. 멕시코 전체의 병합을 지지한 팽창주의자들은 미국민주주의 제도는 비-백인종들을 통합하고 재생시키는 능력이 있다고 주장하였다. 반면에 병합반대자들은 미국인들의 이익은 미국에 인접하고 인구도 소밀한 지역으로 병합지역이 제한될 경우만 충족될 것이라고 주장하면서, 인종적 이유로 멕시코병합에 반대하였다.[25]

존 칼훈은 그러한 건조한 지역에서 노예제도의 장래가 있다고 보지 않았고 또한 멕시코인들을 열등 인종으로 간주했기 때문에 통합에 반대하였다. 그리고 미국연방은 "코카서스인종 이외 어떤 인종과 절대로 통합하지 않을 것이다. 우리 정부는 백인의 정부다"[26)]라고 주장하였다. 칼훈의 주장에 대하여 남부는 물론이고 북부의 많은 병합반대자들이 동조하였다. 결국 팽창주의자들이 패배하였다. 미국의 열대지역으로 팽창 시도에 대한 주요한 장벽 중의 하나는 열등인종과 관계를 맺는 것에 대한 거부감이었다. 이것은 또한 미국 시민권에 대한 인종적 제한을 의미하는 것이기 때문에 미국 내의 흑인들의 장래에도 영향을 끼치는 것이었다.

미국합중국 사람이 될 수 있는 사람의 종류에 대한 인종적 제한을 더욱 강화한 것은, 백인이 거주하고 지배할 수 있는 기후 지대(地帶)에 대한 개념이었다. 박물학자인 루이스 아가시즈(Louis Agssiz)[27)]가 인종에 대하여 "동물학적 영역(Zoological Provinces)"이라는 괴상한 이론을 주장하여 많은 지지를 받았다. 1854년 그는 동물의 자연적인 분포는 지구 표면에 따라 한계가 정해진다는 그 경계선이, 성질이 다른 인간의 자연적인 경계선과 일치한다고 주장했다.[28)] 특허국장을 지낸 토마스 유뱅크(Thomas Ewbank)는 아가시즈의 이론을 빌려 각 인종은 그 인종의 출생지의 기후에 가장 가까운 기후에서 가장 번성하게 되어있다고 했다.[29)] 이러한 주장은 북아메리카 대부분이 코카서스인종의 하나의 거대한 활동 영역이라는 것이었다. 이러한 주장은 인종주의적 국민주의자들에게는 대단히 매력적인 발상이었으나, 열대지방으로 팽창하고자 한 팽창주의자들의 시도를 경계하는 함축적 의미도 담겨있는 것이었다.

소위 "과학적" 인종주의를 주창한 존 반 에브리(John H. Van Evrie)

는 1853년 "니그로(Negro)는 오렌지나 바나나 혹은 본래 그 위도 범위 내에서 창조된 존재들과 같이 열대지방 산물이다. 그리고 흑인의 본능은 그의 최초의 그리고 최후의 고향으로 가도록 촉구하고 조장한다."[30]라고 주장하였다. 이러한 반 에브리의 주장은 백인미국인들의 인종적 동질성에 대한 사회 심리적 욕구에 대한 주요한 이론적 골격을 제공하였다.

흑인과 백인의 완전한 분리에 대한 희망과 기대를 매우 현실적이고 중요하다고 느끼게 한 것은 준주의 노예제도의 미래에 관한 논쟁이었다. 윌모트 단서조항(Wilmot Proviso)을 입법하고자 한, 1846년 남·북 간에 시작된, 이 논쟁은 1850년 대타협으로 잠시 해소되었다. 그러나 1854년 캔자스-네브래스카(Kansas-Nebraska)법을 계기로 이 논쟁은 다시 시작되었고, 1860년 에이브러햄 링컨(Abraham Lincoln)이 대통령으로 당선 후 1861년 노예제도와 자유제도 중 어느 편이 서부준주에서 그리고 궁극적으로 미국 전체에서 승리할 것인가에 대한 논쟁이었다. 그러나 많은 북부인의 마음속에 그것은 새로운 영토를 백인 혹은 흑인 주민 중에서 어느 쪽이 지배할 것인가를 결정하기 위한 싸움이었다. 또한 현재의 준주들에 노동력을 제공하게 되는 것이 흑인노예와 자유백인 중 어느 쪽인가에 대한 것이기도 하였다.[31]

이 논쟁과 관련하여 반 에브리는 흑인의 자연상태는 노예상태라는 전제하에 1853년 캔자스와 네브래스카와 같은 곳에서 대규모 흑인 예속 상태가 유지될 수 없다고 주장하였다. 이곳은 "흑인의 체질에 전혀 부적당한 기후"라고 주장하고, "북부의 노예주들은, 북부의 자유주로부터 그곳으로 내려오는 백인노동자들이 흑인들을 그들의 자연적인 주거환경에 더 가까운 남쪽으로 몰아낼 것"이므로, 자유롭게 될 운명이라고 예언하

기도 하였다.[32]

그리고 유럽이민의 급격한 증가에 따라 이러한 전망이 가능성을 보이자, 반 에브리는 "남부는 잉여흑인들을 위한 배출구를 마련해야 한다고 주장하고, 그것은 아메리카대륙의 열대지역에서 발견할 수 있을 것"이라고 주장했다. 그는 카리브해의 섬 중에서 쿠바(Cuba)가 가장 중요하다고 주장하였는데, 그곳은 스페인정부가 노예해방을 결정하기 전에 미국의 팽창주의자들이 합병을 시도한 섬이었다.[33] 1855년 어떤 익명의 저술가도 노예제도가 버지니아주 켄터키주, 테네시주 같은 주에서는 사라지나 카리브해로 팽창하게 되고 그리고 더 남쪽인 남-아메리카대륙으로 확대될 것이라고 주장하였다.[34]

전술한 바와 같이 흑인노예제도를 옹호하는 사상가들, 이론가들 그리고 지식인들은 서쪽보다 남쪽에 기대를 걸고 있었다. 그러나 남·북전쟁 직전의 남부 지도자들은 남쪽보다 서쪽을 지향하고 있었다. 그들은 이미 존재하고 있는 미국의 노예제도를 보호하기 위하여 그리고 향후 라틴 아메리카로의 노예제도 팽창에 필요한 국가정책에 영향력을 행사하기 위하여 준주에 대한 정치적 지배권을 획득하지 않으면 안 되었다. 그래서 남부는 북부가 백인자유노동자들을 위하여 남겨둔 것으로 간주했던 서부의 준주지역에 대한 노예제도의 확장을 위하여 북부와 치열한 경쟁을 하지 않을 수 없었다.

이와 같은 남부의 팽창주의와 노예제도의 확장에 대한 북부인들의 두려움에서 시작된 것이 자유토지운동(Free-Soil Movement)이였다. 이 운동을 시작하게 한 직접적인 계기는 "윌모트 단서조항"이었다.[35] 그런데 윌모트(David Wilmot) 의원은 멕시코로부터 획득된 영토에 노예제도의 확장을 반대하는 것은 "나 자신의 인종과 나 자신의 피부색을 가진 백인노동자들에게 깨끗한 땅(흑인이 없는)을 보존해 주기 위한 것"이라고 선언하였다.[36] 그의 선언은 당시 북부의 반-노예제 감정과 결합 된 반-흑인 감정을 대변한 것이었다. 곧이어 자유토지당(Free Soil Party)이 결성되어 흑인 문제가 중요한 정치문제로 유권자들에게 대두되었다. 자유토지당의 붕괴 후에는 공화당(Republican Party)이 자유토지운동의 매개체가 되었다. 공화당의 지도자들도 인종평등에 관한 어떠한 주장도 거부했을 뿐 아니라 공화당은 "코카서스인종의 이익"에 오직 관심이 있는 "백인의 정당"임을 공공연히 주장하였다.[37]

    19세기 미국국민주의는 백인종동질화(同質化) 추구였고, 남부에서는 흑인을 비-인간적 존재로 간주하여 남부공동체에서 흑인의 상징적인 추방을 통해서 유사 인종동질화를 이루고자 했다. 자유토지운동은 노예제도의 확대를 반대한 것이었고 또한 열등 인종인 흑인의 확산을 반대하는 백인을 위한 백인미국주의운동이었다.

2. 윌모트(Wilmot) 단서조항과 자유토지당

    멕시코 전쟁의 결과로 획득한 새로운 영토는 새로운 문제를 일으켰다. 1846년 8월 멕시코 전쟁이 일어난 뒤, 포크 대통령이 멕시코로부터 새로이 획득하게 될 영토매입비로 200만 달러를 요구한 추가예산안을 국회에 제출하였다. 북부 펜실베이니아주 출신의 민주당 하원 의원 데이비드 윌모트는 멕시코로부터 획득될 영토에 "노예제도를 금지한다"라는 조항을 예산안에 추가시킬 것을 제안하였다. 소위 이 윌모트 단서조항이 두 번이나 하원에서는 가결되었으나 상원에서는 남부 출신 의원들의 반대로 끝내 부결되었다.[38]

윌모트 단서조항의 부결은, 이미 금이 가고 있던, 민주당을 남·북으로 분열시켰다. 남부의 민주당 당원들이 윌모트 단서조항을 거부하자 노예제도를 반대하는 뉴욕주의 급진파 민주당원(Barnburner)들이 민주당을 탈당하였다. 이들이 중심이 되어 1848년, 북부의 반-노예제 휘그당원, 자유당 당원들과 더불어 "자유 토지, 자유 언론, 자유노동, 자유인(Free Soil, Free Speech, Free Labor and Free Men)"을 기치로 내건 자유토지당을 새로이 조직하였다.[39] 자유토지당의 창당은 반-노예제 운동의 전개에 새로운 전환점이 되었다. 자유토지당의 반-노예제 후보자와 정강이 많은 북부인으로부터 지지를 받았다. 양대 정당의 북부 파가 이탈하는 현상이 나타났고 또한 자유토지당이 그들의 정강에 "흑인의 권리"와 관련된 정강을 회피한, 최초의, 노예제도를 반대한 주요한 정치 집단이었기 때문이다.[40]

그러나 게릿 스미스와 같은 자유당출신의 강경파들과 개리슨파의 급진적 노예제도 폐지론자들은 자유토지당의 반-노예제 논리를 공격하였다. 그들은 자유토지주의자들의 관심은 노예제도의 제한에 머물러 있을 뿐이고, 노예 권력(Slave Power)에 대항하여 자유백인노동자들을 보호하고자 한 열망 때문에 노예제도의 폐지와 인종편견(人種偏見)을 무시하고 있다고 비판하였다. 자유토지주의가 아주 쓸모없지는 않으나, 효과적인 반-노예제 무기로 사용되기에는 "거미줄보다 약한 것이어서 노예세력의 한 번의 입바람(single breath)에도 살아남을 수 없을 것"이라고 비난하였다. 최악의 경우 그것은 노예제도 폐지에 대한 반대 주장이고 노예제도 폐지운동에 대한 장애물이라고 주장하기도 하였다.[41]

오늘날에도 이러한 급진적 폐지론자들의 비난을 긍정적으로 받아들이기도 하나, 많은 동시대의 미국인들은 노예제도의 비-확장(non-extension)이 치명적인 반-노예제도 무기라고 생각하였다. 노예제도의 팽창을 막는 것은 그것의 성장을 막는 것이고 궁극적으로는 그것을 소멸의 길에 있게 하는 "철제수의(iron shroud)"라고 생각하였다. 개리슨조차 방심하여 한때 윌모트 단서조항이 "노예세력의 존재에 치명적인 조치"라고 생각하였다.[42] 이처럼 남부인들 대부분은 물론이고 인종주의적 자유 토지주의자들조차 윌모트 단서조항이 "머지않아 예속과 쇠사슬로부터 흑인들의 구제를 보장해줄 것"[43]이라고 생각하였다.

그러나 자유토지주의자들의 주요한 관심사는 노예제도를 폐지하는 것이 아니라 노예제도의 확대를 저지하는 것이었고, 흑인들의 확산을 막는 것이었으며, 결국에는 흑인들을 미국에서 제거하는 것이었다. 인종주의적 발상이었으나 이는 당시 백인미국인들의 인종동질화에 대한 사회심리적 욕구를 대변하고 반영한 것이었다. 자유토지당(특히 반버너)은 노예제도가 이미 뿌리가 내려있는 지역에서는 존속하도록 하는 것에 찬성하였으며, 노예제도 자체에서 비롯하는 결함뿐만 아니라, 저열하고 진보가 뒤진 흑인들의 존재 그 자체로부터 비롯한 여러 폐단의 제거를 주장하였다.[44]

미주리주 상원의원인 토마스 벤튼(Thomas H. Benton)은 윌모트 단서조항을 흑인으로부터 준주를 깨끗하게 유지할 수단이라고 확신하고 옹호하였고,[45] 자유토지당 부통령후보였던 조지 줄리안(George W.

Julian)은 "단연코 미국인들은 흑인을 증오하는 사람들이고, 흑인은 사람이 아니라고 생각한다"라고 주장하였다.[46]

당시 민주당원들은 휘그당원들에 비교하여 흑인들을 더 경멸하였고, 흑인의 권리를 전혀 인정하지 않았다. 특히 뉴욕주 민주당 보수파(Hunker)는 급진파(Barnburner)에 비하여 한층 더 인종적 편견이 심했다. 그렇기는 하였으나, 자유당과 북부 휘그당출신 자유토지당 당원들보다, 반버너는 한층 더 백인우월에 대한 자만심을 가지고 있었다. 반버너는 "흑인들이 자유롭게 되느냐? 가 아니라, 우리 백인들이 자유롭게 살게 되느냐? 이것이 문제"라고 주장했다.[47] 뉴욕주 상원의원이었던 존 딕스(John A. Dix)는 흑인들은 "미국 생활에 통합될 희망이 없는, 못마땅하고, 선천적으로 열등한 계급이고, 자연의 작용으로 몇 세대 지나지 않아서 소멸할 것"으로 생각하였다.[48] 윌모트 의원 자신도, "흑인종이 이 아름다운 대륙을 이미 충분히 차지하였다. 우리 자신과 우리들의 아이들을 위하여, 그리고 자신은 희생하면서 행복하고 평화로운 가정을 이룩하고자 하는 자유백인노동자를 위하여 나머지 땅을 보존하자"[49]라고 주장하였다. "윌모트 단서조항"은 인종주의적 편견을 가진 반-흑인적인 백인들의 결의였다.

노예제도의 확대를 반대했던 반버너 민주당원들은 흑인들의 자유를 박탈하기 위하여 보수파 헌커(Hunker) 민주당원들과 연합도 하였다. 그들은 뉴욕주의 흑인들에게 평등한 선거권을 부여하려는 노력에 반대하였을 뿐 아니라, 그러한 개혁을 지지하는 휘그당원과 자유당원들에 대하여 "깜둥이당(Nigger Party)" "흑·백 혼혈(Amalgamation Party)당" "튀긴 고수머리(Fried Wool Party)당"이라고 조롱하기도 하였다.[50]

반버너는 북부의 자유주에서 흑인의 제거 의사를 명백히 표명하였다. 그들은 북부의 주들이 흑인의 체질에는 적합하지 않은 땅이므로, 자유흑인들이 그들의 체질에 적합한 열대성 기후를 가진 땅으로 자진해서 이주하도록 조치해야 한다고 생각했다. 그들은 또한 자유를 얻은 흑인들의 북부 역류에 반대하였다. 버지니아주 지사인 윌리엄 스미스(William Smith)가 자유흑인들을 북쪽 자유주로 선적(船積)해 보낼 것을 제안했을 때, 반버너인 조지 래스번(George Rathbun)은 "그들이 있을 곳은 없다. 버지니아의 찌꺼기들이 이곳에 도착하면, 그들을 버지니아로 다시 실어 보내겠다"[51]라고 반박하였다. 그리고 상원의원인 딕스는 "해방 노예의 자유주 유입은 불쾌한 것이다. 그들은 전혀 필요 없다"라고 주장하고, "차별적인 법령과 인종적으로 우월한 백인들과의 경쟁으로 제약받지 않고 그들의 잠재력을 개발할 수 있는 어떤 먼 열대 기후의 땅으로 그들을 이주시키는 것이 필요하다"[52]라고 흑인추방론을 역설하였다.

그러나 다른 자유토지주의자들과 같이, 대부분의 반버너는 노예제도의 확대와 노예세력의 팽창 위협에 대하여 맹렬히 비난하였다. 그들은 인간을 예속시키는 것이 "종교적 죄악이 아니라고 하더라도 불명예스러운 일이고, 도덕적 정치적 재앙"이라는 점에는 거의 동의하였다. 마틴 반 뷰렌은 "인간을 매매하는 것은 자유토지당 당원과 민주당 당원뿐 아니라, 박애주의와 기독교를 배신하는 것이라고 선언하고, 이 검은 그림자(인간 매매)가 확산하는 것을 막는 것은 점잖은 사람들의 할 일"[53]이라고 주장하였다.

반 뷰렌을 지지한 많은 반버너는 흑인노예 혹은 자유흑인과 경쟁하는 백인노동자의 보호 필요성에 그들의 발언을 집중시켰다. 노예제도는 백인노동자의 가치를 하락시켰고, 무지와 나태를 조장했을 뿐 아니라, 최고 정예(精銳) 몇몇 사람들에게 정치적 경제적 사회적 지배권을 집중시켰다고 남부의 노예세력을 공격하였다.[54] 그러나 자유흑인에 대해서는 거의 관심을 표명하지 않았다. 반버너가 주도했던 자유토지당은 북부와 서부의 백인 이기주의적 감정에 호소하여 도덕적인 반-노예제도 운동을 그들의 정치적 목적에 이용하였다.

자유토지당 당원들은 당시 북부 백인들의 인종편견과 인종동질화 욕구를 간파하였고 그 영향을 받았다. 그래서 그들은 그들의 반-노예제 호소를 백인미국인 이기주의적 언어로 표현하였다. 그것이 당시 백인미국인들 사이에 만연된 흑인 공포증이나 흑인혐오감을 가지고 있던 백인들을 대상으로 새로운 지지자를 획득할 수 있는 가장 유효한 방법이라고 느꼈기 때문이었다. 북부와 서부인들에게 "음모를 꾸미는 노예세력(Slave Power)"이라는 용어와 개념은 너무나 큰 선전 가치가 있었다.

이러한 접근방법의 잠재력을 명확히 파악한 자유당 대변인이었던 리빗(Joshua Leavitt)은 "노예세력"이란 용어가 휘그당원과 민주당원들 사이에서조차 신용을 얻게 된 것에 감명받아, 1848년 그 용어의 "끊임없는 사용"이 많은 사람의 눈을 뜨게 하고, 사람들의 활동력을 각성시킬 것으로 판단하였다. 그래서 그는 "노예세력! 파괴되어야 한다(The Slave Power! Delenda est)가 모든 애국적인 사람들의 대답이다. 우리가 제한하고 축소하고자 하는 것이 노예세력이고, 우리가 그들의 요구에 저항하고, 그들의 성장을 늦추고 그들의 힘을 억누르고자 하는 대상이 다름 아닌 바로 노예세력이라는 것을 알게 하자"[55]라고 주장하였다.

자유토지당 당원들은 그들의 투쟁의 대상인 "노예세력" 개념을 개발하기 위하여 이전의 자유당(Liberty Party) 팸플릿 작가들의 도움을 받았다. 그들은 연방정부의 관직과 정책에 대한 남부의 지배력에 대하여 자세하게 선전하였다. 또한 그들은 개인의 도덕심과 사회적 질서에 대한 노예제도의 파멸적인 영향력을 선전하였다. 그런데 자유당원들은 1837~1843년의 불경기에 대하여 노예세력의 책임이라고 공격하였으나, 호경기 상태에서 자유토지당 선전가들은 서부의 새로운 목장에 노예제도를 강요하는 남부의 음모, 그리고 노예노동과 자유노동 사이의 불가피한 경쟁에 초점을 맞추었다.

자유토지주의자들이 발행한 많은 소책자와 정기간행물은 "노예세력의 엄청난 계획들"을 폭로하였다.[56] 거대한 농장 소유자들이자 과두(寡頭)지배자들인 노예세력은 뉴멕시코와 유타를 노예준주로 바꾸고, 캘리포니아주를 노예주와 자유주로 나누고자 음모를 꾸미고 있을 뿐 아니라 멕시코와 카리브해 정복을 감행하여 북부의 영향력을 감소시키려는 계획을 진행 중이라고 선전하였다.[57]

1849년경부터 자유토지운동가들은 노예세력들이 쿠바를 미국 연방으로 끌어들이려는 음모가 있다는 경고를 시작하였고, 아이티(Haiti)와 산토 도밍고(Santo Domingo) 또한 남부인들이 합병 고려대상으로 생각하고 있다고 주장하기 시작하였다. 그리고 이를 저지하지 않는다면 노예세력들은 라틴 아메리카 전체에 파멸적이고, 반동적인 행동을 추진할 것이라고 선전하였다.[58]

이러한 선전들은 과장되기도 했으나, 몇몇 사례를 보면, 전혀 근거가 없는 것은 아니었다. 포크(James K. Polk) 및 타일러(Zachary Taylor) 대통령은 쿠바 매입을 시도하였고, 모험가인 나르시소 로페즈(Narciso

Lopez)가 생명을 걸고 같은 목적의 일을 시도하기도 하였다.[59] 비록 쿠바병합이 모든 지역의 사람들에게 매력적인 전략적 및 경제적 이익을 주겠지만, 남부의 노예소유자들에게 가장 크게 이익이 되는 것이었다. 그래서 자유토지 운동가들은 쿠바의 병합은 정치적 경제적 문화적인 면에서 북부인들을 열세에 놓이게 될 조치라고 주장하였다. 그리고 남부의 노예세력의 이익을 보장해 주는 모든 조치에 대하여 모든 북부의 자유인들은 반대하고 저항해야 한다고 선동하였다.[60]

자유토지당은 노예세력에 대한 공격과 더불어 노예제도가 백인노동자들에게 끼칠 영향에 대하여도 선동하였다. 노예제도는 흑인을 억압할 뿐 아니라, 백인노동자도 곤경에 빠뜨린다고 주장하였다. 노예제도가 뿌리를 내리는 곳은 "노동이 존엄성을 상실하고 산업은 병들고 모든 토지는 황폐하게 된다"라고 주장하였다. 그리고 노예제도가 백인노동자에게 끼치는 억압적이고 부담스러운 영향을 보여주기 위하여 노예제도가 뿌리내리지 못한 구 서·북 지방(Old Northwest)의 인구와 부(富), 지성과 힘의 유례없는 성장과 이웃 노예주의 부패와 타락을 비교 설명하기도 하였다.[61]

자유토지당원들은 흑인의 지위(地位)에 거의 관심을 표명하지 않았지만 그들의 노예세력에 대한 공격은 흑인노동이 백인노동자에게 끼치는 부정적 영향과 흑인노예노동에 대하여 공격하였다. 그러나 그들의 흑인노예노동에 대한 공격은 흑인의 자유와 평등을 위한 것이 아니라 백인노동자의 지지를 받기 위한 것이었다.

그 결과 노예제도의 폐지를 주장했던 자유당의 버니(James G. Birney)가 1840년과 1844년 대통령선거에서 겨우 7,053표와 62,197표를 얻었음에 비해서 노예제도의 확대를 반대했던 자유토지당의 반 뷰렌(Martin Van Buren)은 1848년 대통령선거에서 291,263표를 획득하였다. 뉴욕주에서 반 뷰렌은 120,510표를 획득하여, 114,318표를 받은 민주당의 루이스 캐스(Lewis Cass)를 누르고 218,603표를 획득하여 대통령에 당선된 재커리 테일러(Zachary Taylor)에 이어 두 번째로 많은 득표를 하였다. 그리고 오하이오주와 매사추세츠주에서 각각 3만 표 이상 획득하였고, 일리노이, 메인, 미시간, 펜실베이니아, 버몬트, 위스콘신주에서는 각각 1만 표 이상 득표하였으며 코네티컷, 인디애나, 뉴햄프셔주에서는 5천 표 이상 지지표를 받았다. 〈표 5-1 참조〉[62] 이와 같은 결과는 자유토지당의 반-흑인 정치선전이 흑인공포증과 인종동질화 욕구를 품고 있던 북부의 상당수 백인노동자들의 지지를 받았기 때문이었다.

〈표 5-1〉 1848년 대통령선거 결과

	일 반 투 표			선거인투표	
	Taylor	Cass	Van Buren	Taylor	Cass
Alabama	30,482	31,363			9
Arkansas	7,588	9,300			3
Connecticut	30,314	27,046	5,005	6	
Delaware	6,421	5,898	80	3	
Florida	3,116	1,847		3	
Georgia	47,544	44,802		10	
Illinois	53,047	56,300	15,774		9
Indiana	69,907	74,745	8,100		12
Iowa	11,084	12,093	1,126		4
Kentucky	67,141	49,720		12	

	일반투표			선거인투표	
	Taylor	Cass	Van Buren	Taylor	Cass
Louisiana	18,217	15,370		6	
Maine	35,125	39,880	12,096		9
Maryland	37,702	34,528	125	8	
Massachusetts	61,070	35,281	38,058	12	
Michigan	23,940	30,687	10,389		5
Mississippi	25,922	26,537			6
Missouri	32,671	40,077			7
New Hampshire	14,781	27,763	7,560		6
New Jersey	40,015	36,901	829	7	
New York	218,603	114,318	120,510	36	
North Carolina	43,550	34,867		11	
Ohio	138,360	154,775	35,354		23
Pennsylvania	185,513	171,176	11,263	26	
Rhode Island	6,779	3,646	730	4	
SouthCarolin	주 의회가 선거				9
Tennessee	64,705	58,419		13	
Texas	4,509	10,668			4
Vermont	23,122	10,948	13,837	6	
Virginia	45,124	46,586	9		17
Wisconsin	13,747	15,001	10,418		4
합 계	1,360,099	1,220,544	291,263	163	127

3. 자유토지당의 인종편견

노예제도를 반대한 자유토지당은 동부의 급진파 민주당원(Free Soil Democrats), 반-노예 휘그당원(Conscience Whigs), 그리고 노예제도의 폐지를 정강으로 삼았던 자유당원으로 이루어진 다양한 구성체였다.[63] 그러나 반-노예제 민주당 급진파 중에서 자유토지당 창당의 주도 세력인 다수파는, 뉴욕주의 급진파 민주당원들인 반버너(Barnburners)였다.

이들이 노예제도의 확대에 반대한 것은, 흑인종의 노동으로 인하여 피해를 본 자유백인노동자들에 관한 관심에 오직 그 동기가 있다고 강조하였다.[64] 그리고 1848년 8월의 자유토지당 버펄로(Buffalo)정강에 자유흑인의 평등한 권리가 빠진 것은 그들의 반대 때문이었다.[65]

그러나 1848년 대통령선거를 치른 후, 캘리포니아가 노예제도를 금지한 자유주로 연방가입을 신청한 것을 계기로 조성된 미국연방의 분열위기가 도망노예법(Fugitive Slave Act)과 "1850년 타협"으로 해결된 후 반버너는 민주당으로 복귀하였다. 이후 자유토지당은 반-노예제 휘그당원과 자유당원들이 지배하였다. 이들은 자유흑인의 평등한 권리에 대하여 개인적으로는 우호적이었으나, 이들이 만든 1852년의 자유토지당의 정강에 흑인의 권리가 포함되지 못하였다.[66]

1852년 대통령선거가 임박하자 자유토지당은 새로운 후보와 정강을 선택하여야 했다. 반-노예제 민주당원들 대부분이 떠나가고 상당수 휘그당원들도 그들의 당으로 복귀하여 4년 전 버펄로창당대회 당시와는 사실상 다른 모습이었다. 결국, 자유토지당의 주도세력에도 이러한 변화가 반영되었고, 1852년 피츠버그에서 채택된 정강도 이러한 변화를 반영하였다. 피츠버그정강은 1848년의 버펄로정강보다 급진적이었다. 노예제도는 "신에 대한 죄악이고, 인간에 대한 범죄라고 규정"하였고 "노예제도의 폐지"를 명백히 주장하였다.[67]

그리고 자유흑인들의 평등한 권리요구를 정강에 삽입시키고자 한 시도도 있었다. 자유당 출신 자유토지당원들을 대변한 게릿 스미스와 르모인(Francis J. LeMoyne)은 피츠버그전당대회에서 그들의 주장을 반영하기 위하여 두 가지를 제안하였다. 첫째 노예제도는 인간의 권리에 어긋나는 것이기 때문에 입법할 수 없다. 둘째 자유토지당은 피부색과 성(性)과 관계없이 모든 사람이 평등한 정치적 권리를 획득하도록 성실하게 노력해야 한다는 두 가지 제안을 하였다. 첫 번째 제안은 많은 논쟁을 거친 후 "인간의 어떤 입법으로도 정당화될 수 없는" 노예제도는 죄악이라는 스미스 제안과 비슷한 내용의 수정안이 채택되었다. 두 번째 제안에 대해서는 큰 의견의 차이를 보였다. 여성(女性)의 정치적 권리에 대하여 별로 심각하게 고려하지 않았기 때문에, 자연히 흑인의 정치적 권리에 대하여 논쟁하였다.[68] 피츠버그전당대회에 참석한 많은 대표가 흑인의 권리에 대한 개인적인 태도는 버펄로대회 때보다 호의적이었고, 흑인지도자 더글러스(Frederick Douglass)의 표현을 빌리면, "검은담비 가죽색 피부를 가진 사람들을 [그들의] 정강에 맞이할 준비"가 이전보다 더 되어 있었다.[69]

그러나 개인적인 태도와 정치적인 공식선언은 별개의 것이었다. 많은 유력한 대표들이 게릿 스미스의 두 번째 제안에 반대하였다. 일리노이주 출신 노예제도 폐지론자인 오웬 러브조이(Owen Lovejoy)조차 "스미스를 달래기 위하여, 그리고 그의 몇 안 되는 추종자들의 표를 얻기 위하여, 우리를 바보로 만들 수는 없다"라고 반대하였고, 기딩스(Joshua R. Giddings)는 "정강을 방어할 수 없게 만들어 난처하게" 되기를 바라지는 않는다고 했으며, 찰스 애덤스(Charles F. Adams Sr.)는 스미스의 제안은 "그럴듯하지도 않다"[70]고 비난하였다.

그러나 이와 같은 반대론은 흑인공포증 혹은 흑인에 대한 혐오감을 표현하였다기보다, 인종동질화 욕구를 품고 있던 백인유권자들의 지지를 얻기 위하여, 인종평등 강령을 정강에 포함할 수 없다는 것이었다. 대다수 총회 참석자들도 같은 생각이었다. 결국 게릿 스미스의 제안은 197대 14로 보류되었다. 스미스의 제안을 지지하는 자유당출신 자유토지당 당원들은 소수파에 불과하였다.[71]

이처럼 1852년 피츠버그전당대회에서도 일부 자유당 출신을 제외하고 대부분의 자유토지당 당원들은 노예제도 반대와 흑·백 인종평등 이상(理想)을 분리하고자 했다. 자유토지당 기관지였던 "*National Era*"에 의하면, 그들은 "흑인이 백인과 사회적 정치적 평등이 가능하든 그렇지 않든 간에, 애국자는 노예제도의 확산을 저지하고자 할 것"이라고 주장하였다. 그리고 이 기관지는 노예제도에 반대하는 북부인들이 "일관성을 위해서 흑인을 그의 식탁에 데려와야 할 의무는 없다. 만약 노예들이 외국으로 이주 될 수 있다면, 오늘도 노예제도를 폐지하려는, 노예제도 폐지론자가 아닌, 무수한 백인들이 미국에 있다"라고 흑인추방론을 지지하였다.[72]

자유토지당의 "자유토지주의"는 이런 사람들의 지지를 받을 수 있는 유일한 노예제반대 원칙이었다. 조슈아 기딩스가 주장한 것처럼, 인종평등과 권리 같은 문제는 각자가 스스로 결정할 문제이지 정강에 들어갈

성질의 것은 아니었다. 실제로 자유토지당 당원들은 개별적으로 자유흑인의 권리를 위해 동부의 여러 자유주에서 노력하였다. 결국, 자유토지당이 이러한 정책을 유지한 것은, 소위 "흑인주의(Niggerism)자들이란 그들에 대한 비난이 그들의 정치적 성공기회에 치명적 타격을 줄 것"이라고 판단하였기 때문이었다.[73]

오하이오주의 경우, 1848년 흑인들은 심한 제약을 받고 있었다. 그들은 민병대와 공립학교에서 배제되었고, 배심원이 되거나 백인이 연루된 재판에서 증언하는 것도 금지되었다.[74] 이러한 흑인법(Black Law)의 폐지를 위하여 자유토지당 지도자들은 개별적으로 수년간 끈질긴 노력을 하였다. 그러나 1849년 1월 오하이오주 자유토지당전당대회는 "흑인법은 합법화된 불법"이라고 비난하였으나, 다른 한편으로는 "우리는 우리의 주(州)를 위하여 같은 성질의 인구를 바란다"[75]라고 결의하여 백인 동질화 욕구를 반영하였다. 흑인의 영구적 거주의 거부를 선언한 셈이다. 이처럼 흑인추방을 주장한 자유토지당의 체이스(Salmon P. Chase)가 백인노동자들의 지지 획득에 성공하여 상원의원으로 당선되었다. 그 후 자유토지당은 민주당과 타협하여 흑인법의 폐기도 성취하였다. 그러나 오하이오주의 자유흑인들은 제2급 시민으로 취급되어 참정권을 획득하지는 못하였다.[76]

오하이오주 자유토지당 하원의원이었던 조슈아 기딩스는 탁월한 자유토지당 지도자였으며 흑인참정권을 옹호하기도 하였다.[77] 그리고 1849년 오하이오 흑인협의회는 오하이오출신 자유토지당 하원의원 조셉 루트(Joseph M, Root)와 더불어 기딩스가 연방의회에서 그들의 주장을 대변해 주도록 추천하기도 하였다.[78] 그러나 기딩스는 1848년 버펄로 전당대회에서 노예제도는 "흑인보다 백인의 육체적 지적 우월에 의하여 만들어진 것"이라는 인종주의적 견해를 공개적으로 표현한 자유토지당 지도자였다.[79]

새먼 체이스는 흑인의 권리 옹호자였고, 흑인들이 오하이오주로 이주해 오는 것을 막는 법안에 비판적인 태도를 보이었으나, 그는 "기후가 흑인들이 오하이오주로 들어오는 것을 막아줄 것"이라고 생각하였다. 또한 그는 "오하이오주는 동질의 인구를 바란다. 다양한 특성의 주민을 바라지 않는다"라는 오하이오주 자유토지당 전당대회의 반-흑인적 태도를 지지하였다.[80]

1851년 오하이오주 상원의 자유토지당 의원들은 "흑인들을 정착시키기 위하여 그들에게 공유지 일부를 제공"하는 법안을 통과시키도록 그 주의 연방하원 의원들에게 권유하자는 결의안에 찬성하였다.[81] 그러나 이 결의안에 대하여, 노예제도 폐지론자인 흑인 프레더릭 더글러스는 "국내에 흑인식민지를 건설하는 것은 두 인종을 분리하고자 한 것이고, 인종편견에 기인한 것"이라고 비난하였다.[82]

이처럼 오하이오주 자유토지당 지도자들은 흑인의 권리를 위하여 개별차원에서 헌신하고 인종차별 철폐를 주장하기도 하였으나, 흑인주민의 영속적인 존재 전망에 대하여 불안감을 표시하였다. 그들은 백인 동질화 욕구를 고려하여 "자유토지(Free Soil)는 백인의 이익을 위한 신조"라고 하였다. 그리고 "노예문제는 검둥이 문제가 아니라 백인들의 생명과 정신, 백인의 희망과 행복에 대한 기대 그리고 그들의 진보와 관계있는 것"이라고 하였다.[83]

매사추세츠주는 자유토지당 대통령후보인 반 뷰렌이 민주당의 캐스

(Lewis Cass)를 누르고 뉴욕주에 이어 두 번째로 많은 표를 획득할 정도로 자유토지당 지지자들이 많았다.[84] 이 주에서는 자유흑인들이 주의 선출직에 오를 수 있었고 투표권도 행사하였으며, 법정에서 증언하고 배심원으로 일할 수 있을 정도로 다른 북부의 흑인들보다 더 법 앞에 평등을 누렸다.[85] 이곳에서도 뿌리 깊은 흑인에 대한 인종차별은 엄존하고 있었으나, 1840년대에 들어와 흑인에 대한 인종차별과 인종편견의 제거 움직임 일어났다. 1843년 찰스 애덤스(Charles F. Adams), 존 팔프리(John G. Palfrey), 헨리 윌슨(Henry Wilson)은 인종간 결혼금지령 폐지에 성공하였다. 철도의 인종차별을 공격하여, 입법화는 저지당했지만, 성공적 결과를 얻었으며, 찰스 섬너(Charles Summer)도 인종차별 폐지를 위하여 큰 노력을 기울이었다.[86]

매사추세츠주는 1840년대 인종차별 투쟁에서 괄목할 만한 진전이 있었지만, 흑인들은 민병대와 공립학교에서 여전히 배제되었다. 1853년 민병대를 개혁하고자 헨리 윌슨과 찰스 섬너가 노력하였지만, 성공하지 못하였고, 찰스 섬너는 공립학교의 인종차별을 공격 대상으로 끈질긴 노력을 했으나 1855년까지는 성공하지 못하였다.[87]

이 주의 자유토지당 당원들이 인종차별에 항의하고 흑인의 평등한 권리를 호소하기도 하였으나, 그들 역시 인종편견에서 완전히 벗어나지는 못하였다. 찰스 애덤스가 1867년 그의 일기에서 "흑인은 천성적으로 열등한 인종이라는 생각을 부인하는 것은 거의 불가능하다"라고 고백하였고, 존 팔프리에 관한 최근의 한 전기는 "그가 자유흑인과 어떤 사회적 관계도 원하지 않았다"라고 서술하였다. 프레더릭 더글러스는 찰스 섬너 의원조차 "흑인의 완전한 인격과 사회적 평등"을 인정하기를 거부하였다

고 불평하였다.[88]

　자유토지당 연방하원 의원이자 유명한 교육가인 호레이스 만(Horace Mann)은 흑인에 대한 인종편견은 "노예제도가 끼친 악영향 때문에 퍼진 도덕적 질병"이라고 주장하고, 모든 인간은 "신이 그에게 부여한 재능을 발전시키고 개발할 기회를 향유해야 한다"라는 주장을 되풀이하였다.[89] 그러나 호레이스 만이 1852년 오하이오주 자유흑인연차총회에 보낸 편지에서 "지성(智性)은 흑인이 백인보다 열등하나, 감성(感性)은 백인이 흑인보다 열등하다, 그리고 흑인종은 결국 그들의 땅인 적도(赤道)부근 지역으로 이주할 것"이라고 하였으며, 흑인들이 미국에서 영구히 백인들과 살 수 없을 것이라고 주장하였다.[90]

　그의 편지가 공개되자 매사추세츠주 뉴베드포드(New Bedford)에서 모인 한 흑인 모임은 그에게 해명을 요구하는 편지를 보냈으나, 호레이스 만은 답신에서 인종간의 차이점에 대한 특징묘사를 반복하였고 검둥이는 따뜻한 기후에 적합하다는 그의 주장을 거듭하였다. 그 후 흑인들은 뉴베드포드에 다시 모여 호레이스 만이 "매우 억압받고 짓밟힌 인종들에게 불리한 주장"을 하였다고 비난하는 결의안을 채택하고 그들이 "계속 미국에 남아 있고자 한다"라는 그들의 결의를 다시 확인하였다. 그러나 이러한 비난에 대해서도 호레이스 만은 흔들리지 않고 "흑인은 감성이 우월하다는 것을 인정한다. 그러나 그들은 역시 지성이 부족하다"[91]라고 하였다.

　인종간 결혼금지령 폐지에 노력하였던 팔프리(John G. Palfrey)도 흑인종 열등성 문제는 "중대한 문제"이긴 하나 노예제도의 확장이라는 "주요한 문제"와 전혀 구체적 연관성이 없다고 주장하였다. 그리고 윌슨

(Henry Wilson)은 상원에서 "권리에 관하는 한 나는 모든 사람의 자연적 평등을 믿는다. 그러나 나는 정신적 육체적인 면에서 아프리카 인종이 백인종보다 열등하다고 믿는다"[92]라고 하였다. 또한 그는 후에 흑인을 추방하기 위한 중남미 흑인식민지 건설운동도 지지하였다.[93]

매사추세츠주는 일찍부터 노예제도를 금지하여 흑인들에게 많은 권리를 부여한 주이고 또한 보스턴, 필라델피아를 중심으로 급진적인 개리슨파 노예제도 폐지론자들이 활동한 미국의 자유의 요람이었다. 그러나 개리슨이 주장한 소위 "괴상한 편견" 즉, 피부색에 의한 인종편견 의식이 인종차별을 제거하기 위하여 노력한 많은 지도급 인사들에게서도 남아 있었다. 특히 전술한 자유토지당 지도자들은 개별적으로 인종차별 폐지를 위해 노력하였으나, 흑인종 열등론(劣等論)과 흑인추방론을 포기하지 않았다. 개리슨파는 인종편견은 흑인노예제도의 근본이므로 가장 우선하여 불식해야 할 투쟁의 대상이라고 주장하였으나, 자유토지당 지도자들은 흑인들의 열등함이 "선천적인 무능력(無能力)"이든 혹은 "여러 세대에 걸친 억압과 저급한 생활에서 비롯된 무능력" 때문이건 간에 그들이 열등하다는 주장에 동의하였다.[94]

그래서 자유토지당 당원들은 인종편견과 노예제도는 상호 관련성이 없다고 전제하고, 흑인이 열등하든 아니든 간에 흑인도 평등한 권리에 대한 자격이 있다는 견해는 유지하였다. 그러나 이러한 입장은 서로 상충하고 모순된 것이다. 또한 흑인추방론을 표명한 것으로 미루어 보아 자유토지당은 북부의 반노예제 운동과 반-흑인 감정을 정치적으로 이용하였다.

이러한 자유토지당의 입장을 잘 대변하고 있는 것이 1847년 워싱턴 특구에서 발행된 "*National Era*"였다. 이 신문은 처음 1년 6개월 동안은 자유당 기관지였고 그 후에는 자유토지당의 기관지였다. 처음 이 신문은 인종간의 모든 법률적 차별에 반대하였다. 흑인법에 반대하였고 흑인 지위 향상을 위하여 노력할 것을 권유하였고, 백인들의 편견불식을 주장하였다. 그리고 흑인의 추방 또는 강제이주 주장에 대하여 "극악한" 비인간적인 주장이라고 주장하기도 했다.[95]

그러나 "*National Era*"는 많은 미국인이 불평한 바와 같이 흑인종의 존재가, 실제로, 불편하다는 것에 동의하였고, 흑인 시민들에게 아프리카나 혹은 특정 공유지(公有地)로의 "자발적 이주"를 권유하였다. 또한, 이 신문은 "우리가 흑인이라면 우리들의 어린아이들을 귀족적 인격을 소유한 고위인사로 성장시킬 수 있는 장소를 발견할 때까지 이동을 그만두지 않을 것"이라고 주장하면서, 흑인종의 특징인 "인내, 만족, 성실"은 감탄할 만한 특징이지만 "노예제도에 적합한 특징"이라고 주장하였다.[96]

이 자유토지당 기관지에 나타난 흑인들에 관한 주장은 흑인에 대한 차별의 철폐를 주장하고 있으나, 인종편견으로 가득 차 있고 흑인추방의 논리를 분명히 표현하였다. "*National Era*"는 당시의 백인미국인들의 백인미국주의, 인종동질화 욕구를 적극적으로 수용하고 대변하였다.

자유토지당 출현 이전의 반-노예제 운동은 북부 노동자의 지지를 받을 수 없었다. 백인노동자들은 노예해방이 북부로의 흑인의 유입을 촉진하고, 백인노동자와의 경쟁이 임금을 하락시키고 백인노동자의 직업을 위협할 것이라고 두려워하였다. 그러나 노예제도가 준주에서 배제되고 자유흑인들은 특정 공유지에 제한되거나 외국으로 이주 될 것이라는 자유토지당의 "자유토지(Free Soil)" 약속은 북부의 백인노동자들을 반-

노예제 대열에 끌어들였다.[97] 이에 대하여 흑인인 노예제도 폐지론자인 프레더릭 더글러스는 "자유토지당원들의 외침은 흑인에 대한 자유의 확장이 아니라, 백인의 자유를 보호하기 위한 것"[98]이라고 비난하였다.

상기에서 본 바와 같이 19세기 중엽 미국 북부의 자유주에서 반-노예제 감정이 퍼진 것은 반-흑인 감정의 증가와 병행하였다. 그리고 흑인의 권리에 대한 요구가 자유토지당의 공식정강에서 빠진 것은 백인의 동질화 욕구에 대한 정치적 고려 때문이기는 했으나, 조슈아 기딩스. 새먼 체이스. 존 팔프리 같은 자유토지당 지도자들조차, 흑인에 대한 당시 인종주의적 "아메리카학파"의 흑인열등론에서 완전히 벗어나지 못해서, 흑인을 백인과 같은 "완전한 인간"으로 간주하지 못하였기 때문이었다. 그러한 자유토지당의 정강이 북부사회가 기꺼이 받아들이고 지지하고자 한 유일한 반-노예제 입장이었다. 같은 노선을 취한 공화당의 정치적 성공이 이를 입증해 주었다. 그러나 자유흑인들의 평등한 권리획득에 개인적으로 크게 헌신한 것은 자유토지당 지도자들이었음도 또한 사실이었다.

이러한 자유토지당의 반-노예제 입장은 북부에서 설득력이 있었다. 프레더릭 더글러스의 주장처럼 "자유토지당의 외침은 흑인에 대한 자유의 확장이 아니라 백인의 자유를 보호하기 위한 것"이기 때문이었다. 자유토지당의 백인미국주의는 북부의 백인들이 받아들일 수 있는 유일한 반-노예제 논리였다. 당시 백인미국인들은 사이비 과학자들의 인종복수기원론에 근거한 흑인열등인종론을 포기할 수 없었던 것 같다. 그리고 북부 백인노동자들은 그들에게 위협적인 경쟁상대가 될 가능성이 있는 자유흑인들을 영구히 그들과 함께 거주할 동반자로 받아들이기를 거부한 주장에 지지를 보냈다.

주 (a footnote)

1) Eric Foner, *Politics and Ideology in the Age of the Civil War*(New York: Oxford University Press, 1980), p.30; E. Foner, "Racial Attitudes of the New York Free Soilers," *New York History,* XLVI(Oct. 1965), pp.311-329; Svend Petersen, *A Statistical History of the American Presidential Elections*(New York: Frederick Ungar Publishing Co., 1968), pp.25-30.

2) Arthur M. Schlesinger, Jr.(ed.), *History of American Presidential Elections 1789 ~1968*, 14 vols.(New York: Chelsea House Publishers, 1985), vol. III, pp.870, 902-905, 918; Aileen S. Kraditor, "The Liberty and Free Soil Parties," in Arthur M. Schlesinger, Jr.(ed.), *History of U. S. Political Parties,* 4 vols.(New York: Chelsea House Publishers, 1973), vol. I, pp.755-758; E. Foner, *Politics and Ideology,* pp.81-93; Marion Mills Miller(ed.), *Great Debates in American History,* 14 vols.(New York: Current Literature Publishing Co. 1913), vol. 4, pp.134-135; 이보형,『미국사개설』(일조각, 1976), p.100; 이주영,『세계 각국사: 미국사』(대한교과서주식회사, 1987), pp.146-161.

3) Kirk H. Porter(comp.), *National Party Platforms*(New York: The Macmillan Co., 1924), pp.22-25; C. Vann Woodward(ed.), *A Comparative Approach to American History*(Washington D. C.: Voice of American Forum Lectures, 1968): 박무성 역,『미국사신론』(법문사, 1981), p.173; *The Liberator,* May 26, 1848, Richard H. Sewell, *Ballots for Freedom: Antislavery Politics in the United States 1837~1860* (New York: Oxford University Press, 1976), p.170; Irving H. Bartlett, *Wendell Phillips: Bramin Radical*(Westport, Conn.: Greenwood Press, 1961), pp.128-129, 135.

4) Bertram Wyatt-Brown, "William Lloyd Garrison and Anti-Slavery Unity: A Reappraisal," *Civil War History,* XIII(March 1967), pp.5-24; Truman J. Nelson, "The Liberator," *Ramparts,* IV(Nov. 1965), pp.21-29; Aileen S. Kraditor, *Means and Ends in American Abolitionism: Garrison and His Critics on Strategy and Tactics, 1834~1850*(New York: Random House, 1967), pp.11-38; James M. Mcpherson, *The Struggle for Equality: Abolitionists and the Negro in the Civil War and Reconstruction* (Princeton: Princeton University Press, 1972), pp.3-7, 29-51.

5) Garrison to Henry C. Wright, Mar. 1, 1847, Garrison to Richard D. Webb, Mar. 1, 1847, *Garrison Papers*, in R. H. Sewell, Ballots for Freedom, p.171; William L. Barney, *The Road to Secession; A New Perspective on the Old South*(New

York: Praeger Publishers, 1972), pp.5, 71, 171.

6) Garrison to Henry C. Wright, Mar. 1, 1847, Garrison to Richard D. Webb, Mar. 1, 1847, *Garrison Papers,* in R. H. Sewell, *Ballots for Freedom,* p.171; William L. Barney, T*he Road to Secession; A New Perspective on the Old South*(New York: Praeger Publishers, 1972), p.5, 71, 171[이 외에도 Ulrich B. Phillips, Eugene Genovese, Alfred H. Conard, Hohn R. Meyers 등 많은 연구자가 동조하고 있다.]. 김종길, "19세기 미국의 흑인노예제도와 자유토지당," 『경북사학』제10집(1987), pp.207-239.

7) Robert W. Fogel & Stanley L. Engerman, *Time on the Cross: The Economics of American Negro Slavery*(Boston: Little, Brown and Co., 1974), pp.3-13; Michael Kammen(ed.), *The Past before Us*(Ithaca, N. Y.: Cornnell University Press, 1980), pp.294-295; Kenneth M. Stampp, *The Imperiled Union: Essays on the Background of the Civil War*(New York: Oxford University Press, 1980), pp. 72-102.

8) R. H. Sewell, *Ballots for Freedom,* pp.174-181, 193-197, *passim.*; E. Foner, *Politics and Ideology,* p.83.

9) Louis Filler, *The Crusade against Slavery 1830~1860*(New York: Harper & Row, 1960), p.145; George M. Fredrickson, *The Black Image in the White Mind: The Debate on Afro-American Character and Destiny 1817~1914*(New York: Harper & Row, 1971), pp.153-154; Eric Foner, "Politics and Prejudice: The Free Soil Party and Negro, 1849~1852," *The Journal of Negro History,* L, no. 2(Oct. 1965), pp.244-247.

10) C. Vann Woodward, "The Northern Crusade against Slavery," in *American Counterpoint: Slavery and Racism in the North/South Dialogue*(New York: Oxford University Press, 1983), p.147; Edgar F. Love, "Documents: Legislation of Free Negro in Ohio; The Slaves of George C. Mendenhall," *The Journal of Negro History,* LXIX no. 1(Winter, 1984), pp.38-47; Howard Zinn, *A People's History of the United States,* 조선혜 역, 『미국민중저항사』, 2권(일월서각, 1986), I, pp.207-208.

11) George M. Fredrickson, *White Supremacy: A Comparative Study in America & South African History*(New York: Oxford University Press, 1982), pp.156-162; Dr. Daniel Drake, *Letters on Slavery to John C. Warren of Boston*(New York: Random, 1940), pp.29-37, 54-67.

12) Harmannus Hoetink는 네덜란드 출신의 사회학자이고 비교인종관계 연구자이다. 그의 흑백 인종 관계를 다룬 대표적인 저술들은 다음과 같다. *Race Relations in the Americas: An Inquiry into their Nature and Nexus*(New York, 1973); *The Two*

Variants in Caribbean Race Relations: A Contribution to the Sociology of Segmented Societies(London, 1967), p.105.

13) G. M. Fredrickson, *White Supremacy,* pp.116-117; H. Hoetink, *The Two Variants,* pp.106-110.

14) James K. Paulding, *Slavery in the United States*(Philadelphia, 1836), pp.42-43, 64-65, in William Sumner Jenkins, *Pro-Slavery Thought in the Old South* (Chapel Hill, N. C.: The University of North Carolina Press, 1935), pp.122-123, 168; Arthur Young Lloyd, *The Slavery Controversy 1831~1860*(Chapel Hill, N. C.: The University of North Carolina Press, 1931), p.227.

15) Marvin Harris, *The Rise of Anthropological Theory: A History of Theories of Culture*(New York, 1968), pp.84-93.

16) Samuel G. Morton(1799~1851)은 의사이자 Philadelphia 대학 해부학 교수였으며, 인류학(인종학) 분야에서 소위 아메리카학파(American School)의 창시자이다.
그는 Josiah C. Nott(1804~1873), George R. Gliddon(1809~1857)과 더불어 흑인종의 열등성에 대한 과학적인 증거를 찾아내고자 노력하였고, 인종 복수 기원론(polygenesis)을 주장하였다. 이들의 활동은 1850년대에 그 절정에 도달하였다. Morton은 그의 이론의 뒷받침을 마련하기 위하여 1830년부터 두개골 수집을 시작하여 1,500종(그중 약 900종이 인간의 두개골)을 수집하여 비교 두개골 박물관을 설립하였다. 그의 수집품은 현재 Philadelphia Academy of Natural Sciences에 귀속되어 있다. 그는 영국인 고고학자였던 Gliddon이 제공한 Egypt 인의 두개골 표본과 비교 연구한 결과 인종은 4,000년 전부터 현재와 같이 분화되어 존재하였으며, 기후 조건과 인종의 분화와는 관련성이 없다고 주장하였다(Appleton, Cyclopaedia of American Biography IV, pp.432-33).

17) J. Aitken Meigs는 Nott와 Gliddon이 편집한 아래의 저서들에서, Morton, Agassiz, Maury, Pulszky 등과 같은 과학자들과 더불어 인종 복수 기원론, 흑인 열등론을 주장하였다. Josiah C. Nott and George R. Gliddon(eds.), *Types of Mankind: or Ethnological Researches, based upon the Ancient Monuments, Paintings, Sculpture, and Crania of Races, and upon the Natural, Geographical, Philological, and Biblical History*(Philadelphia, 1854); *Indigenous Races of the Earth; or, New Chapters of Ethnological Inquiry*(Philadelphia, 1957), pp.251-252, in G. M. Fredrickson, *The Black Image,* pp.132-134.

18) E. Merton Coulter, *John Jacobus Flournoy, Champion of the Common Man in the Antebellum South*(Savannah, 1942); Hinton Rowan Helper, *The Impending Crisis of the South: How to Meet it, ed., by George M. Fredrickson*(Cambridge, Mass., Harvard University Press, 1968), pp.xxxi, 97, 182.

19) Eugene H. Berwanger, *The Frontier against Slavery: Western Anti-Negro*

Prejudice and the Slavery Extention Controversy(Urbanna, Ill.:University of Illinois Press, 1967), pp.44-59.

20) Dr. D. Drake, *Letters on Slavery*, pp.29-37, 54-67.
21) Jacque Vogeli, *Free but not Equal: The Midwest and the Negro during the Civil War*(Chicago: University of Chicago Press, 1967), pp.17-18.
22) Ohio주의 Xenia News의 편집자였고, 후에 Horace Greeley를 계승하여 New York Tribune의 편집을 담당했던 언론인으로서 흑·백 분리를 비교적 온건하게 주장하였다.
23) Royal Cortissoz, *The Life of Whitelaw Reid*(New York, 1921), pp.1-2, 40-42.
24) G. M. Fredrickson, *The Black Image*, p.135.
25) A. Y. Lloyd, *The Slavery Controversy*, p.135; Frederick Merk, *Manifest Destiny and Mission in American History*(New York: Random House, 1963), p.192, passim.
26) John C. Calhoun, "Senate Speech Against the Annexation of Mexico," Jan. 4, 1848, *Works*, ed., by Richard K. Crallé(New York, 1853~1857), vol. IV, pp.410-411, in G. M. Fredrickson, *The Black Image*, p.136.
27) Louis R. Agassiz(1807~73)는 1846년에 미국으로 건너온 후 Harvard 대학의 박물학자로 활동하면서 인종 복수 기원론, 흑인종 열등론을 주장하였다.
그의 주장으로는. "흑인종 두뇌의 크기는 성인이 되어도 백인 소년의 두뇌 크기 이상으로 발육하지 않는다. 그리고 흑인의 두뇌는 오랑우탄(Orang-Outang) 원숭이의 두뇌와 가장 유사하다."라고 주장하였다(W. S. Jenkins, *Pro-Slavery Thought*, p.250; M. Harris, *The Rise of Anthropological*, p.91).
28) Nott & Gliddon, *Types of Mankind*, pp.lix-lxvi, 402, 465, in A. Y. Lloyd, The *Slavery Controversy*, p.233.
29) Thomas Ewbank, *Inorganic Forces Ordained to Supersede Human Slavery* (New York, 1860), p.16, in G. M. Fredrickson, *The Black Image*, p.138.
30) John H. Van Evrie는 1853년 흑인종 열등론, 인종 복수 기원론을 주장하는 팸플릿인 *Negroes and Negro Slavery, the First, an Inferior Race- the Latter, its Normal Condition*(Baltimore)을 발표하였고, 그는 이것을 1868년에 출판한 그의 저서인 *White Supremacy and Negro Subordination: or, Negroes a Subordinate Race and (so called)Slavery its Normal Condition*(New York)에도 수록하였다.
그리고 "Slavery Extension"이라는 제목의 논문을 *De Bow's Review*, XV(July, 1853)에 발표하였는데, 이 논문에서 흑인종의 열등론과 더불어 흑인 열대인종론을 주장하였다(W. S. Jenkins, *Pro-Slavery Thought*, p.146, 262, 278.
31) G. M. Fredrickson, The Black Image, pp.138-139

32) J. H. Van Evrie, "Slavery Extension," pp.5-13, in *ibid.*
33) Allen Nevins, *Ordeal of the Union: Fruits of Manifest 1847~1852,* 2vols.(New York: Charles Scribner's Sons, 1947), vol. I, pp.556-559.
34) "The Black Race in America," *Southern Literary Messenger,* XXI(Nov. 1855), pp.676-681, in G. M. Fredrickson, *The Black Image,* p.140.
35) K. M. Stampp, *The Imperiled Union,* pp.108-109.
36) Charles B. Going, *David Wilmot: Free Soiler*(New York, 1924), p.174; Eric Foner, *Free Soil, Free Labor, Free Men: The Ideology of the Republican Party before the Civil War*(New York: Oxford University Press, 1971), p.267; C. Vann Woodward, *American Counterpoint,* p.149.
37) E. Foner, *ibid.,* pp.265-267.
38) M. M. Miller, *Great Debates,* p.134-135.
39) E. Foner, *Politics and Ideology,* p.93.
40) K. H. Porter(comp.), *National Party Platforms,* pp.22-25.
41) *The Liberator,* May 26, 1848, in R. H. Sewell, *Ballots for Freedom,* p.170; I. H. Bartlett, *Wendell Phillips,* pp.128-129, 135.
42) Garrison to Henry C. Wright, Mar. 1, 1847, Garrison to Richard D. Webb, Mar. 1, 1847, in R. H. Sewell, *Ballots for Freedom,* p.171.
43) W. L. Barney, *The Road to Secession,* pp.5, 71, 171.
44) Leon F. Litwack, *North of Slavery: The Negro in the Free States, 1790~1860* (Chicago: The University of Chicago Press, 1961), pp.47-48.
45) Chaplain W. Morrison, *Democratic Politics and Sectionalism: The Wilmot Proviso Controversy*(Chapel Hill: University of North Carolina Press, 1967), pp.70-81.
46) Julian To Convention of Colored Citizens of Illinois, Sept. 17, 1853, *George W. Julian Papers,* Indiana State Library, in E. Foner, *Politics and Ideology,* p.78.
47) Joseph G. Rayback, *Free Soil: The Election of 1848*(Lexington, Kentucky: The University Press of Kentucky, 1970), pp.206-208, 211.
48) Morgan Dix, *Memoirs of John Adams Dix,* 2 vols.(New Yorks, 1883), vol. II, pp. 114-117, in E, Foner, *Politics and Ideology,* p.83.
49) C. G. Going, *David Wilmot,* pp.174-175.
50) E. Foner, *Politics and Ideology,* pp.80-81.
51) C. W. Morrison, *Democratic Politics,* p.70.
52) *Ibid.*; R. H. Sewell, *Ballots for Freedom,* p.174.

53) R. H. Sewell, *ibid.*, pp.174-175.
54) *Ibid.*
55) Leavitt to Chase, July 7. 1848, *Chase Papers*, PHS, in *ibid.*, pp.193- 197, 199.
56) Slave Power의 음모에 관한 기사가 게재된 정기간행물로는 *The Portland Inquires* (June 19, 1849, June 26, 1851); *The Indepedent Democrat*(July 31, 1851); *The Green Mountain Freeman*(Sept. 16, 1847, June 29, Nov. 2, 1848) 등이 있다.
57) John Hope Franklin, *The Militant South*(Cambridge: Harvard University Press, 1956), p.99.
58) John McCardell, *The Idea of a Southern Nationalists and Southern Nationalism, 1830~1860*(New York: Norton, 1979), pp.248, 258-259; Robert E. May, *The Southern Dream of a Caribbean Empire, 1854~1861*(Baton Rouge: Louisiana State University Press, 1973), 11, pp.23-30.
59) James M. Mcpherson, *Ordeal by Fire: The Civil War and Reconstruction*(New York: Alfred A. Knopf, 1982), pp.72-73; A. Nevins, Ordeal of the Union, vol. I, pp.556-559; (cf)Robert G. Caldwell, *The Lopez Expedition to Cuba, 1848~1851*(Princeton: Princeton University Press, 1915).
60) R. E. May, *The Southern Dream*, pp.23-30.
61) *The National Era*, Sept. 16, 1847, June 29, Nov. 2, 1848; *The Boston Daily Republican*, Sept. 14, 1849; *The Independent Democrat & Freeman*, Oct. 12, 1848, in R. H. Sewell, *Ballots for Freedom*, p.201.
62) A. M. Schlesinger, Jr.(ed.), *History of American Presidential Elections*, vol. III, p.918.
63) Theodore Clarke Smith, *The Liberty and Free Soil Parties in the Northwest*(New York: Longmans, Green, and Co, 1897; Arno Press(rpt.), 1969), p.138; 정만득, 『사료 미국사』, 2권(계명대학교 출판부, 1981), I, pp.328-329.
64) J. G. Rayback, *Free Soil,* pp.206-208, 211.
65) E. Foner, *Politics and Ideology,* pp.91-93.
66) K. H. Porter(comp.), *National Party Platforms*, pp.28, 32-36[1852년 Free Soil 당은 여러 가지의 당명을 가지고 있었다. Pittsburgh 정강 20조에 Free Democratic Party로 명기되어 있었으나, Free Soil Democratic Party, Free Soil Party, Independent Party, Independent Democratic Party, Free Democratic Party 등 여러 가지의 당명이 사용되었다. 본서에서는 편의상 Free Soil Party로 통일하였다].
67) *Ibid.*
68) E. Foner, "Politics and Prejudice," p.251.

69) *The Frederick Douglass' Paper*, Aug. 20, 27, 1582, in *ibid*. [이 정기간행물은 흑인으로서 노예제도 폐지론자였던 F. Douglass가 1860년까지 발행한 주간지이다. 그는 1847년 Rochester에서 *The North Star*를 창간하였으나, 경제적 어려움 때문에, 1851년 *The Liberty Party Paper*와 합병되어 새로운 이름인 *The Frederick Douglass' Paper*로 1860년까지 발간되었다. 그리고 그는 이와는 별도로 1858년 *The Douglass Monthly*라는 월간지를 창간하여 1863년 파산할 때까지 배포하였다. in Michael Meyer(ed.), *Frederick Douglass: The Narrative and Selected Writings* (New York: Random House, 1984), p.xxii; R. H. Sewell, *Ballots for Freedom*, p.246].

70) *The National Era*, Aug. 19, 1852, *The New York Times*, Aug. 13, 1852, George W. Julian, *Political Recollections, 1840~1872*(Chicago: Jansen, McClurg & Co., 1883), p.113; E. Foner, "Politics and Prejudice," p.252; R. H. Sewell, *Ballots for Freedom*, pp.245-246.

71) T. C. Smith, *The Liberty and Free Soil Parties*, p.248.

72) *The National Era*, Aug. 12, 1852, in E. Foner, "Politics and Prejudice," p.254.

73) E. Foner, *ibid*.

74) Philip S. Foner & George E. Walker(eds.), *Proceedings of the Black State Conventions, 1840~1865*, 2 vols.(Philadelphia, Penn.: Temple University Press, 1979~1980), vol. I, pp.214-218, 239.

75) The National Era, Feb. 8, 22, 1849, in Frederick J. Blue, The Ohio Free Soilers and the Problems of Factionalism, Ohio History, LXXVI, No. 1(Winter, 1967), pp.17-23.

76) P. S. Foner & G. E. Walker(eds.), *Proceedings of the Black State Conventions*, vol. I, p.214; T. C. Smith, *The Liberty and Free Soil Parties*, ch. XI.

77) Joshua Giddings, *Speeches in Congress*(Boston, 1853), p.450, in L. Filler, *The Crusade against Slavery*, p.145.

78) P. S. Foner & G. E. Walker(eds.), *Proceedings of the Black State Conventions*, vol. I, p.230.

79) A. M. Schlesinger, Jr.(ed.), *History of U. S. Political Parties*, vol. I, pp.873-875.

80) G. M. Fredrickson, *Black Image*, pp.153-154; Frederick Douglass to Chase, May 30, 1850, *Salmon P. Chase Papers*(Manuscripts Division, Library of Congress); *The National Era*, Mar. 24, 1853, in R. H. Sewell, *Ballots for Freedom*, p.186.

81) *Journal of the Senate of the State of Ohio*, 47 General Assembly, 1 Session, 690, in E. Foner, "Politics and Prejudice," p.234; P. S. Foner & G. E. Walker

(eds), *Proceedings of the Black State Conventions,* vol. 1, pp. 274-279.

82) *The Frederick Douglass' Paper,* Jan. 29, Feb. 2, 1851; "The Free Negro's Place is in America: An Address Delivered in Buffalo, New York," on Sept. 18, 1851, in John W. Blassingame(ed.), *The Frederick Douglass Papers,* 2vols.(New Haven, Conn.: Yale University Press, 1979-1982), vol. II, pp. 337-341.

83) The Cleveland True Democrat, Sept. 23, 1853, Dec. 18, 1850, in E. Foner, "Politics and Prejudice," p. 234.

84) A. M. Schlesinger, Jr.(ed.), *History of American Presidential Elections,* vol. III, p. 918.

85) L. F. Litwack, *North of Slavery,* pp. 16, 94.

86) *Ibid.*, p. 109; Louis Ruchames, "Race, Marriage and Abolition in Massachusetts," *Journal of Negro History,* XL(July, 1955), pp. 268-271.

87) Charles Sumner, *Works of Charles Sumner*(Boston, 1870), vol. II, pp. 327-76; E. Foner, "Politics and Prejudice," p. 246.

88) *Charles Francis Adams Diary,* Jan. 4. 1867; Frank O. Gatell, *John Gorham Palfrey and the New England Conscience*(Cambridge: Harvard University Press, 1963), pp. 95- 96; David Donald, *Charles Sumner and the Coming of the Civil War* (New York: Alfred A. Knopf, 1960), p. 235.

89) Horace Mann, Slavery: *Letters and Speeches*(Boston, 1851), pp. 143- 45, in E. Foner, "Politics and Prejudice," p. 247.

90) P. S. Foner & G. E. Walker(ed.), *Proceedings of the Black State Conventions,* vol. I, p. 286.

91) *The National Era,* Apr. 22, 1852, *The Liberator,* Oct. 20, 1852, in Mary Peabody Mann, *Life of Horace Mann*(Washington D. C., 1937), p. 383.

92) R. H. Sewell, *Ballots for Freedom,* pp. 183-184; E Foner, *Free Soil, Free Labor, Free Men,* p. 47.

93) R. H. Sewell, *ibid.*, pp. 324-325.

94) *Ibid.*, pp. 183-185.

95) *The National Era,* Feb. 8, Sept. 13, 1849, Nov. 28, 1850, Apr. 24, May 15, 1851, Jan. 29, 1852, Mar. 10, 17, 1853, in E. Foner, "Politics and Prejudice," p. 249.

96) *The National Era,* Apr. 19, 1849, Nov. 28, 1850, Mar. 13, 27, 1851, June 2, Oct. 27, 1853, in *ibid.*, pp. 249-250.

97) Joseph G. Rayback, "The American Workingman and the Anti-Slavery Crusade," *Journal of Economic History,* III(Nov. 1943), pp. 152-163; J. G. Rayback, *A*

History of American Labor(New York: Free Press, 1966), pp.100-103; L. Filler, *The Crusade against Slavery*, pp.90-91.
98) E. Foner, *Politics and Ideology*, p.49; *The North Star*, Jan. 12, 1849, in E. Foner, "Politics and Prejudice," p.255.

제 6 장
자유토지당과 1848년의 대통령선거

1. 자유토지당과 반버너(Barnburners)

　1960년대 초까지 노예제도 폐지론자들의 정치활동에 대하여 드와이트 두먼드(Dwight L. Dumond)와 루이스 필러(Louis Filler)의 개괄적인 저술이 출판되었을 뿐이다. 반-노예제를 표방한 정당에 관한 포괄적인 연구들은 별로 없었다. 그 이유는 남북전쟁에 대한 시각과 관련이 있다. 남북전쟁 당시와 직후의 기록들은 남북전쟁이 노예소유자나 노예제도 폐지론자들의 음모 때문에 일어난 것으로 서술하였으나, 오늘날에 와서는 일반적으로 그 전쟁의 기원에 대한 해석은 "억누를 수 없는 충돌 (irrepressible conflict)설"과 억누를 수 있는 충돌을 회피하지 못한 "실수(失手)한 세대(blundering generation) 설"로 나누어져 있다.[1]
　지역 간 충돌이 불가피했다는 해석을 가장 설득력 있게 제시한 것은 1920년대와 1930년대의 진보학파의 찰스 비어드(Charles A. Beard)와 아서 콜(Arthur C. Cole) 이었다. 비어드에 의하면, 남북전쟁은 "남부의 대농장주와 북부의 기업가 및 서부의 농민연합체와의 충돌에 따른 불가피한 결과"였다. 아서 콜은 남·북의 사회적 지적(知的) 분기(分岐)현상을 강조하였으며, "흑인노예제도가 지역적인 문제의 가장 중요한 문제점은 거의 아니었다"라고 주장하였다.[2]

이러한 주장들에 대하여 1930~1940년대의 대표적인 수정주의(修正主義)학파의 에이버리 크레이븐(Avery Craven)과 제임스 랜들(James G. Randall)은 지역 간 사회경제적 차이점들은 그렇게 중대한 것이 아니었고, 더욱이 전쟁으로까지 치닫게 할 정도는 아니었다고 주장하였다. 타협할 수 있는 문제들에 대처하는 정치지도자들의 무능력 그리고 양측의 책임감 없는 선동가들에 의하여 타오르게 된, 지역감정이 불필요한 전쟁을 초래했다는 것이다. 크레이븐은 남북전쟁이 지역적인 차이점 보다, 그 차이점을 둘러싸고 발전된 감정의 소산이었다고 주장하였다.[3]

그러나 1940년대 후반에는 억누를 수 없는 충돌설이 부활하게 된다. 아서 슐레진저(Arthur M. Schlesinger Jr.)와 앨런 네빈스(Allan Nevins) 같은 거장 역사가들은 지역적인 차이가 타협을 막았다고 하였다. 비록 네빈스가 1850년대에 국가의 정치지도력이 사실상 무너졌다는 수정주의자들의 주장에는 동의하였으나, 노예제도의 윤리적인 문제가 지역적인 갈등의 핵심이었고, 전쟁의 주요한 원인이었음을 강조하였다. 1950년대까지 역사가들 사이에서, 노예제도의 비-도덕적인 측면에 대한 강조가 지지를 받았다, 그리고 노예제도 폐지론자들에 대한 역사적 평가는 대체로 긍정적이었다.[4]

1960년대의 몇몇 학자들은 인종편견 즉 자유인이든 노예든 간에 흑인이 준주로 들어오는 것을 저지하고자 한 욕구가 그들의 반-노예제 주장의 근저에 있었다고 주장하며, 반-노예제 운동에 비판적인 태도였다.[5] 1960년 데이비드 도널드 (David Donald)는 앨런 네빈스의 남북전쟁 이전 10년간의 방대한 4권의 연구서를 논평하면서, 그 연구서들은 남북전쟁의 원인을 연구한 역사가들의 최종적인 노력인 것 같다고 하였다. 그리고 역사서술 훈련을 위한 경우를 제외하고, 그 전쟁의 원인은 역사가의 관심대상에서 벗어난 것 같다고 주장하였다.[6]

1960년 이후 1980년대까지 1840~1850년대에 관한 저술들이 많이 발표되어서 이 시대에 대한 이해에 새로운 중요한 공헌을 하였다. 에릭 포너(Eric Foner), 유진 제노비스(Eugene D. Genovese), 윌리엄 브록(William R. Brock), 데이비드 몽고메리(David Montgomery) 등의 저술들은 모두 1850년대의 충돌에서 이데올로기의 역할을 강조하고 있다. 이 저서들은 정치적 반-노예제 운동을 재평가하고 있을 뿐 아니라 충돌 전반의 원인과 성격에 대하여 한층 더 광범하게 연구하였다.[7]

그리고 조셉 레이백(Joseph G. Rayback), 도널드 B. 콜(Donald B. Cole), 존 네빈(John Nevin), 리차드 시웰(Richard H. Sewell) 같은 연구자들은 자유토지당(Free Soil Party), 1848년의 대통령선거, 마틴 반 뷰렌(Martin Van Buren), 그리고 당시 정당체제 등에 대하여 종합적이고 분석적인 연구를 하였다.[8]

본 장에서는 기존의 연구를 토대로 하여 자유토지당과 반 뷰렌에 초점을 맞추었다. 자유토지당은 친-북부적, 반-노예제 정강을 표방하였으나, 흑인노예제도 문제에 대한 태도가 모호하였던 마틴 반 뷰렌을 대통령후보로 지명하였다. 자유토지당은 친-북부 정강을 표방했음에도 총 유권자의 10.13% 이상의 지지를 받지 못하였고, 북부에서도 14.33%의

득표율을 올린 데 불과하였다.[9]

그래서 반 뷰렌을 대통령후보로 추천한 뉴욕주 반-노예제 급진파 민주당 당원들이었던 반버너(Barnburner), 서·북부 지방의 자유토지 운동, 1848년의 대통령선거와 자유토지당의 정강을 검토하여 자유토지당의 실체를 정리하고자 한다. 이는 남북전쟁 직전시대의 이해에 중요한 열쇠가 될 것이기 때문이다.

뉴욕주를 비롯한 북부 반-노예제 주들의 집요한 반대에도 불구하고 1845년 말 텍사스(Texas)가 미국에 합병되었고, 이어서 멕시코전쟁이 발발하였다. 텍사스합병에 반대하였던 뉴욕주의 반-노예제 민주당 당원들은 새로 병합된 지역으로의 노예제도확장 문제로 관심의 방향을 돌리게 된다.

제임스 포크(James K. Polk)대통령이 멕시코 전쟁을 위하여 1846년 8월 200만 달러의 추경예산안을 의회에 상정하자, 뉴욕주출신 하원의원 프레스턴 킹(Preston King)과 펜실베이니아주 출신의 데이비드 윌모트(David Wilmot)는 멕시코로부터 획득할 영토에서 노예제도를 금지하는 단서 즉 "윌모트 단서조항(Wilmot Proviso)"을 그 예산안에 추가하고자 했으나 성공하지 못하였다. 그래서 프레스턴 킹 의원은 다음 회기에 향후 획득할 어떤 영토내에서도 노예제도를 금지하자는 결의문을 제안하였으나, 의회에서 통과되지 못하였다, 결국 포크대통령의 추경 예산안은 노예제도에 대한 어떤 제한도 부가되지 않고 의회를 통과하였다.[10]

노예제도 문제를 둘러싸고 진행된 연방의회의 논쟁이 계기가 되어, 뉴욕주에서 민주당의 분열현상이 나타나기 시작하였다. 윌리엄 마시(William L. Marcy)를 비롯한 보수적 민주당원들은 노예제도 문제를 외면하고 포크대통령의 영토팽창정책을 지지하였다. 반면에 프레스턴 킹, 사일러스 라이트(Silas Wright), 존 딕스(John A. Dix), 마틴 반 뷰렌 같은 급진적인 민주당원들은 흑인노예제도의 확장에 반대하였다.[11] 양 세력 사이에 대립과 분열이 가열되면서 친-노예제 보수파 민주당원들은 "헌커(Hunkers: 약탈을 갈망하는 자들)"로 반-노예제 급진파 민주당원들은 "반버너(Barnburners: 쥐를 잡기 위하여 외양간을 태우는 자들)"로 알려지게 되었다.[12]

뉴욕주 민주당원들의 대립이 격화되자 포크 대통령은 내각과 기타 관직 임명에서 양측을 만족시키려 하였으나, 결국은 급진파를 소원케 하였다. 그리하여 급진파 민주당 당원들은 1848년의 대통령선거에서 제임스 포크 대신 사일러스 라이트(Silas Wright)를 지명하고자 하였다. 당시 라이트는 포크 대통령의 영토 확장정책을 지지한 보수파의 모함으로 주지사직에서 물러나 캔턴(Canton)의 농장에서 은거하고 있었다. 그러나 1847년의 무더운 8월 어느 날 그는 작열하던 태양 빛 아래에서 무리하게 배수로 굴착작업과 건초 운반작업을 한 후 그 이튿날 아침 갑자기 사망하였다.[13] 급진파 민주당원들에게는 중대한 손실이었으며 충격이었다. 강력한 반-노예제도 인물 한 사람이 사라진 것이다.

그의 죽음으로 인하여 2주 후의 뉴욕주 시러큐스(Syracuse)에서 개최된 뉴욕주 민주당대회가 아무 성과 없이 끝났다. 라이트의 죽음은 뉴욕주 민주당 당원들의 대립을 한층 더 심화시키는 계기가 되었다. 노예제 폐지론자인 헨리 스탠튼(Henry B. Stanton)은 시러큐스 대회에 대하여, "무자비하고 격렬한 대결이 있었던 것이 아니라, 급진적인 반버너와 보수파 헌커사이에 갈등이 있었을 뿐"이었다고 했으나,[14] 시러큐스대회에서 보수적인 헌커가 과반수를 확보하여, "윌모트 단서조항"을 지지하는 결의안을 부결시키자, 반버너가 분노하여 공격적인 태도가 되었다.

헌커파는 "라이트(Silas Wright)가 죽었기 때문에 그를 정당하게 평가하기에는 너무 늦었다"라고 조롱하는 투로 발언하자, 제임스 워즈워스(James S. Wadsworth)가 벌떡 일어나 테이블에 뛰어 올라가서는 "비록 라이트를 정당하게 평가하기에는 너무 늦었을지 몰라도, 그 암살자들(포크 지원을 받아 라이트를 곤경에 처하게 한 헌커들)을 정당하게 평가하기에는 그리 늦지 않았다"라고 공격하였다.[15]

이리하여 급진·보수 양파의 대결과 분열이 더욱 격화되어, 시러큐스대회는 아무런 성과도 없이 해산되고 말았다. 시러큐스대회 이후 반버너파의 지도력을 장악하기 시작한 것은 마틴 반 뷰렌의 아들인 존 반 뷰렌(John Van Buren)과 젊은 민주당원들이었다. 그들은 민주당의 결속보다는 보수파인 헌커에게 대항하고 노예제도의 확산방지에 더욱 관심을 가진 민주당 당원들이었다. 존 반 뷰렌이 "반버너 군중대회"를 제안했을 때 마틴 반 뷰렌은 그 계획의 중단을 권고하였다.[16]

다른 민주당원들도 "반버너 군중대회"를 중단시키려고 노력했지만, 1847년 10월 말 4,000여 명의 반버너가, 준주로 노예제도의 확산에 반대한, 윌모트(David Wilmot)와 존 반 뷰렌의 공격적인 연설을 듣기 위하여 뉴욕주의 허키머(Herkimer)시 철도역으로 모여들었다. 그의 아버지 마틴 반 뷰렌의 논쟁적이고 신중하고 세련된 연설 방법과 달리, 존 반 뷰렌의 연설은 정열적이고 과감하였으며, 기지와 재치가 있었고, 임기응변이 타고난 것 같았다. 그의 정열적인 연설에 감동된 뉴욕주 민주당의 반버너파가 1848년 대통령선거에서 노예제도의 확장에 찬성하는 어떤 민

주당 지명자에 대하여도 반대하기로 결의하였다.[17]

이 무렵 정치계 일선에서 물러나 은퇴상태에 있던 마틴 반 뷰런이 정치계로 복귀할 생각을 하지는 않았다. 그래서 아들인 존 반 뷰렌조차 그의 아버지가 다시 정치계에 복귀할 생각을 하고 있지는 않다고 믿고 있었다.[18]

그러나 평소 그를 잘 알고 있던 많은 사람은 그렇게 생각한 것 같지 않다. 당시 마틴 반 뷰렌은 여러 지인으로부터 윌모트 단서조항에 대한 그의 견해와 대통령에 다시 출마할 의사가 있는지를 물어보는 편지를 받았었다. 윌모트 자신도 마틴 반 뷰렌에게 준주의 노예제도 문제에 대한 솔직한 견해를 밝혀 달라고 요청하기도 하였다.[19]

1847년 크리스마스 휴가를 보낸 후 마틴은 뉴욕시 워싱턴광장 부근에 있는 줄리언(Julian) 호텔로 이사하였다. 이때부터 그는 점차 정치무대에서 다시 주도권을 장악하기 시작하였다. 겨울이 끝나갈 무렵 마틴은 자신이 초안을 만들고, 새무엘 틸던(Samuel J. Tilden)이 수정한 문서를 주 의회에서 반버너에게 읽어준 후, 1848년 4월 "반버너 선언서(Barnburner Manifesto)"라는 이름으로 "New York *Atlas*지"에 공개하였다. 그 선언서는 윌모트 단서조항을 옹호하고, 뉴욕주 민주당 전국대회에 반버너만 참가시킬 것을 요구하는 내용이었다.[20]

이 "반버너 선언서"가 호의적 반응을 얻게 되자, 존 반 뷰렌은 그의 아버지에게 민주당 전국대회에서 "뉴욕주 민주당 급진파인 반버너가 그를 대통령후보로 지명하면 수용할 것"인지 여부를 질의하였다. 이 편지에 대하여 마틴은 딱 잘라서 거절하지 않고, 정당정치에 대해 장황하게 설교하였다. "반버너가 민주당의 전통에 도전하지 않았기 때문에 성공하였다는 것과 그들의 유일한 관심사가 준주의 노예제도에 반대하는 것"임을 강조하였다. 그래서 만약 지금 그들이 "독자적인 후보를 지명하기 위하여 활동한다면 비난을 면할 수 없을 것이고, 또한 남부의 지지 없이는 승리할 수도 없다"라고 충고하였다.[21]

마틴은 준주의 노예제도에 반대한다고 했으나, 그는 여전히 노련하고 신중한 정치가이자 민주당 당원 중의 한 사람이었다. 핵심이 되는 질문인 대통령후보지명 수락여부에 대하여 분명한 대답을 하지 않았지만, 반버너에게 민주당 전국대회에 대비한 자세한 정치적 지침을 제시하여, 은퇴상태에서 벗어날 의사가 있음을 사실상 표현하였다. 또한 그는 준주의 노예제도에 반대하지 않을 수도 있음을 암시하였다.

비록 그가 준주의 노예제도에 반대하는 토마스 하트 벤튼, 펜실베이니아주 지사인 프랜시스 슌크(Francis R. Shunk), 위스콘신주의 헨리 닷지(Henry Dodge) 같은 인물들을 대통령후보자로 암시는 했으나, 그들 중 어느 한 사람을 강력하게 추천하지 않았다. 그런가 하면 루이스 캐스, 제임스 뷰캐넌(James Buchanan), 포크 대통령의 부통령인 조지 댈러스(George M. Dallas) 그리고 리바이 우드버리(Levi Woodbury)와 같은 노예제도를 지지한 민주당 당원들에 대항할 준비도 해야 한다고 하였다.

마틴 반 뷰렌은 민주당전국대회에 대비한 정치적 이데올로기 보다 당의 파벌싸움에 더욱 관심을 표명하였다. 또한 그는 반버너에게 "당으로부터 인정받고 있음을 주장해야"하고, 만약 "전국대회에서 그들의 참석이 거부되거나, 헌커의 참석이 허용될 경우, 반버너는 항의하고 퇴장해야 한다"라고 하였다. 포크 대통령에 대하여는, 1844년 대통령에 선출된 이래 의도적으로 뉴욕주 민주당원들을 계속 공격하였다고 비난하면

서, 그가 "다시 후보로 지명되면 반버너는 항의하고 퇴장해야 한다"라고 주장하였다.[22]

1848년 5월 22일 볼티모어(Baltimore)에서 민주당전당대회가 개최되었고 반버너는 마틴 반 뷰렌의 지시를 따랐다. 처음부터 그들은 그 대회에서 지명 가능성이 있는 후보자들에 대한 지지표명을 거부하였다. 결국, 포크가 아닌 루이스 캐스가 지명되었지만, 반버너는 강력히 항의하고 퇴장하였다.[23]

그 직후, 존 반 뷰렌과 다른 젊은 반버너들은 6월 중 유티카(Utica)에서 그들의 대회를 개최하기로 하고 새로운 대통령후보를 물색하기 시작하였다. 그들이 토마스 벤튼에게 대통령후보 요청을 하였으나, 그는 "헌커가 뉴욕주의 민주당을 지배하게 될 것"이라고 주장하면서 거절하였다.

그리고 벤튼, 프랜시스 블레어, 존 딕스, 아자리아 플래그(Azariah C. Flagg)같은 인사들은 마틴 반 뷰렌의 새로운 제3당 합류를 막고자 하였다. 그러나 벤자민 버틀러(Benjamin Butler)는 마틴 반 뷰렌에게 반버너와 합류해야 하고, 제3당을 남부의 배신자들과 폭군들을 반버너의 의식과 같게 만들어 줄 북부의 민주당을 위한 핵심세력으로 만들어야 한다고 주장하였다.[24] 그런데 마틴 반 뷰렌은 프랜시스 블레어에게 "뉴욕주의 민주당원들은 너무나 모욕을 당해서, 다시는 민주당 대회에 참석하지 못할 것"이라고 하였다. 그리고 "반버너가 프랭클린 버틀러를 대통령후보로 지명할 것이고, 뉴욕주에서 지지를 받을 것"이라고 예언하였다.[25]

그러나 이와 같은 그의 예언에도 불구하고 마틴은 그 자신을 지명하는 것에도 관심이 있었다. 유티카대회에서 그의 이름이 천거되는 것에 대한 허락여부를 묻는 편지에 대하여, 마틴은 그의 아들 존에게 19페이지에 달하는 답장을 써 보냈다. 마틴은 출마하기를 원하지 않는다고 했으나, 그는 정당의 정강에 해당하는 내용의 글을 그 답장에 담아 보냈다. 각 주의 "노예제도에 관한 모든 결정은 "주"에 일임"하여야 하고, "연방의회가 "준주"의 노예제도를 중단시킬 권한이 없다고 규정한 민주당의 정강"에 동의할 수 없다고 하였다. 그는 "노예제도라는 죄악이 준주로 확대되지 못하게 해야 한다"라고 주장하여 민주당에 사실상 반기를 들었다. 이러한 마틴의 수사학적인 표현을 간파한 유티카대회의 대표자들은 대통령후보지명에 대한 그의 완곡한 거절을 무시하고 만장일치로 그를 대통령후보로 지명하였다. 그리고 8월에 버펄로(Buffalo)에서 전국대회를 개최하기로 결의하였다.[26]

이러한 뉴욕주 민주당 급진파인 반버너의 결정에 대하여 민주당의 반대 또한 격렬하였다. 포크 대통령은 그들이 "노예문제와 관련하여 [남과 북의] 지리적 분당을 만드는 위험한 시도를 하고 있다. 그것은 하트퍼드(Hartford)회의 이후 연방에 가장 위협적인 것"이라고 비난하였다. 그리고 칼훈(John C. Calhoun)은 "반 뷰렌이 복수하려고 한다"라고 공격하고, "마틴이 유티카대회에 보낸 편지는 뻔뻔스럽고, 무도하며, 원한에 가득 찬 선동정치가들이 주도하는, 새로 탄생한 얕잡아 볼 수 없는, 정당의 고약한 선전문구"라고 공격하였다.[27]

그런데 반버너의 이러한 움직임에 북부의 노예제도반대 지도자들은 호의적인 반응을 보였으나, 마틴 반 뷰렌의 전향(轉向)에 대하여 의아스럽게 생각하였다. 체이스(Salmon P. Chase)는 마틴 반 뷰렌이 아니라 그의 아들을 좋아한다고 하였고, 찰스 애덤스(Charles F. Adams Sr.)는 마틴 반 뷰렌이 과거에 컬럼비아(Columbia)특별지구의 노예제도를 폐지하고자 한 어떠한 시도에도 반대할 것이라고 하였고, 애덤스가 그 문제를 마틴에게 질문했을 때 그는 "불가사의한" 대답을 했다라고 하였다.[28]

이러한 의구심과 망설임에도 불구하고 많은 노예제도 반대론자와 폐지론자들이 그 대열에 끼어들기 시작하였다. 뉴햄프셔주의 존 헤일(John P. Hale)이 자유토지당 대통령후보로 추천되었으나 사양하였다.[29] 매사추세츠주의 섬너(Charles Sumner)도 "추세가 마틴 반 뷰렌을 우리의 후보자로 생각하는 경향이다. 나는 기꺼이 그를 받아들일 것이다. 그와 함께라면 우리는 노예세력(Slave Power)을 파괴할 수 있다"라고 주장하면서 마틴을 지지하였다.[30] 이리하여 20,000명 이상의 노예제도 폐지론자와 다양한 노예제도 반대자들이 1848년 8월 9일 뉴욕주 버펄로에서 개최된 자유토지당의 창당대회에 모여들어 새로운 반-노예제 정당을 출범시켰다.

2. 북·서부 지방의 자유토지운동

1848년 5월 22일 볼티모어 민주당전당대회에서 친-남부적 정강이 발표되고 루이스 캐스(Lewis Cass)가 대통령후보로 지명되자, 모든 자유주(Free State)의 반-노예제 민주당 당원들이 분노하고 실망하였다. 앞에서 언급한 바와 같이 반버너는 캐스의 지명에 반발하여 뉴욕주의 민주당을 양분시켰다. 뉴욕주의 반버너의 반란은, 반-노예제 감정보다는 캐스에 대한 당파적 적대감에 기인한 것이었지만, 모든 북·서부의 여러 주에서 지지를 받았다. 일리노이주와 위스콘신주는 즉각적으로 반버너에 동조하였다. 다른 주의 반-노예제 즉 자유토지(Free Soil) 민주당 당원들도 분노하였으나, 처음에는 관망 자세였다.[31]

위스콘신주 라신(Racine)에서 발행된 "Racine *Advocate*"는 "우리는 어떤 경우에도 볼티모어 민주당전당대회의 지명을 지지할 수 없다. 솔직히 말해서 민주당 당원들이 다른 인물을 지명하기를 바란다"라고 하였다. "Southport *Telegraph*"지는 "루이스 캐스의 지명보다 더욱 불행하고 못마땅한 지명을 할 수는 없을 것"이라고 반기를 들었다. 이처럼 서·북부 지방의 위스콘신주에서 처음으로 루이스 캐스 지명에 대한 불만이 제기되었다.[32]

일리노이주에서는 시카고의 민주당 계통의 신문인 "Chicago *Democrat*"가 1848년 6월 3일 루이스 캐스의 이름을 그 신문의 머리기사에 올리기를 거부하였다.[33]

같은 해 6월 제4하원의원 선거구총회(Fourth District Congressional Convention)는 캐스 지명비준을 거부하고, "Chicago *Democrat*"의 발행인인 반-캐스 경향의 존 웬트워스(John Wentworth)를 후보로 지명하였다. 그러나 이에 반발하여 40명의 캐스 지지자들이 이탈하여 제시 토마스(Jesse B. Thomas)를 지명하였다. 캐스 지지자들의 이러한 움직임에 대하여 일리노이주의 어떤 대통령선거인은 "캐스에게 지지표를 던지지 않을 수많은 유권자가 있다"라고 공격하였다.[34]

그런데 뉴욕주의 반버너가 마틴 반 뷰렌을 대통령후보로 지명한 6월의 뉴욕주 유티카(Utica)대회는 루이스 캐스에 대한 북·서부 민주당 당원들의 거부를 표면화시킨 계기가 되었다. 유티카대회는 뉴욕주의 반버너와 매사추세츠주, 코네티컷주, 오하이오주, 일리노이주, 위스콘신주에서 대표자들이 파견되어서, 거의 전국적인 규모였다. 그들 중 북·서부 지방의 대표들은 반-케스 민주당원 집회에서 공식적으로 선출된 대표자들이었다. 유티카대회에서 오하이오주 출신인 제임스 테일러(James E. Taylor)는 반버너를 도울 것이라고 하였다. 그리고 두 건의 흥미로운 전보(電報)도 낭독되었다. 그중 인디애나주 라파예트에서 온 전보는 다음과 같이 선언하였다. "우리는 당신들을 주시하고 있다. 신속한 행동이 필요하다. 많은 표를 얻을 것이다." 그리고 다른 전보(Woodworth T. Hoyne, I. N. Arnold 등 일백여 명의 서명이 첨부된)는 "북부 일리노이 지방은 뉴욕주와 친하게 지낼 준비가 되어있음을 그 대회에 알려 달라. 많은 사람과 함께 아래에 서명한 민주당 당원들은 자유준주를 지지하는 어떠한 전국적 운동도 후원할 준비가 되어있다. 그리고 전국민중대회(National Mass Convention)를 제안한다"라는 고무적인 내용이었다.[35]

유티카대회에서 마틴 반 뷰렌을 지명했다는 소식과 버펄로(Buffalo)에서 전국대회가 개최된다는 소식이 전파되자, 북·서부 지방의 민주당 당원들 중 상당히 많은 수가 이탈하기 시작하였다. 위스콘신주에서 "Southport *Telegraph*"와 "Racine *Advocate*"가 마틴 반 뷰렌 지지 기치를 올리고, "Rock County *Democrat*"는 "유티카대회의 지명을 대부분의 민주당 당원이 잘 수용하고 있다"라고 반 뷰런 지지를 표명하기 시작하였다.[36]

일리노이주의 반-노예제 민주당원들도 반버너의 이탈을 환영하고, 행동하기 시작하였다. "Whig Chicago *Journal*"은

"어제 우리들의 조용한 도시에 쥐를 잡기 위하여 외양간을 태우는(barn burning) 친구들이 상당히 많이 모여들어 황홀(恍惚) 상태에 빠져 있었다. 이 구석 저 구석에서 여러 무리의 사람들이 대통령후보지명자들의 공적을 검토하느라고 분주하였다, 그들은 캐스의 패배를 확신하며 매우 흡족해하였다."[37)

라고 마틴 반 뷰렌의 대통령후보지명에 대한 반응을 보도하였다. 이어서 수백 명의 영향력 있는 민주당원들이 서명한 자유토지(Free Soil)와 반 뷰렌 지지대회를 열기 위한 소집통지서가 일리노이주 전역에 배포되었다. 7월 4일에 개최된 주 대회는 많은 사람이 참석하여 열광적인 분위기 속에서 진행되었다. 반 뷰렌을 지지하는 열광적인 연설과 캐스를 비난하는 신랄한 연설이 있었고, "어떤 사람도 자유토지[반-노예제도]라는 대원칙의 완전한 포기 없이는 캐스를 지지할 수 없다"라고 결의하였다.[38)

한편 북·서부의 휘그당 이탈자들(Conscience Whigs)도 자유토지 민주당 당원들(Free Soil Democrats)에 점차 동조하기 시작하였다. 그래서 오하이오주와 미시간(Michigan)주의 휘그당 주 대회가 노예제도의 확장반대 결의안들을 통과시켰다. 그러나 인디애나주, 일리노이주, 위스콘신주, 아이오와(Iowa)주에서는 그 문제가 거론되지 않았다. 왜냐하면, 1848년 초에 "테일러(Zachary Taylor) 붐"이 너무나 강해서 누구도 그것을 억누를 수 없었고, 타일러를 지지하는 신문들이 반-노예제 원칙을 주장하고 있었기 때문이었다. 예를 들면 휘그당 계 신문인 "Detroit *Advertiser*"는 "북부의 휘그당이 공화국의 진정한 반-노예제 정당이다"라고 주장하였다.[39) 그리고 "Milwaukee *Sentinel*"는 위스콘신주의 주민들이 "자유토지를 지지하고 더 이상의 노예 준주 확대에 반대한다는 것을 입증하기 위하여" 봄 선거에서 휘그당 후보자에게 투표할 것을 호소하였다.[40] 이처럼, 휘그당을 지지하는 신문들이 반-노예제 호소를 하고 있었기 때문에, 북·서부의 반-노예제 휘그당원들 대부분은 공개적으로 불평을 하지 못하였다.

웨스턴 리저브(Western Reserve: 오하이오주 북·동 지역)에서는 그러한 사정이 문제가 되지 않았다. 1848년에 들어와 그 지역의 반-노예제 휘그당원들은 테일러 지명이 불가피하다는 것을 알았다. 그런데도 트럼불(Trumbull), 로레인(Lorain), 워렌(Warren), 쿠야호가(Cuyahoga) 같은 군의 휘그당대회에서 우리는 "1787년의 [노예제도를 금지한] 북·서 준주조례(Northwest Ordinance)에 대한 진정한 지지자나 정직한 옹호자가 아닌 누구도 지지하지 않을 것이다"라고 결의하였다. 반 뷰렌을 지지하였던 *True Democrat*는 탈당이 불가피하다고 주장하기 시작하였다. "정당에 대한 충성이 어떤 인간을 도덕적 의무의 실천으로부터 해방할 수 있는가? 휘그당원들이 타일러장군을 대통령후보로 지명할 경우, 우리는 휘그당원으로서 그에게 투표해야 하는가?"[41]라고 이의를 제기하기 시작하였다.

1848년 봄이 되면서 오하이오주에서는 노예제도를 반대하는 휘그당원들의 동요가 점차 커지기 시작하였다. 신시내티에서 개최된 어떤 친-클레이(Henry Clay)파의 회합은 "공개적으로 그리고 진심으로 모든 준주에서의 노예제도 반대를 찬성하지 않는 어떤 사람도 지지할 수 없다"[42]라는 결의안을 통과시켰다. 3월 초 신시내티에서는 많은 사람들이 서명한 문서가 휘그당원들 사이에 배포되고 있었는데, 그 문서는.

"모든 합법적이고 평화적인 수단을 써 노예제도의 확산을 막는 것이 우리들의 임무라고 생각한다. 그리고 우리는 미국이 지금 소유하고 있는 준주나, 혹은 구매 또는 다른 방법으로 향후 획득될 어떤 준주에 노예제도를 도입하는 것에 반대한다고 알려지지 않거나, 혹은 가장 확실하게 스스로 [노예제도의 확산 반대를] 선언하지 않은, 어떤 사람에게도 투표하지 않으리라는 것을 엄숙히 선서하는 바이다."[43]

라고 타일러에 대한 반대의사를 천명하였다.

1848년 6월 10일 휘그당 전국대회에서 테일러(Zachary Taylor)가 대통령후보로 지명되자, 웨스턴 리저브의 휘그당원들은 즉각 반기를 들었다. 테일러지명 이후 일주일 이내에 웨스턴 리저브의 모든 군에서 민중회합(People Meeting)이 개최되어, 테일러를 거부하고 자유토지지지 후보를 요구하였다. 그 지역의 8개의 휘그당 신문들도 주저하지 않고 테일러에 반기를 들었다.[44]

그들의 정당의 대통령후보에 반기를 든 휘그당 당원들이 반-캐스민주당 당원들과 공동전선을 구축할 필요성을 절감하기 시작하였다. 이미 1847년 여름, "윌모트 단서조항(Wilmot Proviso)"을 위한 초당적인 회합이 오하이오주 웨스턴 리저브와 신시내티에서 개최된 선례가 있었다.[45]

이런 초당적 회합이 1848년에 보다 빈번하게 개최되었다. 여름이 가까워지면서 모임들의 규모가 더욱 커지고 단호해졌다. 마침내 5월 20일 노예제도의 확장에 반대하는 오하이오주 민중들의 의견을 표명하기 위한 거대한 규모의 "자유준주민중대회(State Mass Free Territory Convention)"를 개최하기 위하여, 30개 군에서 3,000여 명의 유권자들이 서명한 안내장이 "Cincinnati *Gazette*"지에 게재되었다. 이 안내장은 탈당을 권유하거나 정치노선의 변경을 요구하지는 않았고, 오직 준주를 노예제도로부터 보호하고, 그 원칙에 따라 행동하고 투표하려는 유권자들이 지지할 수 있는 새로운 후보를 지명하자고 선언하였다.[46]

양대 정당의 친-남부적인 두 대통령후보자를 지지할 수 없다는 항의 선언문이 공개되고, 그들을 공개적으로 비난하고, 그리고 새로운 후보자를 지명하기 위한 민중집회가 오하이오주에서 개최될 정도로 사태가 진전되었다.

한편, 필라델피아의 휘그당 전국대회에서 타일러가 지명된 직후 불만을 품은 휘그당원들이 위원회의 회의실에서 따로 모였다. 그들 중에는 오하이오주 출신 언론인인 존 본(John C. Vaughan), 루이스 캠벨(Louis D. Campbell), 사무엘 갤러웨이(Samuel Galloway), Cincinnati *Herald* 발행 편집인 스탠리 매튜스(Stanley Mattews), 존 버고인(John Burgoyne), 헐버트(H. B. Hurlburt) 등이 있었다. 장시간의 토론 끝에 뉴욕주 버펄로에서 자유토지전국대회(Free Soil National Convention)를 열기로 결의하였다. 그리고 초당파적 회합이라는 인상을 더욱 강하게 나타내기 위하여 오하이오주 "자유준주민중대회"에서 대회 안내장을 발표하기로 하였다.

6월 21일 오하이오주 콜럼버스(Columbus)에서, 유명한 휘그당, 민주당, 자유당 당원들을 포함하여 1천여 명의 대표자들이 참석한 가운데, 오하이오주 준주민중대회가 개최되었다. 존 본이 전국대회의 소집을 촉구하는 연설을 하였다. 예정대로 이 대회는 전국대회를 열기로 의결하였으며, 8월에 버펄로에서 전국대회가 개최될 것이라고 발표하였다.[47]

동시에 뉴욕주의 유티카(Utica)회합에서도 전국대회 개최안내가 발표되자, 민주당이나 휘그당과 관계없이 움직임이 더욱 활기를 띠기 시작하였다.

북·서부 지방의 노예제도 폐지운동의 중심지였던 오하이오주에서는 거의 모든 군에서 노예제도를 반대하는 사람들이 초당적 회합에 몰려갔다. 그래서 "*National Era*"는 "사람들이 모두 기존의 정당조직에서 벗어나려는 것처럼 보인다"라고 보도하였다. 이들 회합에서는 노예제도의 확대 반대를 뛰어넘어 노예제도의 폐지를 주장한, 강력하고 급진적인 결의안들을 통과시켰으며 버펄로대회에 파견할 대표도 선출하였다.[48]

다른 주에서도 이와 같은 초당(超黨)적인 집회가 열리고 버펄로대회에 보낼 대표들을 선출하였다. 인디애나주에서는 7월 26일 인디애나폴리스(Indianapolis)에서 주 대회가 개최되어 비타협적인 결의안을 통과시키고 버펄로대회에 보낼 대표들을 선출하였으며, 주 중앙위원회(State Central Committee) 위원도 임명하였다. 미시간주에서도 자유토지운동이 전개되기 시작하였다. 6월과 7월에 정당을 초월한 회합이 개최되었고 "모든 정치적 증오를 잊고, 자유토지(Free Soil)와 자유노동(Free Labor)"이라는 대의를 위한 협력을 결의하였다. 그리고 7월 3일의 주 총회는 미시간주 중앙위원회 위원을 임명하였고, 자유토지 신문을 발간하기로 하였으며 버펄로대회에 보낼 대표도 선출하였다. 볼티모어대회의 루이스 캐스 지명을 지지했던 신문인 "Ann Arbor *True Democrat*"와 "*Monroe Advocate*"는 캐스 지지를 포기하고 반 뷰렌으로 돌아섰다. 많은 지도급 민주당 당원들도 반 뷰렌으로 돌아섰다.[49]

일리노이주, 위스콘신주, 아이오와주에서도 주 대회가 개최되고 버펄로에 보낼 대표를 선출하였다.[50] 이와 같이 6~7개월 동안 계속해서 부풀어가던 흥분상태는 8월 9일 19세기 미국의 반-노예제 운동의 획기적 사건인 버펄로 자유토지당 창당대회에서 그 절정에 달하였다.

위와 같이 북부 전역에서 노예제도 반대운동이 활기를 보인 이때, 자유당(Liberty Party)은 활동을 거의 하지 못하였다. 모든 정치적인 상황이 자유당과는 거의 관계없이 진행되었다. 자유당은 존 헤일(John P. Hale)을 대통령후보로 지명하였다. 그는 노예제도에 반대한 휘그당원과 민주당원들의 지지를 받기에 아주 적당한 인물이었다.[51] 그러나 1848년에는 민주당과 휘그당 이탈자들이 그를 완전히 무시하였다.

자유당 당원들은 그들의 전통적인 고립정책을 계속할 것인지 아니면, 신당 운동에 참여할 것인지를 결정하기가 매우 어려웠다. 왜냐하면, 자유당 당원들이 가장 두려워한 것은, 비타협적이고 엄격한 노예제도 폐지론의 일관된 노선에서 이탈하는 것이기 때문이었다. 1848년 7월 6일 전국 규모의 노예제도 폐지운동 단체인 "미국 및 외국 반-노예제 협회(American and Foreign Anti-Slavery Society: AFASS)"의 집행위원회는 노예제도의 "비-확장(Non-extension)은 노예제도 폐지론(Abolitionism)이 아니다." 그리고 반 뷰렌에 대하여 "우리는 권좌에 있을 때 노예세력(Slave Power)에게 협력한 정치가에게 자유당 당원이 표를 던질 것이라고는 믿을 수 없다"라는 경고장도 발표하였다. 그러나 이 경고장은 집행위원회에서 겨우 과반수를 얻어 통과되었다. 정통 자유당 당원들 사이에서도 상당한 동요가 있었기 때문이었다.[52]

오하이오주의 자유당 당원들은 처음부터 신당운동에 협조하였다. 버니(James G. Birney)와 베일리(Gamaliel Bailey)의 위세를 등에 업은

"Cincinnati *Herald*"는 모든 반-노예제 인사들의 연합을 옹호하였고 AFASS의 경고장을 "우리의 상식으로는 너무나 선험적(先驗的)인 것"이라고 비난하였다.[53]

체이스, 루이스(Samuel Lewis), 벤자민 웨이드 같은 자유당의 지도적 인물들은 이미 자유토지운동과 협력하고 있었다. 특히 체이스는 1847년 가을 이후 자유토지운동를 위하여 활약하고 있었다. 오하이오주 민중대회 개최가 발표된 후, 체이스, 루이스, 매튜스(Stanley Mattews) 등이 서명한 또 하나의 대회 개최 안내서가 유포되었는데, 그것은 6월 12일 콜럼버스시에서 오하이오주 자유당대회를 개최한다는 것이었다. 이 오하이오주 자유당대회는 버펄로대회를 지지한다는 결의안을 채택하고, 주 위원을 임명한 후 폐회하였다. 이것이 오하이오주 자유당의 마지막 공식회합이었다. 그리고 인디애나주, 미시간주, 일리노이주, 위스콘신주, 그리고 아이오와주의 자유당 당원들도 오하이오주의 경우처럼 6월 이후 자유토지당에 흡수되고 말았다.[54] 이리하여 서·북부 지역 전역에서 반-타일러 휘그 당원과 윌모트 단서조항(Wilmot Proviso)을 지지하는 민주당원 그리고 자유당 당원들이 자유토지당의 버펄로(Buffalo)창당대회로 향하였다.

3. 자유토지당의 창당과 마틴 반 뷰렌(Martin Van Buren)

1848년 8월 9일 뉴욕주 버펄로(Buffalo)시 공원 천막에는 전국에서 약 2만 명이 넘는 정치인들이 쇄도하였다. 그들은 8월 초의 찌는듯한 더

위 속에 기차나 선박 혹은 말을 타고 또는 걸어서 멀리 서부와 뉴잉글랜드로부터 새로운 정당의 출범식에 참석하기 위하여 호반의 도시 버펄로로 모여들었다.[55]

그런데 이들은 노예제도에 반대한다는 것을 제외하고는 거의 공통점을 찾아볼 수 없는 집단이었다. 즉 헤일(John P. Hale)을 지지하는 정통파 노예제도 폐지론자들, 체이스(Salmon P. Chase)를 따르는 자유당 당원들, 존 맥린(John McLean) 지지자들, 오대호 지역의 반-노예제 자유토지 민주당원들, 뉴욕주의 반버너와 뉴잉글랜드 협력자들, 매사추세츠주와 웨스턴 리저브 그리고 위스콘신주 출신의 반-노예(Conscience) 휘그당원, 헨리 클레이(Henry Clay) 지지자 등으로 구성된 혼합 집단이었다.[56]

그들 중 뉴욕주의 반버너는 사일러스 라이트(Silas Wright)의 암살자들을 응징하기를 원하였고, 클레이를 지지하는 휘그당 당원들과 존 퀸시 애덤스 성향의 반-노예 휘그당원들은 테일러(Zachary Taylor)를 패배시키고자 하였다. 그리고 노예주에서 북부지방으로 탈출한 도망노예 출신의 흑인들도 있었는데, 그들은 메릴랜드, 버지니아, 델라웨어주로부터 파견된 대표와 협상하고자 하였다. 이 주들에서 파견된 대표들은 강과 항구의 개량을 주장하는 민주당원과 토지개발주의들이었다. 이들이 나타나게 된 것은 노예제도를 반대하는 사람들과 마찬가지로, 그들의 특별한 요구 사항이 민주당과 휘그당으로부터 거절당했거나 혹은 두 정당으로부터 고려대상이 못 되었기 때문이었다.[57]

이러한 이질적인 집단이 새로운 정당을 출범시킬 예정이었다. 조화를 이루기가 쉽지 않은 다양한 집단이 모두 공감할 수 있는 정강(政綱)을 만들어 내기는 어려운 일이었다. 첫째, 민주당 당원들이 윌모트 단서조항(Wilmot Proviso) 보다 더욱 과격하고 순수하고 단순한 정강을 채택할 수 있을 것인가? 둘째, 자유당 당원들이 그들의 신조보다 타협적인 정강을 받아들일 것인가? 셋째 국내의 서부개발에 대한 요구가 필요불가결한 서부인들에게 단순한 반-노예제 정강이 그들을 만족시킬 수 있을까? 같은 어려운 여러 난제가 해결되어야 하였다.

대통령후보자 문제도 마찰이 불가피하였다. 이미 존 헤일(John P. Hale)과 반 뷰렌이 자유당과 반버너의 지명은 받았고, 반-노예제 휘그당원들은 기딩스(Joshua R. Giddings), 존 맥린 그리고 존 퀸시 애덤스 중에서 한 사람을 좋아하였다. 존 헤일이 개인적으로 가장 인기가 있었다. 특히 자유당 당원들은 그를 공식적으로 지지하였고, 휘그당 당원들도 대체로 그에 대하여 호의적이었다. 뉴욕주 이외의 민주당 당원들 대부분도 존 헤일의 대통령후보지명에 공감하였다.[58]

버펄로대회에서 투표로 대통령후보를 결정한다면 존 헤일이 가장 유리한 상황이었다. 그런데 마틴 반 뷰렌은 전직대통령이라는 위세가 있었고, 더욱더 중요한 사실은 버펄로 창당대회에 참가한 가장 강력한 집단인 반버너의 후보였다는 점이었다. 존 헤일을 지지하는 측에 비해서 반 뷰렌을 지지하는 뉴욕주의 반버너는 숙련된 정치가들이 움직이는 단결된 조직이었고, 막후조정과 집회운영 전문가들이었다. 반면에 휘그당 당원과 자유당 당원들은 정치인이라기보다는 순수한 박애주의자들이었다.[59]

버펄로대회는 8월 9일 8시 30분부터 공원에 세워진 천막 아래로 대규모의 군중이 몰려들면서 시작되었다. 올리버 다이어(Oliver Dyer)에 의하면, "몇 분 이내에 이용가능한 의자와 발판이 사람들로 가득 찼고, 연설이 진행되는 동안 기자들을 위하여 마련된 발판이 굉음(轟音)을 내면서 넘어져 기자들과 잉크, 종이, 집기들이 함께 쏟아져 내리는 소동도 있었고, 끊임없는 박수와 크고 작은 소란"이 있었다. 이러한 소란과 무더위 속에서도 정오(正午)경이 되면 오하이오주 출신의 사회자인 나다니엘 소여(Nathaniel Sawyer)가 회의장 질서를 잡기 시작하였다. 그러나 조화를 이룰 수 없는 거대한 군중대회에서 전당대회의 업무를 처리한다는 것은 불가능하였다. 그래서 급히 조직된 조직위원회 의장인 프레스턴 킹(Preston King)이 대회를 진행하기 위하여, 새로운 방안을 제안하였고, 그의 제안은 만장일치로 채택되었다.[60]

그의 제안은 버펄로 창당대회를 2개로 나누는 것이었다. 하나는 자유토지를 외치기 위하여 천막으로 모여든 참석자들을 위한 총회, 그리고 다른 하나는 중요한 문제들을 심의하고, 총회에서 비준받기 위한 안건을 결정하는 "선택된 대표자 심의단체인 평의원회(Committee of Conferees)"였다. 평의원회는 각 주 6명의 대표와 하원 의원의 3배수인 500명으로 구성하였다. 찰스 애덤스(Charles F. Adams)가 총회의장으로 선출되었고, 평의원회는 체이스(Salmon P. Chase)를 의장에 지명하였다. 그리고 결의안기초위원회(Committee on Resolutions) 위원이 임명되고 버틀러(Benjamin F. Butler)가 주도적 역할을 하였다.[61]

결의안 기초위원회가 심의한 구체적 내용은 거의 남아있지 않으나, 모든 구성원의 요구사항을 담은 초안이 다음 날 평의원회에 제출되었다. 초안은 소란스럽고 흥분된 분위기 속에서 만장일치로 평의원회를 통과하였다. 이어서 천막의 펄럭거리는 소리를 제외하고는 무서울 정도의 정적속에서 초안의 마지막 문구까지 낭독이 끝났을 때 총회 참석자들은 천둥소리 같은 환호성으로 통과시켰다. 이처럼 버펄로대회의 모든 업무는 500명의 평의원회에서 결정되었다. 그런데 이 평의원회는 반버너와 자유당 지도자들이 사실상 장악하고 있었다. 대중 집회격인 총회에서 웅변가들이 열변을 토하고 군중들은 목이 쉬도록 고함을 질러대고 있는 동안, 그 대회의 성과를 실질적으로 결정한 자유당 및 반버니 소속 평의회원들 사이에 막후거래가 진행되었다.[62]

새먼 체이스, 리빗(Joshua Leavitt), 그리고 스탠튼(Henry B. Stanton)과 같은 자유당 지도자들은 후보 문제에 있어서, 반버너가 반 뷰렌을 제외하고는 누구도 지지하지 않을 것이나, 정강에 대해서는 그다지 특별한 생각을 하고 있지 않다는 것을 간파하였다. 그들로서 존 헤일 지명보다는 연방정부와 연방의회에서 노예제도 폐지문제를 분리시키자는 정강(政綱)에 더 관심이 있었다. 이러한 태도로 자유당 지도자들은 반버너에게 접근하였다. 그리고 체이스는 반버너에게 동정적인 입장이었기 때문에 맥린(John McLean), 기딩스(Joshua R. Giddings), 찰스 애덤스에 반대하고 반 뷰렌을 강력하게 지지하였다. 체이스는 이 위기에서 노예제도 폐지라는 현실적인 희망은 반버너 민주당 당원들에게 있다고 믿었던 것 같다. 그리고 그는 이미 처음부터 뉴욕주 출신의 민주당원인 킹(Preston King), 버틀러(Benjamin F. Butler)와 완전히 조화를 이루며 협력하고 있었다. 몇몇 비공식 간부회의에서 잠정적인 정강을 채택하고, 8월 10일 위원회총회(Grand Committee)에서 처리할 운영계획을 결정하였다. 결의안기초위원회는 체이스가 작성한 정강초안을 심의한 후 평의원회에 제출하였다. 그 정강초안은 어떤 정당 당원들에게도 적용될 수 있는 포

괄적이었다.[63]

기존 정당들의 대통령후보지명이 잘못되었기 때문에 "자유민주당(Free Democracy)의 깃발 아래 국민의 연합"이 필요한 상황이라고 주장하면서, 버펄로 창당대회는 아래와 같은 내용의 정강을 결의하였다.

① 우리는 노예제도에 대한 지역적인 정강에 반대하고 자유를 위한 전국적인 정강에 찬성한다.
② 노예제도는 주의 법에 따른 것이다. 그리고 연방의회는 각 주의 노예제도에 대하여 어떠한 권한도 없다.
③ 연방의 초기 정책은 노예제도를 단념하는 것이었다.
④ 연방정부는 법에 따른 정당한 절차 없이, 생명 자유 혹은 재산을 박탈할 여하한 권한도 없다.
⑤ 그러므로 연방의회는 노예제도를 규정할 수 없다.
⑥ 따라서 권한을 행사할 수 있는 곳에서 노예제도를 폐지하는 것은 연방정부의 임무다.
⑦ 노예제도의 확대를 금지하는 것은 연방정부의 임무다.
⑧ 더 이상의 노예주나 노예 준주는 거부한다.
⑨ 우리는 연방의회에서 타협을 비난한다.
⑩ 우리는 오리건(Oregon)지역에 자유를 요구한다.
⑪ 우리는 저렴한 우편요금, 경비 절약, 불필요한 관직의 폐지, 관직의 선출을 지지한다.
⑫ 우리는 국내개발 사업을 지지한다.
⑬ 우리는 자작농지법(Homestead Law)을 요구한다.
⑭ 우리는 국채의 조기상환과 수익 관세를 지지한다.
⑮ "자유토지(Free Soil), 언론자유(Free Speech), 자유노동(Free

Labor), 그리고 자유인(Free Men)"을 구호로 하고 "우리는 승리할 때까지 끊임없이 투쟁할 것이다."[64]

이와 같은 버펄로 대회의 결의안들은 자유당원, 서부의 민주당원과 휘그당원, 뉴욕주의 반버너 등 모두가 받아들일 수 있는 것들이었다. 그리고 이 정강은 새먼 체이스의 뛰어난 감각과 문장력으로 만들어진 것이었고, 특히 자유당원들을 만족시킬 수 있어서 반 뷰렌의 후보지명 가능성을 높여 주었다. 왜냐하면, 그들의 신념에 부응하는 정강이 채택되어서, 자유당원들이 자신들의 후보를 양보할 수 있는 여지가 조성되었기 때문이었다. 그래서 대통령후보지명은 큰 어려움이 없었다.

반버너를 대표하는 버틀러가 긴 연설을 하면서, "마틴 반 뷰렌"을 거명하였고, 그의 노예문제에 관한 입장을 설명하면서, 1836년 컬럼비아 특별지구의 노예제도 폐지법안에 거부를 약속했던 바로 그 대통령이, 이제는 그 법안에 서명할 준비가 되어있다고 역설하였다. 자유당측에서는 리빗(Joshua Leavitt)이, 체이스, 루이스, 스탠튼의 동의하에, 그 집회의 결정에 따르겠다는 헤일(John P. Hale)의 편지를 낭독하였다. 그리고 이어서 기딩스와 다른 몇몇이 대통령후보로 추천되었다. 그런데 노예제도를 반대한 휘그당원들 사이에 가장 인기가 있었던 인물은 매사추세츠 주의 노예제 반대 휘그당원들의 대표자 격이었던 맥린(John McLean)이었다. 그러나 그의 사위였던 체이스는, 그가 지명을 희망하고 있지 않을 뿐만 아니라 반 뷰렌이 유망하다고 판단하였기 때문에, 맥린의 이름이 평의원회에서 거론되는 것 자체를 저지하였다.[65]

첫 번째 대통령후보지명 투표에서 체이스와 리빗을 비롯한 많은 자유당 당원들이 헤일 대신 반 뷰렌에게 투표하였다. 그 결과는 반 뷰렌 244표, 존 헤일 183표, 기딩스 23표, 애덤스 13표, 산표 4표였다. 반 뷰렌은 다른 사람들이 얻은 투표수의 합계보다 21표를 더 획득하였다. 그러나 기딩스와 애담스 지지자들이 반 뷰렌 보다는 헤일을 좋아했기 때문에, 존 헤일 지지자들이 첫 투표에서 그에게 표를 던지고, 반버너와 자유당 당원들 사이에 막후거래가 없었더라면, 존 헤일이 지명되었을 수도 있었다.[66]

첫 대통령후보지명 투표가 끝나고 반버너의 열광적인 박수 소리가 조용해지자, 1832년 이래 정통 노예제도 폐지론자였던 리빗이 일어나 반 뷰렌 대통령후보지명을 "만장일치 형식"으로 바꾸자는 감동적인 동의안을 제기하였다. 루이스(Samuel Lewis)가 그 동의안에 재청(再請)하였고, 열광적인 흥분 속에 만장일치로 다시 통과하였다. 이어서 애덤스를 부통령후보로 지명하고 버펄로 창당대회는 산회하였다. 선견지명 있는 일부 반버너를 제외한 지도자들 대부분은 그들이 새롭고 강력한 "자유민주당(Free Democracy)"을 창당한 것으로 생각하였다.[67]

마틴 반 뷰렌은 정강의 강령의 몇몇 조항에 동의하지 않았지만 즉시 모두 받아드렸다. 이전의 잭슨(Jackson)주의와 새로운 자유토지주의 즉 휘그당 강령의 혼합인 그 정강은 반 뷰렌에게 가장 적절한 것이었다. 그는 잭슨시대의 민주주의 정치 초창기에 조력하였으나 그 이후 점차 태도를 바꾸었고, 남부의 연방법 거부위기 이후부터는 남부와 멀어지고 있었다. 그는 대통령후보 수락 연설에서 1) 보호관세에 반대, 2) 정착민들에게 토지의 무상제공, 3) 텍사스 병합에 반대, 4) 노예 소유자가 준주에 노예를 반입할 권리가 없다는 것 등을 주장하고, 종전의 태도를 바꾸어 5)

컬럼비아 특별지구에서 노예제도를 폐지하고자 한 법안을 거부하지 않을 것이라고 하였다.[68] 이리하여 이상적 견해를 가진 많은 자유토지당원들도 반 뷰렌을 지지하게 되었다.

새먼 체이스는 반 뷰렌 지명이 오하이오주 웨스턴 리저브 지역에서 잘 수용되고 있음을 인정하였고, 매사추세츠주의 섬너(Charles Sumner)도 슬기롭고 경험이 많은 노련한 정치가인 반 뷰렌을 지지하였다. 버틀러, 자베즈 해먼드(Jabez Hammond) 같은 뉴욕주의 원로정치가들은 압도적 승리를 기대하기도 했다. 그리고 코네티컷주의 존 나일스(John M. Niles), 기드온 웰스(Gideon Welles), 월트 휘트먼(Walt Whitman), 존 딕스(John A. Dix) 같은 유력한 민주당 당원들도 자유토지당에 합류하였다.[69]

민주당 후보로 앤드류 잭슨 대통령을 계승하여 대통령에 당선된 바 있었던 마틴 반 뷰렌이 이제 민주당을 분열시킨 반버너가 주축이 되어 새로 만든 반-남부적 정강을 내건 자유토지당의 대통령후보로 등장하게 되었다.

4. 1848년의 대통령선거와 흑인노예제도 문제

버펄로 전당대회에서 결정된 대통령지명과 정강에 대한 뉴스가 전파되자, 노예제도를 반대한 민주당 당원들은 민주당의 정강과 대체로 유사한 정강을 채택하였고, 명백한 민주당 당원을 대통령후보로 지명한 것에 대하여 매우 흡족해하였다. 그리고 버펄로대회에서, 리빗, 스탠튼, 체이스, 루이스(Samuel Lewis)가 큰 비중을 차지하고 활약한 것에 감명받은 자유당원들도 한동안 반 뷰렌에 대한 나쁜 감정을 잊고 신당(Free Democracy)에 아낌없는 박수를 보냈다. 또한 헤일(John P. Hale)과 킹(Preston King)은 자유당의 대통령후보지명을 사퇴하였다. 노예제도 폐지론자들도 마틴 반 뷰렌 후보를 지지하지 않을 이유가 없었다. 자유당의 원칙이 지켜졌으므로 대통령후보자가 바뀐 것이 그들에게 문제 될 것이 없었다.[70]

버펄로 전당대회 이후 동부와 북·서부 지방의 자유토지운동은 더욱 활기를 띠게 된다. 작은 지방대회로부터 주 대회에 이르는 대통령후보지명자 비준대회(Ratification Meetings)가 각지에서 개최되었다. 오하이오주의 경우 8월 15일 신시내티에서 열광적인 대규모의 비준 집회가 있었고, 체이스와 존 본은 웨스턴 리저브 지역에서 선거유세를 시작하였으며, 기딩스는 오하이오주의 남부의 여러 군을 휩쓸고 다녔다. 이들은 8월 10일부터 선거일 전야까지 하루 평균 2번씩 선거유세 연설을 했다고 보고하였다.[71]

오하이오주 중앙위원회는 지역활동을 자극하기 위하여 에드워드 햄린(Edward S. Hamlin)이 작성한 자신감에 넘치는 다음과 같은 선언문을 발표하였다.

"우리는 우리의 가장 두려운 상대가 인정하는 것보다 더 강하고, 우리 자신의 가장 낙관적인 평가보다 더 강하다. 모든 도시와 시골에서 신뢰받는 자유토지(Free Soil) 당원들은 모든 사람을 위하여 우리의 후보자 명단을 가지고 투표장에 출장하기를 바란다.

여러분들의 위원회는 이 주에서 승리할 수 있도록 여러분들의 전적인 협력과 영향력을 행사하기를 바란다."[72]

인디애나주의 경우, 8월 30일 인디애나폴리스에서 주 대회가 개최되었고, 자유당 당원들이 주도한 열띤 토론이 끝나고 선거인단 후보자들을 지명하였다. 그들 중에는 지도적인 자유당 당원, 유명한 휘그당원, 자유토지 민주당 당원들이 포함되어 있었다. 지방대회(Local Meeting)도 개최되었으나 오하이오주에서와 같은 열기는 없었다.

미시간주에서는 드윗 리틀존(DeWitt C. Littlejohn), 이삭 크리스천시(Isaac P. hristiancy), 호비 클라크(Hovey K. Clarke)와 같은 민주당 탈당자들이 활발한 선거운동을 하였으나, 그들은 노예제도 반대보다는 캐스(Lewis Cass)에 대한 반대 때문에 탈당한 사람들이었다. 8월부터 군 단위의 집회가 시작되었고, 9월 22일 앤아버(Ann Arbor)에서 개최된 주 대회에서 선거인을 지명하였다. 이 대회에서 기존 정당의 탈당한 민주당 당원들이 큰 역할을 하였으나, 자유당 당원들은 소극적이었다. 시카고와 북부 일리노이주의 민주당원들은 인디애나, 미시간주의 민주당 당원들보다 대규모로 보다 열광적으로 신당운동에 뛰어들었다. 8월 30일 66개 군의 대표들이 참석한 일리노이주 오타와(Ottawa)에서 개최된 주 대회는 주로 전-민주당 출신들로 구성된 선거인단을 지명하였으며, 일리노이주에는 4만의 자유토지 표가 있다고 주장하였다.

위스콘신주에서도 한동안 주 전체가 신당운동으로 휩쓸려 들어가는 것 같았다. 9월 27일의 매디슨(Madison)에서 개최된 주 대회에서 대부분 이전에 민주당 당원이었던 인물들을 선거인으로 지명하였다. 그리고 이카보드 코딩(Ichabod Codding), 찰스 더키(Charles Durkee)를 비롯한 10여 명이 선거유세에 나서서 오하이오주의 경우와 같이 많은 지역 집회가 있었다.

아이오와주에서는 9월 말 주 민중대회가 개최되어 일반적인 결의안을 통과시키고 2명의 전(前) 민주당원, 1명의 전 휘그당원, 1명의 전 자유당 당원으로 구성된 선거인단을 지명하였다.[73]

9월이 되면 일부 과격한 노예제도 폐지론자들조차 버펄로 대회의 결정사항을 지지할 최종적인 준비가 된 것 같았다. 그러나 일부 관찰자들은 버펄로대회가 모든 노예제도 반대정서를 통합시키지 못했다는 것을 간파하였다. 일부 정통파 자유당 당원들은 반 뷰렌을 지명한 것은, 자신들을 모욕하는 것이라고 주장하였다. 그는 1836년 "컬럼비아 특별구의 노예제도를 폐지하는 어떤 법안에 대하여도 거부"하겠다고 선언하였다. 그의 긴 정치활동기간 동안 노예제도 폐지론자들에게 최소한의 동정적인 말이나 행동도 보여주지 않았기 때문이었다. 그들로서는 4년 전에 거부했던 헨리 클레이 보다 더 적당하지 않다고 생각하였다. 이러한 정서가 일부 있었음에도, 많은 노예제도 폐지론자들은 반 뷰렌의 지명이 노예제도에 반대하는 정강의 토대 위에서 이루어졌다는 이유로 자유토지당과 제휴하였다.[74]

몇몇 정통파 노예제도 폐지론자들은 체이스(Salmon P. Chase)와 리빗(Joshua Leavitt)을 거부하고 끝내 자유연맹(Liberty League)에 남아서 게릿 스미스를 지지하고 그에게 투표하였다. 뉴욕주에서 2,545명, 뉴저지주에서 77명, 오하이오주에서 111명의 자유당 당원들이 반 뷰렌을 거부하고 스미스에게 투표하였다.[75] 7년 동안 노예제도의 폐지만을 위하여 헌신한 자유당 당원 중에서 반-흑인적 자유토지당을 거부하고 끝까지 그들의 신조에 집착한 사람들이 3,000명도 되지 않았다. 당시 미국을 휩쓸고 있던 백인(白人)미국주의 때문이었다.[76] 또한 사회개혁운동이 정치에 휘말린 필연적 결과이기도 하였다.

노예제도를 반대한 휘그당 당원들이 신당과 제휴하는 것은 자유당 당원들의 경우보다 더 어려웠을 것이다. 노예제도 폐지론자들이 반 뷰렌을 싫어하였지만, 휘그당 창당까지 거슬러 올라가는 휘그당원들의 그에 대한 증오와는 비교가 되지 않았다. 그들에게 1848년의 반 뷰렌이 그 이전의 그와 달라진 것이 전혀 없었다. 인디애나주의 휘그당을 지지한 신문인 *Free Territory Sentinel* 편집인은, 반 뷰렌에 대하여, 지금 나라가 처한 위기를 고려하여 볼 때 그를 도울 수밖에 없다고 말하는 것 더 이상으로 칭찬할 것이 없다고 하였다.[77]

반 뷰렌을 지명한 것 이외에도 버펄로대회의 결정사항 중에는 노예제도에 반대한 휘그당원들을 만족시킬 수 없는 것들이 많이 있었다. 침울한 기분으로 그들의 본거지인 뉴잉글랜드와 뉴욕주와 오하이오주로 되돌아간 그들은 체이스 측과 반버너 사이에 속임수와 막후거래가 있었다고 주장하였다. 또한, 버펄로대회는 민주당 분위기였고, 반버너가 지나치게 자신들의 방식을 관철하였다고 불평하였다. 그리고 자유민주당(Free Democracy)이라는 이름을 신당에 붙인 것도 휘그당원들에게는 거부감을 느끼게 하였다. 더욱이 노예제도에 반대한(anti-slavery) 휘그당원들은 버펄로대회가 그들에게 요구한 것은 민주당정강을 따르라는 것이자, 명백히 민주당 당원인 대통령후보자[반 뷰렌]를 지지하라는 것이었음을 알았을 때, 재커리 테일러(Zachary Taylor)에 대한 자신들의 반대감정이 점차 줄어들어 가고 있음을 느꼈다. 그래서 기딩스(Joshua R. Giddings)는 섬너(Charles Sumner)에게 오하이오주의 휘그당원들 중에서 십중팔구는 반 뷰렌을 지지할 것 같지 않다고 주장하기도 하였다.[78]

한편 1848년의 선거운동에서 남부출신이거나 흑인노예제도 반대 원칙에 관심이 없는 민주당원들은 통일된 행동을 취하였다. 그들은 처음에 반버너의 행동에 반대하는 정도였으나, 유티카대회와 버펄로대회 이후에는 그들을 비난하기 시작하였다. 그들은 반 뷰렌에 대하여 "반역자" "위선자" "19세기의 가룟 유다(Judas Iscariot)"라고 비난하였을 뿐 아니라, 캐스(Lewis Cass)를 지지한 사람들도 반 뷰렌과 같은 정도의 노예제도 반대자들이라고 주장하였다.[79]

그리고 북부의 민주당 신문은 "캐스와 자유토지(Cass and Free Soil)"가 민주당의 구호라고 선전하였다. "*Milwaukee Wisconsin*"지는 위스콘신주의 민주당이 진정한 자유토지당이라고 주장하였고, 위스콘신주 출신 민주당 하원의원 윌리엄 린드(William P. Lynde)는 캐스야 말로 자유토지주의자(Free Soiler)라고 선전하였다. 북부 일리노이주의 여러 군의 민주당 당원들은 자유토지당 당원들에게 "캐스 장군은 뉴잉글랜드의 구릉지에서 태어나서 자유로운 서부에서 성장하고 교육받은 북부인이자 서부인이다. 그는 지금까지 한 번도 노예세력(Slave Power)에게 굴복하지 않았다. 그리고 그의 긴 공직생활 동안 그가 노예제도에 호의를 가진 적이 없었다"라는 내용의 편지를 배포하였다.[80] 이처럼 북부의 민주당원들은 그들 자신을 노예제도 반대 지지자(支持者) 모습으로 바꾸어서 자유토지당의 선거운동에 대응하였다.

한편 휘그당 당원들은 자유토지당이 민주당에 불리하게 작용할 것으로 기대하고 처음에는 자유토지당 선거운동을 방관하면서 "민주당원 일부가 윌모트 단서조항(Wilmot Proviso)이라는 휘그적 원칙에 동조하는 것을 기쁘게 생각한다. 자유토지(Free Soil)운동을 보고 있노라면 즐겁다"[81]라고 하였다.

그러나 자유토지당 후보자 명단에 존 퀸시 애담스의 아들의 이름이 보이고, 매사추세츠주와 오하이오주의 노예제도를 반대하는 휘그당원들이 새로운 신당의 후보에게 투표할 가능성을 보이자, 휘그당원들이 신당에 대한 비난을 시작하였다. 반 뷰렌은 휘그당원들이 지지하기에는 부적합한 인물이라는 것과 테일러(Zachary Taylor)와 같이 휘그당이 자유토지에 찬성한다는 것을 증명하려고 노력하였다. *Indiana State Journal* 지는 "우리는 노예제도의 확장에 반대한다." 그리고 Detroit *Advertiser* 지는 "휘그당원들에게 마틴 반 뷰렌을 지지하라는 것은 모욕"이라고 선전하였다.[82]

자유당원들이 자유토지당에 참여한 것은 휘그당원들에게 1844년의 원한을 되살려 주었다. 휘그당원들은 "아직 그들의 마음속에 1844년의 대통령선거운동에 대한 쓰라린 기억이 있는 휘그당원들에게는, 꼭 같은 제3당의 협잡이 반복되게 내버려 둘 수는 없다"라고 생각하였다. 미시간주 휘그당 중앙위원회는 공식적으로 "제3당의 후보에게 던지는 모든 휘그당의 표는 캐스의 선출을 돕는 것이다. 북부 휘그당은 과거에도 자유토지당이었고, 지금도 진정한 자유토지당이다"[83]라고 주장하였다.

상기와 같이 북부에서 민주당, 휘그당, 자유토지당이 꼭 같이 흑인 노예가 없는 자유토지를 지지한다고 주장하였고, 각 정당은 서로 다른 당의 후보자들을 위선자, 거짓말쟁이라고 비난하였다. 그래서 9월이 되면 대통령선거운동이 대단히 과열되고 과격하게 되었다. 특히 일리노이주의 제4의원선거구와 오하이오주 웨스턴 리저브 지역에서 그러한 현상이 두드러졌다.

일리노이주의 제4의원선거구에서 웬트워스(John Wentworth)는 노예제도에 반대한 매우 영향력이 있는 민주당 당원이었다. 그는 윌모트 단서조항 지지자였고, 그의 신문인 "Chicago *Democrat*"지를 통하여 끊임없이 자유토지 원칙들을 옹호하였다. 처음에는 캐스에 대하여 냉담한 태도였다. 그의 영향력 때문에 지역 민주당대회에서 캐스지지 결의안이 보류되었다. 그 결과 많은 민주당원이 탈당하여, 제시 토마스(Jesse B. Thomas)를 독자적인 후보로 지명하였다.

그러나 웬트워스는 신당에 그의 운명을 맡길 용기가 없었다. 그리고 휘그당이 테일러(Zachary Taylor)를 지명하자, 그의 Chicago *Democrat* 지는 태도를 바꾸어 캐스를 지지하기 시작하였다.[84] 웬트워스가 신당참여를 거부한 것은, 북부 일리노이주의 자유토지당에 치명적인 손실이었다.

오하이오주에서는 휘그당원들 사이에 자유토지당 소동이 크게 일어났다. 테일러 지지자와 자유토지주의자들 사이의 싸움은 1844년 선거 때 보다 격렬하였다. 오하이오주의 노예제도를 반대한 휘그당원들의 최고 지도자는 기딩스(Joshua R. Giddings)였고, 웨스턴 리저브에서 그의 인기는 대단하였다. 그는 1년 만에 그 지역의 휘그당을 분열시키고 그곳을 가장 강력한 반 뷰렌 지지 지역으로 만들었다. 그 지역에서는 반 뷰렌이 사실상 가장 나쁜 선택의 대상이었음에도 이런 결과를 가져온 것은 기딩스의 탁월한 정치적 능력 때문이었다.[85]

1848년 10월 오하이오주 지사선거가 있었으나 자유토지당은 후보자를 지명하지 않았다. 그들은 자신들이 캐스팅 보트를 장악하고 있다고 느꼈기 때문에 그들의 힘을 과시하고자 하였다. 휘그당 지명자인 시버리 포드(Seabury Ford)는 노예제도를 강력하게 반대하지는 않았지만, 민주당 후보지명자인 존 웰러(John. B. Weller)가 노예제도 지지자였음에 반하여, 포드는 노예제도에 반대하는 경향을 띠고 있었다. 자유토지주의를 지지한 신문들은, 소극적이었지만, 포드에게 투표하도록 권고하였다. 선거결과는 시버리 포드가 148,666표를 얻어 148,321표를 얻은 민주당의 존 웰러에게 근소한 표 차로 겨우 승리하였다. 휘그당의 시버리 포드의 승리는 자유토지당 당원들의 지지 때문이었다.[86]

신당운동으로 1836년의 총선거 이래 휘그당이 압도적으로 우세한 주였던 오하이오주에서 휘그당은 심각한 타격을 받은 셈이었다. 이러한 상황에 대하여 휘그당 지도자들도 대책을 세우기 시작하였다. 그들은 휘그당 출신의 자유토지당 당원들이 반 뷰렌을 지지하면, 오하이오주는 결국 민주당의 캐스(Lewis Cass)를 지지하게 될 것으로 판단하였다.

그래서 오하이오주는 자유토지 파괴운동을 전개하였다. *National Era*에 의하면, 프란시스 그레인저(Francis Granger)와 윌리엄 수어드(William H. Seward)가 웨스턴 리저브 지역으로 왔고, 켄터키주의 웅변가들도 이곳으로 왔다. 호러스 그릴리(Horace Greeley)는 대통령 취임 연설만큼이나 긴 성명을 발표하였다. 그것은 오하이오주 사람들에게 "Old Zach[Zachary Taylor]"을 도와 달라는 눈물과 통곡 그리고 애도의 호소였다. 오하이오주의 토마스 코윈(Thomas Corwin)과 벤자민 웨이드(Benjamin F. Wade) 등도 가세하여 웨스턴 리저브 지역의 여러 곳에서 선거유세를 하였다. 10월 마지막 주는 대단히 소란하였다. 휘그당과 민주당이 자유토지당과 그 지도자를 비난하고 중상모략하고, 그들 자신이 바로 "자유준주" 입장이라고 주장하였다. 휘그당과 민주당은 마치 자유토지당을 헐뜯기 위하여 제휴한 것 같이 보였다.[87]

11월 9일 미증유의 신랄한 악담(惡談)대결 후, 1848년의 대통령선거전은 끝나고 그 결과는 〈표 6-1〉과 같다. 테일러가 1,360,967표, 캐스가 1,222,342표, 반 뷰렌은 단지 291,804표를 획득하였다. 자유토지당은 총 투표자의 10.13%를 얻어 자유당 득표율 2.31%에 비하면 노예제도 반대세력의 득표율은 무려 5배나 증가하였다. 〈표 6-2〉 그러나 자유토지당이 기대하였던 수준에는 전혀 도달하지 못한 득표였다.[88]

〈표 6-1〉 1844년과 1848년의 대통령선거 일반투표 결과

주	1848			1844		
	Taylor	Cass	Van Buren	Clay	Polk	Birney
Maine	35,125	39,830	12,096	34,342	45,722	4,839
New Hampshire	14,781	27,763	7,560	17,866	27,160	4,161
Vermont	23,122	10,948	14,337	26,770	17,994	3,894
Massachusetts	61,070	35,281	38,058	67,521	52,146	10,815
Rhode Island	6,780	3,646	729	7,322	4,867	-
Connecticut	30,318	27,051	5,005	32,832	29,841	1,943
New York	218,603	114,320	120,510	232,482	237,588	15,814
New Jersey	40,009	36,880	849	38,318	37,495	131
Pennsylvania	185,423	172,704	11,273	160,384	167,394	3,152
Ohio	138,656	154,782	35,523	155,091	149,127	8,082
Indiana	70,300	74,558	8,033	67,866	70,183	2,108
Michigan	23,947	30,742	10,393	24,185	27,737	3,638

주	1848			1844		
	Taylor	Cass	Van Buren	Clay	Polk	Birney
Illinois	52,853	55,915	15,702	45,931	58,982	3,433
Wsiconsin	13,747	15,001	10,423	준주		
Iowa	9,930	11,238	1,103	준주		
Delaware	6,440	5,910	82	6,271	5,970	6
Maryland	37,743	34,487	126	35,994	32,733	0
Virginia	45,265	46,739	0	44,860	50,679	0
North Carolina	44,095	35,810	0	43,255	38,894	0
South Carolina	주 의회가 선거			주 의회가 선거		
Georgia	47,511	44,792	0	42,116	44,153	0
Florida	4,081	3,014	0	준주		
Kentucky	66,573	48,792	0	60,751	51,954	0
Tennessee	64,239	58,227	0	60,169	59,902	0
Alabama	30,482	31,173	0	26,002	37,401	0
Mississippi	25,821	26,550	0	19,876	25,892	0
Missouri	32,698	39,865	0	31,206	41,322	0
Arkansas	7,587	9,301	0	5,604	9,549	0
Louisiana	18,487	15,379	0	13,083	13,782	0
Texas	5,281	11,644	2	독립공화국		
북부총계	924,664	810,659	291,594	910,910	926,236	62,010
남부총계	436,303	411,683	210	389,187	412,228	6
전국총합계	1,360,967	1,222,342	291,804	1,300,097	1,338,464	62,016
총투표자수		2,878,033			2,700,588	

5. 자유토지당의 이데올로기

1848년의 미국대통령선거는 향후 미국정치계 재편성의 계기가 되었다. 또한 정당과 정부정책 결정의 방향에 대한 중대한 문제점들이 제기되었다.

1848년 대통령선거결과는 당시 양대 정당인 휘그당과 민주당이 위기상태는 아니었으나, 점차 와해상태로 접근해 가고 있음을 보여주었다. 휘그당 지도부는 테일러(Zachary Taylor)의 승리가 상당히 걱정스러운 국면을 내포하고 있다는 것을 쉽게 인식할 수 있었다. 〈표 6-2〉와 같이 테일러는, 1844년 클레이(Henry Clay)가 올린 득표율 48.13%보다 낮은, 47.28%의 득표율을 올렸을 뿐이었다.[89] 대체로 북부에서 지지율이 낮아졌다. 특히 뉴욕주에서의 휘그당의 손실은 심각하였다.

〈표 6-2〉 1848년과 1844년의 대통령후보자 득표율

	1848 Taylor	1844 Clay	1848 Cass	1844 Polk	1848 Van Buren	1844 Birney
Maine	40.3	41.6	45.7	53.8	13.7	5.6
New Hampshire	29.5	36.3	55.4	55.2	15.0	8.4
Vermont	47.9	55.0	22.6	36.9	29.6	8.0
Massachusetts	45.4	51.7	26.2	39.9	28.7	8.2
Rhode Island	60.7	60.2	32.6	39.9	6.5	0
Connecticut	48.5	50.8	43.3	46.1	8.0	3.0
New York	47.9	47.8	25.0	48.8	26.4	3.2
New Jersey	51.4	50.4	47.3	49.3	1.1	0.1
Pennsylvania	50.2	48.4	46.7	50.5	3.0	0.9

	1848	1844	1848	1844	1848	1844
	Taylor	Clay	Cass	Polk	Van Buren	Birney
Ohio	42.1	49.6	47.0	47.7	10.8	2.6
Indiana	45.9	48.4	48.7	50.0	5.2	1.5
Michigan	36.7	43.5	47.2	49.9	15.9	6.5
Illinois	42.4	42.3	44.9	54.4	12.6	3.1
(Wisconsin)	(35.1)		(38.2)		(26.6)	
(Iowa)	(44.6)		(50.4)		(4.9)	
Delaware	52.6	51.2	47.3	48.7		
Maryland	52.1	52.3	47.8	47.6		
Virginia	49.1	46.9	50.8	53.0		
North Carolina	55.1	52.6	44.8	47.3		
South Carolina	(주 의회가 선거)					
Georgia	51.5	48.6	48.4	51.3		
(Florida)	(57.5)		(42.4)			
Kentucky	57.7	53.9	42.2	46.0		
Tennessee	52.4	50.1	47.5	49.8		
Alabama	49.4	40.9	50.5	59.0		
Mississippi	49.3	43.4	50.6	56.5		
Missouri	45.0	43.0	54.9	56.9		
Arkansas	44.9	36.9	55.0	63.0		
Louisiana	54.5	48.7	45.4	51.2		
(Texas)	(31.0)		(68.9)			
북부평균	45.76	47.96	39.90	48.77	14.24	3.26
(+Wisc., Ia.)	(45.56)		(39.99)		(14.33)	
남부평균	51.92	48.57	48.07	51.42		
(+Fla., Texas)	(51.45)		(48.54)			
전국 평균	47.28	48.13	42.47	49.55	10.13	2.31

서부의 휘그당 보루였던 오하이오주에서의 패배는 휘그당원들에게 충격적이었다. 북부에서 휘그당원들이 조금만 더 이탈한다면, 휘그당은 북부에서 힘이 없는 당이 될 형국이었다. 물론 이탈자 중에는 클레이(Henry Clay) 지지자들도 있었으나, 대부분은 노예제도의 확대에 반대한 사람들이었다.

노예제도문제는 남부유권자들에게 더욱 민감한 것이었다. 남부에서의 휘그당의 승리는 우연이었다. 민주당이 친-남부적인 후보자를 지명할 경우, 휘그당은 거의 승리할 수 없었고, 휘그당이 친-남부적인 후보자를 지명할 경우, 북부의 많은 반-노예제 휘그당원들의 이탈이 예상되었다. 1848년 대통령선거에서 남부의 유권자들이 테일러를 지지한 것은, 향후 휘그당의 친-남부적인 정책을 기대한 것이어서 휘그당의 미래는 비관적이었다.

휘그당의 문제점들이 민주당에도 제기되었다. 〈표 6-3〉과 같이 북부에서 민주당의 득표율 하락은 휘그당보다 심각하였다. 북부에서 캐스는 1844년에 투표했던 북부 주들에서 150,000표 이상을 잃어 약 18% 감소하였다. 포크(James K. Polk)는 5개의 북부주에서 과반수 득표를 하였으나, 캐스는 단지 뉴햄프셔주와 새로운 주인 아이오와주에서만 과반수를 얻었을 뿐이다. 비록 민주당의 득표수가 뉴햄프셔, 펜실베이니아, 오하이오, 인디애나, 그리고 미시간주에서 증가하였으나 득표율은 뉴햄프셔주를 제외한 모든 북부주에서 낮아졌다.[90]

〈표 6-3〉 1848년 대통령선거의 득표 증감 상황(1844년 기준)

	합 계	휘그당	민주당	자유토지당 (자유당)
Maine	2,148	783	−5,892	7,257
New Hampshire	917	−3,085	603	3,399
Vermont	−251	−3,648	−7,046	10,443
Massachusetts	3,927	−6,451	−16,865	27,243
Rhode Island	−1,039	−542	−1,221	729
Connecticut	−2,218	−2,514	−2,790	3,062
New York	−29,833	−13,879	−123,268	104,696
New Jersey	1,871	1,691	−615	718
Pennsylvania	38,470	25,039	5,310	8,121
Ohio	16,661	−16,435	5,655	27,441
Indiana	12,761	2,434	4,375	5,925
Michigan	9,522	−238	3,005	6,755
Illinois	16,213	6,922	−3,067	12,269
(Wisconsin)	(39,171)	(13,747)	(15,001)	(10,423)
(Iowa)	(22,271)	(9,930)	(11,238)	(1,103)
Delaware	185	169	−60	76
Maryland	3,638	1,749	1,754	126
Virginia	−3,535	405	−3,940	
North Carolina	−2,244	840	−3,084	
South Carolina	(주 의회가 선거인단 선거)			
Georgia	5,934	5,395	639	
(Florida)	(7,095)	(4,081)	(3,014)	
Kentucky	2,660	5,822	−3,162	
Tennessee	2,395	4,070	−1,675	
Alabama	−1,744	4,480	−6,228	
Mississippi	6,606	5,945	558	
Missouri	35	1,492	−1,457	

	합 계	휘그당	민주당	자유토지당 (자유당)
Arkansas	1,738	1,983	−245	
Louisiana	7,001	5,404	1,597	
(Texas)	(17,000)	(5,281)	(11,644)	(2)
總計	91,908	27,971	−157,101	218,260
+ Wisc.,Ia., Fla.,Tex.	(177,445)	(61,010)	(−116,204)	(229,788)

　민주당은 남부에서, 1848년의 미국대통령선거에서 크게 쇠퇴하였다. 캐스는 1844년에 투표하였던 주들에서 평균 6% 감소하여 15,000표를 잃었다. 비록 그가 버지니아, 앨라배마, 미시시피, 그리고 미주리주에서 과반수를 득표하였고, 아칸소(Arkansas), 텍사스주에서 압도적 승리를 하였으며, 메릴랜드, 조지아, 미시시피, 루이지애나주에서 민주당의 득표수가 증가하였으나, 전국적으로는 낮아졌다. 이러한 선거결과는 민주당도 이미 분열 상태에 있다는 것을 보여주고 있다. 북부에서 최소한 160,000명이 민주당에 등을 돌렸는데, 그것은 휘그당 이탈자 수의 3배 규모였다.[91]

　민주당에 이러한 선거결과가 초래된 것은 노예제도 문제였다. 테일러의 군사적 명성, 캐스의 강과 항구 개발에 대한 태도 등이 작용하였지만, 근본적으로 캐스는 노예제도 문제 때문에 남부와 북부에서 패배하였다. 북부에서 그는 윌모트 단서조항(Wilmot Proviso)을 지지한다고 인정받지 못하였다. 또한, 남부에서는 그가 테일러만큼 남부에 동정적인 인물로 보이지 않았다.

자유토지당은 반-남부적인 정강을 내 걸고 1848년 대통령선거에 임하였다. 그러나 자유토지당 후보인 반 뷰렌의 신뢰감을 주지 못하는 정치생애, 선거준비 부족, 노예제도 폐지운동에 대한 북부인들의 반감 등의 이유로 자유토지당은 선거에서는 큰 성공을 거두지 못하였다. 그러나 자유토지당의 이데올로기를 계승한 공화당은 단기간 내에 커다란 정치적 성공을 거두었다. 자유토지당의 이데올로기는 공화당 이데올로기의 원형이었고, 향후 미국 정당정치의 방향을 시사해 주는 것이었다. 그것은 또한 전술한 바와 같이 1848년 선거에서 캐스를 패배시키고 테일러를 당선시킨 결정적인 요인이었다.

그래서 "자유토지당 이데올로기의 실체가 무엇이었는지?"규명하여 1848년 대통령선거의 의의를 정리하여 보고자 한다. 그런데 여기서 사용되는 "이데올로기"라는 용어에 대한 설명을 추가하지 않으면 다소간 오해가 있을 것 같아 간략하게나마 정리를 하고자 한다.

이데올로기(Ideology)라는 용어의 개념과 정의는 너무나 다양해서 쉽게 정리되지 않는다. 파시즘, 사회주의 공산주의와 관련되어 사용되기도 한다. 그러나 여기서는 "신념체계(belief system)"라는 뜻으로 사용하였다.[92] 다시 말해서 어떤 사회집단-계급 혹은 정당 혹은 지역-의 "사회의식체계"로 사용하였다. 그래서 자유토지당의 이데올로기는 당시 "미국 사회가 어떤 모습이었는가에 대한 자유토지당의 인식, 그리고 미국의 미래가 어떤 것이어야 하는가에 대한 그 정당의 전망"을 뜻하는 것으로 제한하였다.

자유토지당의 이데올로기는 남부사회를 자유주의와 물질적 진보의 장애물로 보았다. 그러나 어떤 사회의 경제・정치 사상과의 상호관계는 진보 학파의 찰스 비어드(Charles A. Beard)가 생각했던 "경제결정론" 보다 한층 더 복잡한 것이다. 이데올로기는 물질적 이해관계의 합리화 보다 그 이상의 것을 표현한다. 조지타운대학 사회학 교수인 노먼 번바움(Norman Birnbaum)이 지적하기를 "우리는 일반적으로 어떤 집단이 그 집단의 이해관계와 일치하는 사회관을 수용한다고 생각할 수 있다. 그러나 이데올로기가 이해관계 때문에 의식적으로 만들어졌거나, 혹은 어떤 집단이 그들의 이해관계에 반대되는 이데올로기에 의해서는 움직일 수는 없다고 생각할 필요는 없다"라고 하였다.[93] 노예제도에 대한 도덕적인 반대는 확실히 자유토지당의 이데올로기의 한 측면이었지 결코 전부는 아니었다. 단순한 도덕적인 이유로 자유토지당 당원들의 행동을 설명하는 것은 그들의 이데올로기의 다른 측면을 간과하는 것이다. 그래서 주정주의(修正主義) 역사가들은 "도덕적인 문제를 전적으로 부정하였고, 또한 북부와 남부의 사회적 경제적 차이점들을 과소평가했다"라고 비판받고 있다.[94]

  자유토지당의 이데올로기를 다루는 과정에서 제기되는 방법상의 문제점도 간단히 언급되어야 할 것 같다. 디트로이트 소재 웨인(Wayne)주립대학의 리 벤슨(Lee Benson)교수가 제기한 문제점은 "여론을 측정하는 전통적인 역사적 방법이 적절한가?"였다.[95] 즉 정치 지도자들의 의견이 대중들의 신념을 정확히 반영하는지? 그 여부에 대한 문제였다. 최근 20년간의 투표행태와 투표자들의 태도에 관한 정치학자들의 연구에 의하면, 보통의 투표자는 단지 "희미한 이데올로기적 초점"을 가지고 있을 뿐이라는 것이다. 보통의 투표자는 대부분 정치적인 문제점들에 그다지 관심이 있는 것은 아니며, 통상의 경우, 정치 과정에 직접 관련되지도 않으며, 투표자 중 아주 소수만이 고도로 정치화되어 있어서 이데올로기에 관심을 가진다는 것이다. 그리고 이들이 공적인 문제에 대하여, 가시적인 여론이라고 부를 수 있는 것을 대변할 뿐이라고 주장하였다.[96]

몇몇 정치학자들은 이러한 연구로부터 나온 정보를 1850년대까지 거슬러 올라가 외삽법(外揷法)으로 추정하고자 하였다. 그러나 텍사스 주립대학 월터 번햄(Walter D. Burnham)교수는 19세기의 정치는 현재의 정치세계와는 다른 상황 속에서 전개되었다는 것을 지적하고 이러한 접근방식에 반대하였다. 그리고 남북전쟁 이전 시대를 연구하는 몇몇 역사가들은 당시의 정치는 오늘날보다 보통의 미국인들에게 더 중요하게 보였다는 것과 대중의 정치참여가 오늘날보다 명백히 현저하였다고 주장하고 있다.[97]

정치의 기능 중에는 대중 위안기능 즉, 거대한 집회, 요란한 시가행진(Parades) 그리고 화려한 인물들의 등장 등이 있다. 그리고 지도적인 정치가들은 대중의 관심, 포부, 가치 기준의 초점이 되기도 한다. 현대의 투표행태 연구들은, 투표자들이 정치지도자들과 정당으로부터 공공(公共)문제에 대한 그들의 태도를 경정하는 경향이 있음을 보여주고 있다. 또한, 19세기 후반의 미국인들도 여론형성은 정치지도자들의 주요한 기능 중의 하나였음을 인정하고 있었다. 여론의 형성과 정치가의 이데올로기와의 관계는 물론 복잡한 과정이다.

자유토지당 지도자들은 그들의 유권자의 사상과 가치를 형성하고 표현하는 것을 도왔다. 그러나 그들이 효과적인 지도자로 남아 있으려면 그들 자신의 견해가 일반대중들의 견해에서 너무 크게 벗어날 수는 없는 것이었다. 정치가가 어떤 문제점에 대하여 유권자 다수의 집단이 원하는 어떤 것을 표현하지 않는다면, 그 문제점을 유용하게 이용하는 것은 불가능한 것이다. 더욱이 당시 정치에 대한 대중의 참여와 흥미의 비율이 오늘날보다 한층 더 높은 비율로 연결되어 있었다. 프린스턴 대학의 도널드 스톡스(Donald Stokes)교수에 의하면, 미국의 정치사에서 당시는 가장 명백한 이데올로기적 초점(Ideological Focus)을 가진 시기였고, 그 초점은 노예제도 문제였다.[98]

오늘의 미국 정당들은 의식적으로 비-이데올로기적이다. 1840~50년대 휘그당원들과 민주당원들도 이데올로기를 배제하려고 노력하였으나 이데올로기가 정치활동의 중심에 있었다. 럿거스(Rutgers)대학 리차드 맥코믹(Richard P. McCormick)교수가 지적한 바와 같이, 당시의 정당은 어떤 인위적인 속성을 가지고 있었다. 정당의 구분이 지역적 경계와는 거의 일치하지 않았다.[99]

그러나 남북전쟁 이전 20년 동안 지역적(地域的) 이데올로기의 발전이 현저하였다. 각 지역은 그들 자신의 사회가 근본적으로 질서가 잡혀 있고, 다른 지역은 자신들의 가장 소중한 가치를 부정하고 있을 뿐 아니라 자신들의 존재에 위협적이라고 생각하였다. 이러한 지역적인 이데올로기의 발전은 많은 면에서 상호 관련되어 있었다. 각 이데올로기는 부분적으로 다른 이데올로기의 성장에 대응하여 성장하였다.

남부인들이 노예제도를 문명생활의 참된 기반이라고 의식적으로 그리고 진지하게 주장하고, 북부사회의 물질주의와 응집력(凝集力)의 결핍을 거부하자, 북부인들은 노예제도를 선한 사회의 정반대인 안티테제(Antithesis)라고 주장하였고 그들 자신의 본질적인 가치와 이익에 위협적인 것으로 주장하였다. 당시의 양대 정당은 이러한 양립할 수 없는 이데올로기를 포용할 능력이 없었기 때문에 1840년대 말엽부터 남북으로 분열하기 시작하였다. 남부는 남부인들이 가장 소중하다고 간주한 모든 것을 위협하고 있는 정당의 승리를 받아들이기보다, 차라리 연방으로부터 탈퇴를 선택하였다.[100]

새로이 출현한 자유토지당 정강의 중심에 자유노동(Free Labor) 이데올로기가 있었다. 이것은 노동에 대한 태도뿐 아니라 남북전쟁 이전 북부사회의 정당성을 주장한 것이었다. 그리고 자유토지당 당원들은 남부 사회를 그들 자신의 사회와 다른 그리고 그들의 사회보다 열등한 사회로 간주하고, 남부사회에 대하여 광범한 비판을 하였다. 그런데 자유당 당원들은 연방정부의 지배권을 장악하고 그들 자신의 목적을 위하여 헌법을 악용하고자 "음모를 꾸미는 노예세력(Slave Power)"의 존재를 믿고 있었다. 그리하여 자유토지당 당원들은 두 개의 심하게 다른 그리고 적대적인 문명이 미국에서 발전되고 있다고 믿었고, 그러한 상호적대적인 문명세력이 미국의 지배권을 장악하기 위하여 경쟁하고 있다고 믿었다.[101]

그러나 앞에서 언급한 바와 같이 자유노동이라는 반-남부적인 이데올로기를 표방한 자유토지당은 1848년의 대통령선거에서 10% 정도의 지지밖에 얻지 못하였다. 남부에서 전혀 지지를 받지 못한 것은 물론이고 북부에서도 지지율이 극히 저조하였다. 북부에서 지지율이 낮았던 것은 휘그당과 민주당이 북부에서 유권자들의 노예제도 반대 이데올로기를 반영한 태도를 보이었기 때문이었다. 이처럼 남부와 북부의 기존 정당원들도 이데올로기에 있어서 지역적으로 분열되어 가고 있었다. 그리고 자유토지당을 저조한 득표수준에 머물게 한 가장 근본적인 원인 중에

간과할 수 없는 요소는 19세기 미국인들의 인종주의, 백인미국주의, 급진적인 노예제도 폐지운동에 대한 거부감 그리고 흑인들에 대한 혐오감과 거부감이었다.

1848년 대통령선거에서 자유토지당이 친-북부 정강을 내걸고 반 뷰렌을 대통령후보로 지명한 것은 향후 미국의 정당과 정부정책 방향에 중대한 문제점을 제기하였다. 대통령후보 피지명자인 반 뷰렌은 노예제도에 대한 태도가 모호하였고 민주당원 신분으로 대통령직을 지낸 적이 있었기 때문에 노예제도를 반대한 휘그당원과 민주당원 및 노예제도 폐지론자들로부터 전폭적인 지지를 받을 수 없었다. 그리고 1848년 대통령선거운동이 진행되는 과정에서 북부유권자들의 표를 의식한 북부의 민주당원과 휘그당원들이 자유토지당과 같은 내용의 노예제도에 반대하는 주장을 전개하여 자유토지당의 입지를 더욱 어렵게 만들었다.

자유토지당의 자유노동(Free Labor) 이데올로기는 남부와 북부에서 지역적인 이데올로기를 발전시키는 결과를 초래하였다. 이러한 상충하는 지역적인 이데올로기의 중심에는 노예제도 문제가 자리하고 있었다.

그러나 민주당과 휘그당은, 노예제도로 인한 남부와 북부의 양립할 수 없는, 서로 다른 이데올로기를 수용할 능력이 없었기 때문에 1848년 대통령선거 때에는 이미 분열상태에 도달해 있었다. 기존의 양대 정당이 남북으로 분열된 4당 체제에서 새로이 등장한 자유토지당이 10%의 지지밖에 받지 못했고 북부에서도 지지율이 극히 저조했던 이유는 여러 가지가 있겠으나 이 시기의 백인미국주의와 인종주의가 가장 큰 요인이었다.

당시의 양대 정당은 이에 대한 대응책이 부족하였고, 자유토지당도 더욱 더 그러하였다.

　1848년의 대통령선거에서는 비록 자유토지당이 실패하였지만, 그 이데올로기가 공화당에 계승되었고, 향후의 미국 정당정치의 새로운 방향을 제시하였다.

1) Louis Filler, *The Crusade against Slavery*(New York: Harper & Row, 1960); Dwight L. Dumond, Antislavery, *The Crusade for Freedom in America*(Ann Arbor: University of Michigan Press, 1961); William H. Dray, *Philosophy of History*(N. J., 1964), 황문수 역, 『역사철학』(문예출판사, 1975), pp.100-120; Arthur M. Schlesinger, Jr., "The Causes of the Civil War: A Note on Historical Sentimentalism", *Partisan Review*, XVI(1949), pp.968-981.

2) Charles A. Beard and Mary R. Beard, *The Rise of American Civilization*, 2 vols.; New York: Macmillan, 1933), vol. II, pp.3-54; Arthur Charles Cole, "Lincoln's Election an Immediate Menace to Slavery in the States?" *American Historical Review*, XXXVI(July, 1931), p.766; *The Irrepressible Conflict: 1850~1865*(New York: The Macmillan Co., 1934).

3) James G. Randall, *Lincoln, the President; Springfield to Gettysburg*, 2 vols. (New York: Dodd, Mead & Co., 1942); "The Blundering Generation," *Mississippi Valley Historical Review*, XXVII(June, 1943), pp.4-16; Avery Craven, *The Repressible Conflict 1830~1861*(Baton Rouge, Lousiana State University Press, 1939).

4) A. M. Schlesinger, Jr., "The Causes of the Civil War," pp.967-981; Allan Nevins, *The Emergence of Lincoln*, 2 vols.(New York: Charles Scribner's Sons, 1950), vol. II, pp.462-472.

5) Robert F. Durden, "Ambiguities in the Antislavery Crusade of the Republican Party", in Martin Duberman(ed.), The Antislavery Vangard: New Essays on the Abolitionists(Princeton: Princeton University Press, 1965), pp.362-394; Eugene H. Berwanger, The Frontier against Slavery(Urbana: University of Illinois Press, 1967), pp.123-137.

6) Robert F. Durden, "Ambiguities in the Antislavery Crusade of the Republican Party," in Martin Duberman(ed.), *The Antislavery Vanguard: New Essays on the Abolitionists*(Princeton: Princeton University Press, 1965), pp.362-394; Eugene H. Berwanger, *The Frontier against Slavery*(Urbana: University of Illinois Press, 1967), pp.123-137; David Donald, "American Historians and the Causes of the Civil War", *South Atlantic Quarterly*, LIX(Summer 1960), pp. 351-355.

7) Eric Foner, *Politics and Ideology in the Age of the Civil War*(New York: Oxford

Univ. Press, 1980); *Free Soil, Free Labor, Free Men: The Ideology of the Republican Party before the Civil War*(New York: Oxford Univ. Press, 1970); Eugene D. Genovese, *The Political Economy of Slavery: Studies in the Economy and Society of the Slave South*(New York: Random House, 1965); W. R. Brock, *An American Crisis: Congress and Reconstruction, 1865~1867*(London, 1963); David Montgomery, *Beyond the Equality*(New York, 1967).

8) Joseph G. Rayback, *Free Soil: The Election of 1848*(Lexington, Kentucky: Univ. Press of Kentucky, 1970); Donald B. Cole, *Martin Van Buren and the American Political System*(Princeton: Princeton Univ. Press, 1984); John Nevins, *Martin Van Buren: The Romantic Age of American Politics*(New York, Oxford Univ. Press, 1983); Richard H. Sewell, *Ballots for Freedom: Antislavery Politics in the United States 1837~1860*(New York: Oxford Univ. Press, 1976).

9) J. G. Rayback, *Free Soil*, p.286; Svend Peterson, *A Statistical History of the American Presidential Elections*(New York: Frederick Ungar Publishings Co., 1963), Arthur M. Schlesinger, Jr.(ed), *History of American Presidential Elections 1789~1968*, 14 vols.(New York: Chelsea House Publishers, 1985), vol. III, p.918: (cf)김종길 "19세기 미국의 흑인노예제도와 자유토지당," 『경북사학』 제10집(1987). pp.207-239; "자유토지당과 Martin Van Buren," 『경북사학』 제12집(1989), pp.97-138.

10) Frederick J. Blue, *The Free Soilers: Third Party Politics, 1848~1854* (Urbana: University of Ill. Press, 1973), pp.20-23, 27-29,

11) Herbert D. A. Donovan, *The Barnburners 1830~1852* (New York: New York Univ. Press, 1925), pp.15-47.

12) *Ibid.*; D. B. Cole, *Martin Van Buren*, pp.409-410.

13) J. G. Rayback, *Free Soil*, pp.60-61,73.

14) Henry B. Stanton, *Random Recollections* (Johnstown, N. Y.: Blunck and Leaning, 1886), p.159; D. C. Cole, *Martin Van Buren*, P. 410.

15) *The New York Evening Post*, Oct. 4, 1847, in J. G. Rayback, *Free Soil*, pp. 75-76.

16) Martin Van Buren to Flagg, Oct. 12, 1873; Flagg to Martin Van Buren, Oct. 13, 1847, in F. J. Blue, *The Fee Soilers*, pp.31-32.

17) H. B. Stanton, *Random Recollections*, pp.175; F. J. Blue, *ibid.*, pp.31-32.

18) John Van Buren to Martin Van Buren, Nov. 13, 1848, *Van Buren Papers*, De Alva S. Alexander, *A Political History of the State of New York*, 6 vols.(New York: Henry Holt, 1906), vol. II, pp.127-130.

19) Wilmot to Martin Van Buren, Oct. 6, 1847; Martin Van Buren to Wilmot, Oct. 22, 1847, in D. B. Cole, *Martin Van Buren*, p.411.
20) "Address of the Democratic Members of the Legislature of the State of New York", April 12, 1848, *Van Buren Papers*, in *ibid*.
21) John Van Buren to Martin Van Buren, Apr. 30, 1848, M. Van Buren to J. Van Buren, May 3, 1848, in J. G. Rayback, Free Soil, pp.175-181; J. G. Rayback, "Martin Van Buren's Desire for Revenge in the Campaign of 1848," *Mississippi Valley Historical Review*, XL(Mar. 1954), pp.707-716.
22) Martin Van Buren to John Van Buren, May 3, 1848; J. Nevins, *Martin Van Buren*, pp.578-579.
23) J. G. Rayback, *Free Soil*, pp.186-191 ; J. Nevins, *ibid.*, pp.579- 580.
24) Butler to Martin Van Buren, May 29, 31, 1848, in *ibid*.
25) Martin Van Buren to Blair June 22, 1848, Blair Family Papers, Library of Congress, in *ibid*.
26) J. G. Rayback, *Free Soil*, pp.209-210; Oliver C. Gardiner, *The Great Issue : or, the Tree Presidential Candidates: Being a Brief Sketch of the Free Soil Question* (New York: Wm. C. Bryant & Co., 1848), pp.110-116.
27) Polk, *Diary* III, p.502, Joseph W. Lesnesne to Calhoun, July 5, 1848, in D. B. Cole, *Matin Van Buren*, p.414.
28) Chase to John Van Buren, June 5, 1848, in *ibid.*; J. G. Rayback, *Free Soil*, p. 216.
29) J. G. Rayback, *ibid.*, pp.216-217, 249.
30) Edward L. Pierce, *Memoir and Letters of Charles Sumner*, 4 vols. (Boston: Roberts Brothers, 1877-1893), vol. III, pp.168-170.
31) Theodore Clarke Smith, *The Liberty and Free Soil Parties in the Northwest*(New York: Longmans, Green, and Co., 1879: rpt. Arno Press, 1969), p.124.
32) The Milwaukee Sentinel, June 1. 1848, in *ibid*.
33) *The Whig Chicago Journal*, June 3, 1848.
34) J. G. Rayback, *Free Soil*, p.79; *The National Era*, June 22, 1848.
35) O. C. Gardiner, The Great Issue, pp.107, 110-116.
36) T*he Milwaukee Sentinel*, July 4, 1848.
37) *The Whig Chicago Journal,* June 24, 1848.
38) *The National Era*, July 20, 1848.

39) *The Detroit Advertiser*, Feb. 17, 1848, in T. C. Smith, *The Liberty and Free Soil*, p.126.
40) *The Whig Chicago Journal*, May 2, 1848, in *ibid.*, p.127.
41) *The True Democrat*, Jan. 4, 10, 1848.
42) *Ibid.*, April 11, 1848.
43) The Cincinnati Gazette, May 1,1848, in T. C. Smith, *The Liberty and Free Soil*, p.128.
44) *The True Democrat*, May 1, 1848.
45) *Ibid.*, July 29, 1847.
46) *The National Era*, May 25, 1848.
47) Mathews to Chase, June 12, 1848, *Chase Papers*, in J. G. Rayback, *Free Soil*, pp.205-206.
48) *The National Era,* July 20, 1848; J. G. Rayback, *Free Soil.*, p.214: T. C. Smith, *The Liberty and Free Soil Parties,* p.130.
49) *The Detroit Advertiser*, July 15, Aug. 10, 1848m in T. C. Smith, *ibid.*
50) T. C. Smith, *The Liberty and Free Soil Parties,* p.131.
51) R. H. Sewell, *Ballots for Freedom*, pp.166, 234-244.
52) *The National Era*, July 6, 1848 [Tappan형제와 다른 9명만이 서명하였을 뿐이고, William Jay, A. Stewart, Arnold Buffum 등 다른 사람들은 서명하지 않았다.]
53) *The Cincinnati Herald*, July 19, 1848, in T. C. Smith, *The Liberty and Free Soil*, p.133.
54) J. G. Rayback, *Free Soil,* pp.110-112: R. H. Sewell, *Ballots for Freedom*, pp.152-62, 164-165.
55) F. J. Blue, *Free Soilers*, pp.70-80.
56) J. G. Rayback, *Free Soil*, p.219.
57) D. B. Cole, *Martin Van Buren*, pp.414-415; F. J. Blue, *Free Soilers*, pp.70-75.
58) T. C. Smith, The Liberty and Free Soil, pp.138; R. H. Sewell, *Ballots for Freedom*, pp.243-244, 246-250.
59) T. C. Smith, *ibid.*, pp.138-139.
60) J. G. Rayback, *Free Soil*, p.224: James A. Woodburn, *Political Parties and Problems in the United States*(New York: Norton, 1914), p.72.
61) Richerd H. Dana III(ed.), *Speeches in Stirring Times and Letters to a Son*(Boston:

Houghton Mifflin Co., 1910), P.152.

62) T. C. Smith, *The Liberty and Free Soil*, p.139; J. G. Rayback, *Free Soil*, p.226; Oliver Dyer, *Phonographic Reports and the Proceedings of the Free Soil Convention*(Buffalo, 1848), pp.19-20.

63) T. C. Smith, *ibid*.

64) Kirk H. Porter(comp.), National Party Platforms(New York: The Macmillan Co., 1924), pp.22-25; Arthur M. Schlesinger, Jr.(ed.), *History of American Presidential Elections 1789~1968*, 14 vols.(New York: Chelsea House Publishers, 1985), vol. III, pp.870, 902-905.

65) T. C. Smith, *The Liberty and Free Soil*, p.141.

66) D. B. Cole, *Martin Van Buren*, p.415; F. J. Blue, *The Free Soilers*, pp.70-80.

67) D. B. Cole, *ibid.*, p.416.

68) Martin Van Buren to Benjamin Butler and Others, Aug. 22, 1848, Van Buren Papers, in J. G. Rayback, *Free Soil*, p.415.

69) J. G. Rayback, *ibid.*, p.416.

70) O. Dyer, *The Phonographic Reports*, P.20, :*The National Era*, Aug. 17, 24, 31, 1848; T. C. Smith, *The Liberty and Free soil*, p.143.

71) T. C. Smith, *ibid*.

72) *The Cincinnati Globe*, Sept. 1, 1848, in T. C. Smith, *The Liberty and Free Soil*, p.146.

73) *The Ann Arbor True Democrat*, Sept. 28, 1848; T. C. Smith, *The Liberty and Free Soil*, p.145.

74) James Brewer Stewart, *Holy Warriors: The Abolitionists and American Slavery* (New York: Hill and Wang, 1976; 1981), pp.119-121.

75) S. Peterson, *A Statistical History of American...* , p.29.

76) 김종길, "19세기 미국의 노예제도와 자유토지당," pp.210-218

77) *The Free Territory Sentinel*, Aug. 30, 1848, in T. C. Smith, *The Liberty and Free Soil*, p.147.

78) Giddings to Sumner, July 23, 1848, in T. C. Smith, *ibid*.

79) *The Milwaukee Wisconsin*, Oct. 24, 1848, in *ibid.*, p.148.

80) *The Chicago Journal*, Oct. 27, 1848.

81) T. C. Smith, *The Liberty and Free Soil*, p.149.

82) *The Indiana State Journal*, July 31, 1848; *The Detroit Advertiser*, Aug. 4, 1848.

83) *The Milwaukee Sentinel*, Sept. 18, 1848; *The Detroit Advertiser*, Oct. 10, 1848.
84) T. C. Smith, *The Liberty and Free Soil,* pp.150-151.
85) Andrew C. McLaughlin, *Lewis Cass*(Boston: Little, Brown, 1981), p.253; George W. Julian, *The Life of Joshua Giddings*(Chicago: A. C. McClurg and Company, 1892), pp.253-255.
86) *The True Democrat,* Oct. 9, Dec. 20, 1848.
87) *Ibid,*, Oct. 26, 1848.
88) J. G. Rayback, *Free Soil,* p.282.
89) *Ibid,*, p.286.
90) *Ibid,*, pp.284-285, 305.
91) *Ibid,*, pp.284-285, 304-305.
92) Philip E. Converse, "The Nature of Belief System in Mass Public," in David E. Apter(ed.), *Ideology and Discontent*(New York: The Free Press of Glencoe, 1964), pp.47-50.
93) A. Nevins, Emergence of Lincoln, vol. II, pp.465-466; Norman Birnbaum, "The Sociological Analysis of Ideology(1940-60): A Trend Report and Bibliography," *Current Sociology,* IX(1960), p.91.
94) A. Nevins, *ibid.*
95) Lee Benson, "Causation and the American Civil War," *History and Theory,* vol. I(1961), pp.173-174; "An Approach to the Scientific Study of Past Public Opinion," *Public Opinion Quarterly,* vol. XXXI(Winter, 1967-68), pp.555-556.
96) Angus Campbell, Philips E. Converse, *Warren E. Miller, and Donald E. Stokes, American Voter*(New York: John Wiley & Sons, Inc., 1960), pp.171-174, 187, 197, 249, 543.
97) Walter Dean Burnham, "The Changing Shape of The American Political Universe," *American Political Science Review,* Vol. LIX(March, 1965), pp.7-28.
98) E. Foner, *Free Soil, Free Labor, Free Men,* p.7; Donald E. Stokes, "Spatial Models of Party Competition," in Angus Campbell, Philip E. Converse....(eds.), *Election and Political Order*(New York: John Wiley, 1966), pp.170-178.
99) Richard P. McCormick, *The Second American Party System*(Chapel Hill: Univ. of North Carolina Press, 1966), p.353.
100) E. Foner, *Free Soil, Free Labor, Free Men,* p.9.
101) *Ibid.*

제 7 장
아메리카당(American Party)과 공화당(Republican Party)

1. 미국토착주의 연구

　1854년 이후 유럽 군주(君主) 국가인 아일랜드와 독일 출신의 이민 대열이 미국으로 몰려들자, 토착미국인(native American)들은 미국 공화주의 이상과 공화국제도가 파괴될 것을 우려하여, 반-이민 경향을 나타내기 시작하였다.

　19세기 중엽의 미국토착주의(American nativism)운동은 이해할 수 없는 여러 측면이 내포된 운동이었다. 토착주의자들의 무지(無知) 운동(Know-Nothing Movement)이 왜 이 시기에 일어났으며, 그렇게 단명하였던 이유는 무엇이며, 1850년대에 미국토착(native-born American)주의자가 되었다는 것은 무엇을 의미하는 것이며, 이민문제가 왜 그렇게 심각한 것이었는가?

　미국의 무지주의(know-nothingism)운동의 특이점에 대한 분석을 시도한 역사가들은 외국출생 이민을 둘러싼 갈등이 무지주의 운동가들이 조직한 무지당(Know-Nothing Party) 혹은 아메리카당(American Party) 평당원들에게 결코 심각한 문제가 아니었다고 주장하기도 한다. 아메리카당의 번성과 몰락은 이민정치(immigration politics) 때문이 아니라 전혀 새로운 사태의 결과였다는 것이다. 컬럼비아대학 해리 카먼(Harry Carman)교수와 라인하르트 루틴(Reinhard H. Luthin)교수는 정치적 토착주의(political nativism)의 성격은 토착주의 그 자체와는 거의 관련이 없는 "노예제도 논쟁"이라고 주장하였다.[1)]

해리 카먼과 라인하르트 루틴교수가 지역적 갈등과 미국토착주의와의 정확한 관계에 대하여 분명하게 정리하지는 않았다. 그러나 이미 오래전에 윌리엄 빈(William Bean)교수가 많은 북부의 토착미국인들이 외국태생 이민이 친-노예제도(pro-slavery) 경향이라고 믿었기 때문에 무지운동에 참여하였다고 주장하였다. 특히 매사추세츠주에서 노예제도를 지지한 가톨릭교회를 응징하기 위하여 많은 사람이 아메리카당원이 되었다고 주장하였다.[2)]

무지운동에 관한 일부 연구자들은 미국토착주의자들이 주로 반-노예제(anti-slavery)운동을 지지하였기 때문에 무지운동에 참여하게 되었다고 주장하였고, 아메리카당원들의 미국토착주의에 의문을 제기하기도 하였다. 미국인들의 옹졸함을 인정하고 싶지 않았던, 컬럼비아 대학 앨런 네빈스(Allan Nevins)교수는 "무지운동은 부끄러운 것"이었다고 주장하였고, 시카고 대학의 에이버리 크레이븐(Avery Craven)교수는 아예 그 운동을 무시하였다. 이들의 견해에 의하면 미국토착주의자들의 편견은 19세기 중엽 미국인들의 주요특징이 아니었다. 즉 새로이 도착할 외국출생 이민에 대한 편견을 자극하기 위하여 아메리카당원들이 정치적인 호소를 계속한 것은 아니었다는 것이다.

이 시기에 노예제도문제가 전국적인 양대 정당인 휘그당과 민주당을 무력하게 만들어 일시적으로 정치적인 미국토착주의가 번창할 기회를 제공하였을 뿐이며, 노예제도 논쟁과 남·북 간의 갈등이 계속되자 지역주의에 기반을 둔 새로운 정치체제가 출현하여, 무지운동과 아메리카당 조직이 붕괴하였다는 것이다.[3]

최근 일부 연구자들은 미국 역사상 모든 시기에 토착주의 소동이 있었음을 인정하고 있고[4], 인종적 혼란과 분열이 항상 미국인들을 괴롭혔고, 1850년대의 무지주의운동은 단지 이러한 항상 존재하였던 사회적 긴장에서 연유한 하나의 사례에 불과하다고 주장하고 있다. 다른 연구자들에 의하면, 무지주의운동은 당시 미국이 경험하였던 미증유의 이민 유입 때문에 제기된 것이지, 노예제도 확장 위기 혹은 어떤 다른 위기의 결과로써 일어난 것은 아니었다는 것이다. 이들은 미국에 도착하는 외국인들의 증가하는 수와 이민대열의 변화된 성격이 1850년대의 정치적 토착주의 발생의 주요한 원인이었다는 것이다.[5]

그래서 본 장에서는 지금까지의 연구자들의 연구성과를 검토하여 미국토착주의자들의 정당인 아메리카당에 대하여 정리해 보고자 하였다. 당시 이민의 규모와 성격을 정리하고, 당시 미국의 정당정치를 정리하여 무지운동이 미국 북부의 정치무대에 출현하게 된 정치적인 배경을 파악하고, 아메리카당과 공화당의 관련성을 정리해 보고자 한다.

2 이민 홍수와 미국토착주의

    1853~1856년 사이에 미국에서 가장 빠르게 성장한 정치세력은 반-외국인 경향의 무지당(Know Nothing Party) 혹은 아메리카당이었다. 미국 동부의 거주민들이 서부로의 이주, 도시화 진행과 사회유동성이 격심한 시대분위기, 그리고 캔자스-네브래스카법(Kansas-Nebraska Act)에 대한 분노가 가장 강렬하였던 바로 그때, 많은 북부의 미국인들은 대규모로 들어온 가톨릭 이민들에 대하여 매우 심각하게 우려하였다.[6]

    1840년대 말경부터 많은 미국인이 농장을 뒤로하고 도시로 떠났다. 산업혁명이 진척됨에 따라 도시에서 그들의 일거리를 찾을 수 있었기 때문이었다. 1820년 미국인들 중 7% 정도의 인구가 도시에서 살았으나 40년 후에는 20%가 도시인이었고, 도시인구의 3분의 2가 북·동부에 거주하였다. 북·동부의 미국인들 중에서 도시에 사는 사람들이 1850년에는 4분의 1이었고, 1860년에는 3분의 1을 넘어섰다.[7]

    북부인들은 이러한 도시중심의 북부사회가 사회적 변동과 경제적 독립을 위한 기회를 제공하고 있다고 보았다. 북부인들 대다수는 자본가도 피고용자도 아니었다. 그들은 점포와 농장에서 그들 자신을 위하여 노동하였다.

    북부인들은 북부의 노동자들과 남부 노예들의 상태를 비교하는 남부인에게 북부에는 "영원히 노동자들로 남아 있게 될 그런 계급은 없다"라고 주장하였다. 그들은 "작년에 타인을 위하여 노동한 사람이, 금년에는 자신을 위하여 일하고, 다음 해에는 그를 위해 노동할 타인을 고용할 것"이라고 주장했다. 매사추세츠주 상원의원인 헨리 윌슨(Henry Wilson)

이 주장한 것처럼, 그들에게 북부사회는 소위 "진보적이고 영구적인 기독교 문명사회"의 모델이었다.[8]

북부 도시들은 뉴잉글랜드와 북부 뉴욕주의 농촌인구를 끌어들였을 뿐만 아니라, 1820~1860년 동안 다른 나라들 주로, 북부 유럽에서 미국으로 건너온 5백만 명 이상의 이민을 받아들였다. 1845부터 1854까지 10년 동안 거대한 이민물결이 미국에 도착하였다. 그 당시 거의 3백만 명에 달하는 유럽인들이 미국으로 왔으며, 그들 중 3분의 2는 아일랜드와 독일 출신이었다.[9]

이민이 1840년대의 미국에서 새로이 나타난 현상은 아니었고, 아일랜드인과 독일인들은 항상 외국에서 도착하는 최대 규모의 이민집단이었다. 그러나 이전에는 1840년대와 1850년대와 비교할 만한 거대한 규모의 외국인 이민물결이 없었다. 그리하여 미국출생의 "토착(native)" 미국인들이 심각하게 걱정하기 시작하였다.[10]

반-외국인, 반-가톨릭 성향의 "미국토착주의자(nativist)" 집단과 이민집단 사이의 알력이 1850년대 초 정치지도자들을 난처하게 하였던 여러 가지 문제점들과 혼합되었고, 기존 정당들은 항상 이러한 문제들을 처리하는데 어려움을 겪었다. 노예제도문제가 민주당 당원을 곤경에 처하게 한 것처럼, 반-가톨릭주의와 미국토착주의는 휘그당원들에게 매우 난처한 문제였다. 휘그당 지도자들은 중도노선을 취하고자 하였다. 그러나 그들은 곧 북부와 남부의 다수 유권자를 동시에 만족시킬 수 있는 해결책을 발견하기가 어렵다는 것을 알게 되었다.[11]

몇몇 미국정치사가들은 1850년대 인종문제가 새로운 전국 규모의 정당을 만들기에는 매우 어려운 상황을 초래하였다고 주장하고 있다.[12]

그러나 북부의 토착주의자와 이민집단들은 남부에 대하여 반감을 공유하고 있었다. 이러한 반감은 새로운 반-남부적 정치연합이 북부에서 형성될 수 있는 기반이었다.

출생지에 관한 통계자료가 발표된 첫해인 1850년 미국인 중에서 10%가 외국출생이었으나, 1860년 14%로 증가하였다. 1850~1860년간에 북부에서 새로운 정당조직 요구가 있던 시기에, 외국출생 인구가 급격히 증가하였다. 1850년 미국 전체 외국출생의 59%가 북·서부 지방에서 살았고 29%는 서부에서 거주하였다. 이에 비하여 외국출생의 11%만이 남부에서 거주하였고, 1860년에는 10% 이하로 낮아졌다.[13]

1840년대 미국에서 이민이 새로운 것은 아니었지만, 1840년대 및 1850년대와 비교될 만한 거대한 수의 이민은 없었다. 이 시기에 가톨릭인 아일랜드인과 영어를 사용하지 않는 독일인들이 외국에서 도착한 최대의 이민집단이었다. 거대한 규모의 이민들이 북부의 도시에 정착하자, 도시생활의 접근(接近)성이 인종적 차이점을 더욱 현저하게 노출하기 시작하였다.

그러한 상황에서 토착미국인들은 점점 더 이민에 대한 거부감을 노골적으로 표현하였다. 뉴욕 타임스(New York *Times*)는 "우리의 양자로 들어온 시민들은 미국인 감정으로 자신들을 물들일 의무가 있다. 그들이 떠나온 나라들의 관습과 언어의 보존을 위하여 함께 떼를 지어 다녀서는 안 된다"라고 하였다.[14]

미국토착주의 집단과 이민집단들 사이의 알력이, 1850년대 초의 정치지도자들을 매우 난처하게 만들었던, 여러 문제와 섞였다. 더욱 심각한 것은 북·동부와 중·서부 지방에서 조직되었던 미국토착주의자 단체들의 비밀 결사적인 성격이었다. 이들 중 가장 유명한 것은 무지당(Know-Nothing Party) 혹은 아메리카당이었다. 이 단체는 그들의 정치적 신념에 대하여 "나는 아무것도 모른다(I know nothing)"라는 구성원들의 대답으로부터 그 이름이 유래한 비밀 단체였다.

아메리카당은 1854년 선거 때 돌연 유력한 세력으로 정치무대에 등장하였다. 당시 윌리엄 수어드(William H. Seward) 같은 휘그당 지도자들은 민주당이 캔자스-네브래스카법을 지지하자 노예제도 반대단체들의 불만을 이용하였다. 그들은 도시의 민주당 지배세력은 이민(移民) 온 자들의 지지에 기초하고 있다고 미국토착주의자들에게 호소하였다. 수어드가 시도한 방법이 민주당에 심각한 타격을 주기는 하였으나 적중하지는 못하였다. 민주당은 연방하원의원 선거에서 41석을 상실하였으나 이들 의석 중에서 단지 12석만 휘그당이 차지하였고, 나머지 의석은 자유토지당과 무지당이 차지하였다. 상원의원 선거는 휘그당에 한층 더 기대 이하였다. 즉 민주당이 2개의 의석을 추가로 획득하였으나, 휘그당은 7석을 상실하였고, 이득을 얻은 것은 제3의 정당들이었다. 1854년의 선거는 민주당과 휘그당 모두에게 재난이었다.[15]

1855년 말이 되면 휘그당조직은 재기불능 상태가 되었고 민주당도 크게 손상을 입었다. 민주당이 크게 손상을 입은 것은, 새로운 켄자스-네브래스카준주에 노예제도의 도입여부를 주민들이 투표로 결정하게 한, 켄자스-네브래스카법을 민주당이 지지한 것 때문이었다. 그러나 만약 노예제도 반대정서가 민주당패배의 결정적인 원인이었다면, 왜 휘그당원들이 실질적인 소득을 거두지 못하였는가?

당시 민주당의 거물정치인 스티븐 더글러스(Stephen A. Douglas)

에 의하면, 캔자스-네브래스카법이 선거에서 유일한 중요한 요소가 아니었기 때문이었다. 그는 민주당의 패배가 "노예제도 폐지론, 메인주의 금주 입법, 그리고 많은 북부인의 휘그주의 포기, 가톨릭에 대한 신교도들의 반감, 외국인에 대한 미국토착주의자들의 반감 등이 혼합된 시련의 도가니"로부터 비롯되었다고 주장하였다. 그에 의하면 민주당의 곤경은 반-노예제 정서와 미국토착주의와의 혼합에서 비롯되었으나, 미국토착주의 비중이 더 큰 것이었다. 1850년대 중반에 가톨릭교도들과 이민에 대한 강한 거부감으로 나타난 비밀결사 단체들은 당시 미국에서 가장 급격히 성장하고 있던 정치집단이었기 때문이었다.[16]

기성 정당들은 이러한 문제점들 처리에 어려움이 있었다. 무지주의 운동에서 가장 강력한 힘의 근원은 반-가톨릭주의였다. 여러 해 동안 휘그당 지도자들은 가톨릭문제에 대하여 온건한 태도를 유지하였다. 그 결과, 버지니아 대학 사학과의 마이클 홀트(Michael F. Holt)교수가 지적한 것처럼, 휘그당은 때때로 토착주의 경향의 호소는 하였지만, 가톨릭에 반대하는 행동을 거의 하지는 않았다. 지역적인 차이점이 문제를 더욱더 복잡하게 만들었다. 반-가톨릭주의는 가톨릭교도인 아일랜드 이민들이 많이 거주하였던 동부해안선 부근의 도시들에서 효력을 발휘하였으나, 아일랜드출신 가톨릭교도 보다 독일개신교도 이민이 많았던 일리노이(Illinois)주와 위스콘신(Wisconsin)주와 같은 서부의 주들에서는 호소력이 없었다.[17]

1848년부터 1858년까지 10년간 연방하원 및 상원의원 수를 정당별로 분석 해 보면 세 가지의 현상이 나타난다. 잭슨시대 이래 의회에서 압도적으로 우세한 정당이었던 민주당이 1854년 이후 급격하게 그 기반을 상실하기 시작하였고, 1856년이 되면 민주당은 단지 하원에서 다수당이 었을 뿐이었고, 1858년에는 하원에서 소수당으로 전락하였다. 제3당인 자유토지당과 아메리카당의 비중이 급격히 증대하여 1856년에 이르면, 하원에서 균형세력을 이룩하였다. 1854년 이후 휘그당이 소멸하고 공화당이 급격하게 성장하였다.[18]

많은 미국정치사 연구자들은 1850년대의 인종문제가 민주당에 도전하게 될 새로운 공화당 조직을 매우 어렵게 만들었다고 주장하였다. 반면 하버드 대학 사학과의 윌리엄 지애나프(William Gienapp)교수가 지적한 것처럼, 일부 연구자들은 주권(主權)재민을 기반으로 한 캔자스-네브래스카법의 영향을 지나치게 강조하여 공화당 조직의 어려웠던 과정을 과소평가하기도 한다. 공화당 창당과정을 정확히 이해하기 위해서는, 미국토착주의자 집단과 이민집단 사이의 갈등을 광범하게 검토해야 한다. 그러나 이들 집단 사이의 인종적 문화적 충돌에도 불구하고, 그들은 남부에 대하여 꼭 같이 뿌리 깊은 반감을 공유하고 있었다. 이러한 반감은 북부에서 새로운 지역적 정당이 형성될 수 있는 기반이 되었다고 볼 수도 있다.[19]

미국 연방 통계국의 자료[20]에 의하면 1850~60년에 외국에서 태어난 미국인 10명 중 1명 이하의 적은 수(2.7%)가 남부에 살고 있었다. 1860년에도 그 지역의 외국 태생 인구는 단지 3.5%였다. 이민자들은 남부를 북부나 서부보다 정착하기에 바람직하지 못한 지역으로 생각하였다. 비록 그러한 판단을 하게 된 이유가 여러 가지가 있었겠지만, 흑인노예의 존재가 그 이유 중 하나였다. 대체로 많은 이민자는 그들 모국의 정치적인 억압으로부터 도피해 온 사람들이었다. 그래서 이들은 남부의 억압적인 노예노동 체제를 매력이 없는 체제로 보았다.

새로 도착한 북부 유럽인들에게 남부는 흑인노예제도와 대농장체제(plantation system)를 가지고 있음에 반하여 북부의 자영농업이 한층 더 매력적이었다. 그러나 어떤 종류의 농업이든 그것을 시작하기 위하여 토지와 자본이 필요하였다. 농부출신 이민도 서부에서 농사를 시작하기 위한 자금을 모을 수 있을 때까지 북부의 도시에서 임금 노동자로 일하였다.

북·동부 산업지역의 위상이 점차 증대되어 가고 있었으나, 이민 온 사람들에게 토지란 또 다른 의미의 중요성이 있었다. 많은 이민이 도시의 노동자로 고용되었다는 사실은 그들 대부분이 농업적인 배경에서 왔다는 사실을 간과하게 한다. 새로 도착한 이민들은 재산을 모으게 되면 농부로 돌아가 새로이 시작하겠다는 욕망이 있었다.

이런 사람들에게 서부의 토지제공 약속은 매우 호소력이 있었다. 서부로의 이주는 독립혁명 이전부터 미국인 생활의 독특한 모습이었다. 제퍼슨 정부 이래, 미국 정부의 토지정책도 남부와 북부 미국인들을 서부로 이주시키는 것이었다.

연방 통계국의 자료[21]에 의하면, 1850년대의 대서양연안지역 대부분의 미국출생 미국인은 자신이 태어난 지역에서 살고 있었다. 이에 비하여 중·동부(East Central)의 노예제도가 없는 자유지역에는 미국태생 인구의 20~35%가 다른 지역에서 출생하였다. 그리고 중·서부(West Central) 자유지역은 미국태생 인구의 절반이 다른 지역에서 온 이주민이었다. 다시 말해서 미국서부의 자유지역에 사는 사람들은 남부의 노예주에 사는 사람들보다 훨씬 더 다양한 배경 출신들이었다. 출생지에 대한 이러한 불균형은 남북전쟁 이전시대의 국내이주와 관련하여 명백한 하나의 사실을 보여준다. 상당히 많은 남부인들이 남부에서 서부의 자유지역으로 이주하였다는 사실이다.[22]

　북부인들이 서부의 노예주로 이주하는 경향은 거의 없었다. 그 결과 남·서부 보다 북·서부가 한층 더 이질적(異質的)인 인구를 가지게 되었다. 국내이주의 이러한 인구학적인 특성은 1850년대의 노예제도에 대한 북부인의 태도를 시사해 준다. 거주할 곳을 선택하게 될 경우, 미국출생이든 혹은 외국출생이든 북부인들은 노예농업이 지배하는 지역에 살기를 원하지 않았다는 사실이다.[23]

　1856년이 되면, 반-민주당 집단들을 융합하여, 새로운 정당을 만들고자 한 시도가 상당히 진전되었다. 새로이 출현한 공화당은 대통령후보로 캘리포니아주의 존 프리몬트(John C. Frémont) 그리고 많은 연방의회 의원후보자들을 출전시킬 수 있을 정도로 발전하였다. 비록 그들은 대통령선거에서 제임스 뷰캐넌(James Buchanan)에게 패배하였지만, 프리몬트와 전직 대통령이었던 아메리카당 후보 밀라드 필모어(Millard Fillmore) 표를 합하면 일반투표의 55%에 달하였다.[24]

　1850년대 중반부터 아일랜드와 독일에서 온 로마가톨릭 이민이 도시에 정착하자, 가톨릭교도에 대한 대중들의 거부감 그리고 하층 민중들의 가톨릭교도에 대한 빈번한 폭행이 일어나는 분위기 속에서, 북부의 많은 개신교 신자인 토착미국인들은 아메리카당 지부에 가입하였다. 다른 당으로부터의 전향자는 물론이고, 이전에는 결코 투표장에 나간 적이 없었던, 많은 미국인의 지지를 받아서 아메리카당은 북부의 각종 선거에서 승리하였다.[25]

아메리카당원들은 1855년 공화당원들과 정면 대결에서 뉴욕주와 매사추세츠주에서 공화당원들을 패배시켰고, 특히 펜실베이니아주에서는 완전히 압도하였다. 다른 북부의 여러 주에서 아메리카당원들이 너무나 우세하여 공화당은 조직조차 하지 못하였다.[26] 1856년 아메리카당 대통령후보는, 비록 그 당시에 북부 아메리카당원들의 거의 과반수가 공화당의 프리몬트 후보를 지원하였음에도 불구하고, 일반투표의 21%나 획득하였다. 1850년대 정당의 재편성 원인을 파악하려면, 아메리카당의 갑작스러운 인기상승 그리고 그 시기의 반-가톨릭주의 위력의 실체가 설명되어야 한다.[27]

1800년 이래 개신교 선동가들은 가톨릭음모에 대하여 경고하였고, 1830~1840년대에 일부 성난 군중들이 수도원에 방화도 하였다. 그러나 가톨릭음모에 대한 의구심이 그렇게 광범하지 않았으며, 반-가톨릭주의가 그렇게 강렬하지도 않았다.[28] 미국토착주의정당이 1840년대에 몇몇 도시의 선거에서 승리하였으나, 1850년대까지 미국토착주의정당이 강력한 제3당의 위세를 유지하지는 못하였다.

가톨릭에 대한 미국토착주의자들의 강력한 반대가 1850년 말까지 왜 지속하지 않았을까? 그들의 편협한 반-가톨릭신앙 세력이 왜 휘그당과 통합되지 않았을까? 아메리카당원이 번성하였던 뉴욕, 펜실베이니아, 메릴랜드주 이외의 다른 주들에서는 휘그당이 금주당(禁酒黨)이자 토착주의 정당이었다. 그러면 왜 휘그당이 1850년대에 이러한 문제들을 이용하지 못하고, 왜 새로운 정당이 만들어지게 되었는지 설명되어야 한다.

이러한 문제점들에 대한 전통적인 대답은, 노예제도문제의 중요성을 강조하고, 무지주의(nativism)란 노예제도 문제로부터 유권자들의 관심을 다른 곳으로 돌리기 위한 수단이었다고 설명한다. 캔자스-네브래스카법에 대한 북부인의 격렬한 반대는 결국 휘그당을 파괴하였고 휘그당 분해 후 형성된 진공상태 속에서 무지주의 단체들(Know Nothing Orders)이 나타났으며, 기회주의 정치가, 떠돌이 투표자들 그리고 민주당과의 제휴를 거부한 보수적 휘그당원들이 그 단체로 밀려들어 왔다는 것이다.[29] 아메리카당은 단지 노예제도문제가 휘그당을 해체한 후 휘그당 대신 나타났다. 또한 이 당은 반-가톨릭주의를 표방하였고 정치적인 피난자도 포용할 수 있었기 때문에 더욱 유리한 입장이었다는 것이다.

아메리카당원들의 운동 목표는 주마다 달랐으나, 그들의 공통적인 요구는 이민의 귀화기간을 5년에서 21년으로 연장하자는 것이었다. 한동안 미국출생 토착미국인들은(native-born Americans) 부패한 정치가들이 미국 전통에 무지한 방금 도착한 이민을 그들 자신의 정치적 목적에 이용하기 위하여 투표장으로 끌어가고 있다고 불평하였다. 그들은 민주정치는 매우 복잡한 것이므로, 전제군주 정치의 지배를 받았던 먼 유럽의 나라에서 방금 도착한 이민들이 미국의 전통에 적응하기 위한 시간이 필요하다고 주장하였다.

초기 미국토착주의단체를 조직하였으며, 유력한 아메리카당 대변인이었던, 토마스 휘트니(Thomas R. Whitney)는 이방인들은 "토착미국인들의 애국감정과 같은 느낌을 결코 가질 수 없다"라고 주장하였다. 휘트니는 외국 출생자들이 미국사회에 참여하는 것에는 동의하였지만, 그들이 미국사회의 "정치적 가족"의 일부가 될 수는 없다고 주장하였다.[30]

아메리카당원들은 가난한 사람들의 정치참여를 제한하기 위하여,

그리고 "그러한 이민 혼합물"에 의한 미국시민의 "질적 저하(低下)"를 막기 위한 이민에 대한 인두 세(head tax) 부과를 주장하였다. 그들은 이민제한을 염두에 두고 있었지만, 안전한 정부를 유지하기 위하여 토착미국인들만 정치적인 권력을 행사하여야 한다고 주장하였다. 휘트니는, 무지운동(Know-Nothing Movement)과 무지운동가들이 결성한 아메리카당(American Party)의 목적은 "우리의 연방과 시민의 종교적 자유를 위한 영광스러운 체제의 보존"이라고 주장하였다. 그리고 이것을 성취하기 위하여, "미국인들(Americans)이 나라의 지배자가 되어야 한다"라고 주장하였다.[31]

이러한 국수주의적 수사학의 도움으로 아메리카당원들은 지지자 획득에 크게 성공하였다. 그렇지만 아메리카당의 성장은 지역에 따라 차이가 있었고 아메리카당의 지배는 일시적이었으며, 새로운 이민 정착이 희박한 몇몇 지역에는 급격히 확대되었으나, 외국출생의 인구가 많이 거주하는 지역에서는 그렇지 못하였다.[32]

1856년이 되면, 아메리카당의 영향력이 거의 사라졌다. 미국토착주의자 조직의 급속한 사라짐에 감동한, 주미(駐美) 영국 대사로 임명된 바 있고, 맨체스터 대학 법학 교수였던, 제임스 브라이스(James Bryce)경이 미국인들은 "변화무쌍한 인민(changeful people)"임이 틀림없다고 평가하였다. 그는 토착미국인들의 소위 "아메리카당"은 "그 창설로부터 2년간 커라단 세력으로 성장하였고, 한동안 그 당 자체의 대통령후보를 당선시킬 것 같았다. 그러나 3년이 조금 더 지나자, 소생 가망도 없이 사라지고 말았다"라고 서술하였다. 그리고 아메리카당의 붕괴에 앞서, 뉴욕 트리뷴(New York *Tribune*)지의 편집자인 호러스 그릴리(Horace

Greeley)는 미국토착주의 운동은 "반-코레라(anti-cholera)당 혹은 반-감자부패병(anti-potato rot party)과 같이 지속성 요소가 모자란" 운동이었다고 평가하였다.[33]

3. 아메리카당의 발전과 그 배경

19세기 중엽 미국토착주의 선동의 특이한 유형에 대한 분석을 시도한 역사가 중에는 외국출생이민을 둘러싼 논쟁이 아메리카당 평당원들의 주요한 관심의 대상은 아니었다고 결론을 내리기도 하였다. 그리고 아메리카당 당원들의 번성과 몰락은 이민정치(immigration politics)가 아닌 새로운 사태 때문이라고 주장하였다. 앞장에서 전술한 바와 같이 컬럼비아 대학 카먼 교수와 루틴 교수는 1940년의 정치적인 토착주의(political nativism)의 성격은 미국토착주의 그 자체와는 거의 관련이 없는 사건들에 의하여 조성되었고,[34] 북부에서 무지운동(Know-Nothing Movement)의 추진력이 된 것은 노예제도 논쟁이라고 주장하였다.

카먼 교수와 루틴 교수는 지역적 위기와 미국출생 주의와의 사이의 정확한 관계에 대하여 분명하게 언급하지 않았으나, 이 두 교수보다 앞서 윌리엄 빈 교수는, 많은 북부인이 외국태생 주민들은 친-노예적이라고 믿었기 때문에 무지운동에 참여하였다고 주장하였다. 특히 아메리카당원들이 번창한 매사추세츠주에서는 가톨릭이 노예제도를 지지하고 있다고 믿었기 때문에 가톨릭을 응징하기 위하여 아메리카당원이 되었다는 것이다.[35]

아메리카당원들에 대한 다른 연구자들도 미국토착주의자들이 주로 반-노예제 입장 때문에 무지운동에 참여하게 되었다고 주장하고 있으나, 일부 다른 학자들은 미국토착주의 원칙에 대한 무지당 당원들의 태도에 대하여 의문을 제기하였다. 특히 네빈스교수는 무지운동을 "부끄러운 것"이었다고 비판하였고, 시카고 대학 크레이븐교수는 무지운동을 아예 무시하였다. 이들의 견해에 의하면, 토착주의 편견은 19세기 중엽 미국인들의 주요한 특징은 아니었고, 노예제도 문제가 전국적인 휘그당과 민주당을 무력하게 만들어서 일시적으로 정치적 토착주의가 번창할 기회를 제공하였고, 계속된 "노예제도 논쟁이 지역주의에 기반을 둔 새로운 정치체제를 창조하여 아메리카당을 붕괴시켰다"라는 것이다.[36]

최근 많은 역사가들은 미국 역사의 모든 시기에 토착주의 소동이 있었다고 주장하고 있다.[37] 이들은 "인종적 혼란과 분열은 항상 미국사회를 괴롭혀 왔다고 주장하고," 1850년대의 아메리카당은 단지 이러한 "항상 존재하였던 사회적 긴장이 낳은 한 실례"에 불과하다는 것이다. 이들이 주장하기를, 무지운동은 그 당시에 "미국이 경험하였던 대규모 이민 때문에 제기된 것도 아니고, 노예제도 확장 위기 혹은 어떤 다른 위기의 결과로서 일어난 것"도 아니었다. 그들의 견해에 따르면, "미국에 도착한 엄청난 규모의 외국인의 달라진 성격"이 1850년대의 정치적 토착주의 발생의 주요한 원인이었다.[38]

1850년대에 전국적 정당인 휘그당이 붕괴하여 남부와 북부의 중요한 유대가 파괴되었다. 북부에서는 휘그당 대신 공화당이 남부에 대한 지역적 적대감을 대변한 강력한 정치적 수단이 되었고, 1860년의 공화당 승리가 남부의 연방 탈퇴를 촉발하였다. 이러한 정치적인 격변은 불가피한 것이었다. 남·북의 허약한 유대에 기반을 둔 전국 규모의 양대 정당인 휘그당과 민주당은 노예제도 확장이라는 지역적 문제를 해결해야 하는 곤경에 처하게 되었다.

1854년 캔자스-네브래스카법의 통과로 남·북 간의 지역적인 갈등이 한층 더 격화되어, 양대 정당은 산산조각으로 분열되었다. 공화당이 휘그당 대신 노예제도에 찬성하는 남부 민주당의 주요한 상대역을 하였다. 흑인노예제도 문제가 없었다면, 옛 정당들이 지역적인 노선으로 분열되지 않았을 것이다. 그리고 민주당은 북부의 분노의 표적이 되지 않았을 것이며, 결코 공화당이 출현하지도 못하였을 수도 있었을 것이다.

투표자들이 지역선거에서 휘그당에 등을 돌린 이유가 노예제도 문제 때문만은 아니었다. 그 문제만이 1850년대 미국 정당체제 재편성의 원인이라고 설명할 수는 없다. 비록 노예제도 문제가 북부와 남부의 휘그당원들을 분열시켰지만, 휘그당원들과 민주당 당원들이 경쟁한 북부주에서 일반 투표자들이 휘그당에 등을 돌린 것은 아니었다. 1840년대에 민주당 당원들과 휘그당 당원들은 첨예하게 남부와 북부 경계에 따라서 윌모트 단서조항(Wilmot Proviso) 때문에 의회에서 분열되었으나, 양 지역의 일반투표자들은 그들의 종래 정당을 지지하였다. 1848년 양대 정당은 북부에서는 노예제도에 반대하고, 남부에서는 지지하는 양면적인 전술로 그 세력을 유지할 수 있었다.[39]

캔자스-네브래스카법이 1854년 제출되었을 때 휘그당의 윌리엄 수어드는 1852년 선거 이후 여러 지역에서 열세인 휘그당을 소생시키기 위하여 1848년 선거 당시 휘그당이 사용한 것과 같은 선거 전략을 이용하였다. 1854년 총선거는 지구별 및 주별 선거였기 때문에, 북부와 남부의 휘그당원들은 서로 다른 방향으로 선거운동을 할 수 있었다.

수어드는, 켄터키의 휘그당 상원의원 아치볼드 딕슨(Archibald Dixon)이 자유주와 노예주의 수를 동수로 묶고자 한 미주리 타협의 폐기(廢棄) 법안을 처음으로 제안하였기 때문에, 남부의 휘그당 당원들이 민주당 당원들보다 더 노예제도 옹호자들이라고 비난하였다. 또한 북부의 휘그당원들은 그 법안을 민주당 당원들이 지지하고 있다고 비난할 수 있었다.[40] 그리고 또한 반-네브래스카법 정서가 북부 휘그당원들을 도울 수 있었다. 북·동부 여러 주의 휘그당 당원들은 이러한 각본에 따랐고, 휘그당 지도자들이 반-네브래스카법 감정이 휘그당을 통일하여 강력하게 만들어 줄 것으로 예상하였다.[41]

그러나 1848년과 달리 그 전략은 실패하였다. 휘그당은 1854년과 1855년에 새로운 정당인 공화당으로의 대규모 탈당을 겪었고, 1856년에는 북부의 휘그당조직이 사실상 붕괴상태가 되었다. 그러므로 1850년대 중엽 미국정당체제 개편에 대한 이유는 휘그당원들이, 1840년대에 하였던 것과는 달리, 1850년대에는 노예제도 문제를 적절히 이용할 수 없었다는 점이다. 노예제도 문제만이 북부 투표자들의 주요한 관심의 대상이 아니었다.[42]

1853년과 1856년 사이에 가장 빠르게 성장한 정치세력은 노예제도 반대를 표방한 공화당이 아니라, 비밀 결사인, 반-가톨릭 성향의 무지운동이었다. 네브래스카법에 대한 소동이 가장 심각하였던 바로 그때, 많은 토착미국인들이 명백히 가톨릭 이민에 대하여 이전보다 더 심각하게 우려하고 있었다.[43] 가톨릭교에 대한 토착미국인들의 거부감, 하층 계층인 민중들의 가톨릭교도에 대한 빈번한 폭행이 자행되는 분위기 속에서,

많은 유권자가 무지운동의 산물인 아메리카당에 입당하였다.[44]

미국토착주의자 정당들이 1840년대에 몇몇 도시의 선거에서 승리하였고, 1846년 이후 대규모 가톨릭 이민의 유입이 있었지만, 1850년까지 미국토착주의운동이 강력한 제3당으로 발전하지 않았다. 그러한 현상이 그때까지는 왜 없었는지? 왜 이러한 편협한 반-가톨릭신앙이 휘그당을 매개체로 사용하지 않았는지, 그리고 뉴욕주, 펜실베이니아주 메릴랜드주 및 이외 일부 주들에서, 휘그당이 1850년대에 붕괴한 시기에 왜 무지운동이 시작되었고, 아메리카당이라는 반-이민정당이 만들어지게 된 이유 등이 설명되어야 한다.

이러한 문제점들에 대한 전통적 해답은, 앞 장에서 언급한 바와 같이, 노예제도와 관련된 문제점의 중요성을 강조하고 있다. 그리고 무지주의운동은 북부인들을 노예제도 문제로부터 관심을 돌리기 위한 것이라고 주장하였다. 즉, 캔자스-네브래스카법에 대한 북부인들의 분노가 휘그당을 파괴하여 휘그당이 사라져버린 후, 조성된 정치적 진공상태 속에서 아메리카당이 나타났고, 기회주의적인 정치가, 무주택 투표자, 민주당원들과 결합을 수용할 수 없었던 보수적 휘그당원들이 이 반-가톨릭 단체로 몰려들었다는 것이다.[45] 무지주의운동은 단지 노예제도 문제가 휘그당을 분해해버린 후에 나타났고, 반-가톨릭주의와 정치적인 피난자들에 대한 포용성 때문에 한층 더 유리한 입장이었다는 것이다.

그러나 이러한 "정치적 진공(political-vacuum)"설에는 몇 가지 문제점들이 있다. 아메리카당 가입자들이 단순한 도피자들은 아니었다. 뉴욕주, 매사추세츠주, 펜실베이니아주와 같이, 1854년 아메리카당이 가장 급격하게 성장한 북부주에서 휘그당원들이 네브래스카법안과 충돌하고 있어서, 반-네브래스카법 감정이 그들을 돕고 있었던 주들이었다. 당시의 휘그당은 주와 연방의회 선거에서 반-민주당 경향의 투표자들을 위한 대안이었다. 그러나 다수의 투표자는 오랜 전통의 휘그당보다 새로운 정당들을 선호하였다. 붕괴 과정에서 휘그당이 1854년에 나타난 반-가톨릭 정서와 자유토지 정서를 이용하지 못한 이유는 여러 가지가 있다. 아메리카당의 발생을 유도한 세력들이 휘그당 와해의 결과로 나타난 것이 아니라, 휘그당 붕괴의 주요한 원인이 된 세력이었다. 이 세력들이 휘그당 당원들을 단순한 반-민주당 세력으로 남아 있지 못 하게 하였다. 다시 말해서 1850년대 초의 반-가톨릭주의는, 당시 정치가들에 대한 적대감 그리고 일반투표자들이 휘그당을 버리게 한 기성 정당에 대한 혐오감과 더불어 나타났다. 이러한 정서는 이 시대의 급격한 사회적 경제적 변화로 인하여 형성된 일반민중들의 불안감과 혼란의 결과였다.

휘그당 몰락의 결정적인 요인은 1850년대의 정당정치에 대한 광범한 불신과 반감이었다. 비록 1840년대에는 일반투표자들이 정당에 충성한 시대였지만,[46] 1850년대 초에는 기존 정당에 대한 충성심이 파괴되어, 기존 정당의 분열이 가속화되고, 생소한 취지의 신당 출현이 빈번하였다.

피츠버그에서는 "인민과 반-가톨릭당(People's and Anti-Catholic Candidate)"의 후보가 1850년 시장에 당선되어, 2년간 시정을 잘 운영하였다. 1853년에 필라델피아에서는 다수의 무소속인 주의회 의원 후보자들이 당선되었다. 같은 해 보스턴 시장선거에서 "시민 연방(Citizens' Union)당"과 "청년동맹(Young Men's League)당"이 휘그당원과 민주당 당원들이 합하여 얻은 것보다 더 많은 표를 획득하였다. 1853년의 신시내티의 봄 선거에서 휘그당이 아닌 4개의 새로운 정당들이 참여하였고, 그해 가을 선거에서는 7개의 다른 정당들이 경쟁하였다.[47]

1851년과 1853년의 메릴랜드(Maryland)주 및 연방의원 선거에서 민주당과 휘그당 후보자들에게 대항하여 무소속 후보자들이 출마하였다. 그곳의 한 관찰자는 케일럽 쿠싱(Caleb Cushing) 법무장관에게 "나는 이러한 혼란에 굴욕감을 느낄 따름"[48]이라고 한탄하였다. 1852년 대통령선거 실패에 대한 휘그당원들의 실망감이 그들의 당에 대한 충성심을 약화시킨 것 같다.

1850년 타협에서 비롯된 의견대립이 양대 정당의 파벌의식을 더욱 악화시켰다. 그리고 정치인들의 정당 내의 치열한 경쟁이 정당 분파활동을 촉진했다. 양대 정당의 공천후보를 시샘하는, 적의에 찬 "탈락자들"은 새로운 정당을 시작하였다. 그러나 한층 더 중요한 것은 당에 대한 충성심 결여보다 대량 이민이 만들어 낸 특별한 문제점이었다. 이러한 문제점 처리에 대한 기존 정당들의 의도적 무관심에 조바심이 났거나, 당내의 분열에 답답해하던 사람들이 미시간주, 오하이오주, 펜실베이니아주, 메릴랜드주 같은 주들에서, 금주(Temperance)당, 반-가톨릭(Anti-Catholic)당, 공립학교(Public School)당 등을 만들었다.[49]

평소 로마가톨릭에 대한 편견을 가지고 있었고 가톨릭교도에 반대하는 정치적 조치를 원하였던 사람들은 1854년이 되면 휘그당 지도자들이 이 문제에 대하여 너무나 수동적이고 온건하다고 생각하였다. 휘그당 지도자들이 가톨릭 반대 경향은 거의 보여주지 않았다. 휘그당을 주도한 인물들은 대체로 공동체의 엘리트들이었다. 그들은 서민들에게 너무나 불안한 현실이었던 가톨릭 이민 홍수에 위협을 느끼지 않은 사람

들이었다.⁵⁰⁾

더욱이 수어드 같은 유력한 휘그당 지도자들은 가톨릭교도들에게 우호적이었다. 완고한 개신교 편견[반-가톨릭] 소유자들은 자신들의 편견을 보다 호전적으로 표현해 줄 정당들을 원하였다. 1852년 이후 다수의 북부인은 휘그당이 너무나 수동적일 뿐만 아니라 친-가톨릭이라고 생각하였다. 같은 해 전쟁영웅 윈필드 스코트(Winfield Scott)가 휘그당의 대통령후보로 지명되었으나, 멕시코전쟁 때 그가 보여준 멕시코 가톨릭교회에 대한 너그러운 정책, 수녀원에서 그의 딸들을 교육하고자 한 그의 태도, 그리고 특히 선거에서 가톨릭 표를 모으고자 한 그의 노력은 결국 휘그당 내·외의 미국토착주의자들이 그에게 등을 돌리게 했다.

뉴욕주의 미국인 연합기사단(Order of United Americans) 같은 미국토착주의자 조직은 스코트에 반대하였고, 펜실베이니아주의 토착미국인당(Native American Party)의 대표인 루이스 레빈(Lewis C. Levin)은 당시 민주당 대통령후보지명전에 출사표를 던진 뉴욕주 출신 윌리엄 마시(William L. Marcy)에게 자신의 주에서 "휘그당에 대한 적대감이 강하다"는 것을 확인시켜 주기도 하였다.⁵¹⁾

펜실베이니아주 출신의 한 휘그당원은, 선거를 앞두고 민주당 대통령후보인 프랭클린 피어스(Franklin Pierce)에게 "휘그당원들 중에서, 많은 성실한 개신교도들 특히 감리교파 및 장로교파 교도들은 스코트가 가톨릭교도들의 표를 확보하기 위하여 취한 정책에 혐오감을 느껴 그에게 반대표를 던질 것"이라고 하였다.⁵²⁾ 서부 펜실베이니아주의 웨스트모어랜드(Westmoreland)군의 어떤 휘그당원은 선거 후 "많은 구 장로교파 교도들이 휘그당에 투표하기를 거부하였는데, 그 이유는 스코트가 영국국교 신자였기 때문이고, 딸 하나를 수녀원에 두고 있기 때문이다"
라고 하였다.[53]

　이처럼 새로운 정당들이 출현하게 된 배경에는, 매우 중요한 문제점에 대하여 기존의 정당들이 일반 유권자들에게 공식적 태도를 나타내지 못하고 있다는 느낌과 연관되어 있었다. 그리고 기존 정당에 대하여 반감을 품게 된 보다 중요한 요인은 정치가들과 정당조직, 그리고 전당대회에 대한 신뢰감 상실과 증오였다. 오하이오주의 유능한 변호사이자 노예제도 폐지론자였던 러더퍼드 헤이즈(Rutherford B. Hayes)가 신시내티에서 아메리카당의 승리에 대하여 논평한 바처럼, 아메리카당의 승리는 "권력자들에 대한 총체적인 혐오감"이었다.[54]

　다양한 독자적인 신생 정당들의 주요한 목적은 특별한 법의 통과가 아니라 단지 공직에 새롭고 정직한 인사들의 등용이었다. 1852년 토머스 맥개리(Thomas J. McGarry)라는 오하이오주의 유권자가 재무장관인 토마스 코윈(Thomas Corwin)에게 편지로 "인민들이 정치권력에 대한 그들의 통제력을 상실하였다는 두려움을 가지고 있다"라고 주장하였다. 그리고 한탄하기를, "우리는 소위 공화주의자들이다. 그러나 지금도 권력의 자리에 있는 사람들은 종종 인민으로부터 너무 멀리 떨어져 있고, 쉽게 접근이 되지 않으며, 인민들의 요구에 따라 행동하지 않고, 오히려 그들의 주장을 반박하고 있다"라고 하였다.[55]

　당시 양대 정당의 전당대회는 흔히 대중적 인기가 없는 후보자를 지명하였다. 그리고 대중의 의지를 좌절시키는 당 지도자들과 공직자들의 부패와 횡포에 대한 불평이 만연하였다. 프랜시스 블레어(Francis P. Blair)는 국민이 공직자들의 "공무수행과정에서 노출된 부패"에 분노하고 있다고 주장하였고, 어떤 휘그당원은 "이기적이고 부도덕하고 포악한 일단의 부정직한 인물들로 이루어진 법률가 도당들이 그의 당을 장악"하고 있다고 탄식하였다.[56]

세인트루이스 데일리 글로브-데모크라트(St. Louis *Daily globe-Democrat*)지는 "우리가 대중의 뜻을 따르고자 한다면 전당대회는 폐지되어야 한다"라고 선언하였다.[57] 필라델피아의 휘그당원들은 "무서운 얼굴로 여론을 억누르기 위한" 휘그당 공직자들의 고압적인 태도에 항의하였고, 그리고 코네티컷주 민주당 당원들은 "이기적인 엽관배(獵官輩)들, 책략가들, 기회주의자들, 관리들이" 민주당을 장악하고 있고, 대중의 의사 표현에 족쇄를 채우고 있다고 불평하였다.[58]

샌프란시스코의 어떤 휘그당원은 1852년 그의 어머니에게 편지로 "지난 3년간 우리 주(州)와 도시의 선거를 좌지우지하였던 직업적인 책략가들과 배후조종자들을 몰아내기 위하여 강력하게 노력하고 있습니다. 후보지명 전당대회는 이곳에서 너무나 악평을 듣고 있어서 이후에는 후보자를 선택하기 위한 어떤 새로운 방안이 고안되어야 할 것으로 생각합니다"[59]라고 휘그당 전당대회를 비난하였다.

이 시기의 기성 양대 정당에 대한 반-정당 감정은 다른 어떤 시기보다 광범하고 강력하였다. 극단적인 예를 들면 1856년에 샌프란시스코의 유력한 상인들이 조직한 자경단원들이 시를 장악하여, 금 광산 광부 출신인 데이비드 브로데릭(David C. Broderick)이라는 악명 높은 민주당 패거리들을 추방하고, 정직한 시 정부를 다시 수립하기 위하여 인민당(People's Party)을 만들었다. 이후 이 인민당은 그 도시를 10년간 운영하였다.[60]

휘그당을 파괴하고 그 부활을 막은 것도 기성 정당과 정치인들에 대한 적대감이었다. 많은 사람들이 구 정당의 지도자들과 모든 휘그당 당직자들의 부패와 사익추구 그리고 대중관리 능력결여에 대하여 너무나 심각하게 걱정하고 있었다. 이처럼 휘그당원과 민주당 당원들에 반발한 사람들이 그들의 뜻을 표현할 수 있는 새로운 정당을 원하였다.

휘그당의 파멸, 기성 정치 체제에 대한 염증, 새로운 지도자에 대한 욕구가 아메리카당 초기의 성장 촉진제였다. 무지운동의 주요한 매력은 구 정당을 파괴하고 부패한 정치인들을 공직에서 몰아내고 일반 서민들에게 정치적인 권력을 돌려주려고 한다는 것이었다. 매사추세츠주의 아메리카당 출신 지사였던 헨리 가드너(Henry J. Gardner)는 그의 두 번째 승리의 전략을 다음과 같이 묘사하였다. "우리는 배후조종자들이 아니라 인민들에게 호소하였다."[61]

뉴욕주의 어떤 아메리카당 당원은 1854년에 "우리는 이번 가을에 구 정당의 늙은 말들에게 통쾌한 패배를 안겨주기로 하였다"라고 주장하였다.[62] 실제로 뉴욕주의 정치인들은 휘그당 당원들이 아메리카당의 당원들과 제휴한 것은 뉴욕주의 정치계를 장악해 온 수어드 위드(Seward-Weed) "왕조"에 대한 반대, 즉 언론인 텔로우 위드(Thurlow Weed) 도당의 부패 그와 적절하지 못한 관계였던 윌리엄 수어드(William H. Seward)의 친-가톨릭 경향에 반대하였기 때문이었다고 믿었다. 어떤 민주당원이 새무엘 J. 틸든(Samuel J. Tilden)에게 "휘그당 젊은이들은 위드 왕과 그 패거리들의 지휘를 따르지 않을 것"이라고 주장하였다. 그리고 로체스터(Rochester)의 한 아메리카당 당원은 휘그당이 추구하는 목표는 "수어드주의(主義) 즉 정치적인 가톨릭주의(Sewardism and

Political Catholicism)"라고 공격하였다.[63]

피츠버그(Pittsburgh)의 아메리카당 신문편집자는 아메리카당 조직(American Orders)이 수적으로 그렇게 급격하게 증가한 하나의 큰 이유는, "아메리카당이 치료할 수 있다고 믿은 죄악, 즉 기존 정당의 배후 조종자들의 비열한 목적[죄악]에 대한 인민들의 깊은 혐오"[64]라고 주장하였다.

아메리카당이 인민들에게 권력을 돌려주겠다고 약속한 방법은 지방의 지구당이나 전당대회에서 과반수로 당의 공직추천자들을 선택하는 일종의 직접예비선거였다. 또 다른 방법은 후보자들이 직업 정치인이 아니고, 인민을 대표한다는 것을 선언하는 것이었다. 어떤 보스턴 인사가 서술하기를 "아메리카당의 당원들의 주요한 원칙 중의 하나는 인민들로부터 금방 선출된 국회의원들을 의회에 보내는 것"이라고 하였다.[65]

피츠버그의 아메리카당 당원들은 "펜실베이니아주의 연방상원 의원은 정치가(statesman)이어야 하고, 정치꾼(politician)이어서는 안 되고, 일반 국민으로부터 금방 선출된 새로운 인물이어야 한다. 아메리카의 옷을 입어야 하고 휘그당원 혹은 민주당 당원들이 벗어 던진 옷을 입어서는 안 된다"[66]라고 주장하였다.

요약하건대 산업혁명이 진행되고 있던 미국에서 비밀 결사적, 반-외국인적, 반-가톨릭적 성격의 아메리카당이 1850년대 중반에 돌연 출현하여 활기를 띠게 된 것은, 첫째, 유럽 이민의 양적증대와 이민의 성격변화, 즉 비-영어권 이민과 가톨릭 이민의 폭발적인 증가 때문이었다. 둘째, 당시 기존 정당들이 지역적인 갈등과 관련이 있는 문제점들에 대한 토착미국인들의 요구에 적절히 대응하지 못하였기 때문이었다. 셋째, 당시 기존 정당인 휘그당과 민주당에 대한 미국인들의 불신감 때문이었다.

4. 아메리카당의 몰락과 공화당 창당

아메리카당의 지역지도자 대부분은 새로운 인물들이었다. 그들은 대체로 기존 정치 지도자들보다 더 젊고 가난하였다. 피츠버그의 아메리카당 지도자들은 절반 이상이 35세 이하였고, 60% 이상이 5,000달러 이하의 재산 소유자였으며, 48%가 기능공이거나 회사원이었다.[67] 매사추세츠주 의회 아메리카당원도 거의 같은 성격이었다. 그들은 대부분 건축업계와 제조업계의 기술자들(artisans), 사무원(clerks), 그리고 성직자(clergymen)들이었다.[68]

그런데 코네티컷주 뉴헤이븐(New Haven)의 어떤 주민은 아메리카당 후보자들은 완전히 새로운 사람들이었고, "그들 중 몇몇 젊은 사람들은 대학을 졸업한 것이 4년밖에 되지 않았고, 그리고 다른 몇몇 사람들을 전혀 교육을 받지 않았다. 이제 분명해진 것은 그들이 그들의 자리에 적합하지 않다"라는 것이었다.[69] 이처럼 아메리카당이 지배하는 주 의회의 무경험과 무능력에 대한 불평들이 곳곳에서 나타나기 시작하였다.[70]

기성 정당과 공직자들에 대한 증오와 투표장에서의 아메리카당의 성공은 구 정당에서 추방된 자들과 탈락자들에게 절호의 기회를 제공하였다. 이들은 그들 자신의 당내의 다른 파벌들의 우세 때문에, 혹은 그들 자신이 속한 지역을 반대당이 지배하게 되어 그들의 야망이 좌절된 제2

열의 탈락정치인들이었다. 점차 아메리카당 후보자들은, 그들의 적이 주장한 것처럼, 사실상 "지쳐 빠진 정치꾼들이고, 집요한 공직 사냥꾼들"임이 밝혀졌다.[71]

1854년의 무지당 뉴욕주 지사후보인 다니엘 울만(Daniel Ullman)이 그 전형적인 사례였다. 휘그당의 수어드-위드(Seward-Weed)파가 4년간 그의 공직 사냥을 방해하여 결국 아메리카당에 합류하였다. 그리고 사이먼 카메론(Simon Cameron), 헨리 윌슨(Henry Wilson), 밀러드 필모어(Millard Fillmore) 같은 구정치인들이 용의주도하게 그리고 신속하게 그 당을 장악하게 되자, 정치꾼들의 지배에서 벗어나기 위하여 그리고 인민들에게 권력을 돌려주기 위하여 그 비밀결사에 합류한 많은 사람이 아메리카당에 환멸을 느끼기 시작하였다. 그리하여 어떤 노스캐롤라이나주 인사가 탄식하기를,

"공직과 출세를 위한 이러한 싸움과 쟁탈전은, 우리 조직이 치유하고자 한 목적이었던, 매우 커다란 죄악(罪惡) 중의 하나였다. 그리고 우리의 성공이 같은 죄악으로 인하여 매우 위태롭게 되는 것 같다. 대중들은 건전하나, 이기적인 목적으로 이 비밀 결사에 들어온, 구당 지도자들과 정치적인 늙은 말(馬)들을 우리가 엄격히 감시하지 않으면 우리를 파멸시킬 것이다"[72]

라고 우려하였다. 이러한 환멸이 1855년 이후 아메리카당의 급격한 쇠퇴의 주요한 원인이었다.

아메리카당이 신선함과 대표성 이미지를 상실하자, 공화당이 그것

을 대신하였다. 아메리카당이 아닌 공화당이 1856년에 민주당의 주요한 적수가 된 가장 중요한 이유 중의 하나는 "유혈의 캔자스(Bleeding Kansas)"와 찰스 섬너(Charles Sumner) 상원의원에 대한 구타로 조성된 지역주의였다.[73]

공화당이 급성장하게 된 가장 중요한 요인은 북부 아메리카당 당원들과 맺은 흥정이었다. 지방선거에서 공화당원들은, 대통령후보인 프리몬트를 아메리카당원들이 지지한 것에 대한 보답으로, 매사추세츠주의 헨리 가드너(Henry J. Gardner)를 위시한 아메리카당 공천자로 지명된 후보자들에게 공개적 지지를 천명하였다. 그리고 지역 공화당 신문과 대변인들은 아메리카당 당원들에게 가톨릭교회를 비난하도록 하였다.[74]

그러나 북부의 다수 아메리카당 당원들이 기꺼이 공화당에 합류하게 된 또 다른 이유는 공화당원들의 신선한 느낌과 서민들에 관하여 관심을 보이는 방법 때문이었다. 공화당은 처음부터 기존 정당에 대한 대중의 저항을 인정하였고, 그것으로부터 유리한 고지를 차지하고자 하였다. 오하이오주와 인디애나주에서 초기 반-네브래스카 연합세력은 인민당(People's parties)으로 불렸다. 그리고 공화당원들이 1856년에 코네티컷주에서 아메리카당 당원들과 관계없이 당 조직을 하고자 하였을 때, 동일한 명칭을 사용하였다.[75]

공화당원들은 서로 의심하고 있던 휘그당원, 민주당원, 자유 토지당원들을 끌어들이기 위하여 서로 간에 이익이 되는 공통분모를 추구한 결과 이러한 전술을 따르게 되었으나, 또한 샌프란시스코 자경단원들과 꼭 같이 민중이 지배하는 정당이라는 민중의 요구를 수용하였다. 공화당은 1856년 2월 피츠버그에서 개최된 전국 정당을 조직하기 위한 최초의 모임에서, 기성 정치인과 기성 정당의 정치절차를 증오하였던 사람들을 많이 끌어들였다.

신시내티 출신 대표인 찰스 리멜린(Charles Reemelin)은 흥정하는 정치인들의 수중에서 벗어나 있으면 "국민이 그들의 대리자를 찾을 것"이라고 주장하면서, 전국 지명대회 개최를 반대하였다. 그는 공화당원들의 회합이 "정치적으로 음흉한 사람들에게 그들이 일을 시작하도록 광고하는 것 특히 이름과 시간과 장소가 아니라, 새로운 순수한 정당의 출범식"이 되기를 희망한다고 주장하였다.[76]

비록 공화당원들이 전당대회를 개최하였지만, 그들은 아메리카당 방식을 역이용하였다. 1866년 대통령선거에서 아메리카당이 필모어를 지명한 것은 남부인들의 뜻에 따른 것이었다. 그래서 평당원인 토마스 마쉬(Thomas J. Marsh)가 나다니엘 뱅크스(Nathaniel P. Banks) 의원에게 알려 준 바와 같이, "유능하고, 로마가톨릭교회의 종교적 계급제도를 경계하는, 인민 속에서 새로이 나타나게 될" 후보자를 원하였던 북부 아메리카당 당원들이 불평하였다.[77] 이러한 정서를 간파한 공화당원들은 필모어(56세) 혹은 민주당 후보자인 제임스 뷰캐넌(James Buchanan)(65세)보다 더 젊은 인물인 프리몬트(Frémont)(43세)를 지명하였다. 그리고 각 신문의 공화당 측 논설위원들은 재빨리 그 "선구자"를 새로운 인물, 인민들로부터 금방 뽑힌 인물 그리고 정부를 악정으로부터 구하기 위하여 "인민 자신들이 발탁한 인물"로 소개하였다.[78]

공화당원들은 군복을 입고 횃불을 들고 거리를 행진하는 행진단체인 "와이드 웨이크 클럽(Wide Wake Clubs)"을 조직하였다. 이러한 모습은 아메리카당의 전형적인 방법이었고, 1854년과 1855년에 아메리카당 지부로 몰려왔던 젊고 가난한 노동자와 기계공들을 공화당이 끌어들였음을 말해주는 것이다.[79] 공화당은 그들의 젊은 후보자와 이러한 아메리카당 방식의 선거운동을 통하여, 남부의 공격에 분개하였고, 필모어로부터 신선한 것을 전혀 발견하지 못한 그리고 진정한 서민의 정당을 동경하였던 아메리카당원들을 끌어들일 수 있었다.

그러나 구 정당에 대하여 참을 수 없었다는 점이 명백하였다 해도, 왜 그것이 이 시점에 출현하였는지 여전히 의문이 남게 된다. 1840년대에는 당에 대한 충성심이 열렬하였다. 그러나 1850년대 초 정당이 유권자의 요구에 부응하지 않고, 밀실에서 정치를 독점한 정치 협잡꾼들에게 정치적인 결정의 통제력을 빼앗겼다는 느낌이 일반 당원들 사이에 일어나도록 자극한 것은 무엇이었던가?

당시 보통 미국인들의 정당에 대한 조바심은, 미국인들의 가장 소중한 가치를 위협하는 사회적·경제적 변화를 서민들이 통제할 수 없다는 것이었다. 당시의 정치적·경제적·사회적 혼란이 구 정당들에 대하여 미국 서민들이 조바심을 느끼게 되었고, 그리고 모든 공직자는 서민의 요구에 부응해야 한다고 생각하게 되었다. 이리하여 당시 서민들은 그들이 지배할 수 있고, 그들의 걱정을 덜어 줄 조처를 할 수 있는 새로운 정당을 요구하기 시작하였다.

이 시기에 사회를 변화시킨 사회적 세력은 아일랜드와 독일 출신 이민들이었다. 이들이 1846년 이후 여러 지역사회에 범람하였다. 미국인들에게 외국인의 범람은 빈민굴의 증가, 안식일위배, 폭음, 소란스러운 싸움, 그리고 범죄의 증가를 초래할 것으로 보였다. 이민 노동자들에 의한 노동력의 염가판매경쟁은 토착미국 노동자들의 임금하락을 불가피하게 하였다고 비난할 수 있었다. 그리고 정치적인 목적으로 인종적, 종교적 동일성에 호소한 각 선거구의 실력자들과 정당의 배후 조종자들에게 이용당한 새로 이민 온 외국인들의 블록 투표로 민주정치 과정을 혼탁하게 하고 있었다.[80]

그래서 1851년 이후 이민의 정치참여 확대가 아메리카당 형성의 직접적인 이유 중의 하나였다.[81] 그래서 많은 주에서는 선거권자격을 시민으로 제한하였고 歸化에 5년을 요구하였기 때문에, 1840년대 후반에 도착한 이민들은 1850년대 초반에 투표하기 시작하였을 뿐이다. 그러나 귀화법은 빈번하게 위반되었다. 물론 귀화법 위반만이 이민투표자 수 증가에 대한 이유가 될 수는 없다.

이민의 선거참여를 유도한 것은 이 시대의 금주운동이었다. 1851년 메인주의 금주법이 통과되자 다른 주들도 비슷한 법을 통과시키고자 하였다. 이러한 금주법 통과시도는 외국인 이민들과 관련된 것으로 정치적인 문제에 대비하기 위한 것이었다. 그러나 금주법은 금주법에 반대하였던 이민자들을 처음으로 정치무대로 끌어들였다.[82]

이민 집단의 정치참여 증가, 민주당 당직자들 사이에 이방인과 가톨릭교도의 증가, 그리고 휘그당원들과 민주당원들이 외국인 이민자들의 표를 획득하기 위한 노력 등이 구 정당에 등을 돌리게 하였으며, 신당에 대한 기대를 불러일으키게 하였다.

토착미국인들에게 가장 위협적이었던 것은 새로 온 많은 이민의 가톨릭 신앙이었다. 가톨릭의 정치적 영향력이 향상되기 시작한 시기에, 오랫동안 경고된, 가톨릭교회의 계급적 조직이 미국을 지배할 것이라는 가톨릭 음모의 구체적인 사실들이 나타났다. 1852년부터 가톨릭 신부들이 가톨릭교회의 재산소유권을 주장하기 시작하였다.

1853년에 교황은 소유권분쟁을 조정하기 위하여 미국에 로마 교황 사절인 가에타노 베디니(Gaetano Bedini) 추기경을 보냈다. 미국토착주의 선전가들은 즉시 베드니 추기경을 천주교 침공의 선봉이라고 선동하기 시작하였다. 오하이오주, 뉴욕주 펜실베이니아주, 메릴랜드주에서, 1852~1854년 사이에 최대의 현안이 되었던 것은 가톨릭 신부들과 민주당의 주 의회 의원들이 공립학교(public school)에서 성경낭독을 중지시키고 가톨릭교도들이 내는 세금은, 공립학교가 아니라, 가톨릭 교구 부속학교(parochial school) 지원에 사용할 수 있도록 세금 분리법을 제정하기 위한 운동이었다. 공립학교제도에 대한 이러한 가톨릭교 측의 공격은 특히 중류계급과 노동계급의 반발과 증오를 유발하였다. 개신교도들은 교육을 사회적 신분 상승의 수단으로 보았기 때문이었다.[83]

이러한 가톨릭교측의 공격과 가톨릭 이민의 노동력 염가판매는 좋은 사회, 즉 임금생활자 신분에서 벗어나 신분상승을 허용하고 장려하는 사회에 대한 북부인들의 인식에 도전하는 것이었다. 이는 또한 북부인들에게 노예제도의 팽창과 꼭 같은 위협으로 받아들여졌다.[84] 아마도 북·동부의 노동자들에게는 노예제도의 팽창보다 더 큰 위협으로 느껴졌을 것이다.

1852년 이후 가톨릭에 대한 불평은 격렬한 반-가톨릭 신앙과 구 정당에 대한 실망감을 시사해 주고 있다. 그리고 많은 공동체 내에서 아일랜드인 및 독일인 가톨릭교도들의 위협에 관한 주장은, 많은 토착미국인들이 경제적으로 급격한 변화의 혼란을 겪고 있던 바로 그 시기에 나타났다.

아메리카당이 출현한 이 시기에, 상기와 같은 경시되던 집단의 정치적 활동의 증가와 혼란스러운 경제적인 변화가 동시에 일어났다. 당시의 기록들에 의하면 무지운동은 노동하던 중간계급의 운동이었다.[85] 노동자들과 부동(浮動)인구 중 많은 사람이 처음으로 투표를 하였다. 이 사람들이 그 시기에 일어난 충격적인 경제적 변화로 가장 고통을 받았기 때문에, 그들은 당시에 제기된 가톨릭음모론을 쉽게 수용하였다

기존의 구 정당은 그들의 요구에 전혀 부응하지 않고, 대중의 통제 범위에서 완전히 벗어났다고 느꼈기 때문에, 기존 정당들에 대하여 가장 참을 수 없었던 사람들은 그들의 환경변화에 가장 혼란스러워했던 사람들이었다. 기드언 웰스(Gideon Welles)가 주장한 것과 같이, "다수의 일반 시민들은 반-가톨릭주의보다는 새로운 정당 참여에 흥미"가 있었을 것이다. 이러한 두 가지 요소가 아마도 거대한 다수에게 신당참여의 동기를 부여하였을 것이다. 어떤 의미로 무지주의는, 예일 대학의 데이비드 데이비스(David B. Davis)교수와 워싱턴 대학의 롤랜드 베르토프(Rowland Berthoff)교수가 시사한 바와 같이, "혼란을 일으킨 변화에 대한 반응의 혼합 결과물"이었다. 데이비스 교수는 "가속화된 유동성과 변화가 음모설에 대한 믿음을 유발"하였다고 주장하고 있다.[86]

베르토프 교수는 19세기 중엽의 비밀공제조합과 오드 펠로우(Odd Fellows)같은 친목단체의 유행은, 무질서한 보다 큰 단체에서 그들이 발견할 수 없는 "안정되고 질서 있는 공동체에 대한 사람들의 욕구"의 결과라고 주장하였다.[87]

이 시기에 많은 미국인이 비밀단체 혹은 친목단체에 가입하였다. 그리고 가톨릭음모도 굳게 믿고 있었다. 다른 시기보다 1850년대에 더

많은 수의 미국인들이 비밀단체에 가입하였다는 사실은 당시의 사회적 혼란이 유별나게 심각하였음을 말해주는 것이다. 1850년대의 불안과 좌절이 무지운동을 발생시켰다. 갑작스러운 경제적인 혼란, 상승하는 물가, 공립학교 제도에 대한 가톨릭의 공격, 위험스러운 비-미국적(un-American)인 이민 집단과의 직업 경쟁, 그리고 그들의 증가 하고 있던 정치적 힘으로부터 위협을 받고 있다고 느낀 많은 수의 미국인들이 공포심을 가지게 되었다.

민주당원들과 휘그당원들이 개신교도들의 불평을 해소하기보다 이민 집단의 비위를 맞추자, 투표자들은 대거 이탈하여 양대 정당의 둔감한 정치권력 브로커들에게 등을 돌리고 가톨릭 이민에 반대할 것이라고 약속한 무지운동 단체(Know Nothing Order)에 참가하였다. 무지운동 단체는 기존 정당에 대한 대중들의 조바심을 너무 잘 파악하여 구체화하였고, 인민을 위한 권력을 주장하고 만연된 인종편견에 영합하여, 미국 정치사의 결정적인 시기에 엄청나게 유력한 세력이 되었다.

무지운동을 시작한 세력들은 초기 공화당에 매우 중요한 의미를 지니고 있었다. 그 세력이 휘그당에 대한 반감과 북부인들의 반-남부 정서를 이용하고자 한 휘그당원들의 노력을 무산시키자, 공화당원들이 그것을 이용하게 되었다. 무지운동가들의 반-가톨릭주의는 또한 중류계급과 노동계급 투표자들로 하여금 민주당에 등을 돌리게 하였다. 이들 중 대부분은 공화당원들과 합류하였다.

공화당원들은 자유백인노동 옹호와 더불어, 아메리카당 당원들을 과시적으로 여러 공직후보로 지명하였다. 그리고 아메리카당이 상실(喪失)해 버린 참신함 그리고 자신들이 중류 및 노동자 서민대표임을 의식적으로 나타내었다. 결국 반-정당 감정과 반-가톨릭주의를 발생시킨 혼란에 대한 인식과 더불어 노예제도를 확대하고자 한 시도인 "캔자스-네브래스카(Kansas-Nebraska)법"과 "유혈의 캔자스(Kansas)"사태, 그리고 "르컴튼(Lecompton)헌법" 등 남부 음모의 구체적인 증거들이 나타나자, 노예세력 음모에 대한 북부인들의 확신이 더욱 강화되었다.

노예세력의 음모와 가톨릭의 음모에 대한 민주당의 명백한 연루는 민주당의 패배를 초래하였다. 1860년 공화당원들이 사실상 무명 인사였으나, 진정한 서민의 대표인 링컨을 출마시키자, 민주당이 패배하였다. 결국 흑인노예제도를 둘러싼 민주당과 공화당의 갈등이 증폭되어 남북전쟁을 초래하였다.

주 (a footnote)

1) Harry J. Carman and Reinhard H. Luthin, "Some Aspects of the Know-Nothing Movement Reconsidered," *South Atlantic Quarterly*, 39(April, 1940), p.211.

2) William G. Bean, "An Aspect of Know Nothingism-The Immigrant and Slavery," *South Atlantic Quarterly*, 23(October, 1924), p.322.

3) Carman and Luthin, "Know-Nothing Movement Reconsidered," p.211; Allan Nevins, *Ordeal of the Union: A House Dividing, 1852~1857*(New York, 1947), pp.328-29, 331; Avery Craven, *The Coming of Civil War*(Chicago, 1942).

4) John Highman, "Another Look at Nativism," *Catholic Historical Review*, 44(July, 1958).

5) Michael Fitzgibbon Holt, "Antimasonic and Know Nothing Parties," in Arthur Schlesinger, Jr., ed., *History of United States of Political Parties*(New York, 1873) pp.575-62; *The Political Crisis of the 1850's*(New York, 1978); William Gienapp, "Origins of the Republican Party"(Ph. D. dissertation, University of California, Berkeley, 1980), 601); Ronald Formisano, *The Birth of Mass Political Parties: Michigan, 1827~1861*(Princeton, 1971).

6) Saumel J. Miller to New York Central Whig Association, Mt. Morris, Aug. 12, 1854, Ullman Papers, in M. Holt, "The Politics of Impatience: The Origins of Know Nothingism," *Journal of American History* 60(1973), p.311: (참고) 김종길, "19세기 중엽 미국 무지당(Know-Nothing Party)의 정치적 의의,"『경북사학』제20집(1997)), pp.233-265; "남북전쟁 이전 미국의 산업혁명과 토착주의 운동,"『경북사학』제24집(2001), pp.135-176.

7) U. S. Bureau of the Census, *Historical Statistics of the United States: Colonial Times to 1970,* Part 1 & II(U. S. Government Printing Office, 1975), part 1, Series A 190-194, pp.22-23, C 15-24, pp.89-91. Joel H. Silbey, *The Partisan Imperative: The Dynamics of American Politics before the Civil War*(New York, 1958), p.100.

8) Roy P. Basler, ed., *The Collected Works of Abraham Lincoln*(9 vols.; Rutgers Univ. Press, 1953-1955), II, p. 364, III, p.478,; *New York Tribune*, October 6, 1856; *Congressional Globe*, 35 Congress, 1 Session, 1856; *How Ought Workingmen to Vote in the Coming Election? Speech of Hon. Henry Wilson, at East Boston, Oct. 15, 1860*(Boston, 1860), p.2, in Thomas Russell and Elias Nason, *The Life and Public Service of Hon. Henry Wilson*(Boston, 1872), p.1.

9) U. S. Bureau of the Census, *Historical Statistics*, part 1, Series A 190-194, pp. 22-23, C 15-24, pp.89-91; Roger L. Ransom, *Conflict and Compromise: The Political Economy of Slavery, Emancipation, and the American Civil War*(New York, 1989), pp.130-131.
10) *New York Times,* June 23, 1854, cited in Eric Foner, *Free Soil, Free Labor, Free Men*(New York, 1970), p.229.
11) M. Holt, "The Politics of Impatience," p.314.
12) Michael F. Holt, *Forging a Majority: The Formation of Republican Party in Pittsburgh, 1848~1860*(New Haven, 1969); J. H. Silbey, *The Partisan Imperative*; William E. Gienapp, *The Origins of the Republican Party, 1952~1856*(Oxford, 1987), p.103.
13) U. S. Bureau of the Census, *Historical Statistics*, part 1, Series A 190-194, pp. 22-23, C 15-24, pp.89-91.
14) *New York Times,* June 23, 1854, in E. Foner, *Free Soil, Free Labor, Free Men,* p.229.
15) U. S. Bureau of the Census, *Historical Statistics,* part 11, Series Y 204-209, p. 1083.
16) E. Foner, *Free Soil, Free Labor, Free Men,* p.238.
17) M. Holt, "The Politics of Impatience," p.314.
18) U. S. Bureau of the Census, *Historical Statistics*, part 11, Series Y 204-209, p. 1083.
19) M. Holt, *Forging a Majority* ; *Political Crisis*; R. Formisano, *The Birth of Mass Political Parties;* J. H. Silbey, *The Partisan Imperative*; W. Gienapp, *The Origins of the Republican Party*, p.103.
20) U. S. Bureau of the Census, *Historical Statistics,* part 1, Series A 190-194, pp. 22-23, C 15-24, pp.89-91.
21) U. S. Bureau of the Census, *Historical Statistics*, part 1, Series A 178-194, pp. 22-23.
22) Peter D. McClelland and Richard J. Zeckhauser, *Demographic Dimensions of the New Republic: American Interregional Migration, Vital Statistics, and Manumissions, 1800~1860*(Cambridge, 1982), p.52.
23) John Nevins, *Martin Van Buren: The Romantic Age of American Politics*(Oxford, 1983), p.569.
24) Svend Peterson, *A Statistical History of the American Presidential Elections*(New

York, 1963), pp.35-38: (cf) 김종길, "남북전쟁이전 미국출생주의 운동과 노동문제," 『인문과학』제13집(인문과학연구소, 1999), pp.81-111.

25) Ray A. Billington, *The Protestant Crusade, 1800~1860: A Study of the Origins of American Nativism* (Chicago, 1964), pp.289-314; Oscar Handlin, Boston's Immigrants: A Study in Acculturation (New York, 1968), pp.200-01.

26) 당시 Massachusetts 주의 공화당과 무지당의 득표율은 약 29.6% 대 42%였고, New York 주는 31%대 34%, Pennsylvania 주는 2%대 47%였다. New Hampshire, Connecticut, Rhode Island, New Jersey, California, Maryland 주에는 공화당이 창당되지도 못하였다.

27) Lee Benson, *The Concept of Jacksonian Democracy: New York as a Test Case* (Princeton, 1961), M. Fitzgibbon Holt, *Forging a Majority*; Paul Kleppner, *The Cross of Culture; A Social Analysis of Midwestern Politics 1850~1900*(New York, 1970).

28) Henry M. Phillips to William Bigler, June 11, 1854, *William Bigler Papers* (Historical Society of Pennsylvania); Marcellus Ells to Hamilton Fishm, Feb. 14, 1854, *Hamilton Fish Papers* (Manuscript Division, Library of Congress); L. R. Shepard to Marcy, Jan. 28, 1854, *Marcy Papers*, in M. Holt, "The Politics of Impatience," p.310.

29) R. Billington, Protestant Crusade, 390-97; A. Nevins, Ordeal of th Union, pp. 316-32.

30) Samuel R. Busey, *Immigration: Its Evils and Consequences*(New York, 1856), pp.5-6; Thomas R. Whitney, *A Defense of the American Policy*(New York, 1856), p.135, 140.

31) *Know Nothing Almanac* for 1855, 20; W. S. Tisdale, ed., *The Know Nothing Almanac and True American's Manual for 1856*(New York, 1856), p.22; T. Whitney, *Defense of the American Policy*, p.320.

32) W. Gienapp, "Origins of the Republican Party," Ch 5.

33) Humphrey Desmond, *The Know-Nothing Party, a Sketch* (Washington, 1904), pp.66-67.

34) H. Carman and R. Luthin, "Some Aspects of the Know-Nothing," p.211.

35) W. Bean, "An Aspect of Know Nothingism," p.322.

36) H. Carman and R. Luthin, "Some Aspects of the Know-Nothing," p.211.

37) John Highman, "Another Look at Nativism," *Catholic Historical Review,* 44(July, 1958).

38) M. Holt, "Antimasonic and Know Nothing Parties,"; R. Formisano, *The Birth of Mass Political Parties*.
39) Joseph G. Rayback, *Free Soil: The Election of 1848*(Lexington, 1970), p.288.
40) Roy F. Nichols, "The Kansas-Nebraska Act: A Century of Historiography," *Mississippi Valley Historical Review*, XLIII (Sept. 1956), p.205; Glyndon G. Van Deusen, *William Henry Seward*(New York, 1967), p.150.
41) B. Thompson to Daniel Ullman, May 19, 1854, *Daniel Ullman Papers* (New York Historical Society); J. J. Jones to William L. Marcy, March 21, 1854, *William L. Marcy Papers* (Manuscript Division, Library of Congress); William E. Cramer to Caleb Cushing, Jan. 26, 1854, *Caleb Cushing Papers* (Manuscript Division, Library of Congress); Pittsburgh Daily Gazette, May 3, 1854, in M. Holt, "The Politics of Impatience," p.2.; Don E. Fehrenbacher, *Prelude to Greatness: Lincoln in the 1850s* (Stanford, 1962), pp.25-34.
42) John H. Silbey, *The Transformation of American Politics, 1840~1860* (Englewood Cliffs, 1967), 1-34; P. Klepper, *The Cross of Culture*, pp.77-91, 100-04.
43) Saumel J. Miller to New York Central Whig Association, Mt. Morris, Aug. 12, 1854, *Ullman Papers*.
44) Ray A. Billington, *The Protestant Crusade, 1800~1860: A Study of the Origins of American Nativism*(Chicago, 1964), 289-314; Oscar Handlin, *Boston's Immigrants*, pp.200-01.
45) R. Billington, *Protestant Crusade, 390-97*; A. Nevins, *Ordeal of th Union*, pp.316-32.
46) Charles Sellers, *James K. Polk: Continentalist 1843-1864* (Princeton, 1966), pp.108-09; id., "The Equilibrium Cycle in Two-Party Politics," *Public Opinian Quarterly*, XXIX (Spring 1965), pp.16-38; L. Benson, *Concept of Jacksonian Democracy*, pp.125-31.
47) M. Holt, *Forging a Majority*, pp.109-14; William Pettit to John M. Niles, Dec. 8, 1853, *Gideon Welles Papers* (Manuscript Division, Library of Congress); O. Handlin, *Boston's Immigrants*, p.355, 85n.
48) Douglas Bowers, "Ideology and Political Parties in Maryland, 1851~1856," *Maryland Historical Magazine*, LXIV (Fall 1969), pp.197-217.
49) R. Formisano, *The Birth of Mass Political Parties*, pp.223-38.
50) M. Holt, *Forging a Majority*, pp.42-48; Edward Pessen, *Jacksonian America: Society, Personality, and Politics* (Homewood, 1969), pp.251-54.
51) John McKeen to Franklin Pierce, Sept. 28, 1852, *Franklin Pierce Papers* (New

Hampshire Historical Society); Lewis C. Levin to Marcy, Oct. 15, 31, 1852, *Marcy Papers*.

52) John H. Brinton to Franklin Pierce, Oct. 6, 1852, John Davis to Franklin Pierce, Oct. 25, 1852, *Franklin Pierce Papers;* E. A. Penniman to Bigler, Oct. 13, 15, 1852, *Bigler Papers*, in M. Holt, "The Politics of Impatience," p.315.

53) James Johnson to Edward McPherson, Dec. 3, 1852, *Edward McPherson Papers*; J. C. Sterns to John McLeanm, April 19, 1852, *John McLean Papers*(Manuscript Dvivision, Library of Congress).

54) Charles R. Williams, ed., *Diary and Letters of Rutherford Birchard Hayes, Nineteenth President of the United States* (5 vols., Columbus, 1922), I, p.470.

55) Thomas J. McGarry to Thomas Corwin, Nov. 4, 1952, *Thomas Corwin Papers* (Manuscript Division, Library of Congress).

56) Francis P. Blair to Franklin Pierce, Nov. 25, 1852, *Blair Family Papers* (Manuscript Division, Library of Congress); "Truth" to Corwin, Sept. 1850, *Thomas Corwin Papers*.

57) *St. Louis Daily Democrat*, Sept. 8, 1853; Thomas C. Reynolds to Cushing, Sept. 17, 1853, *Cushing Papers*; Francis P Blair to Francis P. Blairm, Jr., May 18, 1852, *Blair Family Papers*.

58) William Mason to Corwin, May 27, 1851, *Thomas Corwin Papers*; C. F. Cleveland to Gideon Welles, July 22, 1854, a letter by Welles, March 1855, *Welles Papers*.

59) Roger Sherman Baldwin, Jr., to Emily Baldwin, Oct. 31, 1852, *Baldwin Family Papers* (Yale University Library).

60) Samuel J. May to Nathaniel P. Banks, June 4, 1856, *Nathaniel P. Banks Papers* (Manuscript Division, Library of Congress); Richard Maxwell Brown, "Pivot of American Vigilantism: The San Francisco Vigilance Committee of 1856," John Alexander Carroll, ed., *Recollections of Western Historians* (Tucson, 1969), pp. 105-19.

61) Henry J. Gardner to Ullmann, Nov. 12, 1855, *Ullmann Papers*.

62) J. J. Henry to Ullmann, Oct. 10, 1854, ibid.

63) S. B. Jewett to Samuel J. Tilden, Oct. 6, 1855, *Samuel J. Tilden Papers*(New York Public Library); James R. Thomson to Ullmann, March 24, 1855; Alex Mann to Ullmann, June 20, 1854, L. L. Pratt to Ullmann, Oct. 17, 1854, L. S. Parsons to Ullmann, *Ullmann Papers*.

64) *Pittsburgh Daily Dispatch*, Sept. 5, 1855; R. Formisano, *Birth of Mass Political*

Parties, pp. 229-38, 246-50.

65) Moses Kimball to Henry L. Dawes, Aug. 28, 1854, *Henry L. Dawes Papers* (Manuscript Division, Library of Congress).

66) *Pittsburgh Daily Gazette,* Feb. 24, 1855.

67) M. Holt, *Forging a Majority,* p. 155.

68) George H. Haynes, "A Know-Nothing Legislature," *Annual Report of the American Historical Association for the Year 1869* (2 vols., Washington, 1897), I, pp. 175-87.

69) Emily Baldwin to Roger S. Baldwin, Jr., April 3, 1855, *Baldwin Family Papers.*

70) R. Billington, *Protestant Crusade,* pp. 412-17.

71) *Pittsburgh Daily Gazette,* Sept. 19, 1855.

72) Kenneth Rayner to Ullmann, n. d., 1855, *Ullmann Papers.*

73) Don E. Fehrenbacher, "Comment on Why the Republican Party Came to Power," George Harmon Knoles, ed., *The Crisis of the Union, 1860~1861* (Baton Rouge, 1965), pp. 21-29; E. Foner, *Free Soil, Free Labor, Free Men,* pp. 199-200.

74) Edward L. Pierce to Solomon P. Chase, Aug. 3, 1857, *Salmon P. Chase Papers* (Manuscript Division, Library of Congress) ; S. J. Welles to Gideon Welles, Jan. 3, 1857, *Welles Papers*; *Cincinnati Enquirer,* Nov. 6, 1856; M. Holt, *Forging a Majority,* pp. 175-219; R. Fromisano, *Birth of Mass Political Parties,* pp. 268, 271-72.

75) Chase to E. S. Hamlin, Jan, 12, 1855, Chase Papers; John Law to Marcy, Sept. 3, 1854, Marcy Papers; Charles L. English to Gideon Welles, New Haven, Jan. 31, 1856, *Welles Papers,* in R. Formisano, Birth of Mass Political Parties, pp. 264-65, 326-27; R. Brown, "Pivot of Vigilantism," pp. 105-09.

76) Jacob Heaton to Chase, Feb. 25, 1856, Chase Papers; David K. Hitchcock to Banks, March 28, 1856, *Banks Papers.*

77) Thomas J. Marsh, to Banks, March 19, 1856, George White to Banks, June 10, 1856, *ibid.*

78) Draft editorial, n. d., *Welles Collection,* in M. Holt, "The Politics of Impatience," p. 322.

79) James W. Husted to Morgan, Aug. 1, 1860, Lewis Benedict, Jr., to Morgan, Sept. 11, 18860, James Irving Smith to Morgan, Oct. 8, 1860, *Morgan Papers*; John S. Williams to Gideon Welles, Nov. 25, 1854, *Welles Papers*; R. Billington, *Protestant Crusade,* p. 420.

80) R. Billington, *ibid.*, pp.322-38; George W. Morton to Fish, Feb. 27, 1854, *Fish Papers;* T. Sherman Bassett to Banks, Dec. 9, 1855, *Banks Papers.*
81) R. Billington, *ibid.*, 325-26; O. Handlin, *Boston's Immigrants*, pp.191-92; *Pittsburgh Daily Dispatch*, Sept. 5, 1855.
82) J. H. Silbey, *Transformation of American Politics*, pp.12-15, 28-32; M. Holt, *Forging of a Majority*, pp.114-20.
83) R. Billington, *Protestant Crusade,* pp.289-314; M. Holt, *Forging a Majority,* pp. 132-40; Vincent P. Lannie, "Alienation in America: The Immigrants Catholic and Public Education in Pre-Civil War America," *Review of Politics*, XXXII(Oct. 1970), pp.503-21.
84) E. Foner, *Free Soil, Free Labor, Free Men*, pp.11-39, 40-102.
85) Seymeur Martin Lipset and Earl Raab, *The Politics of Unreason; Right-Wing, Extremism in America, 1790~1970*(New York, 1970), pp.55-57.
86) David Brion Davis, *The Slave Power Conspiracy and the Paranoid Style*(Baton Rouge, 1969), pp.28-29.
87) Rowland Berthoff, "The American Social Order: A Conservative Hypothesis," *American Historical Review,* LXV (April 1960), pp.495-514.

제 8 장
공화당과 흑인노예제도 문제

1. 공화당의 급속한 성장

　　남북전쟁 이전(以前) 시대에 관한 연구들은 이데올로기가 남·북 간의 지역적 갈등의 주요한 특색이었다고 주장한다. 이 시기 정당의 차이점은 19세기 미국사회의 본질과 그것의 미래 전망에 대한 미국인들의 근본적인 차이점을 반영하고 있다는 것이다. 그러나 이러한 일반적인 인식에도 불구하고, 공화당(Republican Party)의 창당과 그 당의 빠른 성장 속도에 대한 해석은 매우 다양하다. 그리고 공화당 정강(政綱)의 성격, 투표자들이 그 당에 반응을 보인 이유, 심화하고 있던 지역적인 위기와 공화당과의 관계 등은 아직도 논쟁의 대상이 되고 있다.[1]

　　다수의 연구자는 초기 공화당 이데올로기가 호소력을 가지게 된 배경으로 산업자본주의 발전, 미국출생주의(Nativism)와 반-가톨릭주의, 노예제도에 대한 도덕적 반대, 흑인에 대한 인종적 증오, 노예제도 확대의 저지 등을 강조하고 있다. 그런데 공화당 및 재건시대(Reconstruction

Era) 시대에 관한 탁월한 연구자인 에릭 포너(Eric Foner)교수는 "자유노동(自由勞動)"에 대한 신념이 공화당 이데올로기의 골격이었다고 주장하였다. 그는 공화당의 이러한 경향은 북부의 자유노동 사회를 보존하고 확대하고자 한 행동으로부터 형성된 것으로 보고 있다.[2] 포너의 해석은 널리 수용되고 있으나, 자유노동 관념이 공화당 정강의 이념적인 기초였고, 이것을 대중들이 지지하였다는 주장은 문제가 있다. 자유노동 이념은 북부인들과 노예소유자들을 구분 지을 수는 있으나, 북부 민주당원과 공화당원을 구분하는 근거가 될 수는 없기 때문이다.[3]

한편 버지니아 대학의 마이클 홀트(Michael F. Holt)교수는 포너와 다른 시각에서, 공화당 이데올로기를 해석하였다. 홀트에 의하면, 그 당의 호소력의 핵심은 공화주의에 대한 위협세력이었고, 공화당원들은 "노예세력(Slave Power)"을 공화주의 위협 세력으로 간주하였다는 것이다. 그가 노예세력에 중요성을 부여하였으나, 공화당원들이 이 상징적인 용어를 어떻게 규정하였는지에는 거의 관심을 보이지 않았다.[4] 그러나 하버드 대학 사학과 윌리엄 지애나프(William E. Gienapp)교수는 공화당 이데올로기의 핵심은 바로 "공화주의"였다고 설득력 있게 주장하였다. 이러한 연구의 미묘한 차이점들을 정확하게 평가할 수는 없겠으나, 그 당시의 지역적인 대립을 이해하기 위하여 "노예세력" 개념과 공화당의 이데올로기를 정리해 둘 필요가 있다.[5]

북부 민주당의 유력한 지도자였던 스티븐 더글러스(Stephen A. Douglas)가 제안하여 입법화시킨, 노예제도의 폐지 여부를 주민 주권론(sovereignty)에 의한다는, 캔자스-네브래스카법(Kansas-Nebraska Act)이 미국의 남·북 간의 대립을 한층 더 격화시켰다. 그래서 컬럼비아 대학의 앨런 네빈스(Allan Nevins)교수는 일찍이 그 법이 미국에 "재난"이 되었다고 주장하였고, 스탠퍼드 대학의 데이빗 포터(David Potter)교수는 "무익(無益)의 극치"라고 비판하였으며, 홀트 교수는 정치적으로 "중대한 오산(誤算)"의 결과였다고 평가하였다. 그리고 지애나프 교수는 그 법은 "지금까지 연방의회가 승인한 가장 치명적인 법 중의 하나"라고 혹평하였다.[6] 이들이 지적한 바와 같이 그 법은 의도와 완전히 반대의 결과를 가져왔다. 그 법은 민주당과 휘그당에 회복할 수 없는 상처를 입혔다. 그 법이 인정한 "미주리타협의 폐기"에 대한 북부의 반대는 폭발적이었다. 공화당원들은 이 법이 노예세력의 정치적인 음모라고 비난하였고, 더글러스의 정치적인 지도력은 물론 그의 동기에 대하여도 신랄하게 공격하였다.[7]

노예세력에 대한 공화당원들의 인식을 설명하기 위하여, 몇몇 역사가들은 사회 심리학적인 방법을 원용하였다. 예일대학 데이빗 데이비스(David B. Davis)교수는 미국인들은 "역사란 어떤 거대한 음모를 반영한 것이라는 주장에 특이하게 영향을 받았다"라는 리차드 호프스태터(Richard Hofstadter)교수의 주장을 수용하였다. 그는 남북전쟁 이전 수십 년 동안 "미국사회에서 진행된 급격하고 어지러운 변화"에서 "노예세력의 음모"라는 개념의 근원을 추적하고 있다.[8]

공화당 이데올로기와 1850년대의 정치적 위기와의 관계에 관한 연구는 소홀히 되어왔다. 일부 역사가들은 공화당원들의 주장에서 어떤 타당성을 추구하기도 하였으나, 대체로 "노예세력"이라는 관념은 "공상적"인 것이라고 해석하였다. 그들은 노예소유자들이 모두 같은 이해관계를 가진 것은 아니었고, 남부가 결코 남북전쟁 이전에 정치적으로 통일되어 있지 않았으며, 남부의 대표들이 의회에서 하나의 연합세력으로 투표하지 않았다고 주장하고 있다. 그래서 "공화당이 노예세력 개념을 주장한 것은 터무니없는 것"이며, "편집증(paranoia)"이었다고 주장하기도 하였다.[9]

그래서 본 장에서는 캔자스-네브래스카법과 공화당 출범기 미국의 정치적, 경제적, 사회적인 상황을 먼저 정리하였다. 그리고 공화당의 급격한 성장과 관련이 있는, 지역적인 대결을 자극한 드레드 스콧사건(Dred Scott Case)과 캔자스 사태(Bleeding Kansas)를 검토하였다. 다음으로 1860년의 대통령선거 과정을 자세히 검토하여 공화당 이념의 변질을 분석하였다. 끝으로 공화당의 급격한 성장을 가능케 한 공화당 이데올로기의 실체를 정리해 보고자 하였다.

2. 캔자스-네브래스카(Kansas-Nebraska)법과 캔자스사태

미주리주 이북에 노예제도를 금지한 1820년의 "미주리타협(Missouri Compromise)"을 파기한, 1854년의 "캔자스-네브래스카법"은 남·북간 대립을 격화시켜 미국 정치계가 재편성된다. 네브래스카지역에 준주정부를 세우고자 한 시도는 1844년부터 시작되었으며, 1850년대에 들어오면 미주리(Missouri)주, 아이오와(Iowa)주, 일리노이(Illinois)주 등 중·서부 출신 의원들이 여러 차례 네브래스카 준주법을 제안하였다. 미주리주와 아이오와주의 정치적 이해관계와 철도부설에 따른 이해관계 때문에 북위 40도를 경계로 하여 그 이북 지역에는 네브래스카준주를 조직하고, 그 이남 지역에는 캔자스준주를 조직하고자 하였다. 그러나 이 지역에는 미주리타협에 의거 자유주가 성립될 가능성이 컸기 때문에 남부출신 의원들의 완강한 반대로 그러한 법안들이 입법화되지는 못하였다. 그래서 1844년부터 네브래스카준주 조직을 위하여 노력하였던 일리노이주 상원의원 더글러스가 남부출신 의원들의 반대를 극복하기 위하여 1854년 1월 "1850년의 대타협"에서 채택되었던 "주민 주권(Popular Sovereignty)" 원칙을 적용한 캔자스-네브래스카 법안을 의회에 제출하였고, 그의 끈질긴 노력의 결과 법제화되었다.[10]

1850년대 초 미국의 어떤 정치가들도, 이전 시기와 달리, 노예제도와 준주 문제를 회피할 수 없었다. 1850년의 타협으로 조성된 정치상황 때문에 정치가들은 노예제도와 서부에 대하여 자신의 태도를 표하지 않을 수 없었다.[11] 그리고 당시 미국 정치계에 새로운 압력 요소였던 서부 철도부설을 위한 경쟁이 없었더라면, 더글러스의원도 노예제도 문제와 새로운 준주 조직 문제에 관심의 가지지 않았을 것이다.

1840년대 후반과 1850년대는 광적인 철도부설 시대였다. 1853년 동부 연안으로부터 미시시피강 서부 주에 이르는 4개의 간선 철도가 거의 완성되어 가던 시기였다. 다음 단계는 대평원과 로키(Rocky)산맥을 넘어 캘리포니아주와 태평양에 이르는 거대한 공사였다. 이 거대한 공사를 성취하기 위하여서는 두 개의 문제점이 해결되지 않으면 안 되었다. 첫째, 철도의 부설 목적과 미시시피강 이서 지역으로 정착민이 이주하게끔 철도회사와 정착민들에게 국유토지의 불하 문제였다. 둘째 최초의 대륙횡단철도 연결 노선을 결정하는 문제였다. 그러나 이 문제들을 해결하기 전에 네브래스카준주 조직을 해야 하였다.[12]

더글러스는 수년간 미주리 타협 원칙에 따라 그 지역이 자유준주로 조직되어야 한다고 생각하였다. 1850년의 타협이 진행되고 있을 때, 그는 캔자스-네브래스카준주의 노예제도 문제를 회피하였다. 그러나 1854년 1월 4일 돌연 그는 종전의 입장을 버리고 유타(Utah)와 뉴멕시코(New Mexico)준주법에서 이미 적용된바 있는, 노예제도 찬·반에 대한 주민 주권 원칙을 적용한 캔자스-네브래스카 준주법을 제안하였다. 그리고 그는 가능한 한 빨리 그의 법안을 연방의회에서 통과시키기 위하여 노력하였다.13)

더글러스는 캔자스-네브래스카준주 법안이 남부의 반대 때문에 이전 회기에서 부결되었음을 잘 알고 있었다. 그래서 그는 남부의 지지를 얻기 위하여 새로운 준주에서 노예제도가 인정될 수도 있는 법안을 제안하였다. 그는 "주민 주권론"으로 노예제도 문제를 교묘하게 처리할 수 있다고 믿었던 것 같다. 그러나 심각한 정치적인 계산 착오였다. 게다가 더글러스는 그의 본래의 법안에 미주리타협을 폐기한 수정 타협안을 받아들였다.14)

남부의 지지로 캔자스-네브래스카법안은 1854년 3월 4일 37대 14표로 상원을 통과하였다. 하원은 완강하게 반대하였으나, 결국 1854년 5월 22일 113표 대 100표로 통과하였다. 남부 휘그당원들이 그 법안을 지지하였기 때문이었다. 단지 9명의 남부 출신 의원만이 그 법안에 반대하였다. 대체로 절반의 북부 민주당 의원들과 북부의 휘그당, 자유 토지당 의원들은 그 법안에 반대하였다.15)

캔자스-네브래스카법은 서부로의 노예제도확장 문제에 대한 하나의 타협적 해결책이었다. 주민주권원칙은 경쟁하고 있는 집단들이 어떤 합의에 도달할 수 있는 가장 가능성이 큰 것이었다. 서부 주는 토지문제에 대한 타협적 해결책에 관심이 컸으므로, 더글러스는 시간이 지나면 지지자 수가 점차 늘어날 것이라고 믿었다.[16]

그러나 주민주권원칙의 근본적인 전제 조건은 경쟁하는 집단들이 합의된 결정을 기꺼이 수용하고 공존해야 하였다. 또한 그 지역 밖의 주민들이 그 결정의 결과를 기꺼이 수용해야 하였다. 그러나 노예주를 지지하는 정착민들과 자유주를 지지하는 정착민들은 서로 평화롭게 살 수가 없었다. 인접한 주의 주민들도 방관자로 머물러 있고자 하지 않았다. 이것이 주민주권론의 치명적인 약점이었다. 어느 한 편이 노예제도의 인정 여·부에 대한 준주의 투표에서 승리할 경우, 다른 한 편이 그 결과를 기꺼이 수용하려 하지 않았다.

이 당시 미국은 인구변동이 극심하였다. 〈표 8-1〉에 의하면 1840년대 말 이후 점점 더 많은 미국인이 그들의 농장을 떠나 도시로 이주하였다. 도시의 공장들이 이들에게 직업을 제공하였기 때문이었다. 도시는 농촌인구를 끌어들였을 뿐만 아니라, 〈표 8-2〉에 나타나 있는 바와 같이 1845년부터 1854년까지 3백만 이상의 이민이 미국으로 이주하였다. 그리고 그들 중 매 3명당 2명이 아일랜드(Ireland)와 독일(Germany) 출신들이었다.[17]

〈표 8-1〉 1840~1860간의 지역별 도시 인구[18] (단위 천)

지역	연도	총인구	도시인구	도시인구(%)	지역별 도시인구(%)	도시인구 변동(%)
미국	1840	17,064	1,845	10.81		
	1850	23,193	3,543	15.28		92.03
	1860	31,443	6,216	19.77		75.44
북동부	1840	6,761	1,235	18.53	67.91	
	1850	8,627	2,289	26.53	64.61	82.68
	1860	10,594	3,787	35.75	66.92	65.44
서부	1840	3,352	129	3.85	6.99	
	1850	5,404	499	9.23	14.08	286.82
	1860	9,097	1,263	13.88	20.32	153.11
남부	1840	6,951	463	6.66	25.09	
	1850	8,983	744	8.28	21.00	60.69
	1860	11,133	1,067	9.58	17.17	43.41
극서부	1850	179	11	6.16	0.31	
	1860	619	99	15.99	1.59	800.00

* 북동부(Northeast): Connecticut, Maine, Massachusetts, New Hampshire, New Jersey, New York, Pennsylvania, Rhode Island, Vermont. 서부(West): Illinois, Iowa, Indiana, Kansas, Michigan, Minnesota, Missouri, Nebraska, Ohio, Wisconsin. 남부(South): Alabama, Arkansas, Delaware, District of Columbia, Florida, Georgia, Kentucky, Louisiana, Maryland, Mississippi, North Carolina, South Carolina, Tennessee, Texas, Virginia; 극서부(Far West): California, Colorado, New Mexico, Nevada, North Dakota Territory, Oregon, Washington, Utah.

〈표 8-2〉 1840~1859간의 이민 통계[19] (단위 천)

연 도	전 체	아일랜드인	독일인	기타
1840~4	481.2	181.6	100.5	117.8
1845~9	948.8	474.4	284.9	268.0
1850~4	1,808.8	809.1	654.3	453.2
1855~9	831.3	220.4	321.8	353.8

출생지에 관한 통계자료가 작성 발표된 첫해인 1850년에 미국인 중에서 약 10%가 외국출생이었으나 1860년에는 약 14%로 증가하였다. 〈표 8-3〉은 1850년과 1860년 미국의 지역별 외국출생 인구분포를 나타내고 있다. 정당의 재편성 압력이 절정에 도달하였을 시기에 외국출생 인구의 수가 급격히 확대되었다. 그리고 1850년 미국의 전체 외국출생 인구의 59%가 북·동부지방에서 살았고 29%는 서부에서 살았다. 이에 비하여 외국출생 인구의 단지 11%만이 남부에서 살았고 1860년에는 10% 이하로 낮아졌다.[20]

〈표 8-3〉 1850년과 1860년의 지역 및 출생 별 인구 대비[21] (단위 천)

	합계	미국출생	외국출생	지역총인구 대 외국출생(%)	미국출생인대 외국출생인(%)	지역별 외국출생인(%)
1850년						
북동부	8,627	7,289	1,326	15.37	5.50	59.1
서부	5,404	4,747	650	12.03	7.30	29
남부	8,983	5,617	242	2.69	23.21	10.8
극서부	179	151	27	15.08	5.59	1.2
합계	23,197	17,803	2,245	9.68	7.93	
1860년						
북동부	10,594	8,570	2,019	19.06	4.24	48.9
서부	9,097	7,437	1,543	16.96	4.82	37.3
남부	11,133	6,902	392	3.52	17.61	9.5
극서부	619	440	179	28.92	2.46	4.3
합계	31,443	23,094	4,390	13.96	5.26	

19세기 중엽 외국으로부터 유입되는 이민의 폭발적인 증가는 미국 사회에 엄청난 충격이었다. 1890년 외국출생 인구는 1860년과 거의 같은 비율인 14.69%였다. 1890년의 자료들을 기초로 추산하면, 외국출생의 이민과 그 부모들이 외국에서 출생한 외국인 가계의 미국인의 총수는 1850년대 미국 인구의 적어도 20~25%였다고 추측할 수 있다. 여기에 부모 중 하나가 외국 태생 미국인을 합하면 인구의 33%에 이른다. 북부에서는 그 비율이 훨씬 더 높았다.[22]

1840년대 미국에서 이민이 새로운 것은 아니었다. 그러나 1840년대 및 1850년대와 비교될 만한 거대한 수의 이민은 아니었다. 또한 가톨릭 신앙을 가진 아일랜드인과 영어를 사용하지 않는 독일인들이 외국에서 도착하는 최대의 이민 집단이었다.

대규모의 이민이 북부의 도시에 정착하자, 도시 생활의 접근성이 인종 차이점을 현저하게 노출하기 시작하였다. 새로운 성격의 대규모 이민자들에 대하여 토착미국인들은 이민거부감을 점점 더 노골적으로 표현하기 시작하였다. 뉴욕 타임스(New York Times)는 "우리의 양자로 들어온 시민들은 미국인의 감정으로 자신들을 물들일 의무가 있다. 그들은 그들이 온 나라들의 관습, 습관, 언어의 보존을 위하여 함께 떼를 지어 다녀서는 안 된다"라고 주장하였다.[23]

"미국출생" 집단과 이민집단들 사이의 알력이, 1850년대 초의 정치지도자들을 난처하게 하였던 여러 가지 특별한 문제점들과 혼합되었다. 더욱 심각한 것은 북·동부와 중·서부 지방에서 조직되었던 미국출생주의자 단체들의 비밀 결사적 성격이었다. 이들 중 가장 유명한 것이 무지당(Know-Nothings Party)이었다. 이 단체는 그들의 정치적인 신념에 대하여 "나는 아무것도 모른다(I know nothing)"라는 구성원들의 대답으로부터 그 이름이 유래한 비밀 단체였다.

무지당(無知黨)은 1854년의 선거 때 돌연 유력한 세력으로 정치무대에 등장하였다. 윌리엄 수어드(William H. Seward)와 같은 휘그당 지도자들은 민주당의 캔자스-네브래스카법 지지에 대항하기 위하여 노예제도 반대운동 단체들을 이용하였다. 그는 도시의 민주당 지배세력이 이민의 지지에 기초하고 있다고 미국출생주의자들에게 호소하였다. 수어드가 시도한 방법이 민주당에 심각한 타격을 주기는 하였으나 적중하지는 못하였다. 〈표 8-4〉에 의하면 민주당은 연방하원의원 선거에서 41석이나 상실하였으나, 이들 의석 중에서 단지 12석 만이 휘그당이 차지하였다. 나머지 의석은 자유토지당과 무지당에게 돌아갔다. 상원의원 선거에서 휘그당은 한층 더 기대 이하였다. 민주당이 2개의 의석을 추가로 획득하였으나, 휘그당은 7석을 상실하였다. 반면에 이득을 얻은 것은 제3의 정당들이었다. 1854년의 선거는 양대 정당에 재난이었다.[24]

1855년 말 정당이 재편성된다. 휘그당 조직은 재기불능 상태가 되었다. 민주당도 심하게 손상을 입었다. 이러한 결과가 초래된 원인에 관한 대답은 캔자스-네브래스카법에 대한 그들의 지지였다. 그러나 만약 반-노예제 감정이 민주당 패배의 결정적인 원인이었다면 왜 휘그당원들이 실질적 이득을 거두지 못하였을까? 더글러스에 의하면, 캔자스-네브래스카법이 선거에서 유일한 중요한 요소가 아니었기 때문이었다. 그는 민주당의 패배는, 노예제도 폐지론, 메인주의 금주법(Maine Liquor Lawism), 북부인들의 휘그주의 포기, 가톨릭에 대한 신교도들의 반감, 외국인들에 대한 미국출생 주의자들의 반감 등으로 혼합된 시련의 도가 니로부터 비롯되었다고 주장하였다. 민주당의 곤경은 노예제도 반대감정과 미국출생주의와의 혼합에서 비롯되었으나, 미국출생주의 등장이 더욱더 비중이 큰 것이었다. 1850년대 중반에 가톨릭교와 이민에 대한 거부감에서 비롯된 비밀 결사 단체들은 당시 미국에서 가장 급격히 성장하고 있던 정치 집단들이었다.[25]

기존의 정당들은 이러한 종류의 항의운동을 처리하는 데 어려움이 있었다. 무지당운동에서 가장 강력한 힘의 근원은 반-가톨릭주의였다. 그러나 여러 해 동안 휘그당 지도자들은 반-가톨릭 문제에 대하여 온건한 태도를 유지하였다. 그 결과, 홀트(Michael Holt)교수가 지적한 것처럼, 휘그당은 가끔은 미국출생주의적 호소를 하였지만, 가톨릭에 반대하는 주장은 거의 하지 않았다. 지역적인 차이점이 문제를 더욱더 복잡하게 하였다. 반-가톨릭주의가 아일랜드 출신 가톨릭교도 보다는 독일 개신교 이민이 많았던 일리노이주와 위스콘신주와 같은 서부의 주들에서 호소력이 있었고, 가톨릭교도 아일랜드 이민들이 많이 거주하였던 동부 해안선 부근 도시들에서는 호소력이 없었다.[26]

〈표 8-4〉는 1848년부터 1858년 사이의 정당별 연방하원과 상원의원 수를 정리한 것이다. 이 표들에서 세 가지의 현상이 명백하게 보인다. 잭슨대통령 이후 의회에서 압도적으로 우세하였던 민주당이 1854년 이후 급격히 그 기반을 상실하기 시작하였다는 점이다. 그들은 1856년 하원에서 다수당이었을 뿐이었고 1858년에는 소수당이 되었다. 제3당인 자유토지당의 중요성이 급격히 증대하여 1856년 하원에서 균형세력이 되었다. 그러나 가장 중요한 것은 1856년 휘그당소멸과 공화당의 급격한 성장을 보여주고 있다는 점이다.

⟨표 8-4⟩ 연방의회 의원 정당별 분포[27]

	연방하원				연방상원			
	민주당	휘그당	공화당	기타	민주당	휘그당	공화당	기타
1848	112	109		9	35	25		2
1850	140	88		5	35	24		3
1852	159	71		4	38	22		2
1854	108	83		43	40	15		5
1856	118		92	26	36		20	8
1858	92		114	31	36		26	4

　공화당의 급격한 성장속도가 공화당창당의 어려움이 크지 않았다는 것을 의미하는 것은 아니다. 최근 정치사가들은 1850년대의 인종문제가 민주당에 도전하기 위한 새로운 정당을 만드는 일을 매우 어렵게 만들었다고 강조하고 있다. 지애나프(William E. Gienapp)교수가 지적한 것처럼, 주민 주권론에 근거한 캔자스-네브래스카법에 대한 지나친 강조는 공화당 조직의 어려웠던 과정을 경시하게 된다. 미국출생주의자들과 이민집단 간의 충돌에도 불구하고, 그들은 남부에 대하여 뿌리 깊은 반감을 공유하고 있었다. 이러한 반감이 새로운 정당인 공화당이 북부에서 성장할 수 있는 기반이 되었다.[28]

　위 ⟨표 8-3⟩에서 제시된 자료들에 의하면 외국에서 태어난 미국인 10명 중 1명보다 적은 수가 1860년에 남부에 살고 있었다. 1860년 그 지역의 외국태생 인구는 단지 3.5%였다. 이민자들은 남부가 북부나 서부보다 정착하기에 바람직하지 않은 세상이라고 판단하였다. 비록 그러한 판단을 하게 된 이유는 다양하였지만, 흑인노예의 존재가 그 이유 중의 하나였다. 그들 중 많은 사람은 그들 모국의 정치적인 억압으로부터 도망 온 사람들이었다. 이들은 남부의 노예노동체제를 매력없는 제도로 보았을 것이다.

남부는 북 유럽인들에게 생소한 흑인노예제도와 대농장체제(plantation system)를 가지고 있었다. 이에 반하여 북부의 농업이 한층 더 매력적이었다. 그러나 어떤 종류의 농업이든 그것을 시작하기 위하여서는 토지와 자본이 필요하였다. 그래서 농부 출신인 이민들도 서부에서 농사를 시작하기 위한 자금을 모을 수 있을 때까지 북부의 도시에서 임금 노동자로 일하였다.

〈표 8-5〉 1850년과 1860년의 거주지역 및 출생 지역별 백인미국인[30] (단위:%)

	1850년			1860년		
	동일지역 출생	북부출생	남부출생	동일지역 출생	북부출생	남부출생
뉴잉글랜드	97.72	2.03	0.25	97.04	2.65	0.30
중부대서양연안	93.49	5.21	1.30	94.64	4.14	1.22
남부대서양연안	96.68	2.54	0.78	96.36	2.74	0.90
북동 중부	65.13	22.94	11.94	70.76	20.98	8.21
남동 중부	77.23	2.29	20.48	80.69	2.74	16.57
북서 중부	48.14	20.89	30.97	44.41	35.34	20.25
남서 중부	53.67	8.83	37.51	52.68	7.03	40.29

* 뉴잉글랜드: Connecticut, Maine, Massachusetts, New Hampshire, Rhode Island, Vermont. 중부 대서양 연안: New Jersey, New York, Pennsylvania. 북동 중부: Illinois, Indiana, Michigan, Ohio, Wisconsin. 북서 중부: Iowa, Kansas, Minnesota, Missouri, Nebraska. 남부 대서양 연안: Delaware, District of Columbia, Florida, Georgia, Maryland, North Carolina, South Carolina, Virginia. 남동 중부: Kentucky, Tennessee, Alabama, Mississippi. 남서 중부: Arkansas, Louisiana, Texas.

북·동부 공업 지역의 점점 증대되어 가고 있던 중요성에도 불구하고 토지는 그들에게 특별한 중요성을 가지고 있었다. 자유노동 관념과 관련된 자유토지의 중요성이었다. 훨씬 더 많은 수의 이민이, 농부가 아니라, 도시 노동자로 고용되었다는 사실이 그들 대부분이 농업적인 배경에서 왔다는 사실을 간과할 수 있게 할 수도 있다. 이민 온 사람들은 그들이 재산을 모으게 되면 곧 농부로서 새로이 시작하겠다는 욕망이 있었다. 이러한 사람들에게 있어서 서부의 토지에 대한 약속은 매우 호소력이 있었다.

서부 토지로의 이주는 독립혁명 이전부터 미국인들 생활의 독특한 면모였다. 제퍼슨정부 이래 정부의 토지정책은, 남부와 북부 미국인들의 서부로 이주를 장려한 것이었다. 〈표 8-5〉는 북부와 남부 밖의 지역에서 태어난 인구의 백분율과 동일 지역에서 태어난 미국출생 미국인들의 백분율이다. 대서양 연안 지역에서는 대부분 미국출생 미국인은 그들이 태어난 지역에서 살고 있었다. 대조적으로 일리노이주 등 기타 동·북 중부지역과 아이오와주 및 기타 서·북 중부지역에서는 각기 미국태생 인구의 20%에서 35%는 다른 지역에서 출생하였다. 일리노이주 등 동·북의 중부 지역과 아이오와주 등 북·서 중부지역에서는 미국태생 인구의 절반이 다른 지역으로부터 이주하였다.[29]

〈표 8-5〉에 의하면 미국 서부의 자유지역에 사는 사람들은 남서부 노예주에 사는 사람들보다 훨씬 더 다양한 배경 출신들이었다. 출생지에 대한 이러한 불균형은 남북전쟁 이전 시대의 국내이주에 대한 명백한 몇 가지 사실들을 보여준다. 남부인 중 상당히 많은 수가 남부로부터 서부의 자유지역으로 이주하였다.[31] 대조적으로 북부인들이 남서부의 노예

주로 이주하는 경향은 거의 없었다. 그 결과 남·서부보다 북·서부가 한층 더 이질적인 인구를 가지게 되었다. 국내 이주에 대한 이러한 인구 특성은 1850년대의 노예제도에 대한 북부인들의 태도를 나타내고 있다. 거주할 곳을 선택하게 되었을 때 미국출생이든 혹은 외국 출생이든 북부인들은 노예농업이 지배하는 지역에 살기를 원하지 않았다.[32]

1856년 중엽 반-민주당 집단들을 융합하여 전국적인 정당을 만들고자 한 시도는 상당히 진척되었다. 공화당은 대통령후보로 캘리포니아주의 존 프리몬트(John C. Frémont)와 다수의 연방의회 의원후보자들을 출전시킬 수 있을 정도로 발전하였다. 비록 그들은 1856년 대통령선거에서 제임스 뷰캐넌(James Buchanan)에게 패배하였지만, 존 프리몬트와 전직대통령이었던 밀러드 필모어(Millard Fillmore) 무지당(Know-Nothing Party) 후보의 표를 합하면 일반투표의 55%에 달하였다.[33]

새로 선출된 민주당 출신의 뷰캐넌 대통령은 1857년 3월 취임하자 곧 두 개의 중대한 위기에 직면하였다. 그 하나는 드레드 스콧(Dred Scott)라는 노예가 제기한 소송사건에 대한 연방대법원 판결과 주민주권론에 대한 최초의 시금석이었던 캔자스 문제였다. 뷰캐넌 대통령은 취임연설에서 준주의 노예제도 문제에 대하여 "지금 계류 중인 미국연방 대법원에 속하는 사법상 문제이다. 그리고 신속히 그리고 최종적으로 판결이 날 것으로 알고 있다. 대법원의 판결에 모든 선량한 시민들과 함께 나는 기꺼이 승복할 것이다"라고 주장함으로써 그 판결의 중요성을 인정하였다.[34]

1857년 3월 3일 대법원장 로저 토니(Roger Taney)가 드레드 스콧 사건의 최종 판결을 하였다. 그는 이 사건 최종 판결에서 3가지 문제를 판정한다고 선언하였다. 첫째, 드레드 스콧은 자유인이 아니다. 둘째, 연방의회는 준주의 노예제도의 합법성에 관한 법을 제정할 권한이 없다. 셋째 자유흑인은 미국 연방의 시민이 될 수 없다는 것이었다.[35]

드레드 스콧사건 자체가 지역적 충돌을 일으킬 만큼 논쟁의 여지가 많은 것은 아니었다. 그러나 1857년 드레드 스콧사건은 한 명의 노예의 자유에 대한 개별적인 판결이 아니었다. 북부의 노예제도 반대자들은 그 판결이 노예 소유를 지지하는 판결로 보았다.[36]

드레드 스콧사건의 최종판결은 1850년의 도망노예법(Fugitive Slave Law)을 한층 더 강화해야 한다고 주장하였던 남부의 노예제도 옹호자들을 고무시켰다. 그것은 또한 캔자스를 노예주로 연방에 가입시키고자 하였던 친-노예제도 세력들의 입장을 강화했다. 주(州) 지위 인정 조건은 모든 정치집단에게 중요한 문제점이 되었다. 그것은 3년 전에 캔자스-네브래스카법에 첨가되었던 주민주권론에 대한 주요한 시금석이 되었다. 노예제도를 지지한 남부인들은 캔자스를 16번째의 노예주로 미국연방에 가입할 가능성이 있는 지역으로 간주하였다. 북부의 노예제도 반대자들은 이 문제를 노예세력에 반대하는 그들의 힘을 시험해 볼 기회로 보았다.

캔자스준주 성립을 위한 투표는, 처음부터 두 진영 간에 폭력과 협박의 위협이 있었다. 캔자스준주에서 실시된 여러 투표 결과들을 종합해 보면 노예제도 지지자와 반대자들의 비율은 약 1.5 대 1이었다. 캔자스주 헌법 즉 르컴튼 헌법(Lecompton Constitution)의 채택을 위한 1857년 12월 주민투표에서 6,226명이 지지하였으나, 1858년 1월 주민투표에서는 10,226명이 반대하였다. 그 헌법은 노예소유권을 인정한 구절을 포함하고 있었다. 이러한 캔자스의 모순과 혼란을 해결하고자 한 여러 시도가 결실을 가져올 것 같지 않았다.[37]

뷰캐넌대통령은 캔자스의 노예제도 지지세력들이 만든 르컴튼 헌법을 지지하였다. 이에 대하여 앨런 네빈스(Allan Nevins)교수는 "우리나라 역사상 그렇게 비참한 대실수를 한 대통령은 없었다"라고 비판하였다.[38] 1858년 3월 3일 르컴튼 헌법을 승인한 법안이 33대 25표로 상원을 통과하였다. 그러나 연방하원에서는 르컴튼헌법이 캔자스에서 일반투표에 부쳐지어야 한다는 수정안이 제안되었다. 결국, 92명의 공화당원, 22명의 북부 민주당원, 6명의 아메리카 당 당원의 지지를 받아 그 수정안은 120대 112표로 하원을 통과하였다. 르컴튼 헌법은 다시 한번 더 1858년 8월 2일 캔자스에서 일반투표에 회부 되었으나, 큰 표 차이로 부결되었다.[39]

이러한 와중에서 대립하고 있던 양대 정당 당원의 감정을 더욱더 흥분시킨 사건이 상원에서 일어났다. 1856년 5월 19일 유명한 노예제도 비판자 중 한 사람인 섬너(Charles Sumner) 의원이 "캔자스에서의 범죄(The Crime against Kansas)"라는 제목으로 장문(5시간)의 연설을 하였다. 당시의 기준으로 보아서도 찰스 섬너의 연설은 이례적으로 장시간의 연설이었고 매우 자극적이었다. 그는 사우스캐롤라이나주 출신의 동료 상원의원인 앤드류 버틀러(Andrew P. Butler)에 대하여 개인적 공격도 하였다. 섬너는, 노예제도 지지자들은 이웃한 노예주 "미주리에서 온 살인강도들이고, 지긋지긋한 노예제도의 수용을 강요하는 처녀지의 강탈자들"이라고 매우 과격한 표현으로 공격하였다. 그리고 버틀러에 대하여 "다른 사람에게는 추악하게 보였으나, 그에게는 항상 사랑스러운 애인인, 세상 사람들의 눈에는 더럽혀졌으나, 그의 눈에는 정숙한 매춘부인 노예제도를 선택한 돈키호테(Don Quixote)"라고 비난하였다.[40] 섬너의 연설 2일 후 사우스캐롤라이나주 하원 의원인 프레스턴 브룩스(Preston Brooks)가 상원으로 들어와 지팡이로 섬너 의원을 구타하기 시작하여 인사불성으로 만들고 상원 의사당을 당당히 걸어 나갔다.[41]

캔자스준주 논쟁들과 섬너의원 구타사건은 민주당 당원들에게는 재난이었고, "캔자스문제와 섬너(Charles Sumner)라는 순교자의 출현"은 공화당원들에게는 정치적인 횡재였다. 더욱이 뷰캐넌 대통령의 르컴튼 헌법에 대한 사려 깊지 못한 지지가, 민주당이 노예세력에 의하여 지배되고 있다는 주장의 호소력을 증대시켰다. 끝으로 캔자스사태는 무지당 당원들의 파멸을 초래하였다. 그들은 그 위기에 효과적인 대응책을 만들어 낼 수 없었다. 경계주(經界州)에서 지지를 기대하였기 때문에, 무지당 당원들은 노예문제에 대하여 얼버무렸다. 그래서 무지당은 경계주의 휘그당원들과 북부의 미국출생주의자들로부터도 지지를 받지 못하였다.[42] 공화당은 마침내 1858년 선거에서 연방하원 장악에 성공하였다. 남부의 입장에서 캔자스의 대결은 쓰라린 패배였다. 캔자스는 노예주로 연방에 가입되지 못하였다. 그리고 남부는 이제 가까운 장래에 노예주로 조직될 수 있는 또 다른 준주가 있을 것으로 생각할 수 없게 되었다.[43]

3. 1860년의 대통령선거와 공화당

　남북전쟁 이전 미국 남·북 간의 대립과 긴장상태는 1850년대의 대통령선거에 반영되었다. 〈표 8-6〉은 1852년과 1860년 사이의 세 번의 대통령선거결과이다. 1852년 민주당의 프랭클린 피어스(Franklin Pierce)가 압도적 표 차로 당선되었다. 그리고 정당별 지역별 득표는 피어스를 모든 지역에서 지지하였음을 보여준다. 그는 명백히 국민의 총의(總意)에 의한 선택이었다.

〈표 8-6〉 1852~60의 대통령선거[44]

후보자	정당	일반투표		선거인단투표(주)				
		총투표수	%	합계	북부	서부	경계	남부
1852년	합계	3,157,326	100.00	296	110	66	32	88
Franklin Pierce	민주당	1,601,274	50.72	254	92	66	20	76
Winfield Scott	휘그당	1,386,580	43.92	42	18	0	12	12
John Hale	자유 토지당	156,667	4.96	0	0	0	0	0
1856년	합계	4,053,967	100.00	296	110	66	32	88
James Buchanan	민주당	1,838,169	45.34	174	34	28	24	88
John C. Fremont	공화당	1,341,264	33.09	114	76	38	0	0
Millard Fillmore	아메리카당	874,534	21.57	8	0	0	8	0
1860년	합계	4,682,069	100.00	303	110	73	32	88
Abraham Lincoln	공화당	1,866,452	39.86	180	107	73	0	0
Stephen Douglas	북부민주당	1,376,957	29.41	12	3	0	9	0
John Bell	보수연합당	849,781	18.15	39	0	0	12	27
John Breckinridge	남부민주당	588,879	12.58	72	0	0	11	61

＊ 境界州(Border): Delaware, Kentucky, Maryland, Missouri.

그러나 앨런 네빈스교수에 의하면, 피어스 대통령은 "최고의 공직을 가졌던, 가장 조급하고, 가장 고상하고, 매혹적인, 그러나 가장 허약한 사람이었으며" 점차 확대되고 있던 소동을 해결할 임무를 맡을 능력이 없다는 것이 곧 입증되었다.[45]

1856년 선거에서 민주당 당원들이 당면한 문제는 "누가 피어스를 대신할 것인가?"였다. 민주당의 가장 뚜렷한 지도자인, 스티븐 더글러스(Stephen A. Douglas)는 네브래스카 문제 때문에 심각한 타격을 입었다. 격렬한 논쟁을 거듭한 후에 민주당 지역대표들은 제임스 뷰캐넌(James Buchanan)을 대통령후보로 선택하였다. 그의 전기를 쓴 로이 프랭클린 니콜스(Roy F. Nichols)교수에 의하면, "뷰캐넌은 정치적인 긴장상태에서 항상 태도를 바꾸는 재능을 보여주었다. 그리고 논쟁의 균형을 잡는 것이 그가 성공한 주요한 요인"[46]이었다고 서술하였다. 물론 후자의 요인이 민주당 당원들이 그를 대통령으로 지지한 정확한 이유였다. 민주당 지도자들은 그를 폭력과 연방 분열의 위기를 억누를 수 있는 인물로 보았다.

그러나 그는 일반투표에서 두 후보자로부터 저항을 받았다. 전직 대통령이었던 밀러드 필모어(Millard Fillmore)는 1856년 2월 새로이 미국 출생주의자들이 조직한 아메리카당의 지명을 수락하였고, 6월에는 공화당이 존 프리몬트(John C. Frémont)를 대통령후보로 지명하였다. 이들의 강력한 도전을 받았으나, 뷰캐넌은 일반투표에서 45%의 득표를 하여 33%를 얻은 프리몬트에 여유있게 승리하였다. 그러나 뷰캐넌의 선거인단 지지표의 반수 이상이(174표 중 88표) 남부에서 나왔고, 24표가 노예를 소유한 경계주에서 나왔다. 이전에 두 명의 민주당 후보가 압도적으로 승리하였던 서부에서 뷰캐넌은 66표 중 단지 28표만을 얻었다. 공화당은 북부에서 76표, 서부에서 38표의 선거인단 표를 획득하였다. 당시 북부와 서부는, 다른 지역으로부터 전혀 지지를 받지 못한다고 할지라도, 대통령을 선출할 충분한 수의 선거인단 표를(296표 중에서 176표) 가지고 있었다.[47]

뷰캐넌은 다음 4년 동안에 그가 당면한 도전에 대응할 능력이 없다는 것이 곧 증명되었다.[48] 캔자스사태 처리에서 그의 무능력은 사태를 더욱 악화시켰다. 사실상 캔자스주 지위를 부여하고자 한 법안의 좌절은 노예제도에 대한 타협의 종말을 의미하였다.

남부의 급진파들은 그들의 정치적인 기반을 건설하고, 1832년과 1849년의 실패를 거듭하지 않도록 할 대책 강구에 그들의 활동력을 집중하였다. 북부에서는 공화당 지도자들이 1858년과 1860년에 노예제도 확장 반대를 하나의 이슈로 만들기 위한 확고한 정치적인 기반을 구축하였다. 최초의 대결은 1858년 일리노이주 상원 의원 선거에서 에이브러햄 링컨(Abraham Lincoln)과 스티븐 더글러스(Stephen Douglas)의 대결이었다. 1858년 6월 16일 공화당의 지명을 수락한 후, 링컨은 "마태복음(12장 25절)"을 원용하여 노예제도에 대한 더글러스의 태도를 공격하기 시작하였다.

분열된 집은 서 있을 수 없다. 나는 이 정부가 반은 노예로 반은 자유로 영구히 지속할 수는 없다고 믿는다.…, 노예제도 반대자들이 그것의 더 이상의 확산을 저지하고, 그리고 그것이 궁극적인 종식의 과정에 있다는 신념 속에서, 여론이 허용하는 곳에는 그것을 허용할 것이다.…, 노예제도 옹호자들은 남부는 물론 북부의 새로운 주는 물론 오래된 모든 주에서 꼭 같이 합법적으로 인정될 때까지 밀고 나갈 것이다.[49]

("A house divided against itself, cannot stand."

I believe this government cannot endure permanently half slave and half free.

Either the opponents of slavery will arrest the further spread of it, and place it where the public mind shall rest in the belief that it is in the course of ultimate extinction; or its advocates will push it forward, till it shall become lawful in all the States, old as well as new – North as well as South.)

1858년 일리노이주 상원의원선거는 미국정치사에서 유명한 일련의 연속논쟁을 연출하였다. 더글러스는 당시 민주당 북부의 유력한 지도자였다. 그는 1856년 뷰캐넌에게 근소한 차이로 대통령후보 지명전에서 패배하였으나, 1860년 민주당의 대통령후보 지명전의 가장 강력한 도전자였다. 링컨은 아직 전국적인 정치무대에서는 무명이었고, 일리노이주에서만 알려진 정치가였다. 그는 이미 1856년 제임스 쉴즈(James Shields)가 보유하고 있었던, 일리노이주 상원의원직에 도전하였으나 실패하였다. 이때 그는 라이먼 트럼불(Lyman Trumbull)이 선출되도록 조력하여, 후에 그를 공화당으로 전향시켜 링컨의 적극적인 후원자로 만들었다.[50]

이후 링컨은 다시 한번 상원의원직을 얻기 위하여 노력하였다. 이때 링컨의 선거정책은 더글러스를 "주민주권(住民主權)"원칙에 철저하게 결부시키는 것이었다. 프리포트(Freeport)의 논쟁에서 그는 다음과 같이 질문하였다.

"어떤 미국의 준주 주민들이, 어떤 합법적인 방법으로, 주 헌법을 만들기에 앞서, 그 경계선 내에서 노예제도를 거부할 수 있는가?"51)

이 질문은 더글러스가 추구한 주민주권론의 본질을 공격한 것이었다. 그러나 드레드 스콧(Dred Scott)사건의 최종판결은 명백히 연방헌법이 노예소유권리를 보장하고 있다고 해석하였다. 더글러스는 링컨의 공격에도 주민주권정책을 포기할 수는 없었다. 그는 다음과 같이 답변하였다.

준주의 주민들은 합법적인 방법으로 그들의 경계선 내에서 노예제도를 배제할 수 있다. 그 주민들은 그들이 원하는 한 그것을 도입하거나 배제할 합법적인 방법을 가지고 있다. 그 이유는 노예제도는 지방경찰의 단속이 없다면 단 하루나, 단 한 시간도 존재할 수 없기 때문이다.52)

푸리포트 주의(Freeport Doctrine)라고 알려진 이러한 주장은 노예문제에 대한 더글러스정책의 근본이었다. 그는 그것을 매우 강력하게 옹호하였다. "나는 고립된다고 할지라도, 나는 결코 그 주의(主義)를 위배하거나 포기하지 않을 것이다"라고 선언하였다. 그리고 더글러스는 링컨을 "흑인의 친구(friend of Negro)" "노예해방 옹호자"로 묘사하였다. 더글러스의 이러한 공격은 링컨을 수세로 몰았으나, 더글러스의 공격에 대하여 링컨은 다음과 같이 대항하였다.

> 나는 흑인종과 백인종 간에 사회적 정치적인 평등에 찬성하지 않았고 지금도 그러하다. 그리고 내가 믿기로는 두 인종이 사회적 정치적으로 평등한 조건 속에서 함께 사는 것을 막고 있는, 흑·백 인종간의 육체적인 차이가 있다는 것을 주장한다.[53]

노예해방에 대하여 링컨은 "노예제도가 존재하는 곳의 그 제도에 대하여, 직접적으로나 간접적으로, 간섭할 의도가 전혀 없다"라는 것을 명백히 밝히고자 하였다. 그러나 그는 끝내 자유롭게 될 흑인들의 권리를 믿고 있다는 것은 분명히 하였다.

> "그 자신의 손으로 벌어서, 다른 어떤 사람의 허가를 받지 않고 빵을 먹을 수 있는 권리에 있어서, 흑인들은 나와 더글러스 판사와 그리고 모든 살아있는 사람들과 똑 같다."

라고 링컨은 주장하였다.[54]

일곱 번째이자 마지막인 토론에서 링컨은 나라가 당면하고 있는 문제점을 능변으로 다음과 같이 설파하였다.

> [노예제도] 문제는 더글러스판사와 나의 보잘것없는 연설솜씨가 침묵하게 될 때까지도 이 나라에서 계속될 문제이다. 그것은 전 세계에 걸친 두 원칙(선과 악)의 영원한 투쟁이다. 그들을 그것이

잘못이라고 말하는 사람들의 편으로 다리고 올 수 있다. 그것의 종말(終末)이 있을 것이다. 그리고 그 종말은 그것의 "궁극적인 소멸(消滅)"이 될 것이다.[55]

링컨과 더글러스의 논쟁에서 두 가지의 뚜렷한 결론이 보인다. 첫째 노예제도 문제가 두 사람이 전개한 일련의 논쟁을 좌우하고 있는 정도이다. 반 뷰렌(Martin Van Buren)시대부터 뷰캐넌(James Buchanan)시대까지 대통령직을 추구하였던 사람들은 노예제도 문제에 대하여 분명한 태도를 회피하였다. 그러나 이 두 사람은 다음 대통령이 취임하기 전에 노예제도 문제와 정면으로 대결하지 않으면 안 될 것으로 인식하고 있었다.

둘째로 그 논쟁은 한편으로는 노예제도를 근절시키기를 원하나 다른 한편으로는 흑인의 사회적 경제적 평등을 부인하고자 하였던 많은 미국인의 뿌리 깊은 양면적인 경향을 노출하였다. 그 이유는 4백만 명의 흑인노예의 즉각적인 해방론으로 나타난 긴장이 중·서부 지역에서 특히 높았기 때문이었다. 특히 일리노이주는 단지 오하이오(Ohio) 강이 남부의 노예주와 자유주인 일리노이주를 구분해 주고 있을 따름이었다. 그래서 이 주의 백인들은 노예제도가 싫었지만, 그 강을 건너서 북쪽으로 오는 자유흑인에 대한 인종적인 공포감 때문에, 어떤 형태의 흑인노예 해방에도 반대하였다. 어떤 후보자도 흑인권리의 옹호자로 자처하지 않았다.

링컨은 1858년 가을 상원의원 지명전에서 더글러스에게 패배하였지만, 더글러스의 승리는 허망한 것이 되었다. 2년 후 1860년의 대통령선거에서 승리한 것은 링컨과 공화당이었다. 1858년의 논쟁이 링컨을 전국적인 인물로 부상시켰다. 그의 노예제도 봉쇄에 대한 명백한 옹호가 북부의 더욱 온건한 투표자들은 물론 강력한 노예제도 반대운동가들의 표도 장악할 수 있었다.

링컨은 분열된 집은 서 있을 수 없다고 주장하였다. 그러나 공화당의 다른 지도자들은 노예제사회와 자유사회의 충돌 가능성에 대하여 한층 더 적극적인 견해를 밝히었다. 1858년 12월에 윌리엄 수어드(William H. Seward)는 북부와 남부의 차이점에 주목한 후 다음과 같이 퉁명스럽게 말하였다.

> 이 충돌이 무엇을 의미하는지 당신들에게 말할까? 그것은 [노예제도] 반대 세력과 [그것을] 지속하고자 하는 세력 사이의 억누를 수 없는 충돌이다. 그리고 미국연방이 조만간 완전히 노예보유 국가가 되거나 혹은 완전한 자유노동 국가가 되어야 한다는 것을 의미하는 것이다.[56]

이러한 수어드의 주장이 새로운 것은 아니었다. 그는 수년간 거의 같은 이야기를 하고 있었다.[57] 수어드의 주장에 대하여 사우스캐롤라이나주 출신 상원의원 제임스 해먼드(James H. Hammond)도 수어드의 결론에 다음과 같이 동의하였다.

> 1860년 이후는 노예해방 혹은 연방 탈퇴이다. 만약 우리가 제시된 문제에 대한 싸움을 받아들이고, 그것에 실패하게 되면, 우리

는 하나의 남부공화국(Southern Republic)을 위하여 통합하고 조직하고 훈련할 것이다.[58]

그가 1860년의 선거를 강조한 것은 의미심장한 것이었다. 10년 이상 노예제도 문제에 타협을 주장한 후보자를 지명한 전략이 성공적이었다. 그러나, 이전과 달리, 1860년 공화당은 노예제도 문제와 대결하고자 한 전략을 채택하였다. 1860년 선거 이전에도 하몬드 상원의원 같은 남부인들은 공화당의 승리는 남부의 연방탈퇴를 자극할 것이라고 경고하였다. 과거의 그러한 위협은 거의 심각하게 받아들여지지 않았으나, 이제 그러한 경고가 단순한 위협으로 보이지 않았다.[59]

1860년 4월 말 민주당 당원들이 대통령후보를 지명하기 위하여 사우스캐롤라이나주 찰스턴(Charleston)에 모였을 때, 더글러스는 자신이 지명될 것이라고 오판하였다. 그러나 남부인들은 르컴튼(Lecompton) 헌법에 대한 그의 반대를 기억하고 있었다. 57차례의 대통령 지명 표결 이후, 그는 대통령후보지명을 받기에 부족한 소수의 표만을 유지하고 있었다. 그리고 그 회합은 대통령후보지명자를 결정하지 못하고 산회하였다.

당시 공화당원들은 시카고(Chicago)에 모여 놀랄만한 사건을 일으켰다. 일리노이주 출신의 에이브러햄 링컨(Abraham Lincoln)은 더글러스와의 노예제도 논쟁으로 명성을 얻고 있었지만, 그는 아직도 공화당 지도자 대열에 끼이지는 못하였다. 그리고 대통령선거에서 그가 그 당의 기수(旗手)로 나타나리라고 기대하는 사람은 거의 없었다. 수어드(William H. Seward)가 그럴듯한 대통령후보지명 대상으로 여겨졌다.

그러나 수어드는 시카고에서 승리할 수 있는 지지표를 유지하지 못하였다. 5월 19일 열광적인 분위기 속에서 링컨이 대통령후보지명을 받았다.[60]

링컨을 선택한 것이 공화당 발전에 주요한 전환점을 기록할 훌륭한 선택이었음이 입증되었다. 공화당은 북부 이외 지역에서는 호소력이 거의 없었던 정당이었고, 남부를 진정시킬 수 있는 후보자가 없었다. 그래서 공화당은 북부에서 북부의 민주당 당원들을 끌어당길 수 있을 정도로 타협적이고 온건한 인물이 필요하였다. 링컨이 그 요구에 가장 적합하였다.

민주당 당원들은 6월 19일 볼티모어(Baltimore)에서 다시 모였으며, 이번에는 더글러스 지지자들이 승리하였으나 무의미한 승리였다. 남부의 민주당 당원이 그 결과를 수용하기를 거부하였기 때문이었다. 남부의 민주당 당원들이 이탈하여 몇 부록 떨어진 장소에서 별도의 대회를 열고 켄터키(Kentucky)주 출신의 존 브레킨리지(John C. Brekinridge)를 그들의 대통령후보로 지명하였다. 이리하여 민주당은 완전히 남·북으로 분열되었다.

그리고 5월 양대 정당의 정책에 불만족하였던 집단들이 볼티모어에서 모였다. 무지당(Know-Nothing party) 혹은 아메리카당(American Party)의 당원들, 서부의 구 노선 휘그당원들(old-line Whigs), 그리고 경계주의 몇몇 민주당 당원들은 그들의 대통령후보로 테네시 출신인 존 벨(John Bell)을 선택하였다.[61]

1860년 11월 6일 링컨(Abraham Lincoln)이 대통령으로 선출되었다. 그러나 〈표 8-6〉가 보여주는 바와 같이 그의 승리는 단지 지역적인 승리였다. 링컨은 일반투표에서 겨우 40%의 표를 획득하였다. 그리고 남부의 10개 주의 투표장에서 공화당원들은 거의 보이지 않았다. 북부 민주당의 더글러스 후보는 일반투표에서 30%를 모았으나 자유주로부터 단지 3표의 선거인단 표를 겨우 얻었다. 이에 비하여 남부의 민주당 후보인 브레킨리지는 일반투표에서 단지 12.5%를 얻고도 72표의 선거인단 표를 얻었다. 일반투표에서 단지 18%만을 획득하였던 벨조차 39표를 획득하여 선거인단 표에서 더글러스보다 선전하였다. 이러한 선거결과에서 중요한 하나의 사실이 증명되었다. 북부와 서부에서 공화당원들의 결속을 파괴할 수 없다면 민주당은 승리할 수 없다는 것이다. 링컨이 비록 일반투표에서 40%를 획득하였을 뿐이나 그는 선거인단 표에서 과반을 획득하였다.[62]

이전 20년간의 정치적 맥락에서 미루어 보면, 왜 남부인들이 링컨의 당선에 대하여 그렇게 놀라워하였는지 알 수 있다. 미국 연방공화국 창설 이래 남부의 정치전략은 상원과 대통령직 장악이었다. 이제 그들은 둘 다 상실하였다. 과거에 힘의 균형을 남부로 기울게 하였던 행정 권력과 우세하였던 상원 지위가 뒤집힌 것이었다.

남부의 과격파들은 즉각적으로 연방탈퇴운동을 시작하였다. 사우스캐롤라이나주 의회는 선거결과를 확인한 후 1861년 1월 15일에 소집될 주 협의회소집 안건을 결정하였다. 몇 주내에 조지아주, 앨라배마주, 플로리다주, 미시시피주 등 4개 주도 주 협의회소집을 결정하였다.

루이지애나주는 연방탈퇴 문제를 논의하기 위하여 주 의회의 특별회의를 소집하여 그 운동에 합류하였다. 사우스캐롤라이나주 협의회가 소집되자 대표들은 즉시 만장일치로 연방 탈퇴를 표결로 가결하였다.

1861년 2월 동 남부(Lower South)의 7개 주가 연방을 탈퇴하였다.[63]

미국 연방의 분열위기 국면에서 연방의회는 타협을 위한 필사적인 노력을 기울이었다. 사우스캐롤라이나주 연방의회 대표들이 고향으로 돌아간 후인, 12월 중순에 부통령이었던 브레킨리지가 위기 해결책을 모색하기 위하여 상원에서 "13인 위원회(Committee of Thirteen)" 위원을 임명하였다. 이 위원회 위원들은 정당과 지역별로 안배하여 선발되었다. 브레킨리지는 미주리타협을 원상으로 회복시켜, 사태를 진정시키기 위한 제안을 발의하였다. 온건파들은 그 제안을 지지할 태세였으나, 대통령 당선인인 링컨의 뜻을 따르고 있던 공화당 위원들은 반대하였다. 사실상 전혀 새로운 것도 아니었고 또한 어떤 결말도 끌어낼 수도 없는 것이었던 브레킨리지의 제안은 위원회에서 폐기되었다.

연방하원에서 타협 노력은 더욱더 성공적이지 못하였다. 각 주 대표 한 명으로 구성된 위원회가 그 위기를 조정하기 위하여 조직되었으나, 이 위원회는 어떤 해결책도 마련하지 못하였다. 이제 연방탈퇴 문제는 연방 정부가 대응해야 할 일이 되었다.[64]

뷰캐넌 대통령이 연방탈퇴는 비-헌법적이라고 생각하였으나, 그는 주권을 가진 주 정부의 권한에 대항할 수 있는 권한을 그 자신이 가지고 있지 않다고 믿고 있었다. 그래서 1861년 3월 3일 링컨취임 때 위기에 대한 새로운 대통령의 대응을 기다렸다. 가장 긴박한 문제는 찰스턴항구에 있는 섬터(Sumter)요새에 대한 사우스캐롤라이나주 군대의 위협이었다. 1861년 4월 6일 링컨은 섬터 요새에 대한 지원명령을 내렸다. 그의 지원조치는 사우스캐롤라이나 인들에게 전쟁을 시작할 구실을 주었다. 4월 10일 포격이 시작되었고 반란이 곧 무장투쟁으로 발전하였다.[65]

곧 남부의 나머지 노예주들도 연방을 탈퇴하기로 의결하였다. 주축은 버지니아주였다. 버지니아주는 1861년 4월 17일 동·남부주들과 행동을 같이하기로 하였다. 아칸소주(5월 5일), 테네시주(5월 7일), 노스캐롤라이나주(5월 20일)가 곧 뒤따랐다. 이제 한 나라가 있던 곳에 두 개의 나라 즉 미국 남부연합(The Confederate States of America)과 미국 연방(The United States of America)이 병존하게 되었다.[66]

4. 공화당 이데올로기와 노예세력(Slave Power)

공화당(Republican Party)의 창당과 그 당의 빠른 성장의 원인에 대한 설명은 매우 다양하다. 그리고 공화당 정강의 성격, 투표자들이 그 당에 반응을 보인 이유, 심화하고 있던 지역적인 위기와 그 당과의 관계는 등은 아직도 논쟁의 대상이다.[67]

앞에서 설명한 것처럼, 초기 공화당 호소력의 본질을 설명하기 위하여, 역사가들은 미국의 산업자본주의 발전, 미국 출생주의(Nativism)와 반-가톨릭주의, 노예제도에 대한 도덕적인 반대, 흑인들에 대한 인종적 증오, 노예제도 확산의 저지 등을 강조하고 있다. 콜롬비아 대학 에릭 포너(Eric Foner)교수는 공화당 이데올로기에 대한 광범하고 매우 영향력 있는 해석을 하였다. 포너의 해석은 많은 장점이 있다. 그러나 자유노동이 공화당 정강의 이념적인 기초였고, 이것을 대중들이 지지하였다는 그의 주장은 다소 문제가 있다. 자유노동이념은 북부인과 노예소유자를 구분 지을 수는 있다. 그러나 그것이 북부의 민주당 당원들과 공화당원들을 구분하는 근거가 될 수는 없다. 그리고 남부의 노예소유자들도 자유노동 이념을 지지하고 있었다고 주장하고 있기 때문이다.[68]

버지니아 대학 마이클 홀트(Michael F. Holt)교수에 의하면, 공화당 호소력의 핵심은 노예제도 확장에 대한 반대보다는, 공화주의 정부 생존 위협에 대한 두려움이었다. 그리고 공화당 당원들이 노예세력을 공화주의 위협 세력이라고 보았다. 또한 "공화국의 안전에 대한 북부와 남부의 두려움이 궁극적으로 지역분쟁을 좌우하게 된 것"이라고 주장하고 있다. 홀트 교수의 해석은 초기 공화당 이데올로기 이해에 도움이 되기는 하나, 그의 분석은 공화주의 사상의 몇몇 중요한 측면을 간과하였다.[69] 그가 노예세력에 대하여 중요성을 부여하였으나, 공화당원들이 노예세력을 어떻게 규정하였는지에 대하여 언급이 없다.

공화당원들은 노예제도보다는 노예세력에 관심이 더 있었다. 그들이 증오한 것은 백인농장주들이었고, 그들이 가장 두려워한 것은 흑인이 아니라 백인의 자유에 대한 위협이었다. 따라서 노예세력 개념이 공화당 이데올로기를 이해하는 근본적인 키가 될 것이다.[70]

노예제도의 확산을 억제하는 것이 공화당원들의 목표가 아니었다. 캔자스(Kansas)사태는 더욱 거대하고, 더 근본적인 투쟁을 위한 하나의 계기였을 뿐이었다. 섬너(Charles Sumner)와 같이 열렬한 노예제도 반대론자들조차도 캔자스위기는 보다 근본적인 충돌에 부수적으로 일어난 사건으로 간주하였다. 그가 1856년 공화당 창당 대부 격인 헨리 레이먼드(Henry J. Raymond)에게 "이 시점에서 캔자스사태는 불가피한 문제라"는 것이고, "오랫동안 내가 바라던 바는 노예세력의 과두정치(Slave Oligarchy)가 내포하고 있는 문제점의 제기"라고 주장하였다. 그는 "그

[캔자스 사태] 위기의 핵심은 노예세력의 정치가 위협하고 있는 공화정부의 생존 문제"라고 주장하였다.[71]

"노예세력"이라는 용어는 공화당 지도자들이 1850년대의 정치적인 위기의 본질을 규정하는 주요한 수단이었다. 공화당 선전문건에서 노예세력은 미국의 많은 바람직 하지 않은 특징의 상징이었고, 국가정치의 지배세력에 대한 묘사였다. 공화당원들은 지역적 위기를 노예세력과 공화당 사이의 미국정치의 패권을 장악하기 위한 대결로 묘사하였다. 1856년 수어드는 "당장 결정되어야 할 문제는 노예소유 계급이 배타적으로 아메리카를 통치하게 할 것이냐?"이다 라고 하였다. 그리고 찰스 섬너는 "노예세력의 타도가 공화당의 실제적인 목표"라고 선언하였다.[72]

수어드에 의하면, 노예세력은 그들의 지역을 지배하고 있고, 모든 수단을 동원하여 미국 연방국가의 권력을 장악하려는 "350,000명의 특권계급"을 의미하였다. 그리고 반-노예제 신문 발행인 가말리엘 베일리(Gamaliel Bailey)는 노예세력은 노예소유자 가족들을 포함하여 약 2백만으로 추산하였다. 이러한 논법에 따라 노예제도 폐지론인인 에드먼드 퀸시(Edmund Quincy)는 노예세력 중 핵심 세력은 "5만 명 정도"라고 계산하였다.[73]

"노예세력" 혹은 "노예 권력" 개념은 정치권력 개념이었다. 공화당 급진파인 헨리 윌슨(Henry Wilson)은 노예세력을 "4백만 명의 사람[흑인노예]을 재산으로 소유한 결과 가지게 된 정치적인 영향력"이라고 지적하였다. 하버드 대학 신학 교수 출신 반-노예제도 운동가인 존 팔프리(John G. Palfrey)의원은 1840년대와 1850년대 일련의 신문논설에서 노예정치(Slavocracy)를 "노예소유자이기 때문에, 다른 2천만 자유 시민들과는 구별되고, 같은 이익으로 함께 뭉친 비교적 소수의 사람에 의하여 행사되는 미국연방 정부의 지배"라고 규정하였다.[74]

공화당 지도자들은 노예세력의 영향력은 재산으로 간주 된 흑인노예라는 거대한 자본(20억 달러 이상)에서 비롯된다고 주장하였지만, 그들은 이 자본에 편의를 제공하는 북부 기업인들이 노예세력 일부인지 아닌지는 명확히 하지 않았다. 팔프리를 위시한 일부 공화당원들은 남부농장과 광범한 상업적인 유대가 있는 북부인들을 노예세력에 포함해야 한다고 주장하였으나, 대부분의 공화당의 지도자들은 그 정확한 관계를 명확히 하지 않았다. 남부의 농장주와 북부기업가의 연합에 대한 비난은 공화당 당원들보다, 1830년대의 노예제 폐지론자들이 하였다. 대부분의 공화당원은 남부의 요구에 부응하는 북부의 기업인들을 노예 정치의 도구에 지나지 않는다고 생각하였다.[75]

또한 분명하지 않은 것은 남부의 권리를 옹호한 북부정치가들이 노예세력에 포함되는가? 이다. 공화당원들은 그러한 인물들을 멍청이거나 노예세력의 대리인들로 보았다. 그러나 때때로 당 지도자들은 이러한 부류의 사람들이 더 교활한 역할을 한다고 주장하였다. 링컨은 유력한 북부 민주당 당원들인 피어스(Franklin Pierce), 뷰캐넌(James Buchanan), 더글러스(Stephen A. Douglas)는 노예세력의 이익을 도모한 음모에 적극적으로 가담한 자들이라고 하였다. 이 줏대 없는 사람들이 이용 가치가 없어질 때, 그들의 남부주인들은 그들을 경멸하면서 버렸다고 주장하였다.[76] 그 한 실례로서 공화당원들은 친 노예적인 르콤프턴(Lecompton) 헌법을 지지한 더글러스(Stephen A. Douglas)의 비운을 지적하곤 하였다.

공화당원들이 노예세력은 "단 한 사람이 명령하고, 같은 목적으로 움직이며, 확고한 외교체제이고, 잘 조직되고 철저히 훈련된 행동단체들을 가지고 있다"라고 주장하였다.[77] "뉴욕 이브닝포스트(New York Evening Post)지"는 남부인들 사이에 정치적인 구분은 전혀 의미가 없다, 왜냐하면 노예제도의 확대문제가 제기되면 남부의 모든 정치인은 "제휴하여 같이 행동한다. 그들은 북부인들이 여러 다른 정당들에 소속하고 있는 모습을 진정으로 즐거워하면서, 그들은 하나의 정당 즉 노예제도 당에 속하고 있다"라고 주장하였다.[78]

공화당원들은 사회적 정치적 경제적 특권을 위한 수단인,

> "노예세력은 미국사회의 귀족세력을 대표하고 있고, 노예주인들이 그들 지역을 지배하고 있으므로, 메이슨-딕슨 경계선(Mason-Dixon Line) 이남의 남부사회는 권력을 독점하고, 그들 자신의 이익을 위하여 이러한 권력을 사용하고, 비-노예 소유 백인들을 억압하는 정치적인 과두지배자들에 완전히 장악되어 있다. 그리고 노예소유자들은 공직을 좌우하고 입법을 지시하고, 남부의 대중들을 무지와 빈곤 상태로 유지하였으며, 노예제도를 지지하지 않으면 누구도 공직취임이 허용되지 않았다."

이처럼 공화당원들은 특히 노예세력의 위협과 강압을 강조하였다.[79]

노예세력 개념에는 항상 음모를 꾸미고 있다는 확신이 내포되어 있었다. 공화당원들은 남부정치인들을 노예소유자들의 권력과 지위를 보호하고 확대하고자 한 음모의 대리인들이라고 주장하였으나, 이 음모가 언제 처음으로 시작되었는지는 일관된 주장을 제시하지는 않았다. 유력

한 공화당 창당 정치인이었던 세먼 체이스(Salmon P. Chase)는 그 기원을 연방헌법 채택 당시까지 소급하였다. 일부 공화당원들은 1819~1820년의 미주리(Missouri)위기를 그 기원으로 지적하였고, 다른 공화당원들은 1830년대의 노예제 폐지론자들의 청원서운동과 우편물투쟁의 시기 또는 텍사스(Texas)의 합병을 이룩한 존 타일러(John Tyler)행정부 때라고 주장하기도 하였다. 이처럼 노예세력의 출현 시점에 관한 주장은 다양하나, 멕시코(Mexico)전쟁 때부터 노예세력이 미국정치계에 공격적 세력이 되었다는 주장에는 대체로 동의하고 있다.[80]

카를 슈르츠(Carl Schurz)는 1849년 독일혁명 후 미국에 이민하였고 노예제도 반대운동에 열성적으로 참여하였으며, 그후 공화당 상원의원으로 선출되기도 하였다. 그는 남부의 공격성을 노예제도 그 자체와 연결하였다. 그는 "노예제도는 그것이 살아남기 위하여 확대되어야 한다"라는 주장을 받아들였다. 새로운 토지와 잉여노예의 새로운 배출구 없이는 노예제도는 경제적으로 시들게되고 결국 무너지게 될 것이라고 하였다. 그리고 모든 "노예세력의 요구와 행동은 그들의 이해관계와 완전히 조화를 이룬다." 그리고 "노예세력은 노예제도 존재의 당연한 결과"라고 주장하였다.[81]

자유토지당 출신의 유력한 공화당 상원의원 윌슨(Henry Wilson)은 노예제도는 "개인적 자존심에 대한 강렬한 애착, 계급구분 선호, 그리고 지배욕구"를 필연적으로 발전시켜 "신경과민이고, 시기하며, 추방하고자 하며, 억누르고자 하는 공격적 지배력을 발생시킨다"라고 주장하였다.[82]

1850년대 중엽이 되면 노예세력개념이 공화당의 표어로 사용되기 시작하였다. 노련한 노예제도 반대 선동가였던 조슈아 리빗(Joshua Leavitt)

이 이미 1840년대에 체이스에게

> "우리는 이 어휘[노예세력]를 아주 잘 이용하여야 한다. 그 말을 사용하는 사람들이 그 말을 그들에게 가르쳐 준 것이 누구였는지 그 이름과 사람을 알아야 할 필요는 없다. 그러나 그 용어의 끊임없는 사용은 사람들의 안목을 열어주는 데 크게 이바지할 것이고, 사람들의 활동력을 증대시킬 것이다."

라고 하였다.[83]

노예세력개념의 모호함이 장점이기도 하였다. 왜냐하면, 공화당 지도자들이 그들의 주장을 필요에 따라 다소 그것의 의미를 바꿀 수 있었기 때문이었다. 지적(知的) 엄정성이 정치적인 성공에 꼭 필요한 것이 아니다.

그러나 다음과 같은 개념은 변경될 수 없는 것이었다. "노예소유자들이 노예세력의 가슴과 영혼을 구성하고 있고, 그것의 추진력을 제공하였다는 것, 그리고 노예세력은 북부의 이해관계뿐만 아니라 미국의 공화주의 전통에 심각한 위협"이 되고 있다는 것이었다. 즉 노예세력이 미국의 공화주의 전통에 위협이 된다는 것이 북부 유권자들에 대한 공화당 호소의 핵심이었다. 1830년대 소규모 노예제도 폐지론자들이 노예제도를 공격하여 종식하기 위하여 노예세력 개념을 개발하였다.[84] 그러나 공화당원들은 노예세력 개념의 강조점을 노예제도의 종식에서 남부의 정치적인 힘의 파괴로 옮겼다. 공화주의를 보존하기 위하여 그것[노예세력]의 파괴는 불가피한 것이라는 것이다.

공화당의 자유토지 이데올로기 배후의 주요한 추진력은 노예제도의 확산을 중지시키고, 어떤 새로운 노예주의 연방가입을 거부하면, 노예세력의 성장은 정지될 것이고 북부가 연방정부를 지배할 수 있게 된다는 것이었다. 이러한 주장은 1840년대의 윌모트(Wilmot) 단서조항 논쟁에서도 나타났었다. 그러나 그 당시에 그러한 주장이 민주당의 연방지배를 파괴하지 못하였다.

1850년대가 되면 남부는 정치적으로 통일되어 있었다. 그리고 민주당이 장악하고 있는 국가권력에 대한 도전은 이제 공화당으로부터 나왔다. 공화당원들은 노예제도 그 자체보다 노예소유자들이 행사하는 권력에 관하여 더욱더 관심이 있었다. 어떤 공화당 당원이 섬너(Charles Sumner)상원의원에게 "이 나라에는 노예제도가 사실상 정치세력의 기반이 되고 있다"라고 주장하였다. 그러나 공화당원들은 거듭 남부의 노예제도에 대하여 간섭할 어떠한 의도나 욕망이 있다는 것을 부인하였다. 공화당의 목적과 정책을 언급한 한 연설에서 수어드(William H. Seward)는 노예제도 그 자체를 공격하는 어떤 시도에 대하여도 거부하였다. 그는 노예제도의 확산을 정지시켜서 노예 정치의 힘을 파괴하면 "그것으로 충분하다"라고 주장하였다.[85]

건국조(建國祖)들은 노예제도를 반대하였고, 헌법을 채택한 후 곧 그것이 없어질 것이라고 기대하였다고 주장한 체이스(Salmon P. Chase)는 노예세력이 공화국의 최초 기대를 전복시키고 있다고 비난하였다. 그리고 남부인들은 이 목표[노예제도의 폐지]를 거부하고, 노예제도의 확산을 허용해야 한다고 주장하여, 노예제도가 이제 나라 전체를 삼키겠다고 위협하는 강력하고 공격적 세력이 되었다고 주장하였다. 그 유일한 해결책은 최초의 정책으로 돌아가, 연방정부가 노예제도에 대한 어떤 지원도 중지하고, 그것을 엄격히 국지적인 제도로 만드는 것이었다.[86]

체이스는 노예제도에 대한 혁명세대의 언급을 다소 과장하였으나, 그렇게 함으로써, 자신들을 존경받는 아메리카 공화국의 창설자들과 동일시하고, 노예세력을 미국의 전통에 완전히 모순된 것이라고 공격할 수 있었다.

공화당 지도자들이 북부인들에게 연방정부 장악이 화급하다고 느끼게 한 것은, 경제적 입법에 대한 남부의 방해나 혹은 노예세력과 연방정부의 긴밀한 유대가 아니라, 남부의 정치력이 북부 백인들의 기본 권리를 제한하려는 반-공화주의 시도였다. 다시 말해서 공화당원들에게는 오직 공화주의 정부와 사회의 보존이 바로 그들의 투쟁의 목적이라는 것이었다.

이러한 주장을 전개하면서, 공화당 지도자들은 공화주의 이데올로기에 의존하였다. 그것은 미국의 독립혁명 정치사상속에 간직되고 있던 것이었다. 그러나 지애나프(William E. Gienapp)교수에 의하면, 독립혁명 사상체계는 "사회적 정치적 발전과 관련이 없는 불변의 원칙들은 아니었다."[87]

1789년 이후 미국공화국의 성장과 그 후 세대의 광범한 경험이 공화주의 의미를 변화시켰다. 남북전쟁 이전 10년 동안 한때 공화주의 이데올로기의 중심적이었던 몇몇 요소들은 광범한 동의를 받지 못하였다. 그 중에는 덕(德)에 대한 개념, 정부 권력에 대한 공포, 그리고 정당에 대한 반대 등이 포함되어 있었다.

그리고 공화당원들은 경제적 사회적 근대화를 촉진하고자 한 활동적 중앙집권 정부나 혹은 정책들에 대한 전통적인 휘그당원들의 적대감을 더는 지지하지 않았다. 동시에 다른 기본적인 신념들이 변화를 겪고 있었다. 예를 들면 재산이 정치적인 시민권의 기초가 된다는 신념이 보편적인 참정권 신념과 보통시민의 공직 보유가 바람직하다는 신념으로 대치되고 있었다.

18세기에는 언론・출판・정치활동의 자유와 같은 기본적인 시민의 자유에 더욱더 큰 중요성을 부여하였다. 예를 들면 초기 미국의 공화주의는 개인의 자유와 평등의 가치를 예찬하였다. 그래서 귀족정치와 소수 정예의 지배에 대한 강력한 반대와 증오까지도 장려하였다. 그러나 독립혁명과 남북전쟁 시기 동안에 공화주의 사상의 가장 눈에 띄는 연속성은 자유를 전복시키려 음모에 대한 공포였다.

이전 세대의 경험때문에 공화당 지도자들은 이러한 내적위험은 미국의 귀족주의 경향으로부터 기인 된 것으로 보았다. 이 시기가 되면 공화주의 이론은 정부는 법에 속박되어야 하고 국민에게 반응을 보이고, 국민에 의하여 지배되어야 하고, 정부의 목적은 귀족적 특권으로부터 국민을 세심하게 보호함으로써 자유와 평등을 증진한다고 생각하였다.[88]

이처럼 공화당의 공화주의 이데올로기는 자유토지당(Free Soil Party)의 자유노동(Free Labor) 이데올로기를 계승하였으나 자유토지당의 이데올로기와 꼭 같은 것은 아니었다. 자유토지당의 자유노동 이데올로기는 경제적인 것에 주안점을 둔 것이었으나, 공화당의 자유노동 이데올로기는 경제적 고려보다는 정치적 고려를 강조하였다. "기본적인 시민의 자유를 보호하고, 특권적인 귀족보다 시민의 이익을 대변하는 정부의 유지에 더 강조점"을 두었다. 공화당 당원들은 남부가 자유롭고 공개적인 민주주의 정치체제가 결핍되고, 농장주 계급의 수중에 있는 정치력이 증대되고, 노예제도가 남부백인들의 기본적인 제 권리들을 축소하고 있는 비-공화적 사회로 간주하였다.[89]

공화당의 출범기를 지난 후, 섬너(Charles Sumner)의원 구타사건과 캔자스의 로렌스(Lawrence)의 약탈로 인하여 5월경 절정에 달한 캔자스 사태에 대응하는 동안 공화당의 이러한 이데올로기는 점차 북부인들에게 더욱더 호소력을 가지게 되었다. 1856년의 선거운동 기간에 공화당은 북부인들로부터 많은 지지를 받았다. 노예제도의 확장은 공화당원들이 인식한 것보다 큰 위기의 일부분이었기 때문에, 섬너 의원구타 사건과 캔자스 사태는 공화당 이데올로기 발전에 중요한 계기가 되었다.

섬너의원 구타사건은 사실상 몇몇 공화당의 주장들을 상징하고 있었다. 섬너의원 구타사건은 남부 지도자들의 오만과 건방짐, 남부 문화의 야만성, 그들의 우세를 유지하는 데 필요하면 비판자들을 모두 침묵시키고 언론의 자유를 박멸하려 한 노예세력의 의도를 상징하는 것이었다. 프레스턴 브룩스(Preston S. Brooks)는 북부인들의 인격을 모독하고 북부인들의 평등을 공격하였을 뿐 아니라, 상원에서 섬너의원 구타소동은 언론자유에 대한 직접적인 공격이었다.[90]

캔자스사태도 꼭 같은 문제점을 제기하였다. 공화당원들은 투표함의 신성함은 물론 언론과 출판의 자유가 그 준주에서 완전히 파괴되었다고 주장하였다. 공화당원들은 캔자스와 국가의 수도 두 곳에서, 그들이 주장하고 생각해 오던 것에 대하여 공격을 받았다고 느꼈다. 신시내티 가제트(Cincinnati *Gazette*)지는 노예제도 옹호자들은

"어디서든 언론의 자유를 허용할 수 없다. 캔자스에서 대량 학살과 약탈로 그것[언론 자유]을 억압하려고 노력하고 있는 것과 같이 몽둥이와 사냥칼로 워싱턴에서 언론 자유를 질식시키려 한다."

라고 공격하였다. 시민의 자유를 심하게 제한하였던 캔자스준주 회의에서 제정된 악명 높은 친-노예적 캔자스헌법은 공화당원들의 공포를 한층 더 강화했다. 애틀랜틱 먼트리(Atlantic Monthly)는 이와 같은 헌법은 공화주의에 대한 직접적인 공격이라고 지적하였다. 왜냐하면, 그 헌법은 "자유공화국의 4개 초석인 언론, 출판, 배심, 투표의 자유에 대한 치명적 공격을 목표로 하고 있기" 때문이라고 주장하였다. 노예제도 폐지운동을 지지한 유명한 목회자인 헨리 워드 비처(Henry Ward Beecher)는 이러한 사태는 "공화국의 언론자유를 파괴하고, 국민을 침묵시키고자 장기간에 걸쳐서 만든 세심한 계획의 일부"라고 주장하였다.[91]

프리몬트의 대통령선거 패배 이후, 드레드 스콧사건의 최종 판결, 그리고 친-노예적 르콤프턴(Lecompton)헌법하에 캔자스를 연방에 가입시키려 한 시도 등이 공화당원들의 우려를 더욱더 증대시켰다. 존 브라운(John Brown)의 습격 이후, 노예제도 폐지론자들에 대하여 민주당 지도자들이 사형(私刑)을 공공연히 옹호한 것에 자극받은 필라델피아(Philadelphia)의 보수주의자인 시드니 피셔(Sidney G. Fisher)는 다음과 같이 주장하였다.

"[남부의] 정치인들은 노예제도 폐지운동과 자유, 질서, 민권운동을 연결하고 있다. 이러한 것들은 노예제도를 위하여 남부에서는 파괴되었다. 연방과 노예제도는 병립될 수 없음을 보여주고 있다. 그러면 우리는 어느 것을 희생하여야 하는가?, 가능하다면 그 모든 것을 보존하라, 가능하지 않다면, 먼저 노예제도를 희생시키라고 말할 것이다."[92]

그런데 여권(女權)운동가이자 노예 폐지론자였던 흑인인 프레더릭 더글러스(Frederick Douglass)가 "자유인(Free Men)이란 외침은 흑인의 자유를 확대하기 위한 것이 아니라, 백인의 자유보호를 위한 것"이라고 말하였을 때 그는 공화당이 주장하는 "자유인"의 진실을 정확히 간파하였다.[93]

버지니아 대학 콜트(Michael Holt)교수에 의하면, 남북전쟁 이전의 미국인들에게 흑인노예제도는 흑인과 관계없는 다른 의미가 있었다.[94] 그것은 어떤 사람의 독립성 상실, 그 자신의 생활과 운명의 통제력에 대한 무능력, 다른 사람의 요구에 대한 복종 등을 의미하였다. 노예제도는 공화주의의 반-테제의 상징이었다. 그리하여 공화당원들이 노예제도를 비난할 경우, 그들은 종종 백인들의 자유상실을 의미하였다. 어떤 오하이오 주민이 벤자민 웨이드(Benjamin F. Wade) 상원의원에게 보낸 편지는 "퇴화한 흑인들이 우리들의 유일한 노예계급이 아니다. 그 지배력의 경계선을 대담하게 고정하려고 한 '노예세력'의 오만함이 모든 사람[백인 포함]들을 무자비하게 유린하고 있다는 것을 전국의 모든 국민이 알고 이해하여야 할 때가 무르익었다"라고 주장하였다.[95]

이러한 주장에 힘을 더해 준 것은 하층백인들의 노예화를 촉구한 유력한 남부의 조심성 없는 신문 논설들이었다. 공화당신문을 통한 이러한 논설의 광범한 유포는 그러한 생각이, 실제보다 더, 남부인들의 태도와 일치되는 것으로 느끼게 했다. 공화당원들은 의식적으로 그들의 선거운동을 미국독립혁명 시기의 자유를 위한 조상들의 투쟁과 일치시켰다. 당시에 영국인들은 식민지인들을 노예화하려고 음모를 꾸미고 있었으나, 지금의 노예세력도 그러한 의지가 있다고 주장하였다. 어떤 공화당원이 1856년의 선거운동 때 "지금은 제2의 미국혁명이 시작되고 있다. 그리고 북부는 자유를 위하여 투쟁하고 있다. 그리고 남부는 북부를 노예화하기를 원하는 전제적 세력"이라고 주장하였다. 뉴햄프셔(New Hampshire) 주의 한 공화당 신문은 "우리나라의 자유는 독립혁명 시작 때 보다 10배 이상 위험에 처해 있다"라고 주장하였다. 1850년대의 위기와 1770년대의 위기의 결정적인 차이점은 "그때에는 우리가 먼 거리에 있는 적과 싸워야 하였으나, 지금은 적이 우리들의 영토 내에 있다"라는 점이라고 주장하였다.[96]

공화당 지도자들은 급진적 노예제도 폐지론자들의 "노예세력"이라는 용어를 전용하여, 그것을 북부인들의 권리에 대한 위협에 연결하여, 북부인들에게 한층 더 강력한 호소를 할 수 있었다. 반 뷰렌 대통령의 아들인 존 반 뷰렌(John Van Buren)이 1856년 선거운동 기간에 뷰캐넌(James Buchanan)에게 경고한 바와 같이 이 문제는 구 잭슨파 민주당 당원들에게 특히 효과적이었다. 1856년에 공화당과 제휴한 어떤 민주당 당원이 오랫동안의 민주당 당원인 친구에게 다음과 같이 통고하였다. "나를 위한 자리를 유보하지 말라. 나는 결코 돌아가지 않을 것이다."[97]

공화당의 이데올로기가 1850년대 후반에 만들어진 것은 우연의 일치가 아니었다. 섬너 의원의 구타사건의 충격 그리고 캔자스에서의 계속

되는 혼란이 노예제도의 존재 그 자체보다 다른 문제점들에 대중의 관심을 돌렸다. 그리고 공화당 지도자들은 노예세력에 대한 공격을 유리하게 만들기 위하여 "노예제도 문제를 경시하는 자세"의 전략적 이점(利點)을 알았다. 1856년 이후 공화당의 호소는 미국 공화주의 및 북부의 권리에 대한 노예세력의 위협에 집중되었고, 그 당의 주요한 목표는 노예세력인 과두(寡頭)지배자들로부터 정부지배력을 비틀어 빼앗고자 한 것이었다.

1857~1860년간의 몇몇 극적인 사건들이 북부가 직면하고 있는 위협을 크게 확대하여, 공화당강령에 새로운 차원을 부가하게 하였다. 1857년 초 공화당원들은 점차 캔자스뿐만 아니라 자유주에도 노예제도를 강요할 것이라고 주장하기 시작하였다. 그래서 북부가 행동하지 않는다면 노예제도는 곧 전국적인 제도가 될 것이라고 주장하였다.

몇몇 역사가들은 노예세력 관념을 비판하기 위하여 과격한 공화당원들의 수사학에 초점을 맞추었다. 공화당원들의 주장에서 소위 편집증적(paranoia) 요소를 찾아내는 것은 어려운 일이 아니었다. 일부 공화당 지도자들은 미국의 과거를 설명하기 위하여 음모의 개념을 빈번하게 이용하였다. 일부 공화당원들은 국가 정치를 음모로 해석하기도 하였다.

그들의 연설과 논설은 일련의 사건들을 열거하고 그 사건들을 노예세력의 악의적인 작용으로 돌렸고, 때때로 그 결과들을 예언하기도 하였다. 그러한 주장들은 남부의 유력한 정치가들을 미국 정치사의 중심에 두었다. 즉 그들은 "항상 사건을 시작하는 은밀한 원천이었다."[98] 우연한 사건, 개인적인 실수, 우연의 일치, 혹은 예상치 않았던 결과 등 모든 사건을 거대한 음모의 산물로 보았다.

남부인들의 행동도 사실상 정상적인 활동의 범위를 상당히 벗어난 일도 있었다. 텍사스를 병합하고자 한 작업의 성공은 소수 남부 정치가들의 작품이었다. 또한, 바로 이들이 제임스 포크(James K. Polk)를 대통령후보로 지명하기 위하여 1844년 마틴 반 뷰렌(Martin Van Buren)을 민주당 지배권에서 제거한 세력이었다. 그리고 칼훈(John C. Calhoun)의 지지자들인 남부의 상원의원들이 미주리(Missouri)타협의 폐기에 주요한 역할을 하였다. 캔자스의 선거 당일 습격사건은 상원 의원인 데이비드 애치슨(David R. Atchison)이 주도적인 역할을 한 공격적인 행동의 결과였다. 그리고 뷰캐넌이 노예제도 문제에 대한 공정한 투표 약속을 무시하고, 노예제도를 인정한 르콤프턴(Lecompton)헌법으로 캔자스를 노예주로 만들려고 한 시도는 남부 노예세력의 음모라는 공화당원들의 생각을 한층 더 확고하게 만들었다. 공화당원들이 이러한 일련의 사태발전에 직면하고 있었으므로, 노예세력에 대한 그들의 공포감 표현에 편집증(Paranoia)적 증상이라는 용어를 사용한 것은 적절하지 않은 것 같다.[99]

주 (a footnote)

1) Eric Foner, *Free Soil, Free Men, Free Labor: The Ideology of the Republican Party before the Civil War*(Oxford Univ. Press, 1970); Michael Holt, *The Political Crisis of the 1850's*(New York, 1978); Joel H. Sibey, "The Surge of Republican Power: Partisan Antipathy, American Social Conflict, and the Coming of the Civil War," in William E. Gienapp et al., *Essays on American Antebelllum Politics, 1840~1860*(Texas A & M Univ. Press, 1982), pp.199-229.

2) Foner, *ibid.*, pp.11-39.

3) Bruce Collins, "The Ideology of the Antebellum Northern Democrats," *Journal of American Studies*, 11(April 1977), pp.103-21; James Oakes, *The Ruling Race: A History of American Slaveholders*(Louisiana State Univ. Press, 1982), pp. 226-27.

4) Holt, *The Political Crisis, passim.*; Silbey, "The Surge of Republican Power" pp. 119-229.

5) William E. Gienapp, "The Republican Party and the Slave Power," in Robert H. Abzug & Stephen E. Maizlish, ed., *New Prespectives on Race and Slavery in America*(Univ. of Kentucky Press, 1986), pp.51-78; id., *The Origins of the Republican Party, 1852~1856*(Oxford Univ. Press, 1987), pp.347-374.

6) Allen Nevins, *Ordeal of the Union* 8vols.(Charles Scribner's Sons, 1947~1961), vol.II, ch. 3; David M. Potter, *The Impending Crisis: 1848~1861*(Harper Torchbooks, 1976), p.173; Holt, *The Political Crisis,* p.148; Gienapp, "The Republican Party," pp.51-78.

7) Gienapp, *The Origins of the Republican Party,* pp.78-81; Potter, *ibid.*, p.173.

8) David Brion Davis, *The Slave Power Conspiracy and the Paranoid Style*(Louisiana State Univ. Press, 1969), pp.18-19, 29-31, 82-84; Richard Hofstadter, "The Paranoid Style in American Politics," in *The Paranoid Style in American Politics and Other Essays*(New York, 1965), pp.3-40.

9) Chauncey S. Boucher, "In Re That Aggressive Slavocracy," *Mississippi Valley Historical Review*, 8(June-Sept. 1921), pp.13-79; Russel B. Nye, *Fettered Freedom: Civil Liberties and the Slave Controversy 1830~1860*(Univ. of Illinois Press, 1972), pp.282-315; Lee Benson, "Explanations of American Civil War Causation," *Toward the Scientific Study of History*(Philadelphia, 1972), pp. 307-26; Foner, *Free Soil, Free Labor, Free Men,* p.99; Richard H Sewell, *Ballots*

for Freedom: Antislavery Politics in the United States(Oxford Univ. Press, 1976), p.302; Holt, The Political Crisis, pp.180-81.

10) Sewell, ibid., p.302; Roger L. Ransom, Conflict and Compromise: The Political Economy of Slavery, Emancipation, and the American Civil War(Cambridge Univ. Press, 1989), pp.123-125.

11) Robert R. Russel, "Constitutional Doctrines with Regard to Slavery in the Territories," Journal of Southern History 32(November 1966), pp.466-486.

12) George Rogers Taylor, The Transportation Revolution, 1815~1860(Holt, Rinehart and Winston, 1951); Carter Goodrich, Government Promotion of American Canals and Railroads(Columbia Univ. Press, 1960); Nevins, Ordeal of the Union, vol.2, ch. 6; Potter, The Impending Crisis, ch. 7; (cf) 김종길, "19세기 중엽 미국의 사회변동과 공화당,"『부대사학』제15 · :16합집(1992), pp.195-187).

13) Nevins, Ordeal of the Union, vol. 2, pp.94-95.

14) Nevins, ibid., p.92; Gienapp, The Origins of the Republican Party, p.70.

15) Gienapp, ibid., p.78.

16) Douglas to Howell Cobb of Georgia, April 2, 1854, in Gienapp, ibid., pp.78-81; Potter, The Impending Crisis, p.173.

17) Joel H. Silbey, The Partisan Imperative: The Dynamics of American Politics before the Civil War(Oxford Univ. Press, 1985), p.100.

18) Roger L. Ransom, Conflict and Compromise: The Political Economy of Slavery, Emancipation, and the American Civil War(New York: Cambridge Univ. Press, 1989), P.129; U. S. Bureau of the Census, Historical Statistics of the United States, Part 1 & 2(U. S. Government Printing Office, 1975), part 1, Series A 172-194, pp.22-3.

19) Ibid., Series C 89, 92, 95, p.106: R.L. Ransom, Conflict and Compromise, P.131.

20) 〈표 8-3〉에서 남부 지역에 경계주 Delaware, District of Columbia, Kentucky, Maryland, Mississippi가 포함되어 있음.

21) U. S. Bureau of the Census, ibid., part 1, Series A 190-194, pp.22-23, C 15-24, pp.89-91.

22) Ibid., part 1 Series A 172, 191-4, pp.22-23; R. L. Ransom, Conflict and Compromise, pp.131-133.

23) New York Times, June 23, 1854, in Eric Foner, Free Soil, Free Labor, Free Men, p.229.

24) U. S. Bureau of the Census, Historical Statistics, part 11, Series Y 204-209, p.

1083.
25) Foner, *Free Soil, Free Labor, Free Men*, p.238.
26) Michael Holt, "The Politics of Impatience: The Origins of Know-Nothingism" *Journal of American History* 60(1973), P.314.
27) R. L. Ransom, *Conflict and Compromise*, pp.168-169; U. S. Bureau of the Census, *Historical Statistics*, part 11, Series Y 204-209, p.1083.
28) Michael Holt, *Forging a Majority: The Formation of the Republican Party in Pittsburgh, 1848~1860*(Yale Univ. Press, 1969); id., *Political Crisis*; Ronald P. Formisano, *The Birth of Mass Political Parties: Michigan, 1827~1861*(Princeton Univ. Press, 1971); Silbey, *The Partisan Imperative*; Gienapp, *The Origins of the Republican Party*, p.103. (cf) 김종길, "19세기 중엽 미국의 아메리카 당과 공화당," 『구미사의 전망- 고범 정만득 교수 정년 기념 논총』(1998), pp.349-387.
29) 〈표 1, 2, 3〉.
30) U. S. Bureau of the Census, *Historical Statistics*, part 1, Series A 178-197, pp.22-23; R.L. Ransom, *Conflict and Compromise*, P.141.
31) Peter D. McClelland and Richard J. Zeckhauser, *Demographic Dimensions of the New Republic: American Interregional Migration, Vital Statistics, and Manumssions, 1800-1860*(Cambridge Univ. Press, 1982), p.52.
32) John Nevins, *Martin Van Buren: The Romantic Age of American Politics*(Oxford Univ. Press, 1983), p.569.
33) 〈표 6〉.
34) Nevins, *Ordeal of the Union*, vol. 3, p.88.
35) Donald E. Fehrenbacher, *Slavery, Law, and Politics: The Dred Scott Case in Historical Perspective*(Oxford Univ. Press, 1981), pp.174-5; Bernard Schwartz, *From Confederation to Nation: The American Constitution, 1835~1877*(Johns Hopkins Press, 1973), pp.127, 129.
36) Schwartz, *ibid.*, pp.117-20; Nevins, *Ordeal of the Union*, vol. 3, pp.115-118.
37) James A. Rawley, *Race and Politics: "Bleeding Kansas" and the Coming of Civil War*(J. B. Lippincott Company, 1969); Nevins, *ibid.*, vol. 3, ch. 6, pp.9-11; Potter, *Impending Crisis*, chs. 9, 11.
38) Nevins, ibid., vol. 3, p.259.
39) Rawley, *Race and Politics*, pp.246-250; Nevins, *ibid.*, vol. 3, ch. 6, p.259; Potter, *Impending Crisis*, chs. 9, 11.
40) Charles Sumner, Speech of Hon. *Charles Sumner in the Senate of the united*

States(Boston: John P. Jewett, 1856), pp.30-31: Rawley, *ibid.*, pp.126-129; James M. McPherson, *Battle Cry of Freedom: The Civil War Era*(Oxford Univ. Press, 1988), pp.149-52; Joel Silbey, ed., *The Transformation of American Politics, 1840~1860*(Prentice-Hall, 1967), pp.110-120.

41) Rawley, *ibid.*, p.126.

42) Holt, "The Politics of Impatience," pp.309-331; Gienapp, *The Origins of the Republican Party*, pp.229-37; id., "The Crime against Sumner: The Caning of Charles Sumner and the Rise of the Republican Party" *Civil War History* 25(1979), pp.218-245.

43) Nevins, *Ordeal of the Union*, vol. 3, pp.284-285.

44) Svend Petersen, *A Statistical History of the American Presidential Eections*(New York: Frederick Ungar Publishing Co., 1963), pp.35-38.

45) Roy F. Nichols, *Franklin Pierce: Young Hickory of the Granite Hills*(Univ. of Pennsylvania Press, 1958), p.544.

46) Elbert B. Smith, T*he Presidency of James Buchanan*(Univ. Press of Kansas, 1975), p.31.

47) 〈695〉 참조.

48) Potter, *The Impending Crisis*, pp.517-249.

49) Nevins, *Ordeal of the Union*, vol. 3, p.361.

50) Gienapp, *Origins of the Republican Party*, pp.178-179.

51) Fehrenbacher, Slavery, Law, and Politics, p.262.

52) *Ibid.*, pp.262-263.

53) Nevins, *Ordeal of the Union*, vol. 3, p.386.

54) *Ibid.*, p.379.

55) *Ibid.*, p.391.

56) Foner, *Free Soil, Free Labor, Free Men*, pp.69-70.

57) George E. Baker, ed., *The Works of William H. Seward*, 5 vols.(Boston, 1853~1884), vol. 4, p.292.

58) Nevins, *Ordeal of the Union*, vol. 3, p.412.

59) Ransom, *Conflict and Compromise*, p.162.

60) Nevins, Ordeal of the Union, vol. 4, pp.229-260.

61) Ransom, *Conflict and Compromise*, p.163.

62) Petersen, *A Statistical History of the American Presidential Elections*, pp. 35-38; U. S. Bureau of the Census, *Historical Statistics,* part II, Series Y 84-188, pp. 1075-1081.

63) J. G. Randall & D. Donald, *The Civil War and Reconstructions*(D. C. Heath, 1969), pp. 127-141; Texas주는 Sam Houston 지사에 의하여 일시적으로 탈퇴가 지연되고 있었다. Robert A. Calvert & Arnoldo De León, *A History of Texas* (Harlan Davidson, 1990), pp. 117-119.

64) James M. McPherson, *Ordeal by Fire: The Civil War and Reconstruction* (Alfred A. Knopf, 1982), p. 134

65) *Ibid.*, pp. 142-145.

66) Randall & Donald, *The Civil War,* pp. 163-179.

67) Silbey, "The Surge of Republican Power," pp. 199-229.

68) Collins, "The Ideology of the Antebellum Northern Democrats," pp. 103-21; Oakes, *The Ruling Race,* pp. 226-27.

69) Holt, *The Political Crisis, passim.*

70) Gienapp, *The Origins of the Republican Party*, pp. 347-374.

71) Charles Sumner to Henry J. Raymond, March 2, 1856, *Henry J. Ramond Papers,* New York Library; *Cincinnati Commercial,* April 11, 1856, in Gienapp, *The Republican Party*, p. 53.

72) Bakers, ed., *The Works of William H. Seward*, vol. 4, pp. 274-275; Charles Sumner, *The Slave Oligarchy and Its Usurpations*(Washington, 1855), p. 14.

73) Bakers, ed., *ibid.,* vol. 4, pp. 225-240; *New York Times,* June 25, July 1, 1856; Gamaliel Bailey, *The Record of Sectionalism*(Washington, 1855), p. 4; [Edmund Quincy], "Where Will It End?" *Atlantic Monthly* 1(Dec. 1857), 243, in Gienapp, "The Republican Party," p. 54.

74) Nye, *Fettered Freedom,* p. 293; John Gorham Palfrey, *Five Years' Progress of Slave Power*(Boston, 1852), p. 2.

75) Palfrey, ibid., pp. 25-26; Edward L. Pierce, ed., *Memoir and Letters of Charles Sumner,* 4 vols.(Boston, 1877-93), vol. 3, p. 187.

76) Roy P. Basler et al., eds., *The Collected Works of Abraham Lincoln,* 9 vols. (Rutger Univ. Press, 1953-55), vol. 2, pp. 465-466; James Shepherd Pike, *First Blows of the Civil War*(New York, 1879), pp. 333-335.

77) Davis, *The Slave Power Conspiracy,* p. 56.

78) *New York Times,* June 10, 1856; *New York Evening Post* quoted in the *Portland*

Advertiser, July, 27, 1855, in Gienapp, "The Republican Party," p.55.

79) Lowell, "The Election in November," Political Essays(Cambridge, 1904), p.32, in Gienapp, ibid.; The Reign of King Cotton, Atlantic Monthly 7(April 1861), p. 455; Carl Schurz, Speeches of Carl Schurz(Philadelphia, 1865), pp.11-12.

80) Davis, The Slave Power Conspiracy, p.70; Josuha R. Giddings, History of Rebellion: Its Authors and Causes(New York, 1864), p.373

81) Frederic Bankcroft, ed., Speeches, Correspondence and Political Papers of Carl Schurz, 6 vols.(New York, 1913), vol. 1, p.131; Milton A. Rugoff, The Beechers (New York, 1981), p.383.

82) Henry Wilson, History of the Rise and the Fall of the Slave Power in America, 3 vols.(Boston, 1875-1877), vol. 1, p.2, vol. 2, pp.187-189; Gienapp, "The Republican Party," p. 56: cf) 김종길, "미국 공화주의 정치문화 – 전전시대 미국 공화당을 중심으로," 『송원선생산수기념논문집』(1997). pp.583-592.

83) Joshua Leavitt to Solmon P. Chase, July 7, 1848, in Foner, Free Soil, Free Labor, Free Men, p.93.

84) Nye, Fettered Freedom, pp.282-296; Davis, The Slave Power Conspiracy, p.18, 62-64.

85) Stephen Higginson to Charles Sumner, Feb. 22, 1858, Charles Sumner Papers, Harvard Univ.; Baker, ed., The Works of Willliam H. Seward, vol. 4, p.237; Cincinnati Commercial, Nov. 13, 1856, in Gienapp, "The Republican Party," pp.57-58.

86) Foner, Free Soil, Free Labor, Free Men, pp.73-87.

87) (cf) 황해붕, 반연방주의자들(Antifederalists)의 사회경제적 성분과 정치사상, (계명대, 박사학위논문, 1986), pp.96-151; Gienapp, "The Republican Party," pp.75-78.

88) Gienapp, ibid., pp.57-58.

89) cf) 김종길, "자유토지당과 Martin Van Buren," 『경북사학』 제12집(1989), pp.97-138.

90) Gienapp, "The Crime Against Sumner," pp.229-32.

91) Cincinnati Gazette, May 24, 1856; "The Kansas Usurpation," Atlantic Monthly 1(Feb. 1858), p.496; Henry Ward Beecher correspondence, New York Independence, June 12, 1856, in Gienapp, "The Republican Party," p.61.

92) Nicholas B. Wainwright, ed., A Philadelphia Perspective: The Diary of Sidney George Fisher Covering the Years 1834~1871(Philadelphia, 1967), pp.340-41, 374.

93) *Congressional Globe*, 36th Cong., 1st. sess. Appendix, p.180; Eric Foner, "Politics, Ideology, and the Origins of the American Civil War', in George Fredrickson, ed., *A Nation Divided: Problems and Issues of the Civil War and Reconstruction*(Burgess Publishing Co., 1975), p.30.

94) Holt, *The Political Crisis*, pp.134-135.

95) W. B. Theak to Benjamin F. Wade, Aug. 5, 1856, *Benjamin F. Wade Papers*, Library of Congress, in Gienapp, "The Republican Party," p.62.

96) Thomas H. Hicks to Wade [late May-early June 1856], *Wade Papers*; *Independent Democrat*, June 5, 1856; Moses Davis to John Fox Potter, Oct. 25, 1857, in Holt, *The Political Crisis*, pp.190-191.

97) John Van Buren to James Buchanan, June 10, 1856, *James Buchanan Papers*, Historical Society of Pennsylvania; James F. Chamberlain to Ansel J. McCall, June 21, July 11, 29, Oct. 28, 1856, *McCall Family Papers*, Cornell University, in Foner, *Free Soil, Free Labor, Free Men*, pp.149-185.

98) "Where Will It End?" *Atlantic Monthly* 1(Feb. 1858), p.245; Wilson, *Rise and Fall of the Slave Power*, vol. 1, pp.30, 50-56, 120-23, 148-52, 339-43; Foner, *ibid.*, p.101.

99) James H. Hutson, "The Origins of The Paranoid Style in American Politics: Public Jealousy from the Age of Walpole to the Age of Jackson," in David D. Hall et al., ed, *Saints & Revolutionaries: Essays on Early American History*(New York, 1984), pp.371-72; C. Van Woodward, *The Burden of Southern History* (Louisiana State Univ. Press, 1960), p.68.

제9장
미국의 사회개혁운동과 백인미국주의

1830년에 시작된 미국의 흑인노예제도 폐지운동은 윌리엄 개리슨(William L. Garrison)과 루이스 타판(Lewis Tappan) 등 북·동부의 백인들이 시작한 흑·백 인종평등을 위한 이타적(利他的)이고, 인도주의적 사회개혁운동이었다.

개리슨이 노예제도에 관심을 두게 된 계기를 마련해준 것은 온건한 개혁론자인 벤자민 런디(Benjamin Lundy)였다. 그러나 런디는 개리슨과 달리 만년에 이르기까지 점진적 노예제도 해방론자였고, 반-흑인 적이라고 간주할 수도 있는 흑인식민지 건설론자였다. 이 두 사람 사이의 견해차이의 근본적 배경은 런디와 달리, 개리슨은 흑인노예제도에 대한 사전 지식이 없었기 때문에 여하한 선입견도 품지 않았다. 그래서 그는 흑인노예제도라는 부끄러운 죄악 그 자체에 대하여 무조건(無條件) 즉시(卽時) 폐지라는 비타협적인 급진론을 주장할 수 있었다.

그가 노예해방운동을 위한 신문인 "해방자(*Liberator*)"를 창간한 지 일 년 후 개리슨과 동조자들이 조직한 "뉴잉글랜드 반-노예제협회(New

England Anti-Slavery Society: NEASS)"는 노예제도 폐지운동의 선구적 단체였다. 이 단체는 뉴잉글랜드지역에서 1834년경 50개 이상의 흑인노예제도 폐지운동 단체를 조직하였다.

개리슨파와 더불어 흑인노예제도 폐지운동에 크게 기여한 것은 뉴욕주의 자수성가한 사업가인 루이스 타판(Lewis Tappan)이었다. 그는 흑인노예제도의 "즉시" 폐지론을 받아들였고, 노예해방운동에 크게 헌신하였다. 이 시대는 낙관주의적 시대 분위기가 팽배한 시기였다.

타판(Tappan)과 그 동조자들은 뉴욕주에서 과격하고 급진적인 복음주의(福音主義)적 노예제도 폐지론과 사회개혁론을 전개하였다. 그들의 사회개혁론의 근본적인 핵심은 신(神)에 대한 확신과 자수성가(自手成家)의 이상이었다.

그들은 신이 세속을 정의롭게 할 것이며, 신의 요구는 인간의 의지보다 우월하고, 신이 흑인노예제도에 반대한다고 확신하였다. 이러한 확신은, 그들의 개혁운동이 실패를 거듭하였음에도 불구하고, 그들의 실패가 안겨준 좌절감을 감싸주는 완충장치(緩衝裝置)역할을 하였고, 인기가 없었을 뿐 아니라, 심한 반발을 받았던 노예제도 폐지운동을 지속하게 한 동기를 부여하고 분발하게 하는 원천이었다. 이 완충장치는 기독교적 자수성가의 이상과 연결되어 있었다. 그들은 개리슨파와 더불어 급진적 흑인노예제도 폐지운동의 양익(兩翼) 중 그 일익이었다.

흑인노예제도에 심한 혐오감을 가지고 있었던 그림케(Grimké) 자매가 노예제도 폐지운동 전열에 뛰어들면서부터 본격적인 여성의 공적(公的)활동이 전개되었고, 여성의 활동영역의 장벽이 무너지기 시작했으며 성(性)평등을 향한 투쟁이 시작되었다.

개리슨을 지지한 노예제도 폐지론자들은 여성의 평등한 지위를 인정하였으나, 일부 노예제도 폐지론자들은 성평등(性平等)을 거부하고, 여성의 권리를 옹호하는 자들과는 활동을 같이할 수 없다는 자세를 취하여 흑인노예제도 폐지운동 단체를 탈퇴하였다. 그들이 여권운동을 반대한 이유는 결국 그것이 흑인노예제도 폐지운동에 해가 될 것이므로 흑인노예를 해방하고자 한 그들의 목적에 상반된다는 것이었다.

그 중간적 태도를 유지한 시어도어 웰드(Theodore D. Weld)는 노예제도 폐지운동을 적극적으로 추진하고, 그 목적이 이룩된 후에는 여권문제도 어려움 없이 해결될 것이라는 태도였다. 개리슨은 모든 문제에 관한 토론의 자유 없이 흑인노예제도가 폐지될 수 없으며, 언론자유 제한은 흑인노예제도 정신이며 양자는 결코 양립될 수 없다는 태도였다.

흑인노예제도 폐지운동이 전개된 잭슨(Andrew Jackson)대통령 시대는 참정권확대운동이 활기를 띤 시대였다. 그러나 노예제도 폐지운동에 대한 당시 정치인들의 태도를 보면, 정치권의 핵심에서 소외되어 있던 국외자(局外者)들은 명백히 지지하거나 혹은 반대의 태도를 보여주었으나, 집권세력인 잭슨지지자들은 그렇지 못하였다. 잭슨주의자들이 노예제도 폐지운동에 비판적인 태도를 보인 것은, 노예주(奴隷州)와 자유주로 구성된 미국연방의 노예제도 폐지 문제는 도덕의 문제이지 정치문제가 아니라는 인식 때문이었다.

노예제도 폐지론자들의 선동적인 선전책자가 미국연방의 남부에 대량으로 우송되어 남부를 소란케 하였을 때, 잭슨주의자들은 "필요하다면 남부 우체국의 검열과 소각을 묵인한다"라는 임시방편적이고 위헌적인 조치를 했을 뿐이었다. 그러나 이러한 조치는 또한 노예제도 폐지론자들의 활동을 인정해 주는 조치였다. 잭슨주의자들은 노예제도 반대청원서 문제를 핑크니(Pinckney) 결의안으로 처리하였다. 이것은 쇄도하는 각종 노예제반대 청원서를 토론하지 않고 보류하도록 한 것이어서, 언론탄압법(Gag Rule)이라고 비난받았으나, 노예제반대 청원운동을 의회가 사실상 인정한 것이었다. 또한 이러한 입법조치는 연방의회가 남부의 노예제도폐지 문제를 다루는 합법적 권한을 가지고 있다는 것을 표현한 것이었다.

잭슨대통령의 계승자인 마틴 반 뷰렌(Martin Van Buren)이 노예제도를 지지하였다고 비난받기도 하였으나, 1836년의 선거 결과로 미루어 볼 때 그러한 비난은 타당성이 없다. 남부 노예주에서 민주당의 반 뷰렌의 지지표가 1832년의 잭슨 지지표보다 현저하게 줄어들었으나, 뉴잉글랜드지방에서는 잭슨과 비교되지 않을 정도로 크게 늘었다.

그가 흑인노예제도를 옹호하고자 하였다면, 흑·백 혼혈 여인(女人)과 동거한 리처드 존슨(Richard M. Johnson)이 아니라, 남부의 노예 소유자 중에서 그의 러닝메이트를 선택하였을 것이다. 또한, 그는 핑크니 결의안의 입법화를 지지한 인물이었다. 잭슨주의자들이 노예제도 문제에 중립적 태도를 보인 것은 흑인노예제도 보다는 연방의 분열을 두려워하였기 때문이었다.

잭슨시대의 이러한 경향때문에, 노예제도 폐지하고자 한 시민운동은 거의 성과를 거두지 못하였다. 그래서 일부 운동가들은 정치활동을 통하여 노예제도를 법적으로 폐지하고자 한 정당활동으로 방향을 바꾸었다.

1840년 4월 1일 북부 뉴욕주의 정치적 노예제도 폐지론자들이 노예제도 폐지를 유일(唯一)정강으로 내건 자유당(Liberty Party)을 조직하였다. 당시 노예제도 폐지론자들이 민주당에도 있었으나 대부분은 휘그당에 속해 있었다. 그래서 정치적 노예제도 폐지론자들은 정치적 경향이 다양한 흑인노예제도 반대자들의 표를 얻기 위하여 유일정강을 고수하였다. 그러나 정당은 그 순수성만으로 성공을 보장받을 수는 없다는 사실을 간과하였다. 보편적인 정당이 아닌 임시방편적인 특수한 목적을 위한 자유당이 많은 투표자의 지지를 받을 수는 없었다. 1840년 선거에서 자유당은 노예제도 폐지론자들의 표조차 다 모을 수 없었다.

1840년 대통령선거에서 당선된 휘그당의 윌리엄 해리슨(William H. Harrison)이 갑자기 사망한 후 친(親)노예제 경향인 존 타일러(John Tyler)가 대통령직을 계승하자, 자유당 지도자들은 북부의 광범한 지지를 예상하고 다음 선거에 대비하여 1841년 제임스 버니(James Birney)를 다시 대통령후보로 지명하였다.

두 번째 도전에서도 참담한 패배를 맛본 자유당 지도자들은 유권자들이 관심이 있는 모든 문제점에 대하여 어떤 공식적인 태도를 보이지 않으면 안 된다고 주장하기 시작하였다. 자유당 지도자들은 복수정강을 만들었으나, 자유무역과 최소정부를 주장한 민주당의 정강과 같은 성격이었다. 자유당 당원들은 그들의 당을 일시적 정당이 아니라 정권을 추구하는 보편적인 정당으로 변질시키고자 하였다. 그러나 이러한 변화는 자유당의 존재이유 자체를 부정하는 것이었다.

결국 복수정강을 지지한 자유당의 일부 지도자들이 1847년 새로운 정당인 자유연맹(Liberty League)을 출범시켜 자유당은 분열하였고, 1848년 자유당은 한 번 더 분열을 겪게 되는데 이때는 자유토지당(Free

Soil Party)과의 연합 때문이었다. 그런데 자유당 창당의 목적은 정치 및 입법활동을 통하여 흑인노예제도를 폐지하는 것이었으나, 자유토지당은 노예제도 확장의 반대, 다시 말해서, 흑인의 확산을 반대한 반-흑인 논리를 가진 정당이었다.

자유토지당의 정강은 민주당정강과 비슷한 것이었다. 결국 민주당 지지표가 자유토지당의 지지표로 나뉘어, 1848년 대통령선거에서 휘그당의 재커리 테일러(Zachary Taylor)가 당선되었다.

자유당은 노예제도 문제를 조직적으로 정치무대에 처음으로 올려놓았고, 정치문제화에 성공하였다. 그리고 많은 노예제도 폐지운동가들이 주축이었던, 자유당이 분해되어 노예제도 확장을 반대한 정당으로 흡수된 사실은 노예제도 폐지운동의 도덕적인 성격을 희석하기는 하였으나, 그것은 정치활동을 통한 흑인노예제도 폐지운동의 필연적인 결과였다.

남북전쟁 직전 미국의 노예제도 반대자들 대부분은 해방된 흑인들을 그들의 완전한 시민으로 받아들이려 하지 않았다. 그들은 흑인들을 특정 거주지역에 제한시키거나 소멸시킴으로써 미국을 백인종(白人種)의 나라로 만들고자 하였다. 그래서 멕시코로부터 획득한 영토에 노예제도를 금지하고자 한 윌모트(Wilmot) 단서조항이 상원에서 부결되자, 자유토지운동이 일어났고, 뉴욕주의 노예제도 반대 성향인 급진적 민주당원들인 반버너(Barnburner)가 민주당을 탈당하여, 노예제 반대세력을 규합하여 자유토지당을 창당하였다.

반버너의 관심사는 노예제도의 확산을 막고, 노예세력(Slave Power)의 정치력을 꺾는 것이었으며, 흑인의 확산을 막는 것이었다. 반버너는 윌모트 단서조항은 준주를 흑인종이 없는 백인종의 준주로 유지하기 위한 수단이라고 확신하고 옹호하였다. 그래서 자유토지당 지도자들은 그들의 노예제도 반대주장을 북부의 백인 이기주의에 호소하여 노예제도와 노예세력에 공세를 취하였다.

1848년 대통령선거에서 자유토지당의 대통령후보인 마틴 반 뷰렌은 그의 출신 주인 뉴욕주에서 민주당 후보보다 많은 득표를 하였고 오하이오, 매사추세츠주를 위시하여 다른 자유주에서 이전의 자유당 후보에 비교되지 않을 정도로 많은 표를 얻었다. 자유토지당의 백인미국주의는 북부의 백인들이 받아들일 수 있는 유일한 반-노예제 논리였다. 북부의 백인노동자들은 그들에게 위협적인 노동경쟁 상대가 될 가능성이 있는 해방된 자유흑인들을 영구히 그들과 함께 거주할 동반자로 받아들이기를 거부한 자유토지당의 정강에 지지를 보냈다.

그런데 1848년의 대통령선거에서 자유토지당이 친-북부 정강을 내걸고 반 뷰렌을 대통령후보로 지명한 것은, 향후 미국정당과 정부의 정책방향 설정에 중대한 시사점을 제시하였다. 자유토지당의 창당 동기는 복합적이었다. 민주당이 친-남부적인 루이스 캐스(Lewis Cass)를 대통령후보로 지명하자, 뉴욕주의 노예제도 반대 성향인 반버너가 민주당에서 이탈을 계기로 민주당의 분열이 시작되었다. 그리고 오하이오주를 비롯한 서·북부 지방의 주에서도 노예제를 반대한 민주당원의 반발로 민주당의 분열 현상이 나타났다. 한편 휘그당도 친-남부적인 재커리 테일러를 대통령후보자로 지명하자 북·동부와 북·서부의 노예제도를 반대한 휘그당원들이 탈당하여 새로운 정당조직을 위한 활동을 시작하였다. 여기에 정치적인 노예제도 폐지론자들도 가세하여 신당결성 운동은 활기를 띠게 되었다.

그리하여 노예제도를 반대한 민주당원과 휘그당원 그리고 일부 노예제도 폐지론자들이 1848년 8월 뉴욕주 버펄로에서 자유토지당을 창당하였다. 그들은 지역적 정강을 내 걸고, 반 뷰렌을 대통령후보자로 지명하였다.

자유토지당의 대통령후보 피지명자인 반 뷰렌은 많은 문제점을 가지고 있었다. 흑인노예제도에 대한 그의 태도가 모호하였고, 민주당원으로 대통령직을 역임한 적이 있었기 때문에, 노예제를 반대한 휘그당원과 민주당원 및 기타 노예제도 폐지론자들로부터 전폭적인 지지를 받을 수 없었다. 그리고 1848년 대통령선거운동이 진행되는 과정에서 북부 유권자들의 표를 의식한 북부의 민주당원과 휘그당원들이 자유토지당과 같은 내용의 노예제도를 반대를 주장하였다. 이것이 자유토지당의 입지를 더욱 약화시켰다. 그리하여 선거결과는 자유토지당의 기대에 전혀 미치지 못하였다.

그러나 자유토지당의 득표수가 1844년에 흑인노예제도의 폐지를 정강으로 표방하였던 자유당의 득표의 5배라는 놀라운 성과를 거두었다는 사실은 간과될 수 없다. 몇 년 후 공화당이 자유토지당의 정강과 이데올로기를 계승하여 정치적 대승리를 거두었기 때문이다.

자유토지당의 이데올로기에서 가장 중요한 요소는 자유노동(Free Labor)이었다. 이것은 노동에 대한 태도를 천명하는 것이었을 뿐만 아니라 남북전쟁 이전의 북부사회가 남부보다 더 좋은 사회라는 것이다. 이러한 자유토지당의 이데올로기가 남부와 북부에서 지역적인 이데올로기를 발전시켰다. 그러나 민주당과 휘그당은 남부인과 북부인 모두에게 수용될 수 있는 이데올로기를 수용할 능력이 없었기 때문에 1848년 대통령선거 당시 이미 분열 상태에 있었다. 기존의 양대 정당이 남북으로 분열된 4당 체제에서 새로이 등장한 자유토지당이 10%의 지지밖에 받지 못하였다.

19세기 중엽 유럽 이민이 대규모로 미국으로 유입되었다. 그리고 유동성이 격심한 사회 분위기와 네브래스카법에 대한 반대가 가장 강렬하였던 시기에, 미국토착주의자(Nativist)들은 비밀결사적이자 반-가톨릭 경향인 무지주의(Know-Nothingism) 운동을 하였다. 그 결과 미국토착주의를 표방한 아메리카당(American party) 또는 무지당(Know Nothing Party)라는 새로운 정당이 나타났다.

그런데 미국토착주의 운동과 아메리카당의 번영과 몰락은 이민 문제가 아닌 전혀 새로운 사태의 결과였다. 북부에서 무지운동의 발생 원인은 노예제도 논쟁이었다. 그리고 북부의 토착미국인들은 외국태생의 이민들이 친-노예(pro-slavery)적이라고 믿었기 때문에, 무지운동에 참여하였다. 또한 노예제도를 지지하는 가톨릭교회를 응징하기 위하여 아메리카당에 참여하였다. 1850년대의 무지주의 운동은 대규모로 동부 각 도시에 정착한 영어를 사용하지 않는 독일이민과 가톨릭교도인 아일랜드 이민들이 1850년대 미국의 "정치적" 토착주의 발생의 주요한 원인이었다.

휘그당의 분열, 구 정당정치체제에 대한 염증, 그리고 새로운 지도자에 대한 욕구가 무지운동과 아메리카당 초기의 성장 촉진제였다. 반-가톨릭적인 무지운동 단체가 당시 미국인들에게 호소력을 가지게 된 것은, 구 정당을 파괴하고 늙은 정치인들을 공직에서 몰아내고, 일반 서민들에게 정치적인 권력을 돌려주려고 한다는 그 단체의 선전 때문이었다.

아메리카당의 성공은 구 정당에서 추방되었거나 탈락한 자들에게 절호의 기회를 제공하였다. 그러나 다니엘 울만(Daniel Ullman), 헨리 윌슨(Henry Wilson), 밀러드 필모어(Millard Fillmore) 같은 구정치인들이 당을 장악하자, 일반 서민들에게 권력을 돌려주기 위하여 그 단체에 합류한 많은 사람은 아메리카 당에 환멸을 느끼게 되었다. 이러한 환멸은 1855년 이후 아메리카당의 급격한 쇠퇴의 주요한 원인 중의 하나였다.

무지운동 주도세력들은 초기 공화당에 매우 중요한 의미가 있었다. 무지운동의 휘그당에 대한 반감을 공화당이 이용하였다. 그리고 아메리카당의 반-가톨릭주의는 중류 및 노동계급의 많은 투표자가 민주당에 등을 돌리고 공화당과 합류하게 했다.

그리하여 공화당은 아메리카당 당원들을 주 및 지역의 공직 후보자로 지명하여, 아메리카당 당원이 상실하였던, 참신함과 진정한 대표성을 확보하게 되었다. 그리고 "네브래스카(Nebraska)법" "유혈의 캔자스(Kansas)" 사태, "르컴튼(Lecompton)헌법" 등 남부 측의 친-노예 음모의 구체적인 증거들이 나타나자, 노예세력 음모에 대한 북부인들의 확신은 더욱 강하게 되었다. 노예세력의 음모와 가톨릭의 음모에 대한 민주당의 명백한 연루(連累)가 민주당을 패배시켰다. 1860년 공화당은 아메리카 당의 주장과 전술을 그대로 계승하고, 무명인사였지만, 진정한 서민의 대표인 비-가톨릭교도인 링컨을 출마시켜 남부를 지지기반으로 한 민주당에 패배를 안겨주었다.

1840년대 후반과 1850년대는 열광적인 철도부설의 시대였다. 동부와 서부를 연결하기 위한 거대한 철도부설 공사를 위하여 민주당의 스티븐 더글러스(Stephen A. Douglas)는 1854년 1월 주민 주권 원칙(popular sovereignty)을 적용한 캔자스-네브래스카(Kansas-Nebraska) 준주법을 제안하였다. 그런데 주민주권원칙의 근본적 전제조건은, 경쟁하는 집단들이 합의된 어떤 결정하에서도 공존하는 것이었다. 이 전제가 받아들여질 수 없었던 당시의 상황에서 캔자스 네브래스카 준주법은 치명적인 약점을 가지고 있었다.

당시 미국은 인구변동이 극심하였다. 1840년대 말 이후 많은 농민이 그들의 농장을 떠나 북·동부의 도시로 이주하였고, 1845년부터 1854년까지 거의 3백만이 넘는 이민이 북부의 도시에 정착하자, 도시 생활의 접근성이 인종적 차이점을 현저하게 노출하였다.

이러한 상황에서 "미국 출생자" 단체인 무지당(Know-Nothings Party)은 1854년의 대통령선거 때 유력한 세력으로 정치무대에 등장하였고, 기존의 양대 정당에 치명적인 타격을 가하였다. 미국출생주의자와 이민들 사이에 충돌이 있었으나, 미국 출생주의자와 이민집단은 남부에 대한 반감(反感)을 공유하고 있었다. 그들은 노예농업이 지배하는 남부 지역에 살기를 원하지 않았다. 이러한 남부 사회에 대한 반감이 새로운 정당인 공화당이 북부에서 상장할 수 있는 기반이 되었다.

1858년 일리노이주의 상원의원 선거에서 에이브러햄 링컨(Abraham Lincoln)은 노예제도의 궁극적인 소멸을 주장하였으나, 흑인들에게 사회적 경제적 평등은 거부하였던 많은 미국인의 양면적 경향을 수용하였다. 노예제도 봉쇄정책에 대한 옹호는, 그를 북부의 온건한 투표자들은 물론 강력한 반-노예제 투표자들의 표를 확보할 수 있는 인물로 부각시켰다. 링컨은 1860년 대통령선거에서 당선되어, 그의 정책이 공화당의 발전에 주요한 전환점을 기록한 훌륭한 선택이었음을 입증하였다.

공화당이 북부와 서부에서 압도적인 지지를 얻을 수 있었던 호소력의 핵심은 노예제도의 확장에 대한 반대보다, 공화정부를 위협하는 세력에 대한 두려움이었다. 공화당은 "노예세력"이 "공화주의"에 대한 위협세력이라고 주장하였다. 훈련된 음모집단이라는 의미의 노예세력이 존재하지는 않았으나, 흑인노예재산 소유에 기초한 경제적, 사회적, 정치적인 기득 이권을 옹호하고, 각 주와 국가에서 거대한 권력을 휘두르고 있는 그러한 개념의 노예세력은 공화당원들의 상상으로 만들어 낸 허구는 아니었다. 그것은 당시 미국의 바람직하지 않은 특징들의 상징이었고, 국가 정치체제의 지배세력에 대한 묘사였다.

공화당은 흑인노예세력이 "부의 이해관계뿐만 아니라 미국 공화주의 전통에 심각한 위협이 되고 있다고 선전하였다. 1830년대에 소규모 노예제도 폐지론자들이 흑인노예제도를 공격하기 위하여 노예세력이라는 개념을 개발하였으나, 공화당원들은 노예세력에 대한 강조점을 노예제도의 종식에서 남부의 정치적인 힘의 파괴로 옮겼다.

이러한 주장을 전개하면서 공화당 지도자들은 공화주의 이데올로기에 의존하였다. 공화당의 이데올로기는 자유토지당의 자유노동 이데올로기를 계승하였으나, 자유토지당의 이데올로기와 꼭 같은 것은 아니었다. 공화당의 공화주의 이데올로기는 경제적인 고려보다는 정치적인 고려를 강조한 것이었다. 기본적인 시민의 자유를 보호하고, 시민의 이익을 대변하는 정부의 유지 필요성에 더욱 강조점을 두었다.

공화당은 초기의 출범기를 지난 후, 찰스 섬너(Charles Sumner)의원 구타(毆打) 사건과 캔자스의 로렌스(Lawrence)마을 약탈로 5월에 절정에 달한 캔자스사태에 대응하는 과정에서 공화당 이데올로기가 점차 북부인들에게 호소력을 가지게 되었다.

섬너의원 구타사건은 사실상 공화당의 주장들을 입증해 주었다. 남부 지도자들의 오만, 남부 문화의 야만성, 그리고 그들의 우세를 유지하기 위하여 모든 비판자를 침묵시키고 언론의 자유를 억압하려는 노예세력의 실상을 보여주는 것이었다. 캔자스 사태도 꼭 같은 문제점을 제기하였다. 노예제도는 남북전쟁 이전의 미국인들에게 흑인과의 관계보다 더 큰 의미가 있었다. 노예제도는 공화주의의 반-테제의 상징이었다. 공화당원들은 공화주의를 유지하기 위하여 흑인노예제도가 파괴되어야 한다고 주장하였다. 이것이 공화당이 북부인들의 광범한 지지를 끌어낼 수 있었던 호소력의 원천이었다. 결코, 흑인과 노예제도 그 자체가 그들의 관심사가 아니었다. 공화당의 백인(白人) 미국주의가 당시 미국인들에게 호소력이 있었다.

이후 재건(Reconstruction) 시대를 통하여 미국인들이 보여준 인종차별 정책은 개리슨파와 타판파가 추구하였던 인종평등이 전혀 성취되지 않았음을 입증하였다. 재건시대를 지난 후 해방된 흑인노예들은 미국의 제2급 시민으로서 미국사회의 신-노예로 전락하였다. 결국 링컨대통령도 잭슨대통령과 거의 같은 입장에서, 흑인노예제도를 지지하지는 않았지만, 흑인 문제보다는 백인 우월주의에 입각한, 백인 연방의 분열과 재통합(再統合)에 더욱더 유의하고 있었다.

찾아보기

가말리엘 베일리(Gamaliel Bailey) ——— 122, 125, 332
가에타노 베디니(Gaetano Bedini) 추기경 ——— 287
공립학교(Public School)당 ——— 275, 287
공화당(The Republican Party) ——— 12, 16, 139, 255, 330
국민동질화(國民同質化) ——— 161
금주(Temperance)당 ——— 275
급진파 민주당원(Free Soil Democrats) ——— 179
기독교적 자조(自助) ——— 66
기드언 웰스(Gideon Welles) ——— 288
긴장환원(緊張還元) 이론 ——— 44
길버트 반스(Gilbert H. Barnes) ——— 13, 43, 84

나다니엘 뱅크스(Nathaniel P. Banks) ——— 284
나단 베멘(Nathan S. S. Bemen) ——— 127
나쇼바 공동체(Nashoba Commune) ——— 90
네브래스카(Nebraska) 법 ——— 362
노예세력(slave power) ——— 120, 174, 209, 217, 358
노예제도 폐지운동(Abolition Movement) ——— 11
뉴멕시코(New Mexico) 준주법 - 304
뉴욕 복음주의자(New York Evangelist) ——— 46
뉴욕주 민주당 보수파(Hunker) - 172
뉴잉글랜드 반-노예제협회(New England Anti-Slavery Society: NEASS) ——— 21, 353

찾아보기 _ 367

다니엘 울만(Daniel Ullman) ——— 282, 362
데이비드 도널드(David H. Donald) ——— 44, 116, 201
데이비드 윌모트(David Wilmot) ——— 202
데이빗 데이비스(David B. Davis) ——— 301
데이빗 포터(David Potter) ——— 301
도널드 B. 콜(Donald B. Cole) – 201
도망노예법(Fugitive Slave Law) ——— 315
동물학적 영역(Zoological Provinces) ——— 166
동성애 권리(Lesbian Right) ——— 83
동질화(Homogenization) ——— 162
드레드 스콧사건(Dred Scott Case) ——— 17, 302
드와이트 두먼드(Dwight L. Dumond) ——— 199
드윗 리틀존(DeWitt C. Littlejohn) ——— 228

라인하르트 루틴(Reinhard H. Luthin) ——— 256
랄프 가브리엘(Ralph H. Gabriel) ——— 43
러더퍼드 헤이즈(Rutherford B. Hayes) ——— 277
러셀 나이(Russel B. Nye) ——— 53
레스터 킹(Leicester King) ——— 136

레인 신학교(Lane Theological Seminary) ——— 49
로렌스 프리드먼(Lawrence J. Friedman) ——— 44
로렌스(Lawrence)의 약탈 ——— 339
로버트 포겔(Robert W. Fogel) ——— 16, 160
로저 토니(Roger Taney) ——— 314
루돌프 헤베를레(Rudolf Heberle) ——— 43
루이스 아가시즈(Louis Agssiz) – 166
루이스 캐스(Lewis Cass) ——— 147, 177, 209, 359
루이스 캠벨(Louis D. Campbell) ——— 215
루이스 타판(Lewis Tappan) ——— 45, 125, 353, 354
루이스 필러(Louis Filler) ——— 199
루크레티아 모트(Lucretia Mott) ——— 86, 88
르컴튼(Lecompton)헌법 ——— 290, 362
리 벤슨(Lee Benson) — 15, 117, 243
리바이 우드버리(Levi Woodbury) ——— 206
리차드 맥코믹(Richard P. McCormick) ——— 245
리차드 시웰(Richard H. Sewell) ——— 15, 116, 201
리처드 존슨(Richard M. Johnson) ——— 356
리처드 호프스태터(Richard Hofstadter) ——— 53, 301

마리아 스튜어트(Mrs. Maria W. Stewart) ——— 90
마리아 채프먼(Maria W. Chapman) ——— 88, 93
마이런 홀리(Myron Holley) ——— 114, 120, 125
마이클 홀트(Michael F. Holt) ——— 262, 300, 330
마틴 반 뷰렌(Martin Van Buren) — 126, 163, 210, 220, 224, 359
매사추세츠 반-노예제 협의(Massachusetts Anti-Slavery Society) ——— 33
매사추세츠 주 노예제 폐지 협회(Massachusetts Abolition Society) ——— 98
메인주의 금주법(Maine Liquor Lawism) ——— 309
멕시코(Mexico)전쟁 ——— 335
멘디(Mendi)인 ——— 49
무저항주의 ——— 147, 148
무정부주의 ——— 70, 71, 98
무지(無知) 운동(Know-Nothing Movement) ——— 255
무지당(Know-Nothing Party) ——— 17, 256, 291, 327
미국 남부연합(The Confederate States of America) ——— 330
미국 및 외국 반-노예제 협회(American and Foreign Anti-slavery Society: AFASS) ——— 51
미국 여권운동(Woman's Right Movement) ——— 84

미국토착주의(American nativism) 운동 ——— 255
미국인의 동질화 ——— 162, 163, 165
미주리 타협(Missouri Compromise) ——— 302
밀러드 필모어(Millard Fillmore) ——— 282, 314, 319, 362

반-가톨릭주의 ——— 299, 330
반-노예 휘그당 당원(Conscience Whigs) ——— 179
반-율법 논쟁(Antinomian Controversy) ——— 89
반버너 선언서(Barnburner Manifesto) ——— 205
반버너(Barnburners) - 159, 179, 199
반스(Gilbert H. Barnes) ——— 15, 115
백인우월주의 ——— 16, 17, 365
백인(白人) 미국주의 ——— 230, 365
버트램 와이어트-브라운(Bertram Wyatt-Brown) ——— 13, 44, 160
버펄로(Buffalo)정강 ——— 179
벤자민 쇼(Benjamin Shaw) ——— 126
보스턴 여성 반-노예제 협회(Boston Female Anti-Slavery Society) ——— 88, 99
복수정강(複數政綱) 주의 ——— 145
복음주의 운동(evangelical movement) ——— 42
복음주의(福音主義)적 노예제도 폐지론 ——— 354

찾아보기 _ 369

브로드웨이 태버내클(Broadway Tabernacle) ─── 46
비밀공제조합 ─── 288
비컨 힐(Beacon Hill) ─── 28

사라 페이어웨더(Sarah H. Fayerweather) ─── 38
사무엘 루이스(Samuel Lewis) ─ 136
사무엘 메이(Samuel J. May) ─── 26
사무엘 모튼(Samuel G. Morton) ─── 164
사무엘 시월(Samuel E. Sewall) ─ 26
사무엘 코니쉬(Samuel E. Cornish) ─── 129
사무엘 콕스(Samuel H. Cox) ─── 46, 57
사무엘 페센덴(Samuel Fessenden) ─── 135
사이먼 카메론(Simon Cameron) ─── 282
사일러스 라이트(Silas Wright) ─── 203, 219
새먼 체이스(Salmon P. Chase) ─ 136
새무엘 틸던(Samuel J. Tilden) ─ 205
세네카 폴 여성 전국 대회(Seneca Falls Convention) ─── 85
수어드-위드(Seward-Weed) "왕조" ─── 279
수정주의(修正主義) 학파 ─── 200
스탠리 매튜스(Stanley Mattews) ─── 215

스탠리 엔저맨(Stanley L. Engerman) ─── 16, 160
스티븐 더글러스(Stephen A. Douglas) ─ 261, 300, 319, 362
시드니 피셔(Sidney G. Fisher) ─ 341
시므온 조슬린(Simeon S. Jocelyn) ─── 36
시민 연방(Citizens' Union)당 ─ 274
시어도어 스미스(Theodore C. Smith) ─── 113
시어도어 웰드(Theodore D. Weld) ─── 43, 93, 105, 355
시어도어 포스터(Theodore Foster) ─── 139, 144
신앙대부흥회(Great Revival) ─── 46
신앙부흥운동(First Great Awakening: Revivalism) ─── 48
신정치사(新政治史) ─── 15

아놀드 버품(Arnold Buffum) ─── 29
아메리카 당(American Party) ─── 255, 319, 361
아메리카 반-노예제협회(American Anti-Slavery Society: AASS) ─── 32
아모스 펠프스(Amos A. Phelps) ─── 31, 47
아미스타드(Amistad)호 ─── 49
아비야 블랜차드(Rev. Abijah Blanchard) ─── 27
아서 슐레진저(Arthur M. Schlesinger, Jr.) ─── 14

아서 콜(Arthur C. Cole) ─── 199
아서 타판(Arthur Tappan)
 ─── 26, 45, 48
아치볼드 딕슨(Archibald Dixon)
 ─── 272
안식일 엄수 주의 반대 ─── 71
안젤리나 그림케(Angelina E. Grimke) ─── 90
알렉시스 드 토크빌(Alexis de Tocqueville) ─── 85
알반 스튜어트(Alvan Stewart)
 ─── 72, 119
알버트 반스(Albert Barnes) ─── 42
앤 러브랜드(Anne C. Loveland) - 44
앤 허치슨(Anne Hutchinson) ─── 89
억누를 수 없는 충돌(irrepressible conflict)설 ─── 199
언론 탄압법(Gag Rule) ─── 356
에드먼드 퀸시(Edmund Quincy)
 ─── 332
에드워드 페센(Edward Pessen) - 14
에릭 포너(Eric Foner) 201, 300, 330
에섹스군 반-노예제 협회(Essex County[Massachusetts] Anti-Slavery Society) ─── 98
에이버리 크레이븐(Avery Craven)
 ─── 200, 256
에이브러햄 링컨(Abraham Lincoln)
 ─── 12, 167, 320, 363
에일린 크라디터(Aileen S. Kraditor)
 ─── 15, 115

엘리자베스 스탠턴(Elizabeth C. Stanton) ─── 86
엘리저 라이트(Elizur Wright)
 ─── 120, 127
여권(女權)운동 ─── 83
연방은행 문제 ─── 132
오네시모(Onesimus) ─── 94
오벌린(Oberlin)대학 ─── 57
오웬 러브조이(Owen Lovejoy) - 180
올리버 다이어(Oliver Dyer) ─── 221
올리버 존슨(Oliver Johnson) ─── 96
와이드 웨이크 클럽(Wide Wake Clubs) ─── 285
완전주의(perfectionism) ─── 58, 111
완충장치(緩衝裝置) ─── 354
웬델 필립스(Wendell Phillips)
 ─── 98, 100
윌리엄 개리슨(William L. Garrison)
 ─── 13, 83, 353
윌리엄 구델(William Goodell)
 ─── 23, 57, 114, 120
윌리엄 수어드(William H. Seward)
 ─── 234, 261, 309, 325
윌리엄 슬레이드(William Slade)
 ─── 119
윌리엄 윌버포스 의원(William Wilberforce) ─── 40
윌리엄 제이(William Jay) ─── 47, 65
윌리엄 지애나프(William E. Gienapp) ─── 300
윌리엄 채닝(William E. Channing)
 ─── 45

윌리엄 해리슨(William H. Harrison) ——— 357
윌모트 단서조항(Wilmot Proviso) ——— 159, 202, 214, 241
윌모트(David Wilmot) ——— 169, 204
유니테리언(Unitarian) ——— 60, 71
유진 제노비스(Eugene D. Genovese) ——— 160, 201
유티카(Utica) 대회 ——— 210
유혈의 캔자스(Bleeding Kansas) ——— 283
은혜 계약(Covenant of Grace) — 89
의사(疑似) 동질(Pseudo-Homogeneity) ——— 163
이민 정치(immigration politics) ——— 256, 269
이카보드 코딩(Ichabod Codding) ——— 126, 229
인권당(Human Rights Party) — 127
인민당(People's Party) ——— 279
인종 동질화(同質化) ——— 165, 169
인종 복수 기원론 ——— 188
인종편견 ——— 16, 38, 41, 161, 186, 187, 200, 289

자수성가(自手成家) ——— 63, 354
자유연맹(Liberty League) ——— 146
자유토지운동(Free-Soil Movement) ——— 168
자유노동(Free Labor) 이데올로기 ——— 246, 247, 339
자유당(Liberty Party) ——— 14, 72, 113, 217, 357
자유민주당(Free Democracy) — 223
자유토지당(Free Soil Party) ——— 15, 73, 159, 339
자조(self-reliance)의 가치 ——— 72
자족(self-sufficiency) 개념 ——— 71
재각성(再覺醒) ——— 57, 58
재건시대(Reconstruction Era) 시대 ——— 299
잭슨(Andrew Jackson) 대통령 ——— 13, 355
전국여성대회(National Women's Conference) ——— 83
점진주의(Gradualism) ——— 12
정치적 노예제도 폐지론자 ——— 15, 59, 116, 146, 356
정치적 진공(political-vacuum) — 273
정치적 토착주의(political nativism) ——— 256
제1차 대 각성(大覺醒) 운동 ——— 48
제랄드 소린(Gerald Sorin) ——— 44, 53, 116
제시 토마스(Jesse B. Thomas) ——— 210, 233
제임스 덩컨(James Duncan) ——— 25
제임스 랜들(James G. Randall) - 200
제임스 버니(James G. Birney) ——— 43, 72, 99, 114, 122
제임스 뷰캐넌(James Buchanan) ——— 206, 265

제임스 워즈워스(James S. Wadsworth) ─────── 204
제임스 포크(James K. Polk) ─────── 137, 202, 344
제임스 해먼드(James H. Hammond) ─────── 325
조나단 에드워즈(Jonathan Edwards) ─────── 48
조셉 레이백(Joseph G. Rayback) ─────── 201
조셉 루트(Joseph M, Root) ─── 182
조슈아 기딩스(Joshua R. Giddings) ─────── 119
조슈아 댄포스(Joshua N. Danforth) ─────── 36
조슈아 리빗(Joshua Leavitt) ─────── 47, 49, 72, 335
조지 벤슨(George Benson) ─── 38
조지 본(George Bourne) ─── 36
조지 브레드번(George Bradburn) ─────── 130
조지 줄리안(George W. Julian) - 172
조지 치버(George B. Cheever) ─ 48
존 네빈(John Nevin) ─────── 201
존 딕스(John A. Dix) - 172, 203, 226
존 맥폴(John M. McFaul) ─── 14
존 반 뷰렌(John Van Buren) ─── 343
존 버고인(John Burgoyne) ─── 215
존 벨(John Bell) ─────── 327
존 본(John C. Vaughan) ─ 215, 227
존 브라운(John Brown) ─── 67, 341

존 브레킨리지(John C. Brekinridge) ─────── 327
존 웬트워스(John Wentworth) - 210
존 칼훈(John C. Calhoun) ─────── 14
존 퀸시 애덤스(John Quincy Adams) ─────── 14, 119
존 타일러(John Tyler) ─────── 114, 335, 357
존 토마스(John L. Thomas) ─── 84
존 팔프리(John G. Palfrey) ─────── 184, 332
존 프리몬트(John C. Frémont) ─────── 265, 314
존 플러노이(John J. Flournoy) - 164
존 피어폰트(John Pierpont) ─── 135
존 헤일(John P. Hale) ─────── 209, 217, 220
존 휘티어(John G. Whittier) ─────── 96, 127, 135
주민 주권(Popular Sovereignty) ─────── 303
주정주의(修正主義) 역사가 ─── 243
준거집단(reference groups) ─── 117
즉시(Immediatism) 노예제도 폐지운동 ─────── 12
지하철도(Underground Railroad) ─────── 25, 87

찰스 더키(Charles Durkee) ─── 229
찰스 비어드(Charles A. Beard) ─────── 199, 243

찰스 섬너(Charles Sumner) 의원 구타(毆打) 사건 —— 364
찰스 애덤스(Charles F. Adams) —— 184, 221
찰스 토리(Charles T. Torrey) — 127
찰스 피니(Charles Grandison Finney) —— 46
철도 부설의 시대 —— 362
청년동맹(Young Men's League)당 —— 275

카를 슈르츠(Carl Schurz) —— 335
칼 데글러(Carl N. Degler) —— 105
캔자스 사태(Bleeding Kansas) —— 17, 302
캔자스-네브래스카 법(Kansas-Nebraska Act) —— 258
캔자스의 로렌스(Lawrence) 마을 약탈 —— 364
캡틴 메리엇(Captain F. Marryat) · 42
케네스 스탬프(Kenneth M. Stampp) —— 161
코네티컷 흑인법(Connecticut Black Law) —— 39

테일러(Zachary Taylor) 붐 —— 212
텍사스 병합 —— 134, 226
텔로우 위드(Thurlow Weed) — 279
토론금지규정(Gag Rule) —— 49
토마스 벤튼(Thomas H. Benton) —— 171

토마스 코윈(Thomas Corwin) —— 125, 235, 277
토마스 휘트니(Thomas R. Whitney) —— 267
토착미국인(native American) — 255
통나무집 선거운동(Log Cabin and Hard Cider Campaign) —— 114
투표인 명세서(Poll List) —— 118
튀긴 고수머리(Fried Wool Party)당 —— 172
티모시 스미스(Timothy Smith) — 56

편집증(paranoia) —— 302
푸리포트 주의(Freeport Doctrine) —— 322
프란시스 그레인저(Francis Granger) —— 234
프란시스 르모인(Francis J. LeMoyne) —— 122, 135
프랜시스 토드(Francis Todd) — 25
프랭클린 피어스(Franklin Pierce) —— 276, 318
프레더릭 더글러스 —— 183, 184, 188, 342
프레스턴 브룩스(Preston S. Brooks) —— 340
프레스턴 킹(Preston King) —— 202, 221
프루던스 크랜달(Prudence Crandall) —— 37
프리메이슨(Masonry) —— 141
핑크니(Pinckney) 결의안 —— 356

하르만누스 회팅크(Harmannus Hoetink) ─ 162
해리 카먼(Harry Carman) ─ 256
해방자(Liberator) ─ 27, 29, 353
행위 계약(Covenant of Works) ─ 89
헌커(Hunkers: 약탈을 갈망하는 자들) ─ 203
헨리 가드너(Henry J. Gardner) ─ 279, 283
헨리 레이먼드(Henry J. Raymond) ─ 331
헨리 스탠튼(Henry B. Stanton) ─ 122, 203
헨리 워드 비처(Henry Ward Beecher) ─ 341
헨리 윌슨(Henry Wilson) ─ 184, 258, 332, 362
헨리 클레이(Henry Clay) ─ 120, 137, 219
호러스 그릴리(Horace Greeley) ─ 235, 269
호레이스 만(Horace Mann) ─ 185
화이트로 리드(Whitelaw Reid) ─ 165
휘그당 이탈자들(Conscience Whigs) ─ 212
휘트니 크로스(Whitney Cross) ─ 43
흑·백 혼혈당(Amalgamation Party) ─ 172
흑인 공포증 ─ 161, 165, 174, 177, 181
흑인노예해방선언(Emancipation Proclamation) ─ 12
흑인법(Black Law) ─ 182
흑인식민지건설운동 ─ 23, 24, 41
흑인식민협회(American Colonization Society: ACS) ─ 12
흑인 재앙론(Black Peril) ─ 165
흑인종 열등론(劣等論) ─ 161, 186

미국의 백인우월주의와 인종차별
흑인노예제도와 백인미국주의

인쇄 _ 2024년 6월 3일
발행 _ 2024년 6월 7일

저　자 _ 김 종 길
발행인 _ 장 의 동

발행처 _ 중문출판사
　　　　대구광역시 중구 봉산문화길 70
　　　　전화 _ (053) 424-9977
　　　　E-mail _ jmpress@hanmail.net

ISBN _ 978-89-8080-645-4　03300

정가 _ 18,000원